# 東日本
# 弥生社会の
# 石器研究

*Cohe Sugiyama* 杉山浩平

六一書房

写真1　神奈川県砂田台遺跡の石器群（神奈川県教育委員会蔵・小川忠博撮影）

写真2　東北地方北部の太形蛤刃石斧（左から上杉沢遺跡　似鳥遺跡　似鳥遺跡　牛ケ沢(4)遺跡　二戸市・八戸市教育委員会蔵）

写真3　宮城県原遺跡の大陸系磨製石器（上段左から粘板岩製石庖丁　同石材製の石庖丁未成品　下段左から太形蛤刃石斧　扁平片刃石斧　同未成品　抉入柱状片刃石斧　ノミ形石斧　名取市教育委員会蔵）

**写真4　埼玉県小敷田遺跡の大陸系磨製石器**（左から長野盆地産太形蛤刃石斧　同産扁平片刃石斧　中央下段＝同産柱状片刃石斧　中央上段＝石庖丁　在地石材製太形蛤刃石斧　同石材製の扁平片刃石斧未成品　埼玉県教育委員会蔵）

**写真5　静岡県有東遺跡の大陸系磨製石器**（左＝暗赤紫色輝緑凝灰岩製の石器群　中央＝緑色凝灰岩製の石器群　右＝粘板岩製の石器群　静岡市教育委員会蔵）

写真6　神奈川県平沢同明遺跡出土の黒曜石製石器（左＝天城産黒曜石　中央＝信州系黒曜石　右＝神津島産黒曜石　秦野市教育委員会・同遺跡調査団蔵）

写真7　東京都大里遺跡の石器群（左＝神津島産黒曜石製石器　右＝石皿・磨石・打製石斧・太形蛤刃石斧　三宅村教育委員会蔵）

# 序

　杉山浩平君は、東日本の弥生文化を中心に研究し、地道に研究成果を蓄積している。杉山君は、1996年に駒澤大学文学部歴史学科考古学コースを卒業されたが、卒業論文は、「南関東地方出土の紡錘車に関する基礎的研究」であった。1000点近い紡錘車の資料を収集して論文を書いた。卒業論文ではあったが、南関東における弥生時代・古墳時代の紡錘車の資料集成として高く評価できる内容であった。その後、彼は、駒澤大学大学院人文科学研究科歴史学専攻修士課程・同博士課程へと進学しているが、修士論文は「日本初期布生産の研究」であった。2007年に博士論文として提出した論文は「東日本弥生社会の石器研究─伝播・生産・流通─」で、このたびここに刊行された『東日本弥生社会の石器研究』は、その博士論文を推敲・加筆したものである。

　本書における研究の特色は、これまでの弥生時代の石器研究の中心であった大陸系磨製石器の分析に加えて、縄文時代以来の石器についても深く検討し、東日本の弥生文化の特質を明らかにしたことである。各地の資料を丹念に見て廻り、論証を固めていく手堅い手法をとっている。特に弥生時代の黒曜石製石器に着目し、理化学的手法を用いて産地分析を行い、流通を明らかにし、大陸系磨製石器の流通と比較したことは研究の新機軸である。また、黒曜石の分析で提示した仮説に対して、伊豆諸島の遺跡の発掘調査を行い検証する姿勢は、考古学の研究の基礎が明確な意図に基づく発掘調査にあることを実践していると言える。

　弥生文化は、水稲耕作を基礎とする食料生産が行われた時代である。稲作や金属器の生産技術は、朝鮮半島南部からもたらされ、日本列島における縄文時代の社会を大きく変換させた。特に水田経営に伴う収穫具や木製農耕具の製作に用いられる磨製石斧、戦いに用いられた石製武器など大陸系磨製石器の伝播は、縄文時代以来の生産用具に大きな変化をもたらした。佐賀県吉野ヶ里遺跡や大阪府池上曽根遺跡などを代表とする西日本の大規模集落遺跡の調査が進み、進歩した水田耕作や高水準の手工業生産の姿が明らかになるにつれて、弥生時代の社会が経済的にも大いに発展し、十分に成熟した社会に達していたことが明らかになった。しかし一方、東日本の弥生社会については多くの議論がある。近年、東北・関東・中部地方など東日本各地における弥生時代の考古資料が著しく増加し、その結果、日本列島の弥生文化が、必ずしも従来言われてきたように西日本中心の一元的なものではないことが明らかになってきた。こうした研究成果を踏まえ、本著の研究は、弥生時代の石器とその流通を研究対象として、東日本弥生文化の特質を明らかにすることを目的としたものである。

　本書では東日本弥生時代の磨製石器に関して、石材の研究からはじめ、製作技術の違いに視座をおき研究を進め、さらに石器を石器群総体としてとらえる立場から個別石材にもとづく石器製作システムと、差異を地域ごとに明らかにしている。この研究方法は、これまでの石器研究に希薄であった研究方法で、地域集団の性格の差や地域間の交流関係を探るうえで有効な方法として、高く評価できる。また、石器製作システムの影響関係の実態を、土器を使って補強しつつ、ヒト

の動きのありかたと関連付けて理解しようとしているのも重要である。そして、東日本から出土した弥生時代の磨製石器資料を着実に集成して、それらが西日本からいち早く東北地方に到達していたことを明らかにしているが、新しい見解として評価したい。

　この度、杉山浩平君の大著『東日本弥生社会の石器研究』が刊行される運びになったことは、卒業論文・修士論文・博士論文とささやかな指導をしてきた教員として、まことに大きな喜びである。

2010年7月吉日
駒澤大学文学部歴史学科教授
飯島　武次

…目　次…

序　　　　（飯島武次）

序　章　東日本弥生文化における石器研究の視点

 第1節　「弥生社会」像と石器研究……………………………………………………………1
  1　石器からみる弥生社会　(1)
  2　石器の生産・流通に関する研究史　(2)
 第2節　弥生文化研究の複眼的視点……………………………………………………………4
  1　地域文化の多様性　(4)
  2　弥生文化の系譜　(5)
 第3節　本研究の対象と分析手法………………………………………………………………6
  1　分析の対象　(6)
  2　弥生時代の石器　(6)
  3　分析手法　(10)

第1章　東日本における大陸系磨製石器の展開

 第1節　西日本における大陸系磨製石器の出現………………………………………………16
  1　出現時の石器群　(16)
  2　石器器種の選択的受容　(16)
 第2節　東日本における大陸系磨製石器の出現………………………………………………18
  1　東北地方北部における大陸系磨製石器の出現　(18)
  2　仙台平野における大陸系磨製石器の出現　(22)
  3　北陸地方における大陸系磨製石器の出現　(23)
  4　信州地方における大陸系磨製石器の出現　(28)
  5　東海地方における大陸系磨製石器の出現　(28)
  6　関東地方における大陸系磨製石器の出現　(28)
  7　まとめ　(29)
 第3節　弥生文化の伝播と石器からみた地域間交流…………………………………………29
  1　東北地方北部の地域性　(29)
  2　東北地方北部と中部の相違　(30)
  3　本州中央部の地域性　(31)
 第4節　小　結……………………………………………………………………………………31

## 第2章　東北地方における石器の生産と流通

### 第1節　仙台湾沿岸地域の石器の生産と流通……………………………………………33
1　仙台湾沿岸地域における弥生時代の石器研究史　(33)
2　仙台湾沿岸における石器製作遺跡の検討　(36)
3　粘板岩製石器の検討　(51)
4　集落の動態と石器の流通　(52)
5　打製石器の検討　(54)
6　まとめ　(58)

### 第2節　いわき地域の石器の生産と流通……………………………………………59
1　いわき地域における弥生時代の石器研究史　(59)
2　いわき地域の石器石材　(60)
3　龍門寺遺跡出土石器の検討　(61)
4　いわき地域における石器製作の変遷　(65)
5　いわき地域産磨製石斧の流通　(72)
6　まとめ　(75)

### 第3節　東北地方北部・日本海側域の石器の生産と流通……………………………75
1　東北地方の太平洋側北部の様相　(75)
2　東北地方の日本海側の様相　(76)
3　まとめ　(77)

### 第4節　小　結………………………………………………………………………78

## 第3章　関東地方・東海地方東部における石器の生産と流通

### 第1節　関東地方北西部の石器の生産と流通………………………………………81
1　関東地方北西部における弥生時代の石器研究史　(82)
2　関東地方北西部の弥生時代前期から中期中葉の石器　(82)
3　北島遺跡の集落変遷と石器組成の推移　(84)
4　北島遺跡における石器製作の検討　(85)
5　関東地方北西部の石斧の生産と流通　(92)
6　木器製作具の地域性　(93)
7　関東地方北西部における物資の獲得　(96)
8　まとめ　(97)

### 第2節　東海地方東部・関東地方南部の石器の生産と流通………………………97
1　東海地方東部および関東地方南部における弥生時代の石器研究史　(98)
2　静清平野における石器製作の検討　(99)

         3　志太平野における石器製作の検討　(105)
         4　石材獲得地の検討　(108)
         5　安倍川産凝灰岩製磨製石斧の流通　(110)
         6　関東地方南部の消費地遺跡の検討　(111)
         7　まとめ　(114)
   第3節　小　結……………………………………………………………………116

第4章　中部地方における石器の生産と流通
   第1節　北陸地方の石器の生産と流通………………………………………121
         1　北陸地方における弥生時代の石器研究史　(121)
         2　北陸地方の石器の概要　(122)
         3　北陸地方における石器製作の様相　(125)
         4　北陸地方における磨製石斧の生産と流通　(134)
         5　北陸地方における集落の動態と石器の流通　(140)
         6　まとめ　(143)
   第2節　信州地方の石器の生産と流通………………………………………144
         1　信州地方における弥生時代の石器研究史　(145)
         2　信州地方北部における石器製作の検討　(146)
         3　緑色岩製磨製石斧の流通　(149)
         4　まとめ　(156)
   第3節　小　結……………………………………………………………………156

第5章　弥生文化における縄文系石器の流通
   第1節　東日本における黒曜石の概要………………………………………160
         1　黒曜石原産地について　(160)
         2　黒曜石製石器の出土量　(162)
         3　黒曜石製石器の出土傾向　(166)
   第2節　黒曜石の流通……………………………………………………………167
         1　縄文時代後期から弥生時代中期前葉における黒曜石の流通　(168)
         2　弥生時代中期中葉における黒曜石の流通　(175)
         3　弥生時代中期後葉における黒曜石の流通　(179)
   第3節　神津島黒曜石の流通集団に関わる問題……………………………182
         1　集落動態の検討　(182)
         2　集落動態の画期　(187)
   第4節　原産地遺跡の分析………………………………………………………188

         1　集落第2期の原産地遺跡の分析　(188)
         2　原産地遺跡の生業　(189)
         3　大里遺跡の対外交流　(189)
         4　集落第3期の原産地遺跡の分析　(192)
         5　黒曜石流通集団の終焉　(193)
    第5節　小　結………………………………………………………………………………196

第6章　弥生文化における縄文系石器の消費

    第1節　黒曜石製石器の器種と石材産地の推移………………………………………200
         1　黒曜石製石器の器種組成と石材の産地　(200)
    第2節　剥片刃器の検討…………………………………………………………………202
         1　剥片刃器の法量分析　(202)
         2　神津島産黒曜石の剥片刃器の背景　(203)
    第3節　黒曜石製石器の使用痕分析……………………………………………………204
         1　分析の対象と方法　(204)
         2　黒曜石の使用痕観察　(204)
         3　黒曜石製剥片刃器の用途　(210)
    第4節　石鏃の問題………………………………………………………………………211
         1　石鏃の用途の多様性　(211)
         2　黒曜石製石鏃と非黒曜石製石鏃　(212)
         3　弥生時代中期後葉における打製石鏃の大型化の問題　(213)
    第5節　弥生時代の生業と黒曜石………………………………………………………217
         1　弥生時代中期の動物質食料　(217)
         2　弥生時代中期の生業と黒曜石　(218)
    第6節　小　結……………………………………………………………………………219

終　章　石器をめぐる東日本弥生社会の特質

    第1節　東日本弥生時代の石器の生産と流通の地域性………………………………221
         1　弥生時代前期　(221)
         2　弥生時代中期　(223)
         3　弥生時代後期　(225)
    第2節　海上交通による新たな地域社会の形成………………………………………226
         1　準構造船の出現　(226)
         2　弥生時代中期中葉の「畿内・東海インパクト」　(228)
         3　太平洋沿岸における海上交通による新たな石器の流通　(230)

第3節　石器の生産と流通の東西差………………………………………………… 231
　　1　縄文・弥生文化移行期の西日本弥生社会の石器の流通　(231)
　　2　西日本と比較した東日本弥生社会の特質　(232)
　第4節　東日本弥生時代石器の生産と流通の特質………………………………… 233
　　1　原産地遺跡の成立・大量生産・流通　(233)
　　2　縄文流通構造の変容　(234)
　第5節　結　論……………………………………………………………………… 236


付表1　　緑色岩製磨製石斧　集成

付表2　　北陸地方　弥生時代　蛇紋岩製磨製石斧　集成

付表3　　安倍川産磨製石斧　集成

付表4　　黒曜石製石器の石材原産地推定結果

引用・参考文献

引用遺跡発掘調査報告書（地域別）

挿図出典

表出典

あとがき

初出一覧

# 挿図目次

## 序章
図1　弥生時代の石器……………………………………………………………………9
図2　石器のライフヒストリーと石器製作の構造……………………………………12

## 第1章
図3　縄文／弥生文化移行期の地域性…………………………………………………15
図4　西日本の大陸系磨製石器…………………………………………………………17
図5　東北地方北部の大陸系磨製石器…………………………………………………19
図6　青森県荒谷遺跡出土の抉入柱状片刃石斧………………………………………20
図7　縄文時代の伐採斧と装着例………………………………………………………21
図8　宮城県原遺跡出土の石器…………………………………………………………23
図9　東北地方中南部の大陸系磨製石器………………………………………………24
図10　新潟県和泉A遺跡出土の磨製石斧………………………………………………25
図11　富山県豊田遺跡出土の刃部磨製横刃石器………………………………………26
図12　本州中央部の大陸系磨製石器……………………………………………………27
図13　擦切技法を施した磨製石器の分布………………………………………………29

## 第2章
図14　東北地方中南部の弥生時代の主要遺跡…………………………………………34
図15　名取川流域の弥生時代の主要遺跡………………………………………………34
図16　石斧部位の名称……………………………………………………………………35
図17　宮城県原遺跡出土の伐採斧………………………………………………………37
図18　宮城県原遺跡出土の伐採斧未成品………………………………………………39
図19　宮城県原遺跡出土の加工斧………………………………………………………41
図20　宮城県原遺跡出土の加工斧未成品………………………………………………42
図21　宮城県高田B遺跡出土の伐採斧と抉入柱状片刃石斧…………………………44
図22　宮城県高田B遺跡出土の伐採斧未成品…………………………………………45
図23　宮城県高田B遺跡出土の加工斧…………………………………………………46
図24　宮城県高田B遺跡出土の加工斧未成品…………………………………………47
図25　宮城県中在家南遺跡出土の磨製石斧……………………………………………50
図26　仙台湾沿岸における弥生時代の遺跡群の動態…………………………………53
図27　仙台湾沿岸地域出土の珪質頁岩製石核…………………………………………56
図28　仙台湾沿岸地域出土の粘板岩製石庖丁と土器の移動…………………………58

| 図29 | 福島県いわき地域の弥生時代の主要遺跡 | 59 |
| 図30 | 福島県いわき地域の磨製石斧に用いられる石材 | 60 |
| 図31 | 福島県龍門寺遺跡出土の石器 | 62 |
| 図32 | 福島県龍門寺遺跡の石器製作 | 64 |
| 図33 | 福島県龍門寺遺跡の石材消費 | 64 |
| 図34 | 福島県大畑E遺跡の石器製作 | 67 |
| 図35 | 福島県大畑E遺跡の石材消費 | 68 |
| 図36 | 福島県久世原館・番匠地遺跡の石器製作 | 69 |
| 図37 | 福島県久世原館・番匠地遺跡の石器 | 69 |
| 図38 | 福島県白岩掘ノ内館遺跡の石器製作 | 70 |
| 図39 | 福島県いわき地域のヒン岩製伐採斧未成品 | 70 |
| 図40 | 福島県いわき地域における石器製作系列の変化 | 72 |
| 図41 | 茨城県那珂川流域出土のいわき地域産磨製石斧 | 74 |
| 図42 | 東北地方日本海側における弥生時代の石器 | 77 |

## 第3章

| 図43 | 関東地方北西部の弥生時代中期の主要遺跡 | 81 |
| 図44 | 埼玉県北島遺跡の石器 | 83 |
| 図45 | 関東地方における弥生時代中期の石器組成 | 85 |
| 図46 | 埼玉県北島遺跡の石器製作 | 86 |
| 図47 | 埼玉県北島遺跡の磨製石斧 | 89 |
| 図48 | 埼玉県北島遺跡出土の扁平片刃石斧の法量 | 94 |
| 図49 | 弥生時代中期後葉における木器製作具の地域性 | 95 |
| 図50 | 関東地方南部から東海地方東部における弥生時代中期の主要遺跡 | 98 |
| 図51 | 静岡県有東遺跡の石器製作 | 100 |
| 図52 | 暗赤紫色輝緑凝灰岩製石器の製作系列 | 100 |
| 図53 | 黒色粘板岩製石器の製作系列 | 100 |
| 図54 | 静岡県川合遺跡の石器製作 | 102 |
| 図55 | 暗赤紫色輝緑凝灰岩製石器の製作系列 | 102 |
| 図56 | 黒色粘板岩製石器の製作系列 | 102 |
| 図57 | 静岡県瀬名川遺跡の石器製作 | 105 |
| 図58 | 静岡県郡遺跡の石器製作 | 106 |
| 図59 | 静岡県上藪田川の丁遺跡の石器製作 | 107 |
| 図60 | 静岡県安倍川の石材採取地と石材環境 | 109 |
| 図61 | 安倍川産凝灰岩製磨製石斧の分布 | 111 |

図62　神奈川県砂田台遺跡の石器製作の変遷……………………………………………113
図63　千葉県大崎台遺跡の石器製作の変遷………………………………………………115

**第4章**

図64　北陸地方の弥生時代の主要遺跡………………………………………………………122
図65　北陸地方の磨製石斧……………………………………………………………………123
図66　石川県八日市地方遺跡出土の木製斧柄組成…………………………………………125
図67　石川県八日市地方遺跡の石器製作……………………………………………………126
図68　石川県八日市地方遺跡出土の石器……………………………………………………127
図69　石川県吉崎・次場遺跡の石器製作……………………………………………………129
図70　石川県吉崎・次場遺跡出土の石器……………………………………………………130
図71　福井県下屋敷遺跡の石器製作…………………………………………………………132
図72　福井県下屋敷遺跡出土の石器…………………………………………………………132
図73　富山県石塚遺跡の石器製作……………………………………………………………133
図74　富山県石塚遺跡出土の石器……………………………………………………………133
図75　北陸地方の片刃石斧の法量……………………………………………………………136
図76　北陸地方における石器流通構造の推移………………………………………………141
図77　長野県松原遺跡の石器製作……………………………………………………………147
図78　長野県松原遺跡出土の石器（1）……………………………………………………147
図79　長野県松原遺跡出土の石器（2）……………………………………………………148
図80　弥生時代中期前葉の緑色岩製磨製石斧の分布（太形蛤刃石斧）…………………150
図81　弥生時代中期前葉の緑色岩製磨製石斧の分布（扁平片刃石斧）…………………150
図82　弥生時代中期後葉の緑色岩製磨製石斧の分布（太形蛤刃石斧）…………………151
図83　弥生時代中期後葉の緑色岩製磨製石斧の分布（扁平片刃石斧）…………………151
図84　太形蛤刃石斧・扁平片刃石斧以外の緑色岩製磨製石器……………………………154
図85　緑色岩製磨製石斧と玉製品の交易……………………………………………………155

**第5章**

図86　関東地方周辺の黒曜石原産地…………………………………………………………160
図87　伊豆・神津島の黒曜石原産地の現況…………………………………………………161
図88　関東地方・東海地方における縄文時代後期の黒曜石組成…………………………168
図89　関東地方・東海地方における縄文時代晩期の黒曜石組成…………………………169
図90　関東地方・東海地方における弥生時代前期の黒曜石組成…………………………170
図91　関東地方・東海地方における弥生時代中期前葉の黒曜石組成……………………171
図92　関東地方・東海地方出土の信州系黒曜石の原石・石核（1）……………………173

| | | |
|---|---|---|
| 図93 | 関東地方・東海地方出土の信州系黒曜石の原石・石核（2） | 174 |
| 図94 | 関東地方・東海地方における弥生時代中期中葉の黒曜石組成 | 176 |
| 図95 | 関東地方・東海地方出土の神津島産黒曜石の出土原石（1） | 177 |
| 図96 | 関東地方・東海地方出土の神津島産黒曜石の出土原石（2） | 178 |
| 図97 | 関東地方・東海地方出土の弥生時代中期後葉の黒曜石組成 | 179 |
| 図98 | 縄文時代後期から弥生時代中期中葉における本州東南部の集落群の動態 | 184 |
| 図99 | 弥生時代中期後葉から後期初頭における本州東南部の集落群の動態 | 185 |
| 図100 | 関東地方南部出土の神津島産黒曜石の石核の法量 | 189 |
| 図101 | 弥生時代中期中葉の剥片と剥片刃器の法量 | 190 |
| 図102 | 東京都三宅島大里遺跡の対外交流 | 191 |
| 図103 | 東京都三宅島ココマ遺跡から見た御蔵島 | 193 |
| 図104 | 東京都三宅島ココマ遺跡・西原D遺跡の対外交流 | 194 |
| 図105 | 東京都三宅島の弥生中期の遺跡を覆う火山性堆積物 | 195 |

### 第6章

| | | |
|---|---|---|
| 図106 | 対象とする遺跡 | 199 |
| 図107 | 縄文・弥生文化移行期における黒曜石製石器の器種組成 | 201 |
| 図108 | 縄文・弥生文化移行期における黒曜石原産地の石器出土数 | 201 |
| 図109 | 弥生時代の剥片刃器の法量 | 202 |
| 図110 | 山梨県油田遺跡の石器使用痕 | 206 |
| 図111 | 千葉県常代遺跡の石器使用痕（1） | 208 |
| 図112 | 千葉県常代遺跡の石器使用痕（2） | 209 |
| 図113 | 縄文・弥生文化移行期における打製石鏃の型式・石材別の法量 | 214 |
| 図114 | 神津島産黒曜石製石鏃の法量 | 216 |

### 終章

| | | |
|---|---|---|
| 図115 | 弥生時代前期前半の地域間交流 | 222 |
| 図116 | 弥生時代前期後半の地域間交流 | 222 |
| 図117 | 弥生時代中期前葉の地域間交流 | 224 |
| 図118 | 弥生時代中期中葉の地域間交流 | 224 |
| 図119 | 弥生時代中期後葉の地域間交流 | 226 |
| 図120 | 弥生時代中期の準構造船と木製櫂 | 227 |
| 図121 | 東日本出土のサヌカイト製打製石器の分布 | 229 |
| 図122 | 弥生時代中期中葉の畿内・東海系土器の分布 | 230 |

# 表目次

### 序章
表1　縄文時代晩期から弥生時代後期の土器編年……………………………………………6

### 第2章
表2　仙台湾沿岸における弥生時代の粘板岩の使用率……………………………………52
表3　仙台湾沿岸における頁岩の使用率……………………………………………………57

### 第3章
表4　埼玉県北島遺跡の打製石器の石材組成………………………………………………87
表5　埼玉県北島遺跡出土のホルンフェルス製打製石器の属性…………………………87
表6　埼玉県北島遺跡出土の緑色岩製磨製石斧の属性……………………………………89
表7　埼玉県北島遺跡出土の非緑色岩製磨製石斧の属性…………………………………91
表8　静岡県安倍川左岸における暗赤紫色輝緑凝灰岩の法量……………………………109
表9　宮ノ台式土器の細分編年表……………………………………………………………111

### 第4章
表10　北陸地方の弥生時代前期・中期の土器編年………………………………………122
表11　北陸地方における弥生時代の磨製石斧の組成……………………………………125
表12　弥生時代中期の蛇紋岩製石斧の組成………………………………………………136
表13　新潟県寺地遺跡の石斧の組成………………………………………………………138
表14　縄文時代晩期の石斧消費地における蛇紋岩製石斧の組成………………………138
表15　弥生時代中期における磨製石斧の石材比率………………………………………138

### 第5章
表16　弥生時代の黒曜石製石器集成………………………………………………………163
表17　信州地方から関東地方における信州系黒曜石の原産地組成……………………180
表18　縄文時代から弥生時代における本州東南部の集落群の動態……………………183
表19　神津島産黒曜石の剥片と石核にみる礫面の残存率………………………………189

### 第6章
表20　使用痕の分類…………………………………………………………………………205
表21　黒曜石製石鏃の石材原産地組成……………………………………………………213
表22　打製石鏃の型式別石材組成…………………………………………………………213

表23　打製石鏃の型式と黒曜石の石材原産地組成……………………………………213
表24　神奈川県赤坂遺跡出土の魚類遺体……………………………………………216
表25　東日本における縄文時代中期から弥生時代の出土動物遺体…………………217

# 序章　東日本弥生文化における石器研究の視点

　弥生文化には金属器・水田稲作・戦いのイメージが伴い、縄文文化の狩猟・採集生活というイメージとは大きく異なる。こうした弥生社会像が形成された背景には、九州地方北部や近畿地方における出土遺構・遺物、および、それら資料に基づいた研究成果の果たした役割が大きい。しかし、東日本各地で弥生時代の資料が増加してくるにつれて、日本列島にも様々な弥生文化が存在していることが明らかになってきた。本書は、既存の弥生文化研究で取り上げられることが少なかった東日本を対象として石器を分析し、そこから抽出される地域性・文化の継続性をもとに東日本弥生社会の基幹構造について論ずるものである。

## 第1節　「弥生社会」像と石器研究

### 1　石器からみる弥生社会

　弥生文化は、狩猟採集文化から農耕文化への変化という生業の変換、そして石器文化から鉄器文化への移行という大きな転換のなかに位置する。生業や利器の大きな変化は、列島内の縄文文化からの内在的な発展だけではなく、朝鮮半島や中国大陸など、日本列島以外の地からの影響も極めて大きい。

　これまで、弥生文化の研究では、外来からの文化要素の導入、およびその後の日本列島内での水田稲作をはじめとする、弥生文化の拡散や変容について議論される傾向があった。その背景には、弥生文化が、狩猟採集社会である縄文時代から階級社会である古墳時代への過渡期の文化であると認識されてきたためである。

　日本考古学研究の初期である明治時代には、人種論や民族論が議論の中心であったが、大正時代から昭和時代初期には、大正アカデミズムの影響を受け、考古学から先史社会の経済・産業論が語られるようになった。例えば弥生時代の遺跡には、土器や石器や青銅器などを集中的に作る都市的な集落があることを森本六爾は述べた（森本1934）。また、弥生時代には遠路流通する物資が増えたため、専門的な交易業者が存在したと想定し、社会成員の階級や系統によって物資の流通に隔たりが生じたと八幡一郎は指摘した（八幡1938）。こうした研究で常に指摘されてきたのは、縄文時代と弥生時代の相違であり、社会の発展過程の強調である。つまり、そこには生活物資すべてを自給自足で賄う縄文社会像と、社会の階級に応じた物資の獲得およびその生産活動が異なる弥生社会像の対峙的な姿がある。

　弥生社会を検討するための物質資料は様々であり、土器や石器をはじめ、金属器などの遺物、竪穴住居や墓などの遺構などが研究の対象となる。このなかで、本書では石器に焦点をあて、分

析を進めていく。

　石器には、土器や青銅器など他の考古資料にはない特徴がある。それは、石材の獲得から廃棄にいたるまで、種々の痕跡資料を遺跡に残している点である。まず、土器や金属器も自然界に存在する資源をもとに製作されるが、その資源の産出地を特定することは非常に難しい。さらに土器の場合には、その製作址が検出されることは稀であり、型式学的に主要分布域を限定し、そのなかで土器の胎土から製作地を限定するしかない。しかし、石器は理化学的分析手法による産地推定や石材産出地の踏査が進み、産出地を限定することができる。つまり、こうした産出地と集落などの廃棄地とが点と点で結ばれる。そして、石器製作遺跡の調査例も増加したことで、産出地・製作地・消費地を構造的に分析することが可能となった。こうした分析の視点は、他の考古資料にはない石器研究の特徴である。

　これまで、特に弥生社会の研究では集落間の相互の関連性に重点が置かれてきた。近藤義郎が指摘した大規模集落の形成過程における単位集団の再生産プロセス研究（近藤1959）や田中義昭が指摘した、大型集落である拠点集落とその周りの周辺集落の関係などは、その代表的な研究である（田中1976）。こうした研究において、大型拠点集落と小型の周辺集落の間には、石器などの物資の需給関係が常に想定されていた。石器の完成品および未成品、剥片等の流通に関わる構造的な分析は、集落間および地域間交流の様相を明らかにできる分析方法だといえる。

## 2　石器の生産・流通に関する研究史

　社会を支える共同体の形成とその発達に関して、集落の研究は共同体間の結びつきを経済的に捉えようとする視点で始まった。それは、物資の流通論が、弥生時代の社会像をより具現化させていくことにつながると考えられたためである。とりわけ石器や木器などの日常的な実用物資と青銅器などの非実用物資との受容と供給のバランスが、集落間の分業によって成り立っている点が問題視されるようになった。

　戦前、中山平次郎は福岡県福岡市立岩遺跡および今山遺跡の石器製作址の検討を行った。この研究は、集落間の分業論に1つの方向性を示し、弥生時代の石器の生産流通論のモデルとなった。中山は立岩遺跡で磨製石庖丁の未成品を、今山遺跡で磨製石斧の未成品を大量に採集した。そして磨製石器（石庖丁と石斧）の製作工程を復元するとともに、立岩遺跡が石庖丁の製作址、今山遺跡が磨製石斧の製作址であることを明らかにした。こうした考古学的事象をもとにして、遺跡で専業的に石器製作を行う者が、周辺の集落に完成品の磨製石器を配布したと想定した（中山1931・1934）。

　この立岩遺跡・今山遺跡における石器の流通を他の考古資料の分布と併せて検討し、弥生社会における石器の流通が果たした役割について具体的に示したのは、下條信行である。下條は立岩遺跡の石庖丁を巡る議論のなかで、製作地および消費地における石器の分析を行い、石器製作の専業論を主張した。例えば、北部九州の内陸部に位置している立岩堀田遺跡では、当時の先進地域であった玄界灘沿岸の地域と同様の10面の中国鏡など大量の大陸系文物が出土した。内陸部

での特異な青銅文物の出土の背景について、下條は石庖丁の専業的な石器製作体制、そして半独占的な流通が同遺跡の甕棺に埋葬された人物によって行われたために、非日常的物資である鏡が入手可能であったと指摘した（下條1983：91-92頁）。銅矛・銅戈や磨製石器などの特定物資の生産が、中国鏡や朝鮮半島製の青銅武器類を副葬する、特殊な甕棺墓の被葬者のもとで行われていたとする和島誠一の想定（和島1966）を下條は具体的に検証し、石器の生産流通論を政治・経済史的視点のもとでまとめあげていった。

　立岩遺跡・今山遺跡が提示する流通の構造は、特定の石器生産遺跡を起点とした一元的な物資の流通が周辺地域の結束を促したとするモデルといえる。一方、近畿地方では異なる弥生社会像が提示された。酒井龍一は、近畿地方の弥生時代中期に磨製石庖丁の石材に地域性があることを指摘した。その地域性とは、結晶片岩を用いる近畿地方南部、粘板岩を用いる近畿地方北部、サヌカイトを用いる播磨以西である。そして、近畿地方南部の遺跡群では、共通の石材提供地を有しており、石器素材や製作途上品が安定的にそれぞれの集落内に持ち込まれ、石器製作・消費が行われているとした（酒井1974）。そして、製作された物資は他の地域の特産品とでもいうべき生産物と交換し、自らの集落の不足品を補完し合う社会構造（畿内大社会）を想定した（酒井1978）。

　その後、近畿地方では石庖丁が石器研究の中心となり、大阪府和泉市池上曽根遺跡の発掘調査を契機に研究は大きく進展した。池上曽根遺跡からは大量の磨製石庖丁の未成品が出土している。秋山浩二と仲原知之は池上曽根遺跡の石庖丁の製作工程を復元するとともに、周辺遺跡における未成品の出土状況を再検討した（秋山・仲原1998・1999、仲原2000）。その結果石器素材は、いわゆる拠点集落である大型集落からのみ出土し、周囲に点在する衛星的集落である小型集落からは、粗割ないしは剥離整形の段階の未成品が出土することが明らかになった。これにより、酒井が想定したような均一した石材消費ではなかったことが示された。拠点集落は、特定の石材産出地から石器素材を入手し、調整加工を行い自ら消費する一方で、整形段階の未成品を周囲の衛星的集落へと搬出するというモデルを提示し、物資の流通構造における拠点集落の位置付けを行った。

　池上曽根遺跡を巡る議論は、各地で検出された大型集落とともに弥生都市論へと展開した。弥生都市論を積極的に述べた広瀬和雄は、水田開発時の共同労働の指揮、および渇水時の水利権を巡る集団間の争いを回避するために、共同体が首長を必然的に生み出していく過程を説明した。そして、その首長のなかから更に上位の首長（大首長）を選び出すことにより、対外的な関係を築いていき、階層化したネットワーク社会が形成され、分業的・専業的な生産活動がより進むとした（広瀬1997）。例えば、立岩遺跡・今山遺跡の磨製石器の流通についても、高い交換価値を生み出す工人集団を抱えていた首長が、広域流通網にその産物をのせた結果として、安定した石器の周辺集落への流通を想定している。一方で、広域流通網にのせる文物については、共同体内において首長主導のもとで農閑期における専業的生産を進め、首長は自らの指揮の下で財を確保するとともに、他の首長と交換によって入手した物資を、農民に行き渡らせるという再分配構造を示した（広瀬2003：46-47頁）。

広瀬の見解以前にも、共同体間の分業体制下において首長が果す役割を都出比呂志は指摘している（都出1989）。しかし、都出は弥生時代を首長制の段階としており、物流の構造は互酬原理に基づき、共同体内部において再分配構造になるとした（都出1996：12-14頁）。都出の考えは、大首長の存在有無に関して広瀬と異なり、流通構造の想定に違いがある。また、寺前直人は奈良県田原本町の唐古・鍵遺跡の石庖丁を分析するなかで、大型集落とされる唐古・鍵遺跡の内部において、地区ごとに使用する石材の相違を明らかにした。それを根拠に広瀬が想定した「首長による石器素材の一括入手」を否定し、遺跡内の各地区集団ごとに独自に石器の素材を入手している状況を説明した。また、未成品率も各地区で差異がないことから、相対的に自立した石器製作を行っていたことを指摘した（寺前2006：112-118頁）。

首長を介在させた石器の流通論は、西日本で大規模集落の検出が相次いだ1980年代以降に提示されたものであり、政治史的視点から弥生時代の経済的枠組みを説明してきた。しかし、こうしたモデルの流通論が汎列島的に適応可能なのかどうかについては、更なる検討を要する。

## 第2節　弥生文化研究の複眼的視点

### 1　地域文化の多様性

第1節でみたように、これまでの弥生文化研究の枠組みは、西日本における発掘調査事例や研究成果をもとにしたものである。そしてその時代像は、水田稲作の開始・富の備蓄・階級社会への発展と展開し、その終着点は大型の前方後円墳の築造となる政治史的視点での日本列島の歴史像である。こうした研究動向に対して、東日本を対象とした弥生文化研究は、あくまでも地域研究の事例として理解されてきた。数多く検出される環濠集落やそれに伴う一括資料などは、しばしば日本史の教科書等にも登場するにも関わらず、弥生時代の社会像は政治史的歴史観を色濃く出した「稲作・金属器・戦争の社会」として彩られていき、東日本は弥生文化の後進地域としてしか理解されてこなかったともいえる。

しかし、こうした文化の後進地域という理解そのものが、当然ながら改められなくてはならない。重要なのは、縄文文化から弥生文化への移行期の社会を支えた人々の姿を理解することである。逆にいえば、いち早く転換し新たな社会構造へと移り変わりを評価するだけでは十分とはいえないのである。

民俗学者である坪井洋文は、日本の文化研究では一元的発展論や異系・異質の複合文化論の視点からだけではなく、日本の＜内＞における文化の比較を通して類型化を行い、そのうえで日本の＜外＞との比較研究を行わなければならないと指摘している（坪井1982：61頁）。

民俗学における日本列島の文化の多元的理解に対して、考古学的手法を用いた藤本強も日本列島内の文化の多様性を指摘している。藤本はその著作『擦文文化』、『もう二つの日本文化』のなかで、稲作をはじめた弥生時代以降に日本列島は3つの文化に分かれ、「北の文化」・「中の文化」・「南の文化」が併存する地域であるとした（藤本1982、1988）。農耕社会以前では若干の差異

はあるものの、日本列島の文化は狩猟・採集・漁撈を基礎として、自然と調和し自然を利用する文化であった。しかし、弥生時代になると、日本列島には採集・狩猟・漁撈を中心とする北海道の「北の文化」と沖縄などの「南の文化」、そして農耕を基盤とした本州・九州・四国の「中の文化」が併存することになる。そのうえで、これまでの日本列島の歴史は「中の文化」の評価に過ぎないと述べた。

その「中の文化」として語られてきた歴史像についても、地政学的に常に東西の二項対立軸が大きく影を落としている。弥生時代の研究例をみても、西日本を文化の先進地域・東日本を文化の後進地域として研究者らが認識していた（春成1999：24頁）。文化の後進地域とされた東日本においても、その後多くの発掘調査や研究が蓄積した結果、西日本の弥生文化と異同が明らかになり、東日本に特有の弥生文化があることが認識されはじめた。こうしたことで「東日本の弥生文化」から「弥生文化における東日本」へと研究の視点が変化しつつある。

## 2　弥生文化の系譜

日本列島における弥生文化の地域的な多様性を検討するとともに、弥生文化に内在する多様性についても改めて検討する必要がある。弥生文化には水稲耕作・金属器・大陸系磨製石器群・織物技術などの、縄文時代にはみられない新たな文化要素が備えられている（近藤1962：144頁）。そのため、これまでの弥生文化研究の主たる課題は、新しい文化要素の日本列島各地域における拡散、および各地域における受容プロセスを解明・検証することにあった。こうした研究動向は、確かに文化の転換期を研究するうえでは正鵠を射ているが、そこで得られる成果が一面的でしかないことも事実である。つまり、新たな文化要素に取って代わられる古い文化要素の検討が未着手のまま残されている。この点にも着目して文化の転換を捉え、複眼的に考察する必要がある。

弥生文化を構成する要素に3種あることは、山内清男や佐原眞により早くから指摘されていた（山内1932：48頁、佐原1975：137頁）。その3種とは、以下のとおりである。

1：「大陸から伝播した要素」
2：「縄文文化から伝統として受け継いだ要素」
3：「弥生文化独自に発達した要素」

山内と佐原は、弥生文化そのものにこの3種が存在することを詳細に検討し、弥生文化が様々な文化要素の複合体として成立していることを指摘した。そして、こうした3つの要素は、大陸的要素を色濃く残す九州地方北部の弥生時代前期にも含まれていることが弥生文化の特徴であるとした。九州地方北部では、板付式土器とともに「大陸から伝播したもの」として朝鮮式磨製石鏃・石庖丁・磨製石斧、「縄文時代以来のもの」として打製石鏃・打製刃器、「独自に発達したもの」として打製石槍が伴っている。

弥生文化研究では常に大陸的要素のみに注目が集まるが、一方で縄文時代からの要素を引き続き残した文化の複合構造体であることを改めて認識する必要があろう。しかし、この佐原の指摘にも関わらず、弥生文化研究では縄文時代から残る文化要素を改めて問い直すことは少ない。そ

こで、縄文文化からの要素および独自に発達した要素についても本研究では、検討を加える必要がある。

## 第3節　本研究の対象と分析手法

### 1　分析の対象

　本書の研究対象地域は東日本である。壺形土器・甕形土器の器種構成からなる遠賀川式土器は弥生時代前期に九州地方北部で成立し、おおよそ伊勢湾から若狭湾を結ぶラインよりも西側の地域（以後、この地域を"西日本"と呼称する）に伝播した。この遠賀川式土器の伝播が認められない地域を本研究では"東日本"と呼称する[1]。東日本のなかでも東北地方、関東地方、中部地方の石器の生産と流通を分析し、弥生文化における東日本の特質を導き出すこととしたい。

　本書で対象とする石器の時期は供伴する弥生土器に求める。表1には、本章のみならず本書全体における時間軸について弥生土器の編年を示した。時期名については、弥生時代前期（Ⅰ期）、弥生時代中期前葉（Ⅱ期）、中期中葉（Ⅲ期）、中期後葉（Ⅳ期）、後期（Ⅴ期）として呼称し、更に細分する場合は、その都度説明を加える。

### 2　弥生時代の石器

　弥生時代の石器には、山内清男や佐原眞の指摘にみるように3つの系統がある。1つ目は中国大陸や朝鮮半島にその系譜が求められる磨製石器類である。いわゆる「大陸系磨製石器」である。2つ目は、その形態・石材・製作技法が変わることがなく、縄文時代の石器類にその系譜が求められる打製および磨製の石器類である。これを本論では「縄文系石器」と呼ぶこととする。その

表1　縄文時代晩期から弥生時代後期の土器編年

| 時代/地域 | 東北北部・日本海側 | 仙台湾沿岸 | 福島中通 | 福島浜通 | 関東南部 | 関東北部 | 東海東部 | 信州北部 | 北　陸 | 伊勢湾 | 近　畿 |
|---|---|---|---|---|---|---|---|---|---|---|---|
| 縄文時代晩期 | 大洞A' |  |  |  | 千網式 |  | 氷Ⅰ式 |  |  | 馬見塚 | 船橋式 |
| 弥生時代前期 | 砂沢式・生石2式 | 十三塚東D式 |  | 御代田式 | 堂山式 | 沖式 | 樫王式/水神平式 | 氷Ⅱ式 | 柴山出村式 | 遠賀川式/樫王式/水神平式 | Ⅰ期 |
| 弥生時代中期前葉 | 二枚橋式宇鉄Ⅱ式 | 原式 | 今和泉式孫六橋式 | 岩下A式 | 堂山式平沢式 | 岩櫃山上敷免式 | 丸子式 | (新諏訪町)松節式 | (吉崎・次場N-2)矢木ジワリ式 | 朝日式岩滑式 | Ⅱ期 |
| 弥生時代中期中葉 | 田舎館 | 高田B式中在家南式 | 南御山2式二ツ釜式 | 龍門寺式 | 中里式 | 池上式 | (有東16次) | 阿島栗林1式 | (八日地方7期) | 貝田町式 | Ⅲ期 |
| 弥生時代中期後葉 | 宇津ノ台式 | 十三塚式 | 川原町口式桜井式/天神原式 |  | 宮ノ台式 | 北島式 | 有東式(瀬名13層) | 栗林2式栗林3式 | 磯部運動公園式専光寺式戸水B式 | 高蔵式 | Ⅳ期 |
| 弥生時代後期 |  |  | 天王山式 |  | 久ケ原式 | 樽式 | 登呂式 | 吉田式 | 猫橋式 | 山中式 | Ⅴ期 |

他に縄文系石器と大陸系磨製石器が折衷・融合もしくは独自に発達した石器類がある。これを本書では「折衷系石器」と呼ぶこととする。

## （1）　大陸系磨製石器

　朝鮮半島、さらに遡れば中国大陸に起源がある石器群の名称には、当初各研究者により様々な呼称が与えられていた。森本六爾は「磨製大陸的形態」（森本1935）と呼び、小林行雄は「大陸系石器」（小林1947）と命名した。その後近藤義郎は、弥生時代に新しく現れる磨製石斧と同種のものが朝鮮・中国の新石器時代から初期金属器時代にかけて広く分布していることから、これらの石器に「大陸系磨製石器」の名称を用いた（近藤1960：34頁）。その他、藤田等が記した「大陸系石器」（藤田1964：81頁）や春成秀爾が指摘した「朝鮮系磨製石器」[2]など種々みられるが、現在は近藤が用いた「大陸系磨製石器」が普及している[3]。

　大陸系磨製石器は、用語としては普及しているにも関わらず、その言葉が指し示す具体的な石器の内容が明らかにされているとは言い難い。大陸系磨製石器は、鳥居龍蔵や梅原末治が指摘した石器類の総称（鳥居1918、梅原1922）として漠然と用いられており、弥生文化を示す代名詞のような使われ方をしている。大陸系磨製石器の定義については、近藤のほかには下條信行が簡潔にまとめている。下條は、「大陸系磨製石器とは中国や朝鮮半島などの東アジア大陸に出現・生成し、稲作とともに日本列島にもたらされた新たな磨製石器であり、日本列島内で形態的変容があろうとも出自・系譜がこれに該当するものは大陸系磨製石器である」と明快に述べている（下條1995：2頁）。また、主に東日本の弥生文化研究を進めている佐藤由起男や伊丹徹などは、日本列島内における形態の変容および器種の欠落などを重視し、大陸系磨製石器を「弥生系磨製石斧」（佐藤1999：265頁）、「大陸風磨製石斧」（伊丹2000：56頁）と呼称している。こうした見解に対して、筆者は下條の考えに従い、磨製石器で重要視すべきは石器の系譜であると考えている。朝鮮半島や中国大陸に系譜を持つ石器が日本列島各地において変化した姿は、それぞれの地域での受容の違いを示すと考えられ、伝播した初期の石器類と形態が朝鮮半島や九州地方北部の石器と異なるという理由でその名称を変える必要性はない。

　それでは、どのような石器器種が大陸系磨製石器に含まれるのであろうか。一般的に大陸系磨製石器に含まれる器種は、各研究者により異なる。以下にその一例を示してみる。

　　近藤義郎…太形蛤刃石斧・柱状片刃石斧・扁平片刃石斧・小型のみ状石斧（但し、近藤は木器加
　　　　工具について言及しているため、石斧のみを提示した。）（近藤1960）

　　森貞次郎…磨製片刃石斧・挟入石斧・石庖丁・石鎌・磨製石鏃・磨製石剣（森1966：60頁）

　　平井勝…石庖丁・蛤刃石斧・扁平片刃石斧・磨製石鏃（平井1991：10頁）

　　石川日出志…磨製石庖丁・太形蛤刃石斧・挟入柱状片刃石斧・扁平片刃石斧・ノミ形石斧（石
　　　　川1992）

　主に収穫具である石庖丁と木器製作に用いる磨製石斧、そして磨製の武器が大陸系磨製石器として認識されている。こうした認識は、鳥居・梅原の一連の研究に基づいている。一方で、下條は、次の器種を大陸系磨製石器としている。

下條信行…石庖丁・大型石庖丁・石鎌・太形蛤刃石斧・柱状片刃石斧・扁平片刃石斧・鑿状片刃石斧・有柄式磨製石剣・有茎式磨製石鏃（下條 1995：2-3頁）

　下條は、縄文時代晩期後半から弥生時代前期の板付Ⅰ式期の伐採斧は、その形態的特徴から縄文時代の伐採斧からの変化であり、朝鮮半島にみられる円筒斧（太形蛤刃石斧）は伝わらなかったとした（下條 1995：2頁）。この下條の認識は、それまでの学史に基づく漠然とした大陸系磨製石器の器種認定に対して、型式学的分析により導きだした成果として評価される。しかし、「大陸系磨製石器」の概念をどのように捉えるかにより、この太形蛤刃石斧に対する評価が異なるであろう。

　確かに、佐賀県唐津市菜畑遺跡での山ノ寺式期や夜臼式期、福岡県福岡市曲り田遺跡での夜臼式期の伐採斧には、横断面形が円形となる太形蛤刃石斧を見いだすことはできない。しかし、弥生時代前期の板付Ⅱ式期以降の遺跡では、断面形が円形となる型式の伐採斧が出土している。板付Ⅱ式に伴う伐採斧を太形蛤刃石斧と呼ぶことに異論を挟む余地はないであろう。

　大陸系磨製石器のすべての器種が一度に伝播したものではなく、朝鮮半島との複数回の交流によってもたらされたものであるという平井（平井 1991：10頁）の見解に筆者は同意する立場をとる。板付Ⅱ式期を含む前期末は鉄器・青銅器の導入、松菊里型住居の展開等、朝鮮半島との交流が最も頻繁に行われた時期の1つである。この時期に断面形が円形の太形蛤刃石斧が伝播したと考えられる。そこで、筆者は縄文時代晩期末から弥生時代早期に朝鮮半島から九州地方北部に伝播した磨製石器類を「初期大陸系磨製石器」[4]と呼び、それ以後に朝鮮半島との交流により伝播した磨製石器類を「大陸系磨製石器」と呼ぶこととしたい。つまり、縄文時代晩期後半から終末に伝播した器種と弥生時代前期に伝播した器種とが想定されるのであり、前者に存在しないという理由で、これまでの「大陸系磨製石器」という枠組みから除外するのではなく、石器の系譜が朝鮮半島等に求められる点を重視するべきであろう。また、この時期に伝播した布織りに用いる紡錘車も大陸系磨製石器に含めることができる。

　それゆえ、筆者は次の器種を大陸系磨製石器とする。

　石庖丁（図 1-1）・大型石庖丁（同図 2）・石鎌（同図 3）・太形蛤刃石斧（同図 4）・柱状片刃石斧・扁平片刃石斧（同図 5）・ノミ形石斧（同図 6）・有柄式磨製石剣（同図 7）・有茎式磨製石鏃・石製紡錘車

### （2）　縄文系石器

　縄文系石器とは、弥生時代に用いられた石器のなかで、その形態・石材・製作技法が縄文時代の石器に系譜を持つものである。打製石器では、打製石斧（同図 8）・石鏃（同図 11）・Used Flake（UFと略す）や Retouched Flake（RFと略す）などの剥片刃器（同図 10）・石錐（同図 12）であり、磨製石器では乳棒状磨製石斧・定角式磨製石斧であり、礫石器では磨石・石皿・敲石などである。

### （3）　折衷系石器

　折衷系石器とは、弥生時代において縄文系石器が変容したものや独自に発達した石器である。弥生時代には石鍬と呼ばれる石器がある。石材や製作技法の点では、縄文時代の打製石斧（打製

序章　東日本弥生文化における石器研究の視点

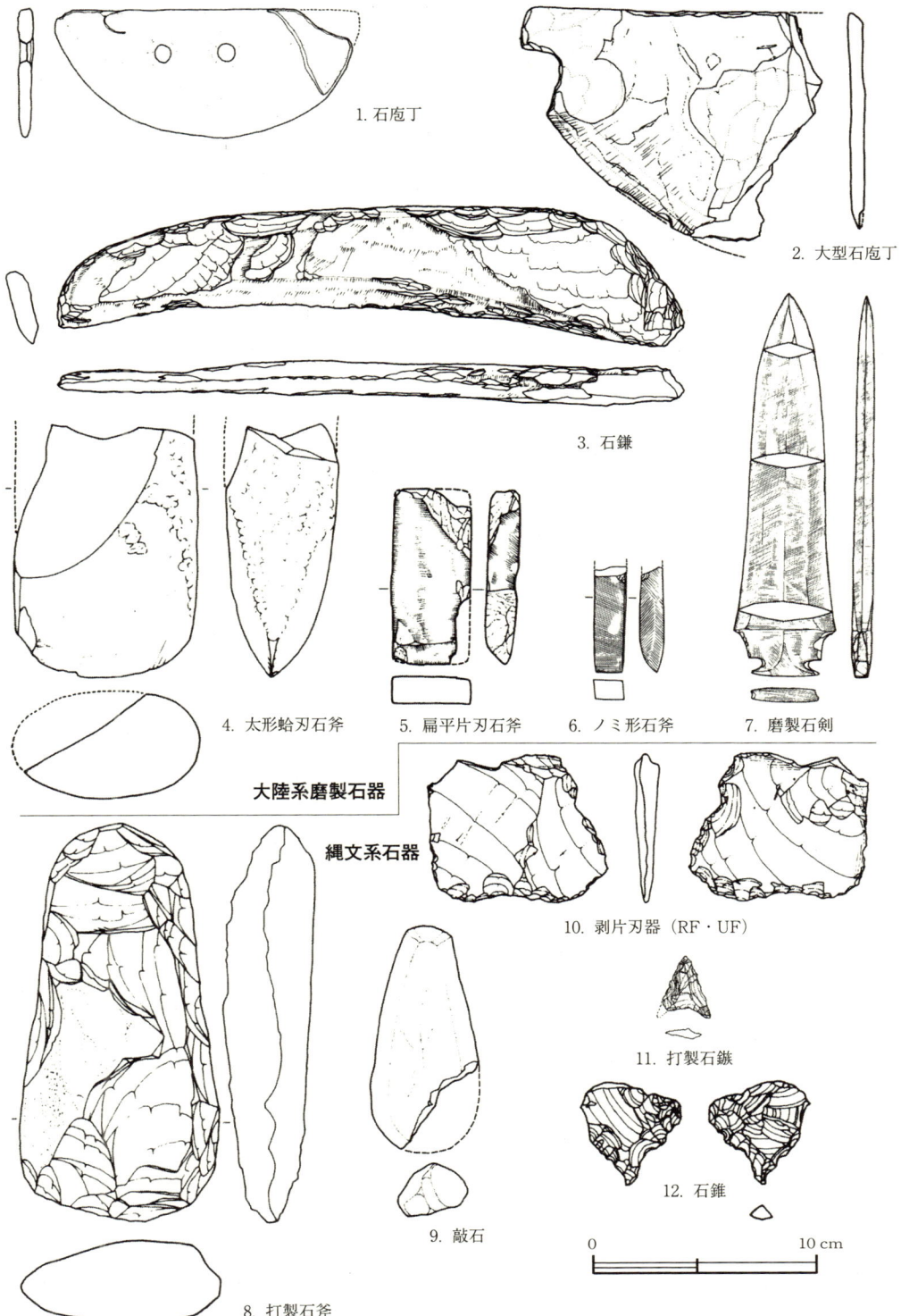

図1　弥生時代の石器

土掘具）と類似しているが、その法量が打製石斧よりも大型化している。石鍬は、石材や製作技法の点では縄文時代の打製石斧に系譜があるものの、農耕文化のなかで耕起具として用いられ、石器の大型化という変化が生じている。また、同じことは縄文時代の横刃型石器が大型化した安山岩製の大型直縁刃石器（斎野 1993・1994）についてもいえる。独自に発達した石器は、近畿地方のサヌカイト製の石小刀や打製短剣、信州地方から関東地方に多く出土する有孔石剣や有角石斧などである。

　本研究では、これまで議論されることが少なかった東日本出土の大陸系磨製石器に着目すると同時に、弥生文化の多様性を検討するために縄文系石器についても検討を行う。2つの系統の石器を中心に分析を進めることで弥生文化の複眼的検討が可能となる。

### 3　分析手法

　はじめに、第1章では東日本における大陸系磨製石器の伝播について検討を行う。大陸系磨製石器の伝播の問題は、地域における生活形態の転換と関連が深いと考えられるためである。

　次に第2章から4章にて東日本各地の石器の生産と流通について検討を行う。地域を大きく東北地方・東海地方東部ならびに関東地方・中部地方に分け、そのうえでさらに地域を細分し、石材の利用形態・石器の製作工程・製作される石器の器種を分析し、地域性の抽出を試みる。本分析における特徴は、石器群総体を対象として石器製作を捉えることにある。石器群総体とは、遺跡から出土する石器の全器種を意味している。これまでの石器の生産流通論は、特定の石器器種や特定の石器石材の検討を行い、その出土分布や流通構造の解明を行ってきた。こうした研究動向に対して、黒沢浩は特定石材のみを対象として、集団間のモデルを作り上げることを危惧し、各遺跡における石器製作工程を復元し、各遺跡での石器製作過程で生じた残滓のあり方などの分析を石器群全体にわたって行うべきであることを指摘した（黒沢 1995：94頁）。

　そもそも、遺跡出土の石器群総体を対象とする研究は、旧石器時代や縄文時代の石器研究において遺跡間を比較する場合に用いられる手法である。遺跡から出土する石器（完成品・未成品・剥片等）は、素材の搬入・搬出の行為・遺棄・廃棄の行為が累積した結果である（矢島 1977：102頁）。つまり「個体別資料」を石器製作行為の「最小単位」として考えると、1つの遺跡の石器群は石器製作行為の累積の結果とみることができる。また、1つの遺跡から時間と空間スケールを拡大してみるとそれぞれの石器群や石器集中部の単位が均一でない（及川 2006：2頁）。ある地理的範囲のなかで、複雑かつ多岐にわたって繰り広げられた石材の獲得と消費に関する行為の連鎖において認められる何らかのパターンに着目し、遺跡間のモノとヒトの動きを先史時代の生活様式のあり方や社会関係として理解していく必要がある（高倉 1999：77頁）。こうした石材利用・消費をめぐる複数の遺跡間での比較研究は、弥生時代の石器研究でこれまでほとんど行われて来なかった。

　石器の流通論では、地域・集落における石材の獲得から製作にいたるまでの石材利用の変化や搬出先となる地域との比較を進めなければならない。こうした分析を経ることで石器・石材流通

の背景にある生活様式や社会関係を読み取ることができる。

　そこで第1章では、大陸系磨製石器ならびに打製石器の石材利用に着目して石器群総体を視野に入れつつ分析を進める（図2）。この分析方法は、長野県長野市松原遺跡での分析方法を参考にした（町田2000）。松原遺跡では、弥生時代中期後葉の資料が石器・剥片類を含めて約13000点出土しており、石材の種類も多岐にわたっている。そこで石材の選択から石器の製作までの過程を製作技術的系列としてまとめて、用法を違えた別器種や石材を違えた同一器種を比較している。また、石材の種類と加工技術は密接な関係にあり、それらを整理し総合して評価し、石器の製作メカニズムの解明を試みている。石材と加工技術、そして製作される石器器種の結びつきが強い技術系を主要器種系列と呼び、顕著でないかもしくは偶発的に生成された技術系を副次的器種系列と呼び、遺跡における石材消費の構造的研究を進めている。

　第2章～第4章では、石材の選択・獲得から製作までを検討する。はじめに石器器種と特定石材の利用を検討する。そして、原石の採取から目的とする石器の器種が製作されるまでの石材消費の過程を石器製作系列と称する。一遺跡から出土する石器は、その器種ごとに石材が異なることが多いため、複数の石材ごとの石器製作系列の組み合わせがその遺跡の石器製作の構造を示している。この構造を「遺跡の石器製作」として理解する。遺跡ごとの石器製作を明らかにすることは、集落間・地域間の石器製作の比較につながる。こうした最小単位としての遺跡ないしは地域の石器製作体系を明らかにしたうえで、他地域から搬出もしくは搬入される石器を検討し、地域間交流を検討する。

　第5・6章では、縄文系石器の分析を行う。対象とするのは、主に関東地方から東海地方および信州地方における黒曜石製石器である。第5章では黒曜石製石器の流通構造に言及する。黒曜石の原産地推定分析の結果をもとに、縄文系石器の流通を検討する。この分析により、大陸系磨製石器の流通構造の評価の相対化が期待できる。第6章では、黒曜石の消費形態を分析する。黒曜石製石器の組成の変化と石材産地との関連性の問題を検討し、その後に剥片石器について法量分析および顕微鏡による石器の使用痕観察を行い、剥片刃器を生業活動のなかに位置付けたい。

　本書全体におけるテーマは、石器を巡る地域間交流の研究から「東日本の弥生社会」を解明することにある。それは、単純に新しい文化要素が古い文化要素を駆逐する姿を捉えるだけではなく、時には2つの文化要素が共存する姿から、日本列島各地の多様な弥生社会が見えてくるであろう。

### 註
1）北海道島には現段階のところ、水田稲作の痕跡など弥生文化にみられる考古資料はなく、続縄文文化の地域として一般的に認識されている。本論で述べる石器類は北海道島で出土しないため、本書の分析の対象外とする。
2）春成秀爾は、1992年に開催された埋蔵文化財研究集会「弥生時代の石器」の席上にて、水田稲作を伴う大陸系磨製石器については、サハリンなど北方地域から伝播した石器群と区別するために「朝鮮系

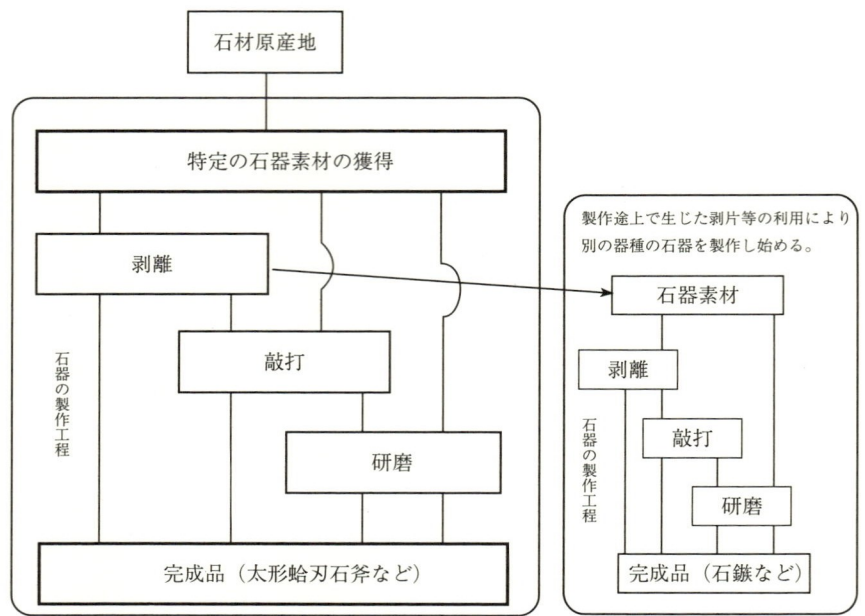

1つの石材を利用して、その製作工程に応じて複数の器種の石器を製作する構造を「石器製作系列」と呼称する。
石器に用いられる石材ごとに系列は存在し、他の器種を製作する石材もあれば、製作しない石材もある。
それぞれの石材に適応した石器製作技術が施される。
これら複数の石器製作系列がまとまり、遺跡での石器製作の在り方を示す

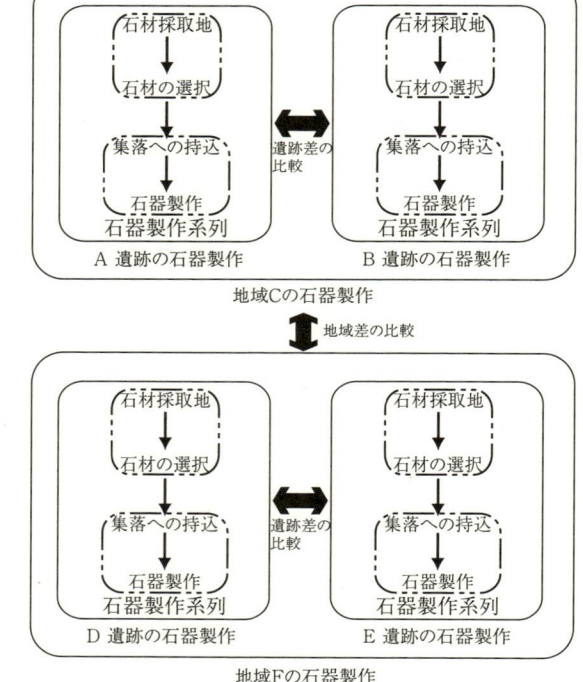

図2　石器のライフヒストリーと石器製作の構造

磨製石器」の用語を用いることを提唱した（襧宜田 1993）。

3 ）大陸系磨製石器の系譜と名称については、種定淳介（種定 1991）・下條信行（下條 1988）・石川日出志（1996a）が弥生時代の石器研究史をまとめるなかでその概要を明らかにしている。

4 ）本稿で初期大陸系磨製石器と呼ぶのは、縄文時代晩期後半から弥生時代早期にかけて朝鮮半島より伝わった石器類を指す。大陸系磨製石器として分類される石器のなかには、この初期大陸系磨製石器に含まれない資料もある（たとえば、磨製石鎌など）。こうした資料は、弥生時代前期以降の朝鮮半島と交流のなかで伝わった可能性が高い。もちろん発掘調査区の面積の関係で、未検出にすぎない可能性もあるが、大陸系磨製石器の用語は、弥生時代に朝鮮半島との交流で伝播した石器を示すと考えておく。

# 第1章　東日本における大陸系磨製石器の展開

　縄文時代から弥生時代への移行期の日本列島は、主に土器型式から3つの地域に分けることができる（図3）。第1は九州地方北部を起点として、弥生時代前期に西日本に広がる遠賀川式土器の分布圏であり、第2は伊勢湾沿岸の東岸域から東北地方南部に広がる条痕文土器・浮線文土器の分布圏であり、第3は東北中北部に広がる大洞式土器の分布圏である。

　縄文時代晩期終末に、朝鮮半島南部から九州地方北部へ伝わった大陸系磨製石器は、同時に伝来した水田稲作の経営技術とともに、弥生時代前期に第1の遠賀川式土器の分布圏に伝播した。しかし、石器研究がいろいろな側面から進められているなかで、大陸系磨製石器が遠賀川式土器の分布圏外に伝播した時期やその石器の器種構成などは、明らかになっていない。

　かつて、日本列島における大陸系磨製石器の出現の問題は、埋蔵文化財研究会（埋蔵文化財研究会 1992）や『考古学ジャーナル』（下條編 1995）において特集された。そのなかで、東日本への大陸系磨製石器の伝播は、弥生時代中期からであるとされた。しかし、近年の東日本における発掘調査報告の増加にともない、西日本からの段階的な大陸系磨製石器の伝播とする見解を再検討する必要がある。本章では「大陸系磨製石器」について、東日本の各地域における出現時期と器種構成ならびに西日本との差異についても明らかにする。

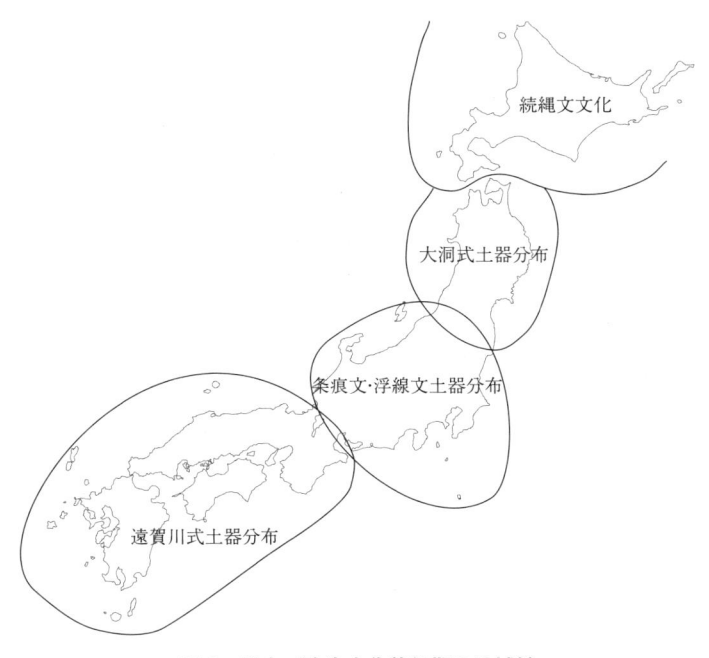

**図3　縄文／弥生文化移行期の地域性**

## 第1節　西日本における大陸系磨製石器の出現

　遠賀川式土器が分布する地域では、弥生文化の開始期の研究がすでに多く蓄積している。石器についても詳細な論考（出原1999、寺前2001）が近年発表されているので、それらを参考にしていきたい。

### 1　出現時の石器群

　図4には、九州地方北部から近畿地方の弥生時代前期に属する大陸系磨製石器と、関連する朝鮮半島の松菊里遺跡の磨製石器を示した。九州地方北部では磨製石斧・石庖丁・磨製武器形石器・紡錘車が出土する。瀬戸内地方・近畿地方では、九州地方北部の磨製石器群から欠落する器種が存在している。図に提示した瀬戸内地方・四国地方・近畿地方の4遺跡において共通して出土している大陸系磨製石器は、石庖丁・太形蛤刃石斧・扁平片刃石斧である。高知県南国市田村遺跡を例にとると、柱状片刃石斧は前期初頭の遺構からは出土せず、その出現は一段階遅れる（出原1986）。磨製石剣は、田村遺跡と同時期と推定される高知県高知市北秦前寺遺跡で有柄式磨製石剣が採集されており、四国地方南部・瀬戸内地方中部・近畿地方で前期初頭から伴う石器と考えられる。一方、磨製石鏃は分布に地域差がある。有茎式磨製石鏃の分布の中心は、九州地方北部を除くと四国地域を含む瀬戸内海沿岸である。長峰Ⅰa式ないしはⅠb式と称される弥生時代前期初頭に伴う形態（下條1991：73頁）が香川県坂出市下川津遺跡や岡山県岡山市百間川原尾島遺跡で出土している。

　一方、近畿地方では、兵庫県神戸市大開遺跡（前田1993）など弥生時代前期前半の集落で磨製石鏃が出土することはなく、前期後半から出土する（同図19）（寺前1999）。そのほかの石器では、石製紡錘車が香川県さぬき市鴨部・川田遺跡から出土している（同図44、森下2002）。紡錘車にはその素材として石製と土製とがある。九州地方北部の縄文時代晩期・弥生時代前期初頭の紡錘車は石製が主であり、朝鮮半島と類似している。しかし、弥生時代前期前半の田村遺跡や大開遺跡では、土製の紡錘車が多数出土しており、道具の機能・形態が伝播するなかで道具の用材が石から土へと変化している。

### 2　石器器種の選択的受容

　弥生時代早期の突帯文土器期では、石庖丁など大陸系磨製石器が単独で出土する例が多く、複数の石器の器種構成で出土することはない。それらが揃うのは弥生時代前期初頭である。しかし、この時期に日本列島に伝播した器種にはすでに地域差がみられる。例えば、遠賀川式土器の分布の東限に近い愛知県一宮市山中遺跡では、九州から近畿地方において他の石器群に伴う磨製石剣が確認されず、太形蛤刃石斧・扁平片刃石斧・抉入柱状片刃石斧の石斧のみが出土している（服部1992）。つまり、新技術体系に対する在来社会側の需要の高さと選択性（寺前2001：45頁）にし

第1章　東日本における大陸系磨製石器の展開　17

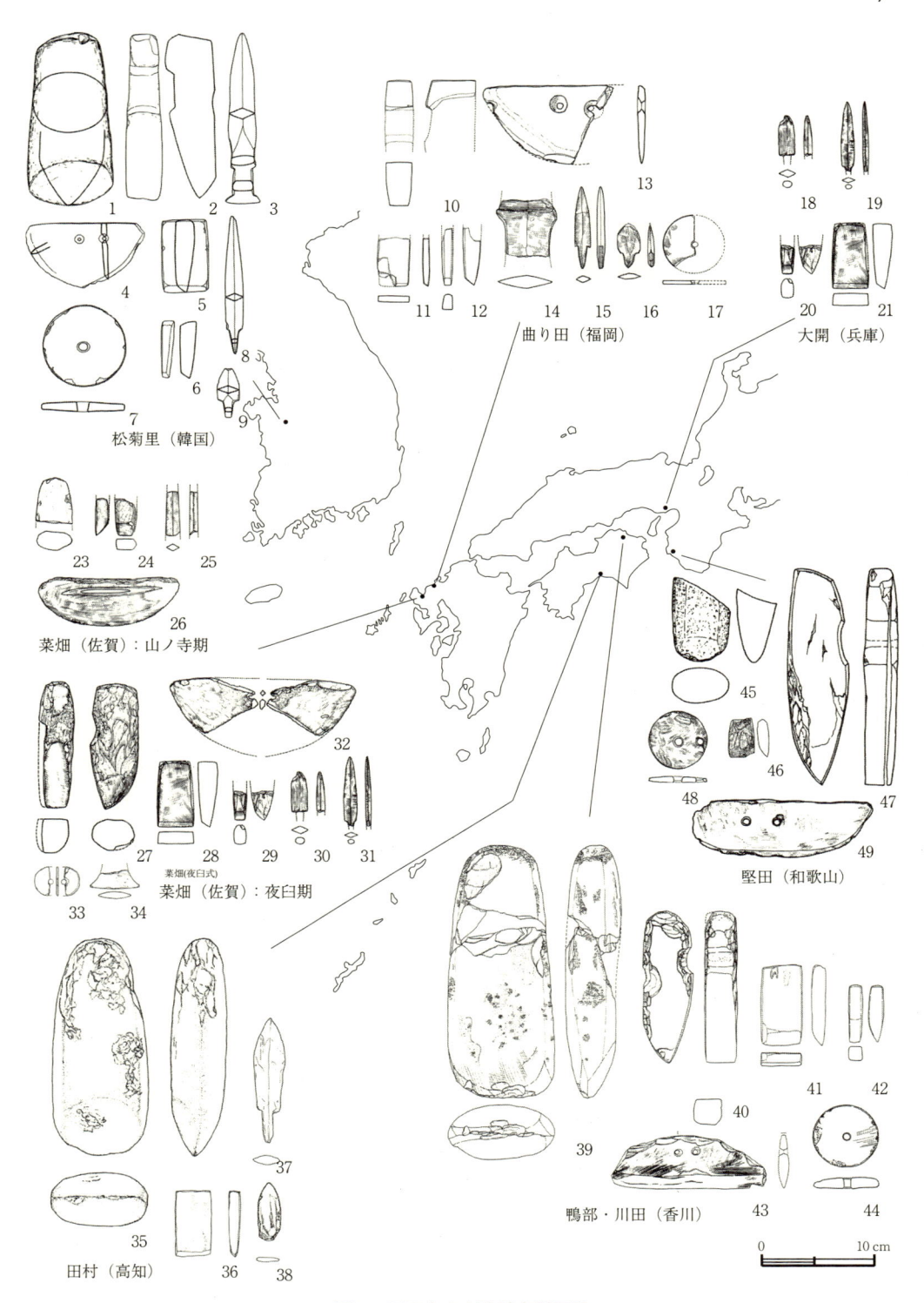

曲り田（福岡）

大開（兵庫）

松菊里（韓国）

菜畑（佐賀）：山ノ寺期

堅田（和歌山）

菜畑（佐賀）：夜臼期

鴨部・川田（香川）

田村（高知）

0　　10 cm

図4　西日本の大陸系磨製石器

たがって、弥生時代早期に九州地方北部へ伝わった大陸系磨製石器は、器種構成や石器の形態が変容していったのである。

## 第2節　東日本における大陸系磨製石器の出現

　西日本では、地域により部分的に石器器種の欠落はあるものの、弥生時代前期において両刃石斧・片刃石斧・石庖丁が新たな道具として導入される。また同時期の水田遺構が各地で検出されており、水田稲作を中心とした生業形態の転換が様々な側面で認められる。

　東日本でも大陸系磨製石器の伝播は弥生時代前期から認められる。しかも、地域により器種に偏りがある。大陸系磨製石器が東日本で最も早く出現するのは、西日本から最も遠い東北地方北部である。つまり、大陸系磨製石器は西日本からリレー式に東日本へもたらされたわけではない。

### 1　東北地方北部における大陸系磨製石器の出現

　図5に東北地方北部の大陸系磨製石器を12点示した[1]。これらは、縄文時代晩期終末の大洞A'式土器から弥生時代前期の砂沢式土器およびその直後に伴う磨製石斧である（巻頭写真2）。提示した石器のほかに、山形県酒田市生石2遺跡では弥生時代前期の太形蛤刃石斧の破片1点（安部ほか1987）、岩手県二戸市沼久保遺跡で採集資料1点（酒井1986）、岩手県九戸郡軽米町馬場野Ⅱ遺跡で太形蛤刃石斧の基部片2点が出土している（工藤1986）[2]。

　これらの石器の分布は、青森県東部から岩手県北部を流れる馬淵川・新井田川およびその支流域に集中している。提示した石斧の多くは、遺構外からの出土や表採資料であり、時期を限定することが可能な遺構内出土資料は少ない。時期が特定できるのは、岩手県二戸市似鳥遺跡のRA（竪穴住居）103、RA104出土資料（同図1・2、門島2000）、青森県八戸市牛ヶ沢（4）遺跡2号住居出土資料（同図4、村木1997）、馬場野Ⅱ遺跡KⅥ-3号住居出土資料（同図7・8）、荒谷遺跡、岩手県九戸郡軽米町君成田Ⅳ遺跡J55号住居出土資料[3]（同図9、遠藤1983）である。遺物の時期は、似鳥遺跡出土の石斧を除いて弥生時代前期の砂沢式土器期である。

　荒谷遺跡からは、調査区A区の配石遺構の下位から挟入柱状片刃石斧がメノウの原石が入った埋設土器の横に添えられたような形で出土した（図6）。挟入柱状片刃石斧は石斧の後主面側が上を向いて出土していることから、柄から取り外された状態で、メノウの原石とともに埋設された様相を呈している（水野2007）。

　図5の1の似鳥遺跡の石斧は、縄文時代晩期末から弥生時代初頭の竪穴住居址（以後略して住居址とする）に切られる住居址（RA103）から出土しており、大洞A'式以前の可能性がある資料である。

　東北地方北部における大陸系磨製石器の特徴は、縄文時代晩期終末から弥生時代前期に太形蛤刃石斧および挟入柱状片刃石斧などの磨製石斧のみが出土することである。しかし、同時期の両刃石斧のなかで太形蛤刃石斧が占める割合は低く、1遺跡からの出土量は数点程度であり、両刃

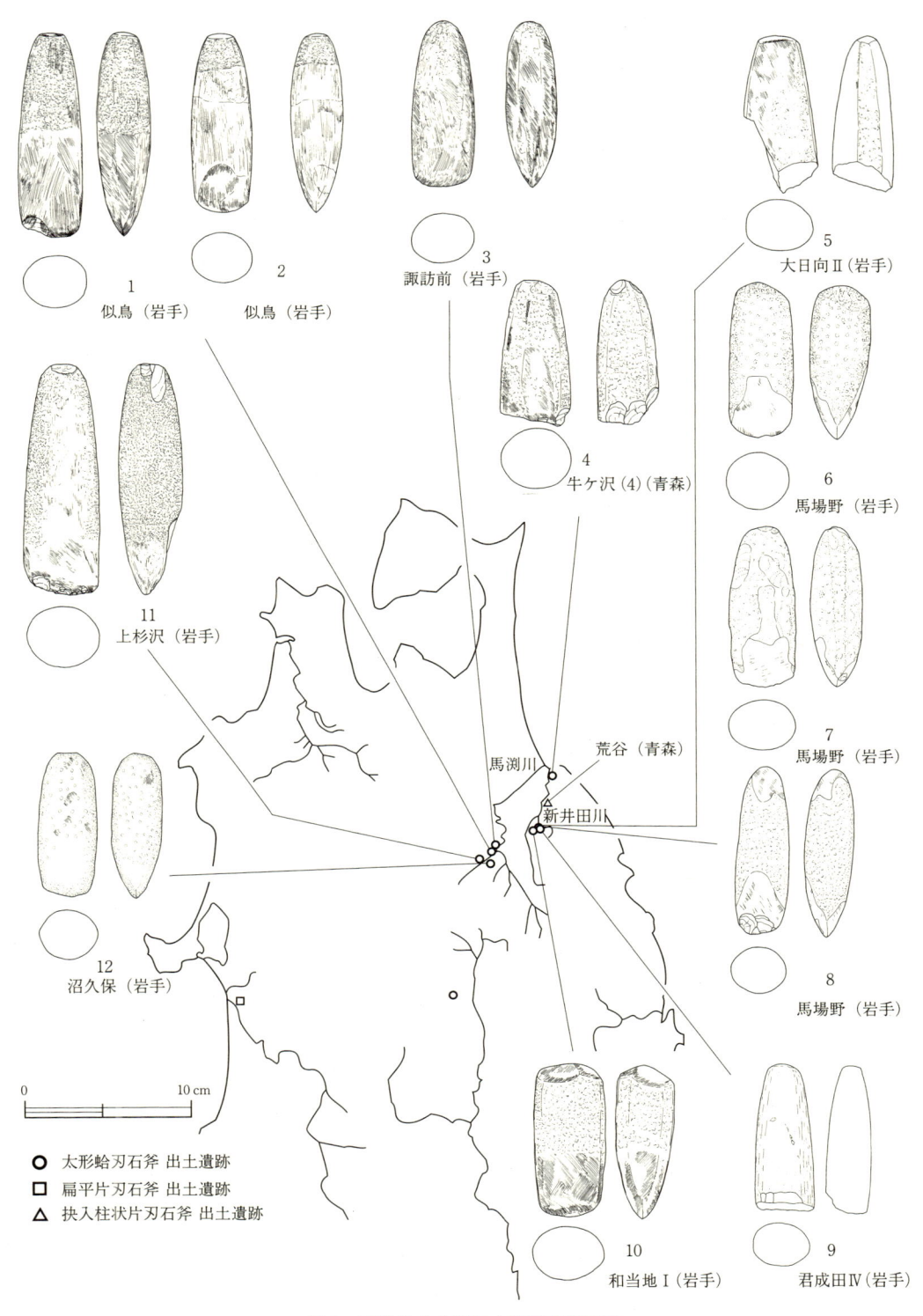

第1章　東日本における大陸系磨製石器の展開　19

図5　東北地方北部の大陸系磨製石器

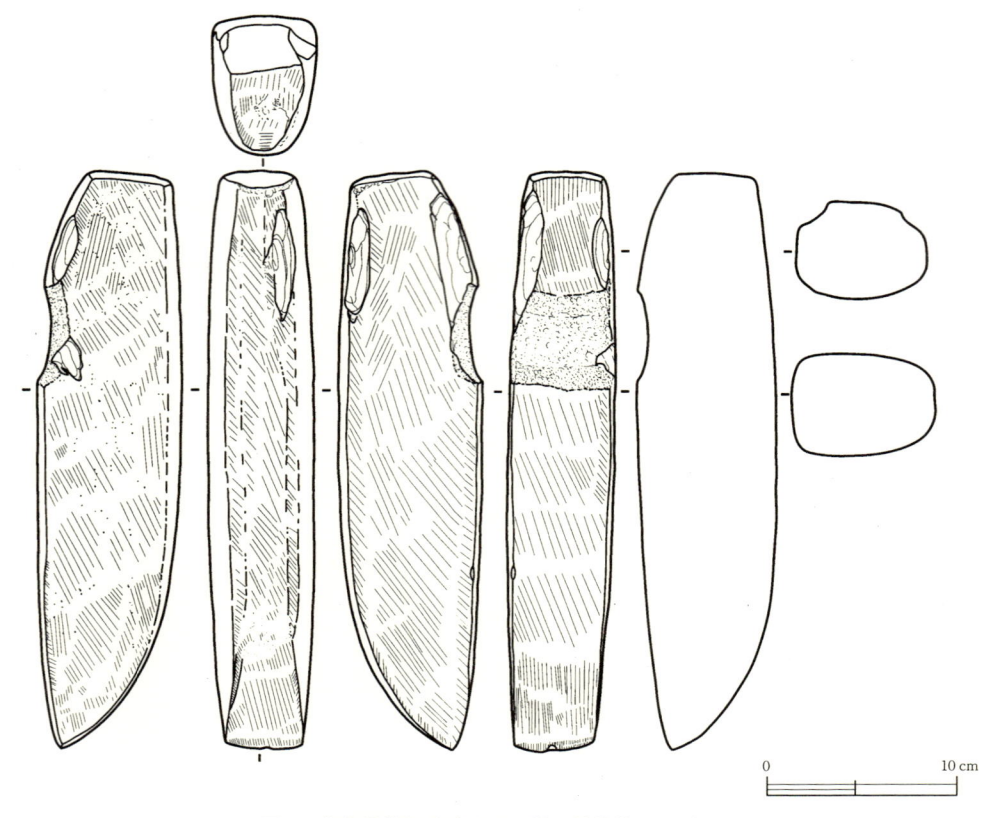

**図6 青森県荒谷遺跡出土の抉入柱状片刃石斧**

石斧の多くは縄文時代に多く認められる定角式石斧である。太形蛤刃石斧には大小の2種類があり、重量が500gを超える大型品[4]（図5-1・4・5・11）と500g以下の小型品に区別される。

また、管見の限り東北地方北部では、太形蛤刃石斧の未成品の出土はない。完成品の観察から石斧の製作工程は次のように復元される。

1：石器素材は一部に礫素材（同図8）はあるものの、多くは剥片素材である。
2：素材入手後に剥離調整で成形し、敲打調整をおこない形状をさらに整える。
3：研磨調整を行い完成品となる。

これら工程の施工具合によって、石斧には多様な形態的特徴が現れる。平面形は基部から胴部にかけて一度広がり、再び刃部にかけてゆるやかにすぼまる形態（同図1・2・3・8・12）、基部から刃部にむけてハ字状に広がる形態（同図4・5・11）、両側面がほぼ並行して刃部にいたる形態（同図6・7・9）、基部から刃部に向かって若干すぼまる形態（同図10）の4形態である。基部の調整方法では、敲打調整による円基（同図3）、研磨調整による円基（同図8）、敲打調整後に粗い研磨調整を行う円基（同図7・10）、研磨調整を行い基端面に面取りを施した平基（同図1・2）、剥離調整後に主として敲打調整を行う平基（同図11・12）など多様である。斧身の仕上げ調整方法では、全面に丁寧な研磨調整（同図3）、斧身の半分（刃部側）を研調整し、残りを敲打調整（同図

第1章　東日本における大陸系磨製石器の展開　21

磨製石斧未成品　定角式石斧
断面円形
0　　　10 cm
長倉Ⅰ遺跡出土

荒屋敷遺跡の斧柄

黒色変化

似鳥遺跡出土石斧の変色部

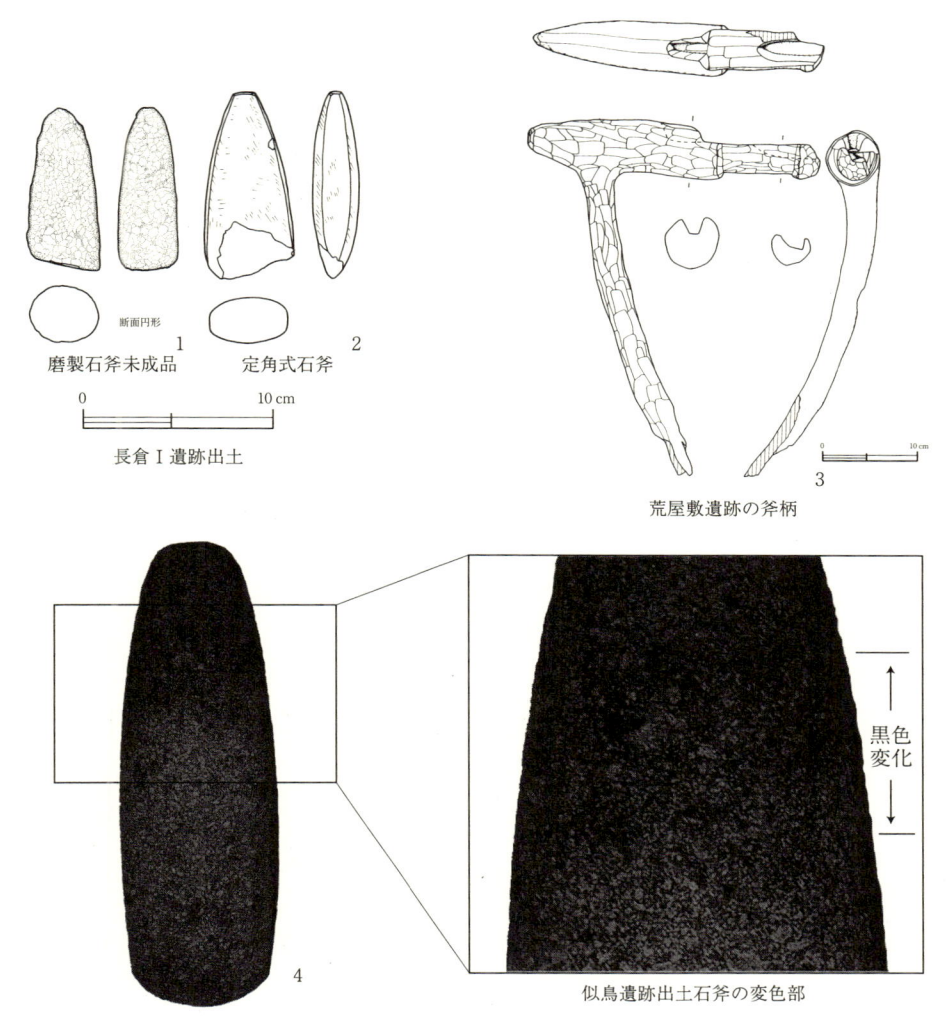

**図7　縄文時代の伐採斧と装着例**

1・2・10)、刃部付近のみを丁寧に研磨調整し、残りを敲打調整（同図6・7・8・11・12）するなどさまざまである。つまり、これらの石斧は法量および製作方法に個体差があり、特定の遺跡で集中的に同じ技術で製作されたとはいい難い。

　また、東北地方北部の大陸系磨製石斧は、西日本の太形蛤刃石斧のような1kgを超える大型品はないが、定角式磨製石斧よりも重い。石斧は、斧身自体の重量を利用して対象物を加工する道具であることを考慮すると、明らかに石斧の重量化がなされている。

　形態については、横断面形が円形であることも重要である。東北地方北部の縄文時代後期・晩期の資料をみると、わずかながら断面形が円形の資料も存在する。たとえば、岩手県九戸郡軽米町長倉Ⅰ遺跡からは敲打調整段階の石斧未成品が1点出土している（図7-1、星2000）。石斧の製作工程の敲打調整の段階では、すでに石斧の完成後の形状が決定されており、この段階から断面

形が扁平な定角式石斧（同図2）を製作するとは考え難い。横断面形が円形を呈する東北地方北部の太形蛤刃石斧の系譜が、縄文時代以来の在地における石器製作のなかにたどれる可能性もあるが、完成品としての同形態の磨製石斧が長倉Ⅰ遺跡において出土していない以上、断面形が円形となるのは西日本からの大陸系磨製石器の影響と考えておいた方が良い。

定角式石斧から太形蛤刃石斧への石斧の形態の変化は、石斧の着柄方法の大きな変化であり、斧柄の変化が想定される[5]。東北地方北部の弥生時代前期の木製品は、現段階において出土例がない。福島県大沼郡三島町荒屋敷遺跡出土の縄文時代晩期の例をみると、石斧身は片主面を膝柄の斧台に添えるか、もしくはソケット状のくぼみにはめると想定される（同図3）。しかし、似鳥遺跡出土の太形蛤刃石斧をみると、斧身中央からやや基部側にかけての約2.5 cmの表面が全周にわたり黒色に変化している（同図4）。石斧表面の色調の相違を斧柄との装着痕としてみるならば、似鳥遺跡では、直柄が用いられていたこととなる。つまり、縄文時代晩期末に大陸系磨製石器とともに木製の斧柄が東北地方北部へ伝播した可能性が高い。

## 2　仙台平野における大陸系磨製石器の出現

縄文時代晩期終末から弥生時代前期に東北地方北部に伝播した大陸系磨製石器は、その後仙台平野に展開する。宮城県名取市原遺跡からは多くの大陸系磨製石器が出土している。原遺跡の出土石器は、包含層からの出土であり明確に帰属時期を限定できないが、出土土器の大半が弥生時代前期末から中期初頭であり、石器も同時期の所産と推定される（大友1997、2000、2002）[6]。

原遺跡の石器については第2章で詳しく述べるため、ここでは簡潔に触れておきたい。原遺跡の石器は、大陸系磨製石器と打製石器・礫石器から構成される（図8）。大陸系磨製石器は、太形蛤刃石斧（同図1）、扁平片刃石斧（同図2）、ノミ形石斧（同図3）、大型の柱状片刃石斧（同図4）、石庖丁（同図5・6）である。原遺跡からは磨製石鏃など磨製の武器形石器は出土していない。打製石器は、刃部にコーングロスが付着する安山岩製の大型直縁刃石器（同図7）、石鍬（同図8）、打製石鏃（同図10）、石錐（同図11・14）、剥片刃器（同図13）、礫石器は磨石（同図9）、敲石（同図12）が出土している。

原遺跡の石器の特徴は、木器製作のための工具が縄文時代の磨製石斧と一変し、収穫具に石庖丁と安山岩製の大型直縁刃石器、起耕具に石鍬が用いられる点である。つまり、東北地方北部には分布しない器種の磨製石斧と石庖丁などの稲作農耕具を原遺跡では受容している。そして、重要な点は、原遺跡の石器の器種構成と石器の形態が東北地方の太平洋側において、その後中期後葉にいたるまで影響を及ぼしている点である[7]。

図9には宮城県南部から福島県南部までの主要な遺跡の石器を示した。

石器の器種は太形蛤刃石斧（同図1・4・8・13・18）、柱状片刃石斧（同図2・5・11・15・19）、平面形が基部から刃部に向かってバチ形に開く扁平片刃石斧（同図3・6・9・16・20）である。扁平片刃石斧に数形態が存在することはすでに原遺跡の資料の分析で指摘されている。形態は、両側面が平行するタイプと前述した刃部に向かって開くタイプがあり、前者の形態がより古相を示し

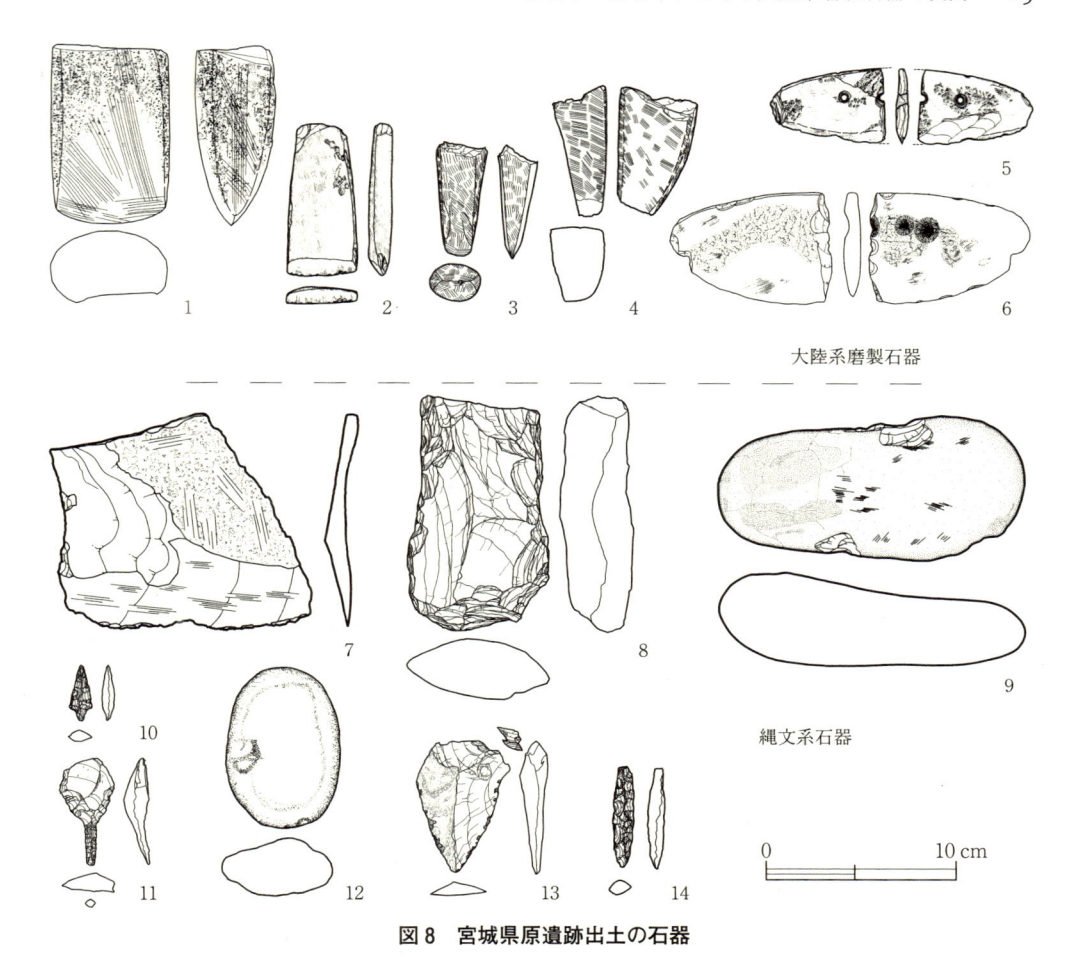

第1章　東日本における大陸系磨製石器の展開　23

図8　宮城県原遺跡出土の石器

ていると考えられる（平塚・斎野2003）。原遺跡の扁平片刃石斧には、両側面が平行するタイプがあるが、中期前葉以降の扁平片刃石斧は刃部に向かってバチ形に開くタイプであり、型式変化している。

## 3　北陸地方における大陸系磨製石器の出現

　北陸地方では、縄文時代晩期から弥生時代前期において伐採斧と収穫具に大陸系磨製石器の影響がみられる。
　新潟県上越市和泉A遺跡では、遺物の集中出土ブロックが複数カ所検出され、縄文時代晩期から弥生時代前期の磨製石斧の一括資料が出土している（加藤1999）。図10の1・2は縄文時代晩期後葉の遺物集中出土ブロックから出土した磨製石斧である。石材はともに蛇紋岩が用いられ、基部が刃部よりも狭まる縄文時代に通有の定角式石斧である。同図3は弥生時代前期の土器を主体とし、縄文時代晩期後葉の土器を一部含むブロックから出土したものである。石材は蛇紋岩を用いているが刃端は直刃になり、主面と刃面との境に軽く鎬がつき、形態に変化がみられる。同

24

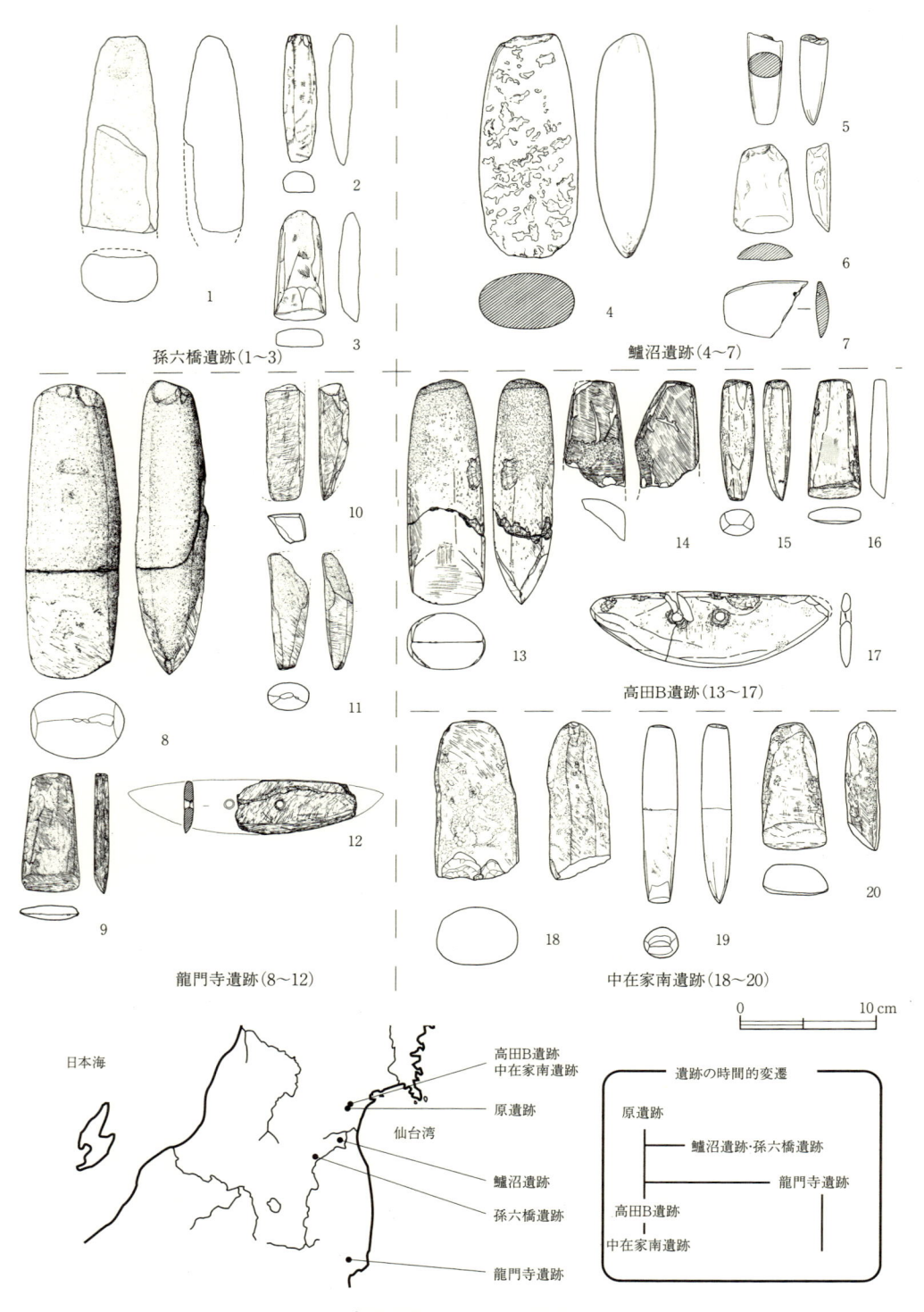

孫六橋遺跡(1～3)　　　　　　　　　鱸沼遺跡(4～7)

高田B遺跡(13～17)

龍門寺遺跡(8～12)　　　　　　　　中在家南遺跡(18～20)

0　　10 cm

日本海

高田B遺跡
中在家南遺跡
原遺跡
仙台湾
鱸沼遺跡
孫六橋遺跡
龍門寺遺跡

遺跡の時間的変遷

原遺跡
鱸沼遺跡・孫六橋遺跡
龍門寺遺跡
高田B遺跡
中在家南遺跡

図9　東北地方中南部の大陸系磨製石器

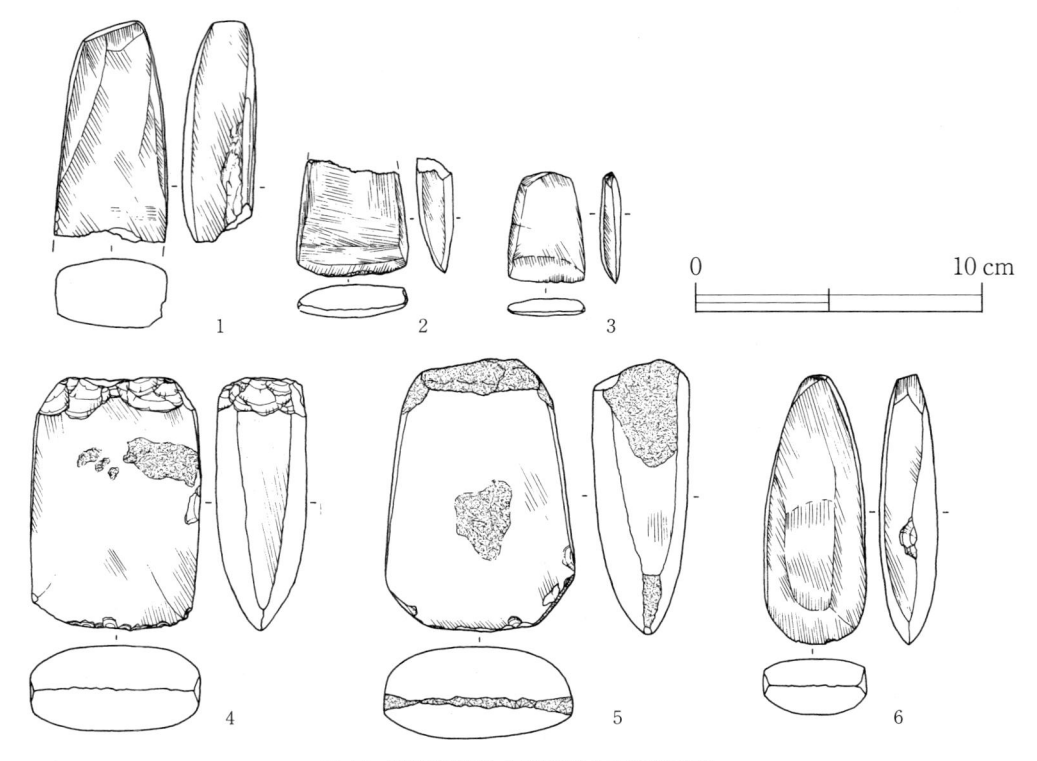

第 1 章　東日本における大陸系磨製石器の展開　25

**図 10　新潟県和泉 A 遺跡出土の磨製石斧**

　図 4・5・6 は、弥生時代前期の土器を主体とするブロックから出土した磨製石斧である。6 は蛇紋岩製の定角式石斧であるが、4・5 は縄文時代晩期の石斧と異なる点が多い。
　4・5 の石斧には安山岩と閃緑岩が用いられており、まず、縄文時代の石斧とは石材が異なる。形態については、4・5 の石斧に「使い減り」の可能性もあるが、明らかに縄文時代の定角式磨製石斧よりも長さが寸詰まり、刃部幅も大きくなる。そして最大の変化は、4 の石斧は基部幅と刃部幅との比が小さくなり、両側面が平行になることである。
　一般的に定角式石斧では、基部に丁寧な研磨調整を行い、尖基・円基に仕上げるものが多く、製作工程の前段階（剥離や敲打など）の痕跡を残すものは少ない。しかし、これら 2 点の石斧は、ともに剥離痕が残る程度の粗い敲打調整を行っただけである。また、側面部分の面取りの研磨調整は基部まで施されているが、明らかに定角式石斧と形態的に異なっている。つまり、4・5 の石斧は、縄文系の磨製石斧に大陸系磨製石器の要素が加わり、定角石斧が変容したものと考えられる。縄文時代晩期後葉は、亀ケ岡式系土器や北陸系土器が九州地方まで分布を広げる段階であり（小林 2001：7 頁）、九州地方北部における弥生農耕社会と接することにより、太形蛤刃石斧の形態を受容したものと考えられる。
　他の器種では、富山県富山市豊田遺跡から縄文時代晩期の下野式土器とともに、刃部に研磨調整を施した磨製の横刃石器が出土している（図 11、藤田 1974）。剥片を石器素材として用い、刃部

図11　富山県豊田遺跡出土の刃部磨製横刃石器（右　刃部拡大写真）

を中心とした範囲を研磨調整し、その後に刃部両面に連続した剥離調整を行い「刃付け」をした石器である。刃部には、肉眼でも確認できるほどのコーングロス状の光沢が認められる。豊田遺跡で出土する刃部磨製の横刃石器は、弥生時代中期から後期の富山湾沿岸地域における石庖丁の製作技法（主面をやや粗く研磨調整し、その後に刃部にリタッチを加える製作技法）へとつながる点で、弥生時代の北陸地方の石庖丁の祖形といえる。しかし、この豊田遺跡の石器の系譜は、九州地方北部でみられるような定形的な石庖丁ではなく、縄文時代の横刃石器であり、変容したものと考えられる。

　北陸地方では大陸系磨製石器は弥生時代中期前葉（Ⅱ期）から出現する。石川県羽咋市吉崎・次場遺跡N-2号土坑からは、横断面形がややつぶれた楕円形を呈する太形蛤刃石斧（図12-6）が出土している（福島1987）。石川県七尾市赤浦遺跡では、条痕文系土器の包含層から抉入柱状片刃石斧（同図8）が出土している。また、福井県福井市甑谷在田遺跡（古川2002）からも抉入柱状片刃石斧が出土している。弥生時代中期中葉のいわゆる「小松式土器」以前では、検出される遺構の数が十分でないため石器の器種が単発で出土することが多く、石器の器種構成は不明である。

　中期中葉（Ⅲ期）の小松式土器段階の石川県小松市八日市地方遺跡では、太形蛤刃石斧（同図1）・抉入柱状片刃石斧（同図2）・扁平片刃石斧（同図3）・ノミ形石斧（同図4）・磨製石剣（同図5）など大陸系磨製石器が複数の器種構成で出土している（福海ほか2003）。図示してはいないが、新潟県上越市吹上遺跡からも太形蛤刃石斧・扁平片刃石斧・磨製石剣が出土している（笹沢2006）。吉崎・次場遺跡では太形蛤刃石斧や石庖丁（同図7）が出土している。

　中期後葉（Ⅳ期）においても大陸系磨製石器の器種構成に変化はない。富山県滑川市魚躬遺跡（舟崎1973）で太形蛤刃石斧（同図9）とやや異形な抉入柱状片刃石斧（同図10）、新潟県柏崎市小丸山遺跡（品田1985）の扁平片刃石斧（同図11）とノミ形石斧（同図12）や新潟県佐渡市平田遺跡（坂上ほか2000）でも扁平片刃石斧（同図14）、太形蛤刃石斧（同図13）が出土している。

　つまり、縄文時代晩期末から弥生時代前期にかけて、大陸系磨製石器の影響を受けて在地化した石器類は、北陸地方のなかで「点」として出土していたが、弥生時代中期中葉以後に磨製石斧を中心とした複数の器種構成となる。

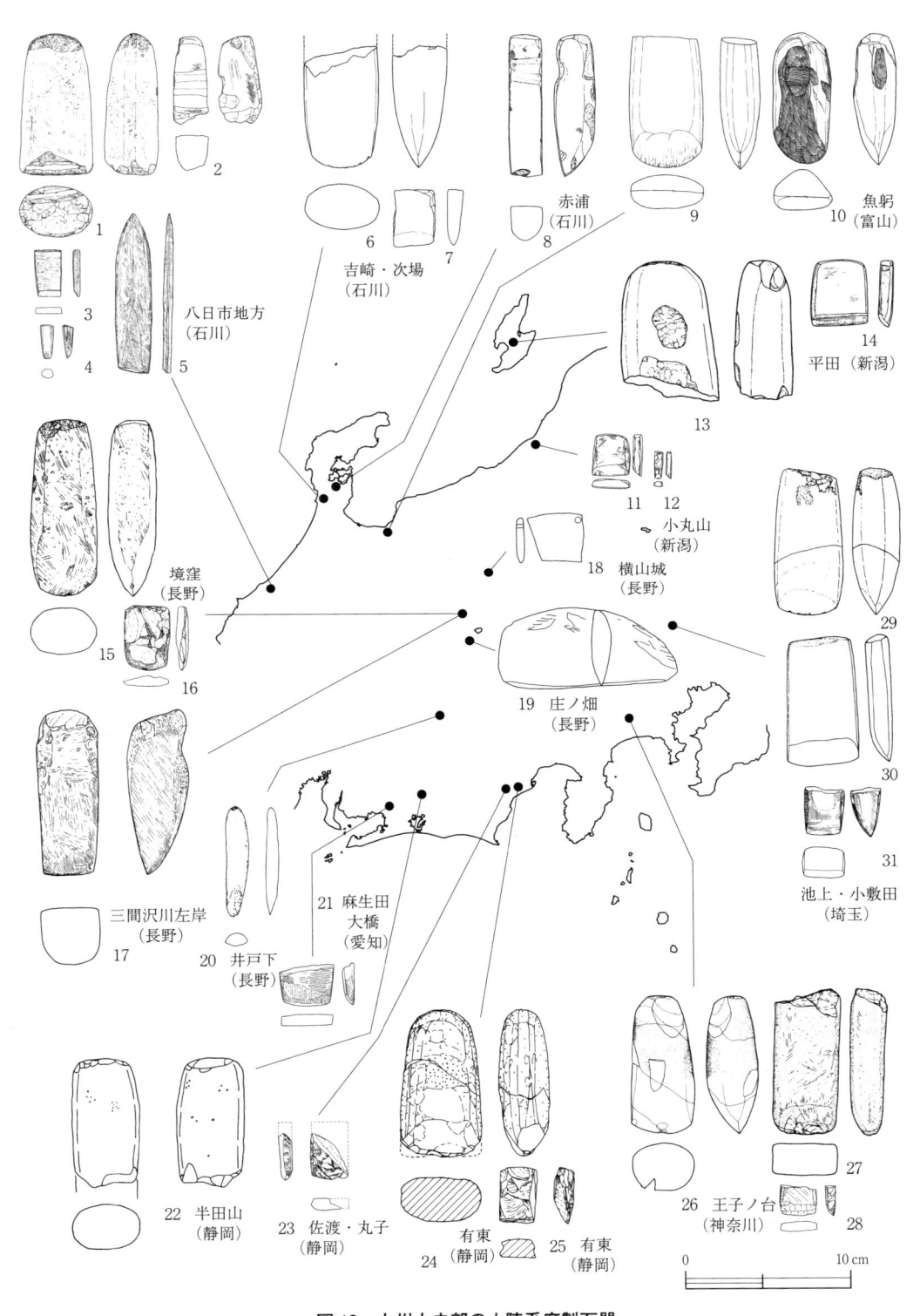

第 1 章　東日本における大陸系磨製石器の展開　27

図 12　本州中央部の大陸系磨製石器

## 4 信州地方における大陸系磨製石器の出現

　信州地方北・中部では、弥生時代中期前葉の長野県長野市横山城遺跡（藤沢1966）や長野県岡谷市庄ノ畑遺跡（藤森1965）で石庖丁（同図18・19）が出土している。但し、これらの石器は遺構に伴わないため、詳細な帰属時期は不明である。

　中期中葉では、長野県松本市境窪遺跡から太形蛤刃石斧（同図15）と扁平片刃石斧（同図16）が出土している（竹原ほか1998）。また、同時期の長野県松本市三間沢川左岸遺跡では、変容した挟入柱状片刃石斧（同図17）が出土している。信州地方では、中期中葉・後葉を通じて、典型的な挟入柱状片刃石斧が極めて少なく、大陸系磨製石器の導入時より受容しなかったものと考えられる。なお、境窪遺跡よりも時期的により古いと考えられる長野県長野市塩崎遺跡群松節地点（矢口ほか1986）からも多数の磨製石斧など大陸系磨製石器が出土しており、信州地域における導入時期がより遡る可能性がある。

　信州地方南部では、中期中葉（阿島式土器期）の長野県飯田市井戸下遺跡から棒状の礫の先端部を研磨加工した磨製石斧（同図20）が出土している（下平ほか2001）。

　中期後葉の長野県飯田市恒川遺跡では、大陸系磨製石器は信州地方北部からの搬入品が少量認められるだけである。つまり信州地方南部では、大陸系磨製石器は磨製石鏃を除いて少なく、北信・中信との石器器種構成の地域差が大陸系磨製石器の伝播当初から生じていたと考えられる。

## 5 東海地方における大陸系磨製石器の出現

　伊勢湾以東の東海地方では、愛知県豊川市麻生田大橋遺跡（安井1991）から扁平片刃石斧が出土している（同図21）。麻生田大橋遺跡は弥生時代前期から中期中葉の遺跡であり、超塩基性岩を用いた磨製石斧の製作遺跡である。

　中期前葉では、静岡県浜松市半田山遺跡（佐藤ほか1986）で太形蛤刃石斧（同図22）、同県静岡市佐渡・丸子遺跡（杉原1962）で扁平片刃石斧（同図23）が遺構に伴って出土している。但し、両遺跡とも一器種のみである。

　中期中葉では同県静岡市有東遺跡のSK05から太形蛤刃石斧（同図24）と扁平片刃石斧（同図25）が出土している（岡村1997）。器種は磨製石斧のみであり、石庖丁などは含まれない。

　東海地方では前期から中期前葉までは大陸系磨製石器が「点」として出土しており、中期中葉から複数の器種構成となる。しかし、石庖丁などの石製収穫具は含まれず、磨製石斧と磨製石鏃や磨製短剣などの武器類が中心である。

## 6 関東地方における大陸系磨製石器の出現

　関東地方では、弥生時代中期初頭の遺跡から挟入柱状片刃石斧や太形蛤刃石斧の出土例はあるが、いずれも遺構に伴うものではなく、時期を限定することはできない。

　確実なところでは弥生時代中期中葉から大陸系磨製石器が複数の器種構成で出現する。神奈川県平塚市王子ノ台遺跡（同図26・27）[8]や埼玉県熊谷・行田市池上・小敷田遺跡（同図29～31）で

は太形蛤刃石斧・扁平片刃石斧・柱状片刃石斧が出土している（秋田 2000、中島 1984、吉田 1991）。関東地方の大陸系磨製石器は石斧類が中心であり、石製収穫具は極めて少ない。そのほか、武器類として、磨製石剣や磨製石鏃も出土するが、日本列島へ伝わった時の形態から大きく変容している。出現期である弥生時代中期中葉の大陸系磨製石器の器種構成は、中期後葉の宮ノ台式土器期においても継承されている。

### 7　まとめ

東日本における大陸系磨製石器の導入時期が最も早い地域は、縄文時代晩期末葉の東北地方北東部である。次に弥生時代前期末から中期初頭に仙台湾沿岸地域となる。その後、中期前葉に北陸地方、中期中葉に東海地方東部から関東地方・信州地方・いわき地方となる。

東北地方北東部では、石器の器種が磨製石斧のみであるが、仙台湾沿岸・いわき地方では磨製石斧と石製収穫具が導入されている。北陸・信州地方では磨製石斧と石製収穫具と石製武器、東海東部・関東地方では磨製石斧と石製武器が導入されている。

つまり、東日本においては、一律に大陸系磨製石器が導入されたのではなく、時期および石器の器種に地域性が認められる。それは東北地方北部から東北地方南部のブロック、北陸地方から信州地方へのブロック、東海地方東部から関東地方へのブロックというように 3 つの地域性に大きく区分できる。

## 第 3 節　弥生文化の伝播と石器からみた地域間交流

### 1　東北地方北部の地域性

東北地方北部では、縄文時代晩期の大洞 A' 式期から弥生時代前期の砂沢式期にかけて、ほぼ全域で類遠賀川系土器（高瀬 2000）が出土している[9]。東北地方に分布する遠賀川系出土について、以前は日本海経由での弥生文化の伝播が想定されていた（佐原 1987：277 頁）。1987 年に弥生時代前期の水田が青森県弘前市砂沢遺跡で初めて発見され、東北地方北部においても水田稲作が早い時期から行われていたことが明らかとなった。しかし、この砂沢遺跡では西日本の弥生文化に特徴的な大陸系磨製石器が出土していない。

東北地方北部における大陸系磨製石器の分布には非常に偏りがあり、北東部の馬淵川・新井田川流域のみに分布しており、津軽平野や青森平野などでは出土していない。大陸系磨製石器が分布しない津軽平野や青森平野では、「擦り切り」技法

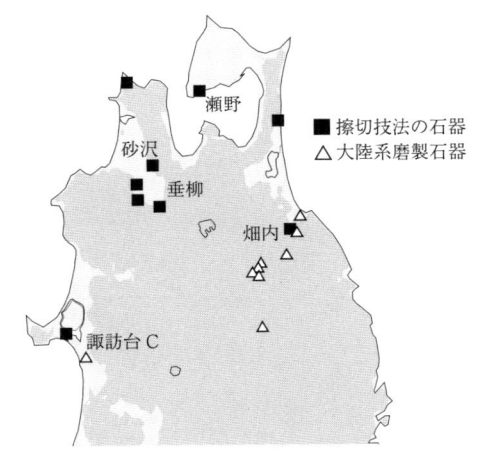

図 13　擦切技法を施した磨製石器の分布

で製作された石器の出土例が多い（図13）。「擦り切り」とは、石器製作の工程のなかで石材の分割等に用いられる技術であり、その系譜は北海道西南部に求めることができる（須藤1990：299頁、欄宜田1993：162頁、斎野1995：38頁、高瀬2002：43-44頁）。一方、大陸系磨製石器が分布する馬淵川・新井田川流域では、管見の限り「擦り切り」加工を伴う石器は青森県八戸市畑内遺跡のみであり、東北地方北部の東西で石器の構成が異なっている。大洞A'式土器期において類遠賀川系土器が伴うのは、この馬淵川・新井田川の流域のみであり（佐藤2002：11頁、佐藤2003：76頁）、いち早く西日本社会との接点を持った地域が、太形蛤刃石斧などの大陸系磨製石器の導入にいたっている事を示している。

　類遠賀川系土器・大陸系磨製石器を取入れた北東部、類遠賀川系土器を取入れるも、大陸系磨製石器に関心を示さない北央部および北西部というように、新たな文化要素に対する東北地方北部内での受容の地域差が認められる。つまり、平野・流域単位での集落群の交流のありかたは多様であり、東北地方北部の弥生社会における複雑性の一端を示している。

　馬淵川・新井田川流域における類遠賀川系土器の導入に際しては、この地域から西日本への「派遣者」の存在を想定し、東日本から西日本への積極的なアプローチとして捉える考えがある（佐藤2003）。大洞A式土器期では、九州地方北部で東北地方北部の土器が出土している（小林2000）。大洞A'式土器以前に帰属する岩手県二戸市似鳥遺跡RA103出土の太形蛤刃石斧は、東北地方北部と九州地方との交流のなかで導入されたと考えられる。

## 2　東北地方北部と中部の相違

　東北地方北部と中部では、磨製石斧の器種組成が大きく異なる。東北地方北部の磨製石斧は、太形蛤刃石斧と定角式石斧が中心であり、そのほか極少数の扁平片刃石斧と抉入柱状片刃石斧が伴う。一方、東北地方中部、特に仙台湾沿岸では太形蛤刃石斧のほか扁平片刃石斧・柱状片刃石斧・ノミ形石斧の木器製作具がセットになっている。また、収穫具では東北地方中部で数多く出土している石庖丁が東北地方北部ではほとんど出土しない。

　このように石器をみる限り、器種構成が大きく異なる2つの地域である。しかし、土器研究では、類遠賀川系土器は弥生時代前期に馬淵川・新井田川流域に伝わり、東北地方北東部を起点として周辺地域に拡散したとし、東北地方北部から中部への弥生文化の連続性が指摘されている（佐原1987、設楽1991：37頁、高瀬2000：41-43頁）。だが、当然ながら土器の動きと石器の動きが連動しているとは限らない。再度、石器に視点を置くと伐採斧の大型化、片刃石斧・石庖丁の出現など素直に両地域の連続性を認めることはできない。

　つまり、縄文時代晩期から弥生時代前期の馬淵川・新井田川流域と中期初頭の仙台湾周辺とでは、それぞれの地域が独自に西日本との接触し、新たな道具の受容が行われたと考えるべきであろう。

　仙台湾周辺の大陸系磨製石器の受容については、石斧柄の分析に基づき山陰地域から日本海ルートでの伝播が考えられている（欄宜田1999）。欄宜田佳男の分析では、中期の宮城県仙台市中在

家南遺跡（工藤ほか1996）の資料が対象となったが、現段階ではさらに時期的に遡る同県仙台市高田B遺跡（荒井ほか2000）でも同様の石斧柄が出土している。中在家南遺跡の柄の型式である直柄ⅡA類は、九州地方北部から伊勢湾沿岸まで弥生時代前期に分布しており、これらの地域から仙台平野にもたらされた可能性が高い。前期末・中期初頭の原遺跡の石器組成は、水田遺構が検出されている中期中葉の石器組成と同じであるため、前期末・中期初頭に西日本との交流および生業・道具体系の導入が遡る可能性も視野に入れておく必要がある。

### 3　本州中央部の地域性

　大陸系磨製石器が伝播した弥生時代中期中葉は、様々な点で地域社会の枠組みが再編される時期である（石川2001：88頁）。弥生土器を例にとれば、遠隔地間の土器の移動がみられる。太平洋沿岸地域では、近畿地方の西摂地域の土器が神奈川県小田原市中里遺跡（杉山1998）・神奈川県平塚市真田・北金目遺跡（若林1999）や千葉県君津市常代遺跡（甲斐1996）から出土している。伊勢湾沿岸の土器は静岡県静岡市有東遺跡およびその周辺や前述の中里遺跡・常代遺跡から出土している。伊勢湾沿岸の土器は、石川県の八日市地方遺跡から出土しており、北陸地方にも持ち込まれた。また、埼玉県行田市小敷田遺跡や東京都文京区小石川遺跡で北陸地方の小松式土器が出土している。東北地方からは、南御山2式土器が同県行田市池上遺跡に、いわき地方の龍門寺式土器が常代遺跡・静岡県三島市長伏六反田遺跡（芦川1999）から出土している。

　反対に太平洋沿岸地域から他の地域へと持ち出される土器およびその他の物資は極めて少ない。こうした状況は、いわば、水田開発地域が関東地方という未開発地域を包囲し、積極的なアプローチをしているかのようである。関東地方の大陸系磨製石器の器種に偏りがみられるのは、その伝播元である周辺地域それぞれの器種組成をリレー式に受容したためである。

## 第4節　小　結

　本章では、東日本地域を対象として弥生時代前期から中期における大陸系磨製石器の出現を整理してきた。その出現時期と地域をまとめると次のようになる。

　縄文晩期終末から弥生時代前期…東北地方北東部馬淵川・新井田川流域
　弥生時代中期初頭から前葉…仙台平野・北陸地方
　弥生時代中期中葉…信州地方・東海地方・関東地方

　弥生時代中期中葉の信州地方・東海地方・関東地方における大陸系磨製石器の導入は隣接する周辺地域から「リレー式」にもたらされたと考えられるが、縄文時代晩期末から弥生時代中期初頭の東北地方北東部および仙台湾沿岸の導入は、それぞれの地域が直接西日本の集落と交流し、そこから「飛び火」的に伝播したものと考えられる。

　そして、大陸系磨製石器の導入を境として、それぞれ地域に新たな石器文化の伝統が築かれることも指摘できる。伊勢湾沿岸から仙台平野では、導入時にもたらされた石器の器種・形態・製

作技術がその伝統を強く残し、以後の石器製作に独自の地域性を生み出している。つまり、これは「大陸系磨製石器を作るという作法・手順」自体までもが、大陸系磨製石器を受容する地域において規範として伝わったことを示しており、重要な意味を持つ。付け加えるならば、石器を作るという創出とともに、廃棄に関しても一種の規範が生じている。寺前は、近畿地方の太形蛤刃石斧を分析するなかで、破損後に敲石として用いられ、その機能の代替が生じることも縄文時代の磨製石斧にはみられない特徴であると述べている（寺前2001：40頁）。東日本においても大陸系磨製石器の導入した時期から破損後に敲石に転用された磨製石斧が散見される。つまり、東日本における大陸系磨製石器の導入の意義は、水田稲作の本格的開始を示すだけではなく、製作・使用・廃棄および転用という石器ライフサイクルおよびそれに則る生活スタイルに大きな変化をもたらした点にある。

**註**

1) 中川重紀教示。
2) そのほか東北地方の太形蛤刃石斧として、秋田県地蔵田遺跡および岩手県湯舟沢遺跡出土例がある。これらの資料は弥生時代中期初頭の山王Ⅲ層式土器に伴うと考えられる。
3) 君成田Ⅳ遺跡の帰属時期について、発掘調査報告書および、相原康二の論文（相原1990）では、縄文時代晩期終末として扱い、筆者の年代観と異なる。現段階においても、縄文時代晩期終末と弥生時代前期砂沢式土器の認識について、研究者により相違は認められる。J55号住居址の出土土器には口縁部から底部にいたる一段幅広の文様帯をもつ浅鉢がある（報告書第48図8）。この土器をもって、筆者はJ55号住居址を砂沢式土器期とする。
4) 破損品については、その大きさから500gを超えると想定している。
5) 斎野裕彦教示。
6) 「原式土器」は、須藤隆により初めて用いられ（須藤1990：365-369頁）、その後、石川日出志が用いている（石川2003a：10頁、2003b：363頁、2005：11-12頁）。
7) 原遺跡でみられる石器組成が東北地方南部の弥生時代中期の石器組成に影響を及ぼしていることはすでに石川が指摘している（石川2003a）。
8) 王子ノ台遺跡の太形蛤刃石斧は弥生時代後期の住居址から出土しているが、中期に属する可能性が考えられる。
9) 大阪府立弥生文化博物館 平成5年春期特別展『みちのくの弥生文化』図録で提示された図に高瀬(2002)の成果およびその後の資料を一部追加加筆し作成した。

# 第2章　東北地方における石器の生産と流通

　本章においては、東北地方の弥生時代の石器の生産と流通の問題について検討を行う。まず、大陸系磨製石器が多く出土する仙台湾沿岸地域といわき地域を対象として行い、最後に太平洋側北部と日本海側の地域を分析し、東北地方における地域差を明らかにする。

## 第1節　仙台湾沿岸地域の石器の生産と流通

　仙台湾沿岸地域は、東北地方のなかでも弥生時代の遺跡が多く検出されている地域である。また、石庖丁をはじめ多岐にわたる石器類が出土しており、早くから弥生時代の石器研究が進められてきた地域である。近年になって、弥生時代中期前半の良好な遺物が報告され、更なる資料の蓄積が進んでいる。弥生時代における仙台湾沿岸は、集落・土器の様相などからおおよそ以下の3つの地域性が認められる（須藤 1984：240頁、図14）。
1．仙台湾沿岸北部の北上川・迫川・江合川流域
2．名取川・広瀬川流域
3．阿武隈川流域

　本論では弥生時代前期末・中期初頭の段階から水田稲作を開始し、近年の発掘調査により中期中葉の資料が充実した名取川・広瀬川流域を対象とし、名取市原遺跡（弥生時代前期末・中期初頭）、仙台市高田B遺跡（弥生時代中期中葉前半）、仙台市中在家南遺跡（弥生時代中期中葉後半）出土資料の分析を進めていく（図15）。

　各資料の時間軸は仙台湾沿岸の弥生土器の編年に従う。弥生時代前期から中期の編年は、十三塚東D式（弥生時代前期）→原式（弥生時代前期末・中期初頭）→高田B式（弥生時代中期中葉前半）→中在家南式（弥生時代中期中葉後半）→未設定土器型式→円田式・十三塚式（弥生時代中期末葉）である（石川 2005：9-20頁）。

　また、石器の各部位の名称は、佐原眞による名称（佐原 1977、1994）に準ずる（図16）。

### 1　仙台湾沿岸地域における弥生時代の石器研究史

　仙台湾沿岸地域に限らず東北地方の弥生時代の石器研究では、古くから石庖丁に多くの関心が集まってきた。その背景には、東北地方の弥生文化の研究の当初の目的に「西日本と同様な稲作技術が存在したことを証明する」という命題の存在が大きな影を落としていた（伊東 1950：41頁）。

　伊東信雄の研究以前では、喜田貞吉が唱えたように古代の東北地方は非常に文化的に遅れた地域であり、日本文化がこの地に到来したのは、大化改新以後のことであり、鎌倉時代まで石器時

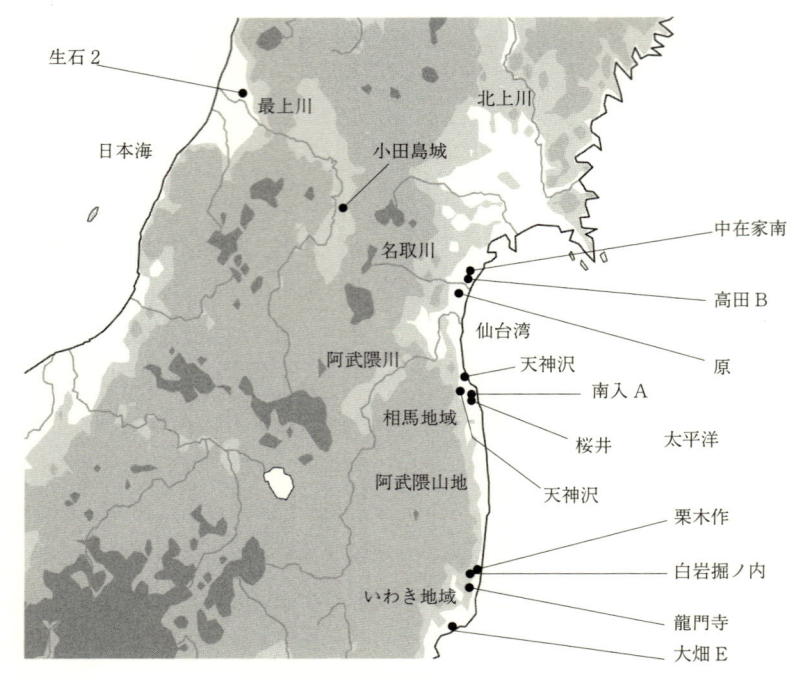

図14　東北地方中南部の弥生時代の主要遺跡

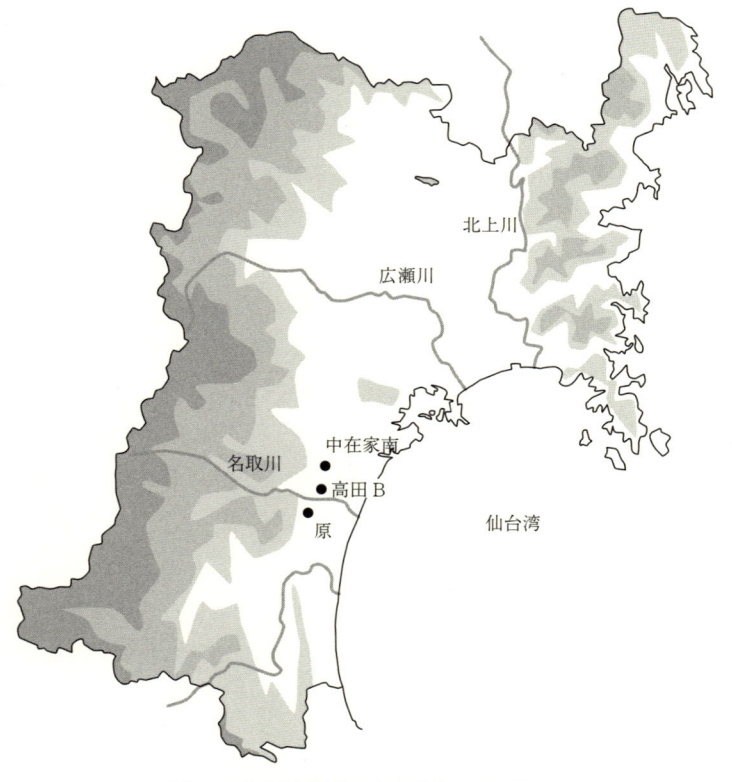

図15　名取川流域の弥生時代の主要遺跡

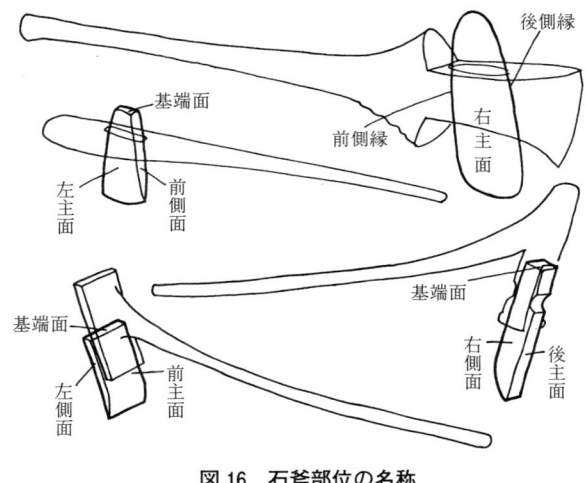

図16 石斧部位の名称

代が続いたとする考えが主流であった（喜田1928）。これに対して、山内清男は東北地方の石器時代の終焉が西日本と大差がないことを述べた（山内1930）ミネルバ論争は有名である。東北地方の弥生文化研究の起点は、この山内の視点にあるともいえ、初期の研究においては、稲作の証左となる石庖丁に研究の比重が置かれていた。伊東は東北地方出土の石庖丁を集成し、特に宮城県と福島県に出土例が集中していることを明らかにした（伊東1950：43頁）。

同じく石庖丁に関心を寄せた竹島國基は、福島県の浜通り相馬地方で精力的に遺跡の踏査を行い、粘板岩製石庖丁並びにその未成品を大量に採集した。竹島による研究成果の1つとして、福島県南相馬市に所在する天神沢遺跡や桜井遺跡出土の石器研究がある。総括的な資料の公表は1983年並びに1992年であるが（竹島1983・1992）、それ以前においても相馬地域を対象として研究発表を数度行っており（竹島1953・1954・1955・1956・1960）、両遺跡が石庖丁の製作遺跡であることを指摘した。

伊藤玄三は、天神沢遺跡での石器製作址と福岡県福岡市今山遺跡の磨製石斧製作址とを比較した。天神沢遺跡は、今山遺跡同様に集中的な石器生産を行い、完成品を周辺地域に配布した石器製造所であると述べた（伊藤1966：216頁）。しかし、この伊藤の説に対して、竹島自身はやや慎重な姿勢を示した。石器の専業的な製作活動は、石器が交易の対象となる「成熟した農耕社会」が形成されてはじめて可能であると竹島は述べ、弥生時代中期の九州のような地域社会が、東北の地に形成されていたと考えるにはいたっていないとして伊藤の説を保留した（竹島1970：48頁）。

その後、須藤隆は仙台湾にそそぐ名取川流域から阿武隈川流域の地域の検討を行った。この地域では石庖丁など多くの磨製石器が出土しており、それらがいずれかの地で専業的に製作され、各地へ供給されたものであるとした。そうした物資の流通が、仙台湾沿岸地域の弥生社会の安定的発展の素地となったと考え、伊藤の検討をより進展させた（須藤1984：283頁）。ここで議論される粘板岩製石庖丁の素材は、福島県北部から宮城県南部に広がる「相馬古生層」を原産地としている。この石材を用いた磨製石庖丁には、形状・法量に類似性がみられ、仙台湾沿岸のみなら

ず北上川流域・最上川流域まで広く分布している（須藤1992：99頁）。

その後も仙台湾沿岸における粘板岩製石庖丁の生産と流通についての論考は、発表されたものの（藤原・田中1991、藤原1992）、流通の実態については石器の消費遺跡の調査例が少なかったため、不明な点が多く残されていた。

しかし、1990年代後半から仙台平野において、中在家南遺跡や高田B遺跡など弥生時代中期の資料報告が相次ぎ、石器の製作・消費地遺跡の姿が明らかにされてきた。荒井格は高田B遺跡（弥生時代中期中葉）と天神沢遺跡（中期後葉）における石庖丁の製作工程と石材利用の変化を詳細に検討した。そのなかで、中期後葉で粘板岩の利用が増加する背景には、それまでの砂岩製の石庖丁の製作工程では敲打調整による失敗が多く、より効率的な石庖丁の生産を行うために、加工しやすい粘板岩が用いられ始めたことを明らかにした（荒井2003：8頁）。この荒井の検討により、ようやく石庖丁については、時系的に流通の変化を捉える足がかりが見えてきた感がある。

そのほかの磨製石器については、石器組成や型式学的検討は行われたものの（櫚宜田1993、斎野1995）、流通については未だ不明な点が多く残されている。そこで本論では、須藤が指摘した石庖丁同様に磨製石斧の専業的な製作（須藤1984：283頁）が認められるのか否かを各遺跡の事例を参照しつつ検討する。そして、磨製石斧の生産と流通、粘板岩製磨製石器の生産と流通、縄文系石器として頁岩製石器の検討を行い、仙台湾沿岸地域の石器の生産と流通の構造を明らかにしていきたい。

## 2　仙台湾沿岸における石器製作遺跡の検討
### （1）　原遺跡出土石器の検討

原遺跡は、名取川右岸に広がる自然堤防上に位置する。これまでに数度にわたる発掘調査が行われており、仙台平野における弥生時代前期末・中期初頭の良好な遺物が大量に出土している（大友1997・1999・2002、大友ほか2000a・b・2001・2002、鴇崎2001）。調査範囲は広いものの、竪穴住居などの生活遺構が検出されていないため、集落の構造に関しては不明である。

原遺跡からは、磨製石斧の完成品・未成品[1]が数多く出土している。石器の器種は、太形蛤刃石斧・扁平片刃石斧・ノミ形石斧・抉入柱状片刃石斧である（巻頭写真3）。第2章で指摘したように、原遺跡は東日本で最も早く大陸系磨製石器が複数の器種組成で出土する遺跡である。

### a. 伐採斧の検討

原遺跡では伐採斧[2]13点、同未成品5点が出土している。形式としては太形蛤刃石斧と定角式石斧がある。両石斧の出土数の比率は11：2であり、主要な伐採斧は太形蛤刃石斧である。

**分類**　伐採斧は形態および製作技術をもとに5つに分類できる（図17）。A類・B類は太形蛤刃石斧である。

**A1類**…石斧の平面形は、両側面がやや平行する形態である。主面および側面部の全面に丁寧な研磨調整を施し、刃部脇の側面部に面取りの研磨調整を行う（同図1）。

**A2類**…A1同様に両側面が平行である。主面および側面部は丁寧な研磨調整を行うが、刃部

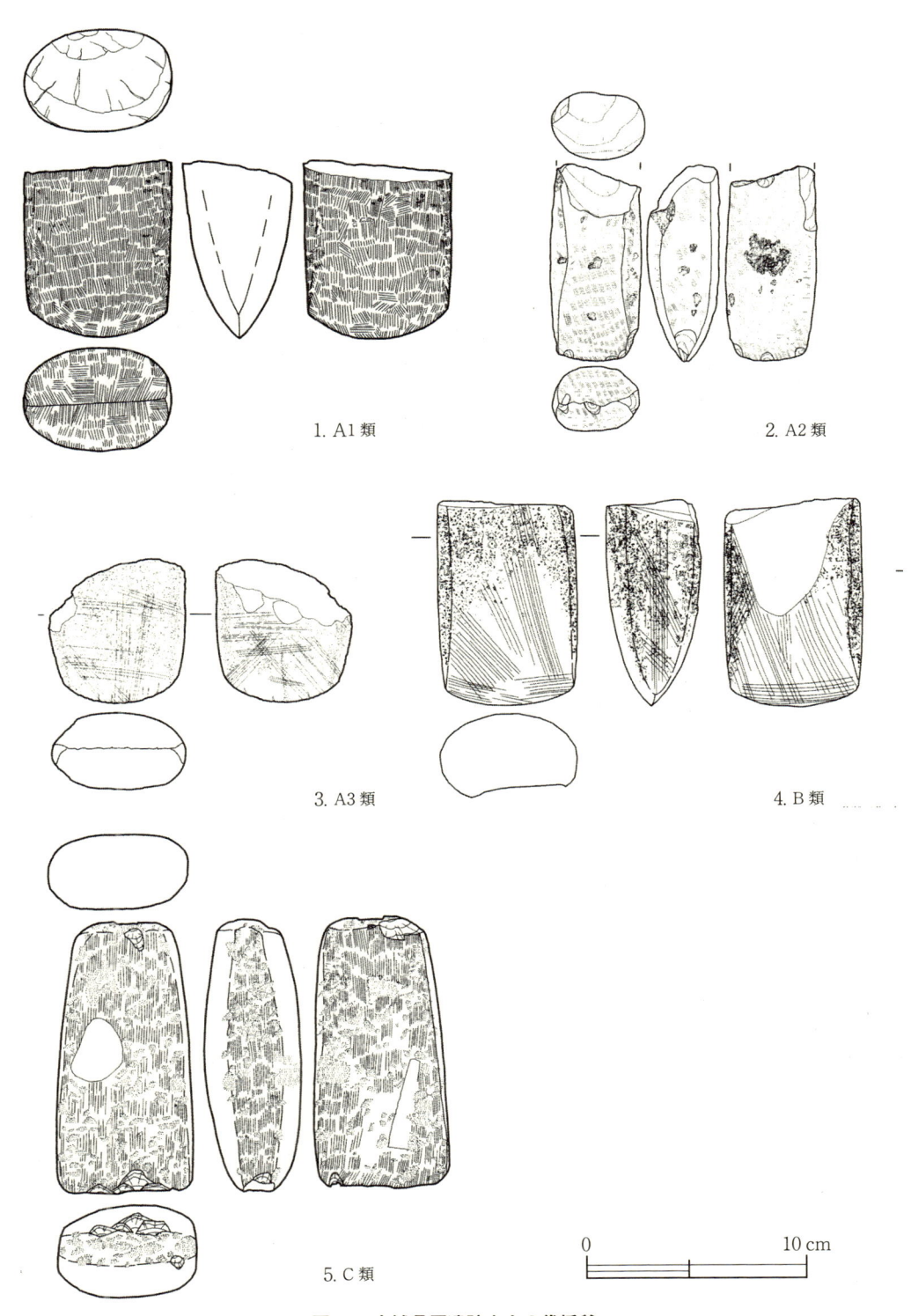

第2章 東北地方における石器の生産と流通 37

1. A1類
2. A2類
3. A3類
4. B類
5. C類

図17 宮城県原遺跡出土の伐採斧

脇の側面部に面取りの研磨調整がなく、横断面形が楕円形を呈する（同図2）。

A 3 類…石斧の平面形は、両側面が基部から刃部に向けてややすぼまる形態である。主面および側面部の全面に丁寧な研磨調整を施す（同図3）。

B 類…研磨調整の施工の粗さをもとにA類と区別する。B類は刃部付近のみを丁寧に研磨調整し、その他の部位は敲打痕が確認される程度の粗さのままで残す特徴がある（同図4）。刃部脇の側面部に面取りの研磨調整を有するものとないものとがある。

C 類…定角式磨製石斧とする（同図5）。

伐採斧に用いられる石材は、堆積岩系・変成岩系であり、特定の石材が特定の形態の石斧に用いられる傾向は認められない。

**未成品** 伐採斧の未成品は5点出土している。素材形状が礫と考えられる未成品が1点出土しているため（図18-1）、河原等で採取できる転石を現地にて粗割し、集落内へ搬入しているものと考えられる[3]。その後、剥離調整（同図2・3）→敲打調整（同図4）→研磨調整を経て完成品へといたる。報告された資料のなかでは、石器製作のための敲打具と考えられる多面体敲石の出土はなく、また砥石の出土も弥生時代に属するものは1点のみである。石器製作具の出土が非常に少ないため、原遺跡では集落内で小規模な石器製作が行われていたと考えられる。

### b. 加工斧の検討

加工斧は25点出土している。器種別では扁平片刃石斧19点、柱状片刃石斧3点、ノミ形石斧3点である。扁平片刃石斧が組成のうえでは若干多い傾向にある。

**扁平片刃石斧の分類** 扁平片刃石斧は平面形態から大別2類、横断面形態から3分類とし、計6つに分類できる（図19）。

平面形は長辺側の両側面が基部から刃部にいたるまで平行する長方形の形態（A類）と基部側が狭く、刃部に向かって両側面がハ字状に広がる形態（B類）に分類できる。これまでの研究において、東北地方の扁平片刃石斧については、B類の存在が特徴的であると指摘されてきた（斎野1992：54頁、1995：36頁）が、原遺跡ではA類に属する資料が比較的多い。

横断面形は、主面と側面との境において稜線が付く方形（1類）、片側の主面は剥片素材の背面側（凹面）を利用し平滑である一方、反対面（腹面側の凸面）は膨らむかまぼこ形（2類）、主面と側面の境が明瞭でなく、稜線もつかない隅丸扁平形（3類）に分類できる。平面形および断面形のそれぞれの属性をもとに各石器を分類すると以下のように計6つの形態となる。

A 1 類…平面形は両側面が基部から刃部にいたるまで平行する長方形。主面と側面との境には稜線が付き、横断面形は方形を呈する（図19-1）。

A 2 類…平面形は両側面が基部から刃部にいたるまで平行する長方形。主面は片面（多くの場合は後主面）が平坦で、もう一面（多くの場合は前主面）は研磨調整が丁寧に施されずに礫面の丸みが残る。そのため、横断面形はかまぼこ形を呈している（同図2）。

A 3 類…平面形は両側面が基部から刃部にいたるまで平行する長方形。主面および側面の境が不明瞭で稜線が認められない。横断面形が扁平な隅丸長方形を呈している（同図3）。

図18　宮城県原遺跡出土の伐採斧未成品

**B1類**…平面形は基部から刃部に向けて広がり、ハ字形を呈する。主面と側面の境には稜線が付き、横断面形は方形を呈する。石材に粘板岩を用いるものが2点認められる。

**B2類**…平面形は基部から刃部に向けて広がり、ハ字形を呈する。主面は片面（多くの場合は後主面）が平坦であるが、もう一面（多くの場合は前主面）は研磨調整が丁寧に施されずに礫面もしくは剥離面による丸みを残している。そのため、横断面形はかまぼこ形を呈している。

B3類…平面形は基部から刃部に向けて広がり、ハ字形を呈する。主面及び側面の境が不明瞭で稜線が認められない例が多い。そのため、横断面形が扁平な隅丸長方形を呈している（同図4）。

A類については、A1類が最も多く4点確認でき、続いてA2類が3点、A3類1点、不明1点である。A類は、型式学的に仙台平野に扁平片刃石斧が伝播した際の初現形態に近い状態にあると考えられる。しかし、刃部は曲刃であるため、搬入品ではなく、仙台平野にて製作されたものと考えられる。

一方、B類については、横断面形2類が4点、3類が3点である。A類で多く確認された1類は3点のみである。原初形態に近いA1類から次第に平面形および断面形がB3類へと形態が変化している。

石材については、報告書には石材名が記されていないが、筆者が確認した範囲では頁岩などの堆積岩系の石材を多く用いている。しかし、特定の石材に限定されることはない。粘板岩製は2点のみである。

**柱状片刃石斧**　柱状片刃石斧は3点出土している。抉入柱状片刃石斧の基部が1点と胴部片2点である。主面と側面の境には稜線が付き、全面が丁寧な研磨調整で仕上げられている。ダイエー地点報文184図41（本書：図19-9）や185図2などは刃部に近い部位である前主面側で、鎬は認められず主面から刃部がなだらかにカーブしている。図19-9は横断面形がやや船底形を呈しており、下條信行による柱状片刃石斧の型式分類（下條1997）のC型式に分類される。しかし、これらの石器は主面ならびに側面部が研磨調整で平坦化されておらず、中央部がややふくらむなど、東北地方の柱状片刃石斧に特有の形態がみられ、搬入品ではなく仙台平野にて製作されたと考えられる。

**ノミ形石斧**　ノミ形石斧は3点出土している。完形品の資料がないため、形態分類にはいまだ検討の余地は残る。平面形は側面が基部から胴部中央にかけてやや膨らみ、再度刃部にかけてすぼまる形態（同図10）や両側面が基部から平行する形態（同図11）がある。また、横断面形は研磨調整の差により、主面と側面の境に稜線が付く方形や、稜線が曖昧になる隅丸方形のもの、面を持たない円形のものがある。平面形と断面形の関係では、側面が平行する形態は断面形が方形であり、すぼまる形態は断面形が円形となる。つまり、ノミ形石斧においても扁平片刃石斧でみられたような形態の変化が想定される。

石材は堆積岩系が用いられるが、特定石材に限定されることはない。

**未成品**　加工斧の未成品は、扁平片刃石斧6点、柱状片刃石斧1点、ノミ形石斧1点である。扁平片刃石斧には剥片素材が用いられる例が多く、剥離調整（図20-1）・敲打調整（同図2）・研磨調整（同図3～6）を経て製作される。剥離調整は主に側面側に多く施され、平面形態が強く意識されている。平面形A類と考えられるのが同図2～4であり、平面形B類が同図1・5～7である。使用する石材は頁岩などの堆積岩系の石材が多用される。

柱状片刃石斧の未成品は1点出土している（図20-7）。方柱状の礫が素材として用いられてお

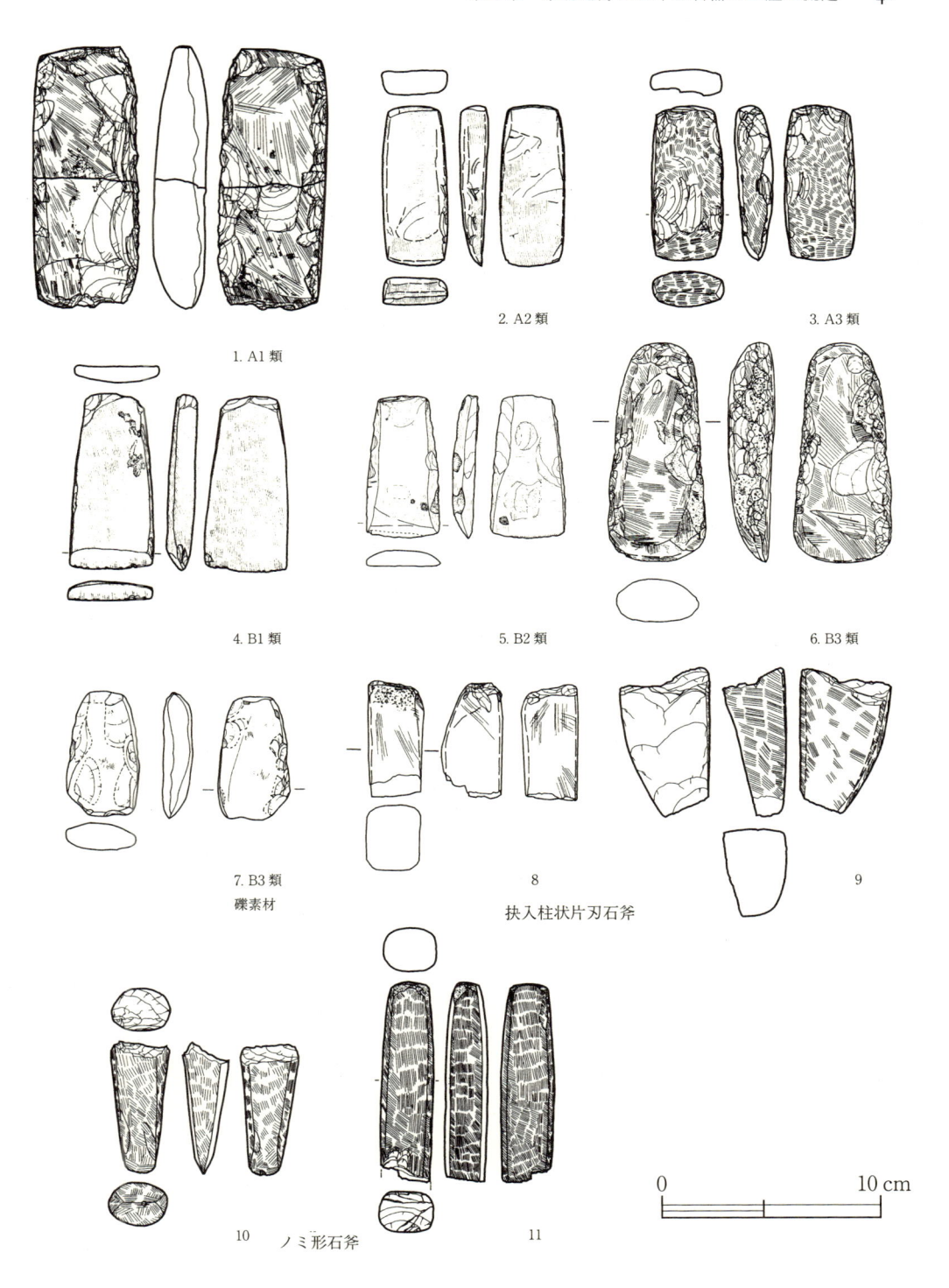

第 2 章　東北地方における石器の生産と流通　41

1. A1 類
2. A2 類
3. A3 類
4. B1 類
5. B2 類
6. B3 類
7. B3 類 礫素材
8. 挟入柱状片刃石斧
9.
10. ノミ形石斧
11.

図 19　宮城県原遺跡出土の加工斧

42

扁平片刃石斧未成品

柱状片刃石斧未成品

ノミ形石斧未成品

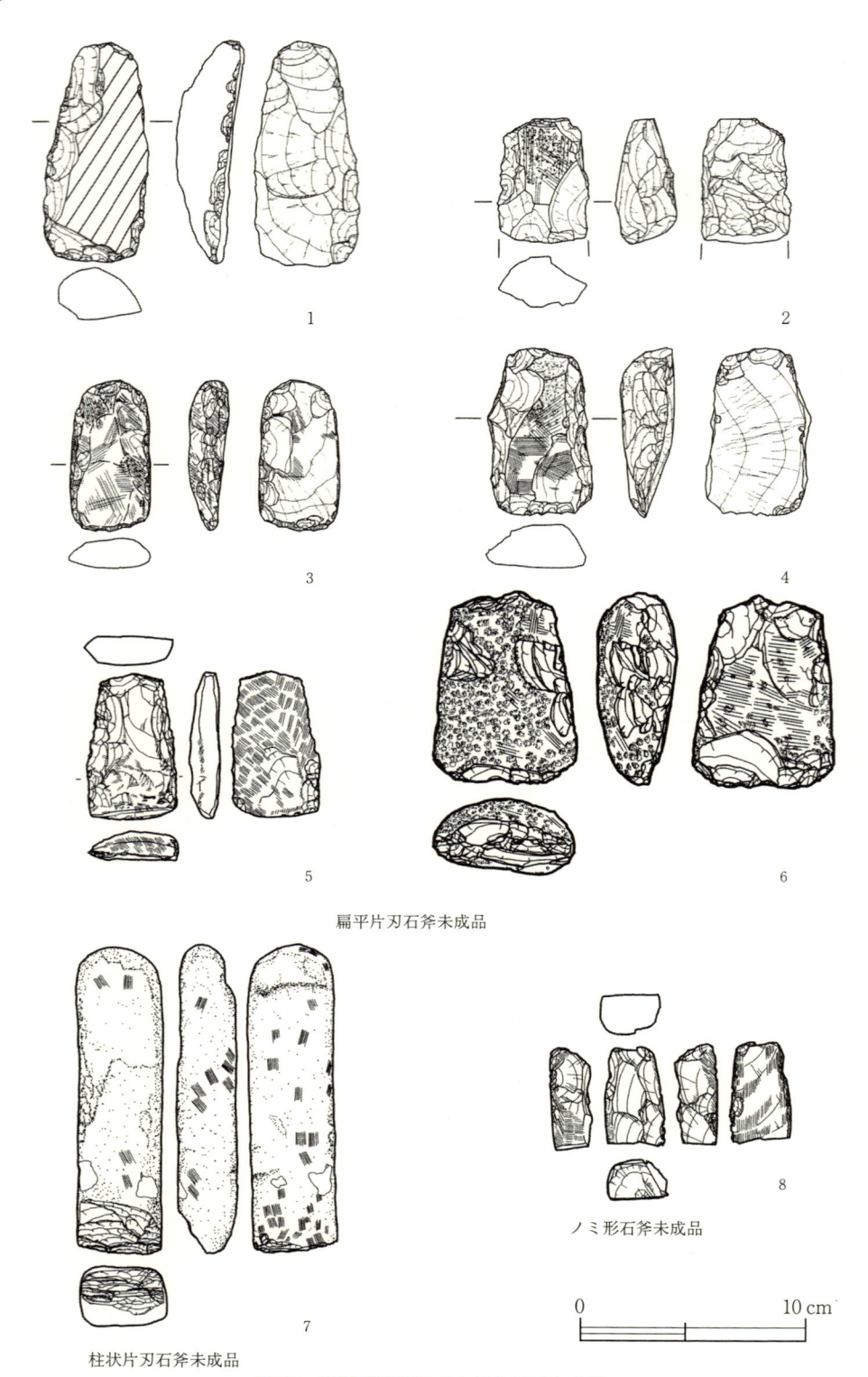

0　　　　10 cm

図20　宮城県原遺跡出土の加工斧未成品

り、剥離調整ならびに礫面への直接的な研磨調整が施されている。

　ノミ形石斧は、剥片素材をもとに剥離調整で形状を整え、敲打調整は施さず、研磨調整が行われる。敲打調整を省くのは、石器が小型なために敲打による破損を回避する目的があったと考えられる。

### c. 原遺跡の特徴

　原遺跡では、加工斧も集落内で製作を行っていた。しかし、未成品の出土量から判断して製作の規模は小さく、あくまでも自己集落内で消費する程度と考えられる。また、使用する石材についても、伐採斧には変成岩系、加工斧には堆積岩系という傾向は認められるものの、多種多様な石材が用いられている。ただし、石鏃や RF にデイサイトや珪化シルト岩が用いられており、磨製石斧の素材の一部が打製石器の素材にも用いられており、石器製作系列は一部に認められる。

### （2） 高田 B 遺跡の検討

　高田 B 遺跡は、名取川左岸の自然堤防上に位置する。これまでに数度にわたる発掘調査が行われており、仙台平野における弥生時代中期中葉前半（高田 B 式土器・枡形囲式土器前半）の良好な遺物が出土している（高橋ほか 1994、荒井ほか 2000）。調査範囲からは、溝跡・土坑・ピット・自然流路・畦畔状遺構（仙台市教育委員会調査地点）・水田跡・土器埋設遺構（宮城県教育委員会調査地点）などが検出されている。ここでは、仙台市教育委員会により調査された資料を検討する。

　高田 B 遺跡からは、磨製石斧の完成品・未成品が数多く出土している。器種は太形蛤刃石斧・扁平片刃石斧・ノミ形石斧・抉入柱状片刃石斧である。

### a. 伐採斧の検討

　伐採斧は、破片も含めて 54 点、未成品が 8 点出土している。石斧の形式は太形蛤刃石斧と定角式磨製石斧および乳棒状磨製石斧である。それぞれの石斧の比率は 5.6：1：0.1 であり、定角式磨製石斧が少数残るものの、主要な伐採斧は太形蛤刃石斧である。

　**分類**　伐採斧は、形態や製作技術の相違から 6 つに分類できる（図 21）。A・B 類が太形蛤刃石斧である。

- **A 1 類**…石斧の平面形は両側面が平行する形態である。主面および側面部の全面に丁寧な研磨調整を施す（図 21-1）。
- **A 2 類**…石斧の平面形は両側面が胴部中位に最大幅を持ち、基部及び刃部にかけてややすぼまる形態である。研磨調整は全面に丁寧に施される。
- **A 3 類**…石斧の平面形は両側面が基部から刃部に向けてやや開く形態である。主面および側面部の全面に丁寧な研磨調整を施す。
- **B 1 類**…石斧の平面形は両側面が平行する形態である。研磨調整は刃部付近のみを丁寧に行い、他の部位は敲打痕が残る程度の粗さである（同図 2）。
- **B 2 類**…石斧の平面形は両側面が基部から刃部に向けてやや開く形態である。研磨調整は B1 類と同じである。
- **C 　類**…定角式磨製石斧・乳棒状磨製石斧（同図 3・4）。

44

1. A1類

太形蛤刃石斧

2. B1類

3. C類 定角式石斧

4. C類 小型乳棒石斧

縄文系伐採斧

5

抉入柱状片刃石斧

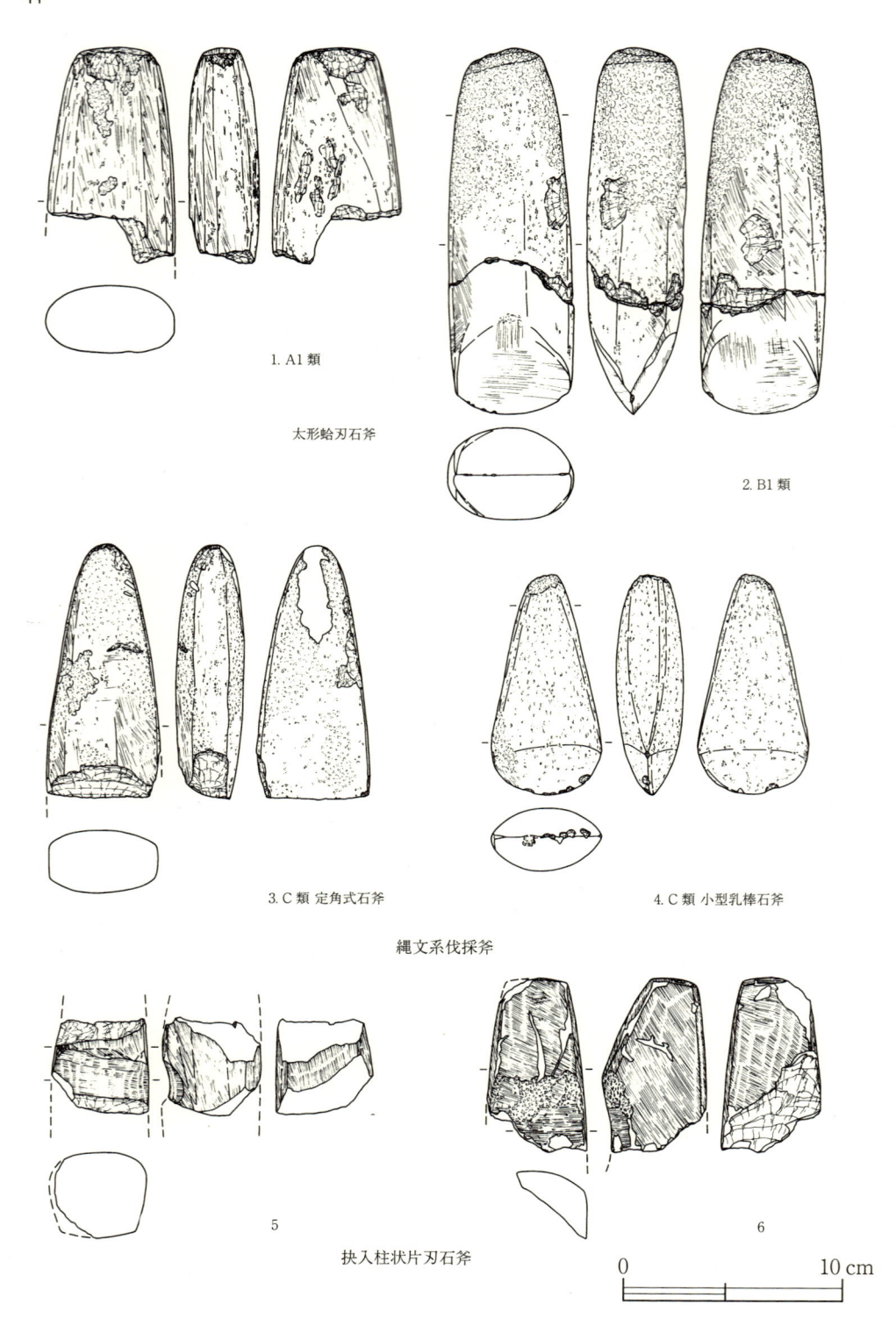

6

0　　　　10 cm

図21　宮城県高田B遺跡出土の伐採斧と抉入柱状片刃石斧

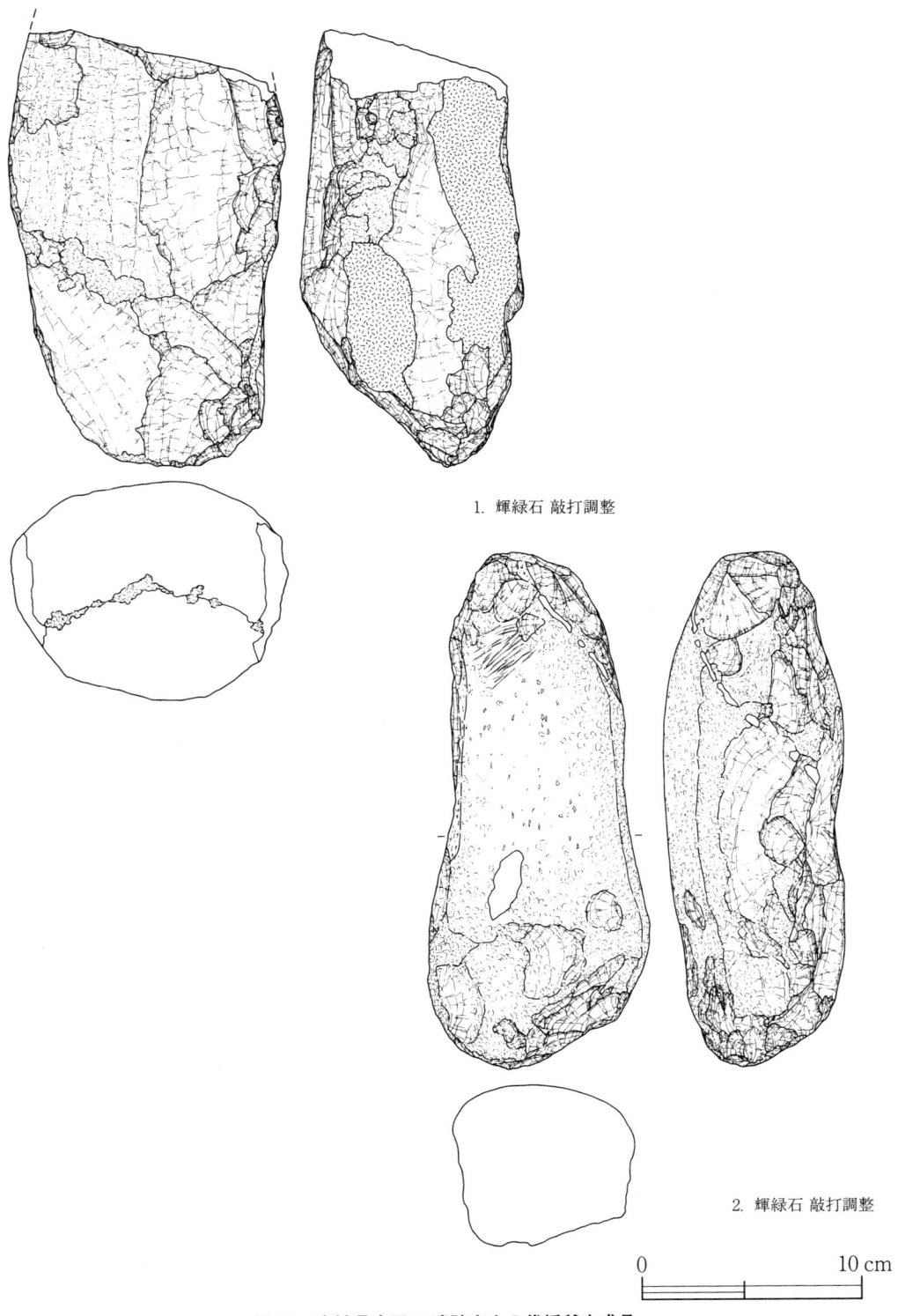

第 2 章　東北地方における石器の生産と流通　45

1. 輝緑石　敲打調整

2. 輝緑石　敲打調整

0　　　　　10 cm

図 22　宮城県高田 B 遺跡出土の伐採斧未成品

1. A1類　2. A2類　3. A3類

4. B1類　5. B2類　6. B3類

扁平片刃石斧（1〜6）

7. A1類　8. A2類　9. B1類

10. B2類　11. B3類　12. C類

ノミ形石斧（7〜12）

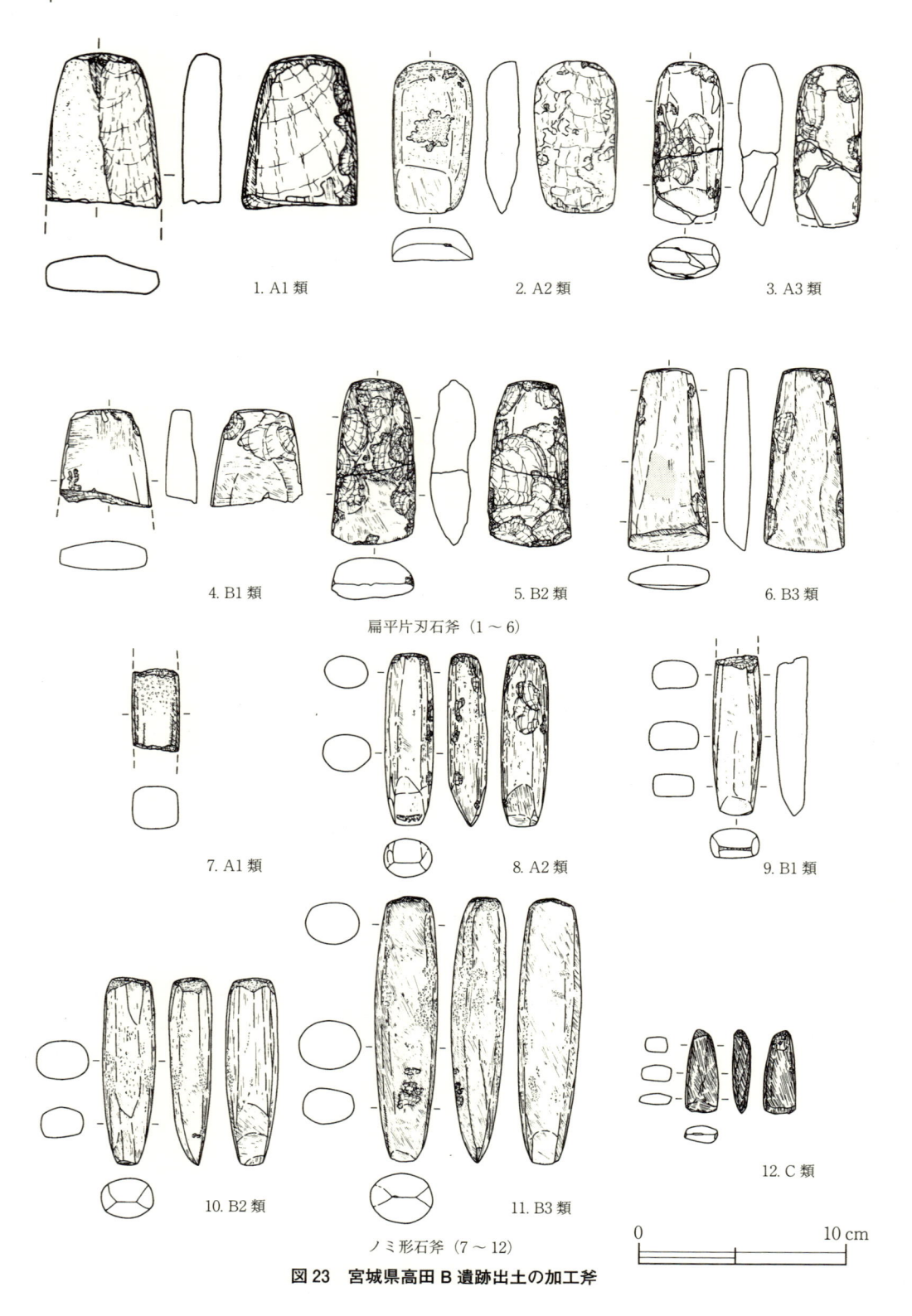

0　　　　　10 cm

**図23　宮城県高田B遺跡出土の加工斧**

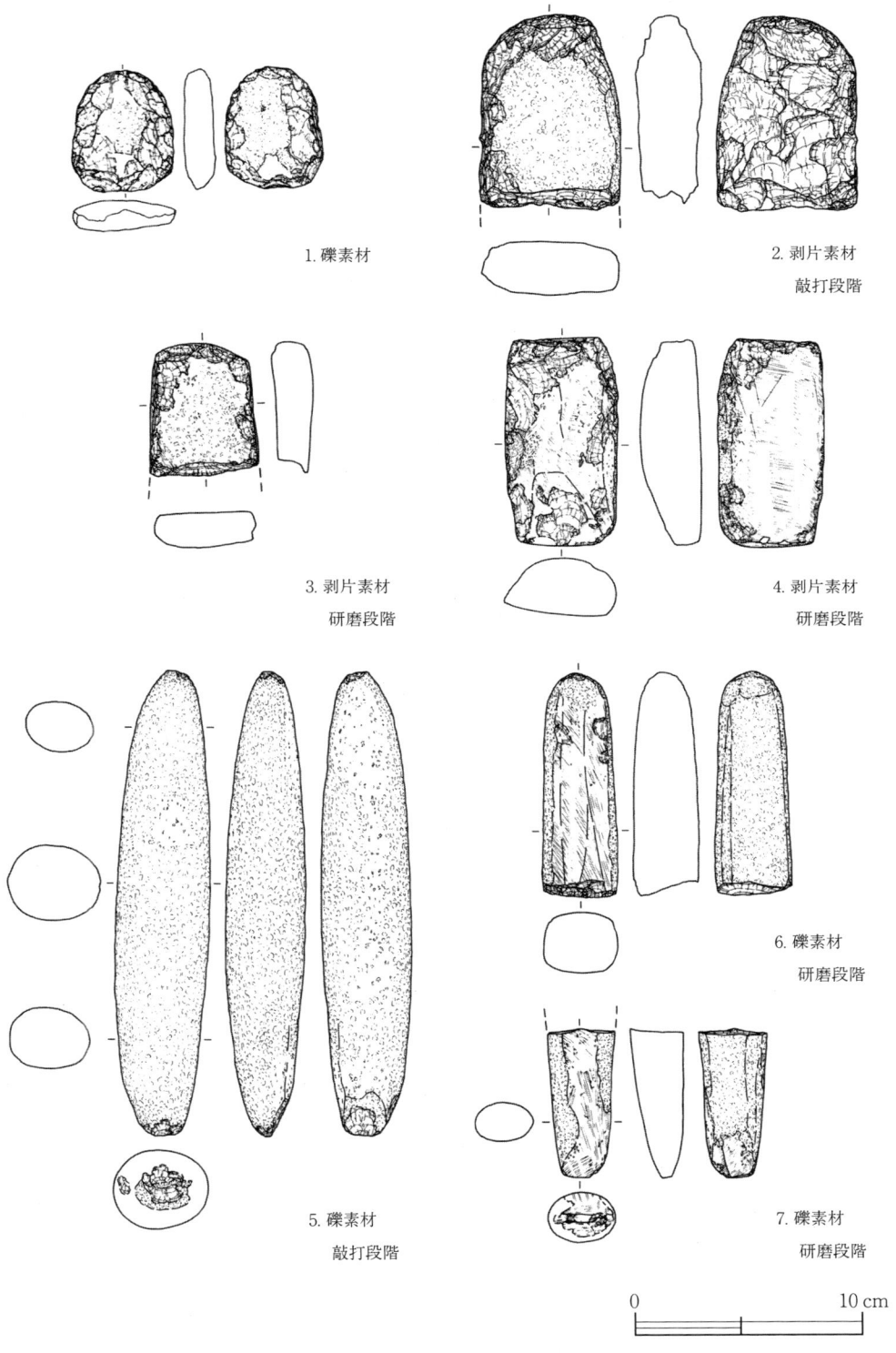

第 2 章　東北地方における石器の生産と流通

1. 礫素材

2. 剥片素材
　敲打段階

3. 剥片素材
　研磨段階

4. 剥片素材
　研磨段階

5. 礫素材
　敲打段階

6. 礫素材
　研磨段階

7. 礫素材
　研磨段階

0　　　　　　10 cm

図 24　宮城県高田 B 遺跡出土の加工斧未成品

石材には斑糲岩や閃緑岩などの変成岩系の岩石が用いられる傾向にはあるが、特定形態に特定石材の使用は認められない。

**未成品** 高田B遺跡では、原石が集落へ持ち込まれ、剥離調整・敲打調整・研磨調整を経て石斧が製作される。図22-1・2はともに礫素材を用いて、剥離・敲打調整を行った磨製石斧の未成品である。石器製作具である多面体石器や砥石も多数出土しており、集落内で石器製作が盛んに行われたことを示している。石材はデイサイト質凝灰岩や輝緑石が主であり、閃緑岩や斑糲岩の未成品は出土していない。そのため、これらの石材を用いた完成品の石斧は他地域からの搬入を考慮する必要がある。

### b. 加工斧の検討

**扁平片刃石斧** 扁平片刃石斧は完成品が27点、未成品が8点出土している。石斧の平面形態からは大別2類（原遺跡の分類と同じA類、B類）、また横断面形態からは大別3類、計6種に分類できる（図23-1〜6）。横断面形は、若干角に丸みを持つ隅丸方形（1類）、かまぼこ形（2類）、隅丸扁平形（3類）に分類される。

高田B遺跡の扁平片刃石斧の形態について、側面が平行するA類とハ字形に開くB類を比較すると、形態の判明する26点中18点がB類に該当し、原遺跡の時期（前期末・中期初頭）よりもB類が増加している。また、横断面形も原遺跡の時期で確認された主面と側面に稜線を有し、断面形が方形の形態がなくなり、その多くは、かまぼこ形もしくは扁平な隅丸長方形が主流となる。さらに刃部の形態についても高田遺跡では、曲刃が増加している。つまり、この段階で東北地方特有の形態である「平面形がハ字形に開き、断面形はかまぼこ形を呈し、主面には剥離痕を残す程度の研磨調整を施す」扁平片刃石斧が普及したといえる。

使用する石材は、35点中19点が凝灰岩系石材であり、同石材を用いた未成品も出土している。細かくみると、珪質凝灰岩・デイサイト質凝灰岩が扁平片刃石斧に最も用いられる石材である。そのほかの石材では黒色頁岩や輝緑石なども用いられており、多様な石材組成となっている。

**柱状片刃石斧** 柱状片刃石斧は2点出土している（図21-5・6）。ともに挟入柱状片刃石斧の挟り部である。石材は輝緑石と珪質凝灰岩である。

**ノミ形石斧** ノミ形石斧は完成品16点、同未成品5点出土している。平面形は両側面が平行する形態（図22-7・8）と胴部中位が膨らみ、基部と刃部がそれぞれすぼまる形態（同図9〜11）が主体を占め、後者の数がより多い。横断面形は、原遺跡で確認された方形を呈するものはなく、隅丸方形・楕円形・円形を呈する。使用する石材は、輝緑石・斑糲岩・珪質凝灰岩など多彩であり、形態と使用する石材との間に特定の傾向は認められない。

**未成品** 扁平片刃石斧の未成品は、礫素材（図24-1）[4]よりも剥片素材（同図2〜4）を用いる場合がより多い。ノミ形石斧は礫素材を用いて、敲打・研磨調整を施している（同図5〜7）。

### c. 高田B遺跡の特徴

高田B遺跡では、集落内において石器製作を行っている。しかし、使用する石器石材は、扁平片刃石斧に凝灰岩系の石材を用いる傾向があるものの、特定の器種と特定石材との結びつきは

なく、石器製作系列は認められない。また、粘板岩は石庖丁を除いて用いられていない。

### (3) 中在家南遺跡の検討

中在家南遺跡は、名取川左岸の自然堤防上に位置する。時期は、弥生時代中期中葉後半（中在家南式土器・枡形囲式土器後半）である。調査区内からは河川跡が検出され、土器・石器・木器が出土している（工藤ほか1996）。ここでは、河川跡の15層出土資料を扱うこととする。

中在家南遺跡からは磨製石斧の完成品のみが出土しており、未成品は出土していない。石器の器種は太形蛤刃石斧・定角式磨製石斧・扁平片刃石斧・柱状片刃石斧・ノミ形石斧である（図25）。

#### a. 伐採斧の検討

中在家南遺跡では太形蛤刃石斧（同図1）と定角式石斧（同図2）が出土している。伐採斧の主体は、太形蛤刃石斧であり7点出土している。定角式石斧は1点のみである。出土数が少ないため、分類は行わないが、平面形はハ字形に開き研磨調整は全面に丁寧に施すA類が多く認められる。使用する石材は、原遺跡や高田B遺跡にはみられなかった安山岩・玄武岩・粘板岩が用いられている。

#### b. 加工斧の検討

扁平片刃石斧は、9点出土している（同図3〜6）が、うち7点は平面形がハ字状に開く形態である。そして、横断面形も9点中5点が扁平な隅丸長方形であり、2点がかまぼこ形である。刃部は曲刃になり、鎬もみられず、主面に剝離痕を多く残している。これは、原遺跡段階から徐々に石器製作のための技術施工が省略・簡便化された結果と考えられる。石材は粘板岩が多く5点あり、粘板岩と扁平片刃石斧との間に特定石材を用いる傾向が認められる。

柱状片刃石斧は、1点で断面形が円形を呈する（同図7）。

中在家南遺跡では、未成品が出土していないため、石器類は他地域・集落から完成品が搬入されたと考えられる。

#### c. 中在家南遺跡の特徴

中在家南遺跡の特徴として、石器製作に用いられる石材構成が原遺跡や高田B遺跡と大きく異なる点が挙げられる。特に粘板岩の比率が他の遺跡と比較して高まっている。

### (4) 仙台平野の磨製石器製作の特徴

弥生時代前期末から中期中葉までの原遺跡・高田B遺跡・中在家南遺跡における石器製作・利用石材の特徴は、次の2点にまとめることができる。

1点目として、原遺跡・高田B遺跡では、集落内にて磨製石斧の製作が行われている。両遺跡の石斧製作の規模は、未成品の出土量からみて、余剰物を周辺集落に搬出するような性格のものではなく、あくまでも自己集落内の消費レベルの小規模なものと考えられる。しかし、中在家南遺跡の段階になると、伐採斧ならびに加工斧に粘板岩が多用され始め、集落内での石器製作が顕著でなくなり、他の遺跡から完成品が搬入されたと考えられる。その背景には、周辺地域も含めた石器の生産流通構造の変化が想定される。

50

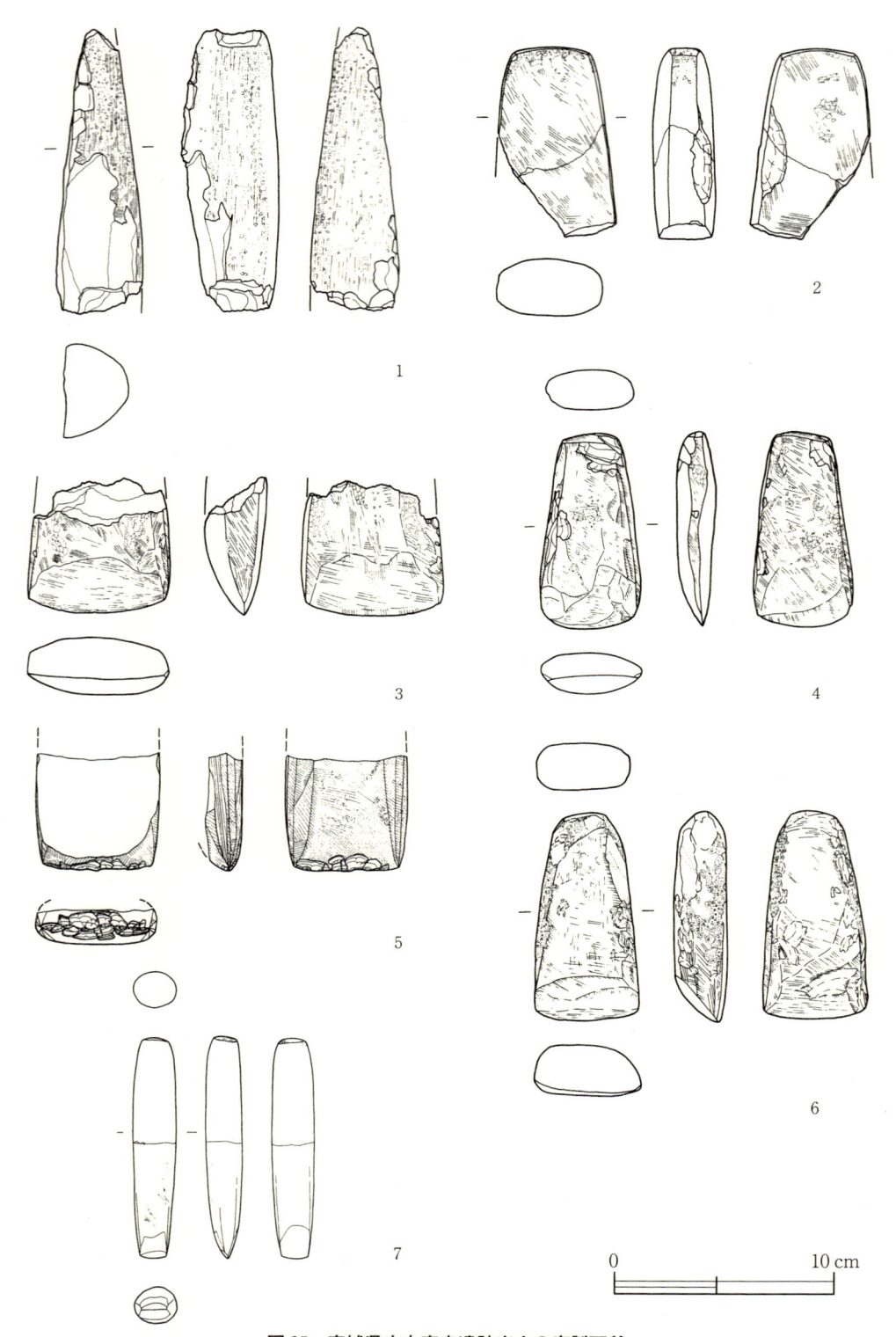

図25 宮城県中在家南遺跡出土の磨製石斧

2点目として、高田B遺跡段階までは、多種多様な石材が石器製作に用いられており、特定の石材と特定の石器の器種との結びつきが認められない。そのため、いずれの石材にも石器製作系列が認められない。しかし、中在家南遺跡段階では、粘板岩が磨製石器の製作に多用され、石材の選択が行われている。

### 3　粘板岩製石器の検討

仙台湾沿岸では弥生時代前期末に確立した「自らの集落内での石器製作により補給する」体制が、弥生時代中期中葉（後半期）になると「他集落・他地域から完成品の石器を搬入する」体制へと変化する。特に中期中葉の後半では、粘板岩製の磨製石斧が大量に出土しており、この段階で粘板岩と磨製石斧との間に石材選択の有機的な結びつきが認められる。この特定石材の利用は磨製石斧のみならず、磨製石庖丁にも当てはまる（荒井2003：7頁）。つまり、磨製石斧と磨製石庖丁の製作において粘板岩が、弥生時代中期中葉後半に意図的に採取・消費されたのである。

#### （1）　粘板岩の産出地

仙台湾沿岸地域の粘板岩は、おもに2カ所の原産地から搬入されたと考えられている。1つは北上川右岸に広がる稲井層群である。もう1つは仙台湾沿岸から福島県北部の相馬地域に広がる阿武隈山地の割山層群ならびに相馬古生層群である。相馬古生層に由来する粘板岩にはその外見に特徴があり、白色ないしは灰色の節理が縞状に入り、肉眼観察でも判別は可能である。仙台湾沿岸の石器をみると、磨製石斧には相馬古生層群に由来すると考えられる縞状節理のある粘板岩が多く使われている。

福島県北東部に広がる阿武隈山地には、粘板岩や砂岩などの堆積岩と片岩などの変成岩が多く認められる。この山地を源とする真野川・上真野川・新田川の流域では、粘板岩を採取できる（竹谷1983：26-28頁）。

#### （2）　粘板岩製石器の使用率

扁平片刃石斧と磨製石庖丁における粘板岩の使用率の変化を検討していく。表2には、仙台平野から福島県相馬地方における弥生時代前期末から中期後葉の石庖丁と扁平片刃石斧の粘板岩の使用率を示した。表左は、完成品に占める粘板岩の割合であり、表右は未成品に占める粘板岩の割合である。使用率の変化は3期に分けることができる。

**石器流通1期**：粘板岩製磨製石器（石庖丁・扁平片刃石斧）の未成品が粘板岩石材原産地のみならず、仙台湾沿岸の遺跡においても出土する段階である。時期は弥生時代前期末から中期中葉前半である

**石器流通2期**：磨製石器（石庖丁・扁平片刃石斧）の石材として粘板岩が多用され始める段階ではある。しかし、未成品も石器流通1期同様に原産地以外においても出土する段階。時期は弥生時代中期中葉後半である。

**石器流通3期**：石庖丁・扁平片刃石斧の石器素材にほぼ独占的に粘板岩が使用される段階である。仙台湾沿岸の遺跡では、完成品のみが出土する。未成品は粘板岩の石材原

表2　仙台湾沿岸における弥生時代の粘板岩の使用率

| 地域 | 遺跡名 | 時期 | 石庖丁 | 粘板岩 | % | 未石庖丁 | 粘板岩 | % |
|---|---|---|---|---|---|---|---|---|
| 仙台湾 | 原遺跡 | 前期末・中期初 | 19 | 2 | 10.5% | 11 | 1 | 9.1% |
| | 南小泉3次 | 前期末・中期初 | 1 | 1 | 100.0% | 0 | 0 | 0.0% |
| | 船渡前 | 中期初頭 | 1 | 1 | 100.0% | 0 | 0 | 0.0% |
| | 高田B | 中期中葉 | 99 | 16 | 16.2% | 60 | 10 | 16.7% |
| | 中在家南 | 中期中葉 | 8 | 3 | 37.5% | 4 | 1 | 25.0% |
| | 下ノ内 | 中期後葉・後期 | 1 | 1 | 100.0% | 0 | 0 | 0.0% |
| | 色麻古墳群 | 中期後葉 | 1 | 1 | 100.0% | 0 | 0 | 0.0% |
| | 愛島東部丘陵(桜井式) | 中期後葉 | 1 | 1 | 100.0% | 0 | 0 | 0.0% |
| 相馬 | 天神沢 | 中期後葉 | 50 | 45 | 90.0% | 6 | 6 | 100.0% |
| | 桜井 | 中期後葉 | 22 | 22 | 100.0% | 0 | 0 | 0.0% |
| | 南入A | 中期後葉 | 11 | 8 | 72.7% | 12 | 8 | 66.7% |
| | 武井 | 中期後葉 | 2 | 0 | 0.0% | 0 | 0 | 0.0% |

| 地域 | 遺跡名 | 時期 | 扁平片刃 | 粘板岩 | % | 未扁平片刃 | 粘板岩 | % |
|---|---|---|---|---|---|---|---|---|
| 仙台湾 | 原遺跡 | 前期末・中期初 | 19 | 3 | 15.8% | 6 | 0 | 0.0% |
| | 南小泉3次 | 前期末・中期初 | 0 | 0 | 0.0% | 0 | 0 | 0.0% |
| | 船渡前 | 中期初頭 | 0 | 0 | 0.0% | 0 | 0 | 0.0% |
| | 高田B | 中期中葉 | 36 | 0 | 0.0% | 8 | 0 | 0.0% |
| | 中在家南 | 中期中葉 | 9 | 5 | 55.6% | 0 | 0 | 0.0% |
| | 下ノ内 | 中期後葉・後期 | 0 | 0 | 0.0% | 0 | 0 | 0.0% |
| | 色麻古墳群 | 中期後葉 | 0 | 0 | 0.0% | 0 | 0 | 0.0% |
| | 愛島東部丘陵(桜井式) | 中期後葉 | 0 | 0 | 0.0% | 0 | 0 | 0.0% |
| 相馬 | 天神沢 | 中期後葉 | 28 | 10 | 35.7% | 0 | 0 | 0.0% |
| | 桜井 | 中期後葉 | 15 | 7 | 46.7% | 0 | 0 | 0.0% |
| | 南入A | 中期後葉 | 11 | 2 | 18.2% | 0 | 0 | 0.0% |
| | 武井 | 中期後葉 | 3 | 0 | 0.0% | 0 | 0 | 0.0% |

産地周辺の遺跡に限定される。時期は弥生時代中期後葉から後期初頭である。この段階に粘板岩製石庖丁は、仙台湾沿岸のみならず北上川沿いに多く分布する。

　粘板岩の使用率は、中期中葉の中在家南遺跡の段階から増加し、中期後葉では特に相馬地方での使用率が非常に高いことが分かる。石材原産地に近い相馬地域では、天神沢遺跡や南入A遺跡において粘板岩を用いた石器製作が行われている。しかし、その変化は石器全体からみた場合には、先に検証したように扁平片刃石斧と石庖丁のごく一部の器種に限定される。須藤が示したような（須藤1984）、伐採斧などすべての磨製石斧が特定の製作地で製作されたものではなく、石製利器は自己集落内での製作を基礎としつつ、石庖丁と扁平片刃石斧など一部の器種についてのみ、他地域からの搬入が石器流通3期から行われたのである。

## 4　集落の動態と石器の流通

　石庖丁および扁平片刃石斧に粘板岩が独占的に用いられる3期について、集落の動態と併せて検討する。図26には、仙台湾沿岸地域の集落群動態を示した（須藤1984）。各期は以下にそれぞれ該当する。

　1期　弥生時代前期：青木畑式土器期

第 2 章　東北地方における石器の生産と流通　53

北上川流域遺跡群

名取川流域遺跡群

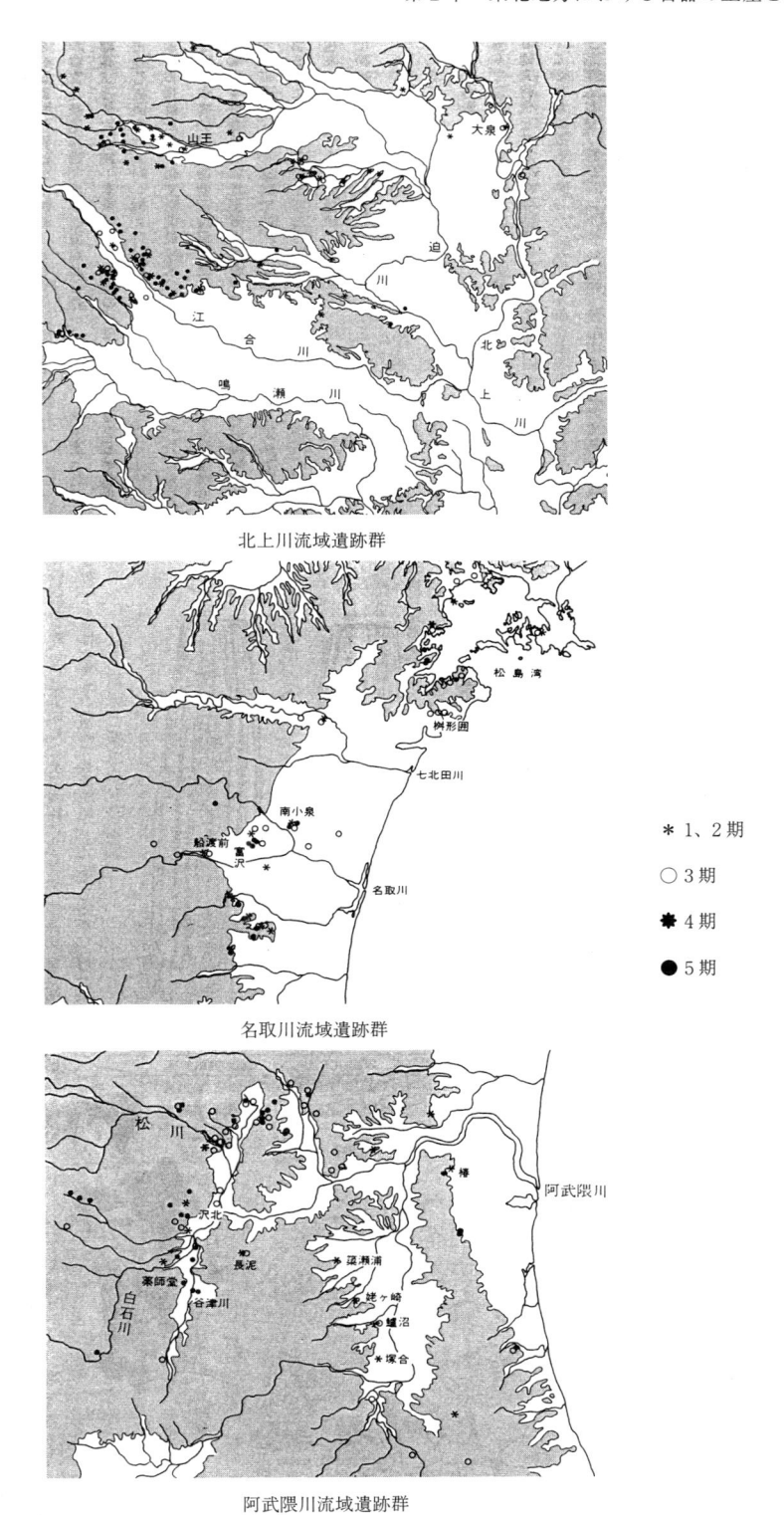

＊ 1、2 期
○ 3 期
✺ 4 期
● 5 期

阿武隈川流域遺跡群

図 26　仙台湾沿岸における弥生時代の遺跡群の動態

2期　弥生時代中期前葉：山王Ⅲ層式土器期・原式土器期
3期　弥生時代中期中葉：枡形囲式土器（高田B式土器・中在家南式土器）期
4期　弥生時代中期末葉：十三塚式土器期
5期　弥生時代後期：天王山式土器期

### （1）　各地域の動態

　北上川流域では、1期と3期でその立地が大きく変化することはない。北上川支流の江合川および迫川流域の段丘面（図26内トーン部）上に遺跡は立地し、後期においても変化することはない。

　名取川流域の1期と2期は、段丘面上と平野部に位置するが、3期になると名取川流域の平野部で数多くの遺跡がみられるようになる。また、仙台平野北部の松島湾沿岸においても遺跡が増加している。松島湾沿岸の遺跡は、その多くが貝塚であり、「半農半漁」のムラと考えられている（菅原2005：49頁）。

　阿武隈川中流から上流にかけては、多くの遺跡が検出されている。その多くは河川に面する低地部ではなく、段丘面に位置している。3期になると阿武隈川支流松川の流域で増加している。

　中期の集落の選地については3つの地域において、それぞれ地域差があり、必ずしも水田稲作を営むために低地への進出を行うとは限らない。しかし、そのなかでも名取川流域では、水田の大規模化などから労働単位としての世帯や集落の結合が行われ、結果として水田稲作をより積極的に導入することとなったと考えられる（高瀬2004a：194-195頁）。

### （2）　弥生時代中期の低地への進出

　福島県相馬地方の沿岸部においても、中期中葉からの南相馬市武井D遺跡（吉田1989）や、中期末（桜井式土器の段階）からの南相馬市天神沢遺跡（竹島1983）・同市桜井遺跡（竹島1992）・同市南入A遺跡（磐瀬ほか1994）など、集落が増加する傾向がある。つまり、この地域では水田などの生産規模の拡大に伴い、低地への集落の進出が顕著になる。そこでもう一度、表2を振り返りたい。中期後葉以降に石庖丁および扁平片刃石斧の製作に粘板岩を用いる率が急増している。そして、この時期に石材原産地周辺への集落の進出も増加している。つまり、弥生時代中期前葉では、原遺跡の粘板岩製石庖丁未成品が示すように、阿武隈山地などの粘板岩石材原産地は広域な石材供給地として機能し、石材原産地から消費地へ石器の素材ないしは未成品が流通したと考えられる。しかし、中期中葉後半および中期後葉になると、仙台湾沿岸の遺跡では未成品の出土数が激減する。そして、粘板岩石材原産地周辺における石器製作遺跡の出現により、阿武隈山地およびその流域が狭域な石材供給地に変じ、石材原産地から石器生産遺跡を経由して、完成品が消費地へと流通した。その背景には、仙台湾沿岸での水田の生産力増大にともない、収穫具および木器製作具の需要に対する石器製作の効率化が進んだためと考えられる。

### 5　打製石器の検討

　ここで対象とするのは、東北地方で多く用いられる珪質頁岩である。磨製石器の分析と同じ地域を対象として、その使用率および搬入形態について検討する。東北地方では弥生時代において

も、打製石鏃・石錐・石匙・Retouched Flake（RF）など多くの打製石器が用いられている。

### （1） 珪質頁岩原産地

　珪質頁岩は、東北地方において打製石器の素材として、旧石器時代から多用される石材である。秦明繁による詳細な石材分布調査によれば、珪質頁岩は新潟県塩沢町付近から、福島県松川流域を南限としている。そのなかでも、良質な石材は山形県米沢盆地が南限である。また日本海側に流れる河川流域や出羽山地、飯豊山地においても採取できる。一方、太平洋側に流れ込む河川では、珪質頁岩の分布は非常に散発的であり、採取できる石材も節理が発達しているなど、石器製作に適するものはなく、先史時代において石器に用いられた珪質頁岩は、奥羽山脈の西側で採取されたと考えられる（秦 2003：22頁）。

### （2） 珪質頁岩の搬入形態

　図27には縄文時代後期と弥生時代中期の石核を示した。縄文時代の資料は、名取川流域の宮城県仙台市伊古田遺跡（同図1・2）（渡部1995）と同市東足立遺跡出土の石核（同図3・4）（黒川1981）である。伊古田遺跡ならびに東足立遺跡の石器は、すべて縄文時代後期に帰属するものである。出土した原石では同図4が最も大きく 13.8×7.1×7.1 cm である。石核は数多く出土しているものの、大きさにばらつきがある。

　一方、弥生時代の資料では高田B遺跡・南入A遺跡・福島県南相馬市武井A遺跡出土の石核を示した。図で示した以外の資料では、原遺跡からも珪質頁岩の石核が出土している。素材は礫素材であり、剥離方法も縄文時代の石核同様に求芯状に周縁から剥離を行っている。つまり、弥生時代においても縄文時代同様に円礫などの原石を集落へ持ち込み、尚かつ剥片剥離作業の石器の製作を行っている。

### （3） 珪質頁岩の使用率

　次に打製石器における珪質頁岩の使用率について検討する。表3には縄文時代の2遺跡・弥生時代の5遺跡の打製石器の器種組成とそれぞれの器種のなかでの珪質頁岩の使用率を示した。

#### a. 縄文時代

　縄文時代の石器では、珪質頁岩の使用率が全般的に高い。特に石核での使用率が顕著である。珪質頁岩の使用率が石核で高いということは、大量に珪質頁岩の原石が集落へ搬入され、消費されていることを意味している。石器器種は石鏃・石錐・RF（不定形な細部調整加工のある剥片刃器とされている石器群）など多彩であり、なおかつそれらの器種に占める珪質頁岩の比率も高い。

#### b. 弥生時代

　弥生時代では、全般的な傾向として珪質頁岩の利用率が減少している。例えば、原遺跡では磨製石斧に多く用いられるデイサイトや珪化シルト岩などが石鏃やRFなどに用いられ始める。原遺跡では磨製石器の製作工程で生じた剥片類が、そのまま石器素材として打製石器の製作工程に流用されている状況がある。つまり、縄文時代では、珪質頁岩の石器製作系列のなかに位置していた小型の打製石器が、弥生時代になると磨製石斧の石器石材系列のなかに組み込まれるという変化が起きている。その傾向は特にRFなどに顕著である。一方で、石錐など細かい製作技術を

56

1

2

伊古田遺跡

3

4

東足立遺跡

縄文時代 珪質頁岩 石核

5

6 高田B遺跡

7

南入A遺跡

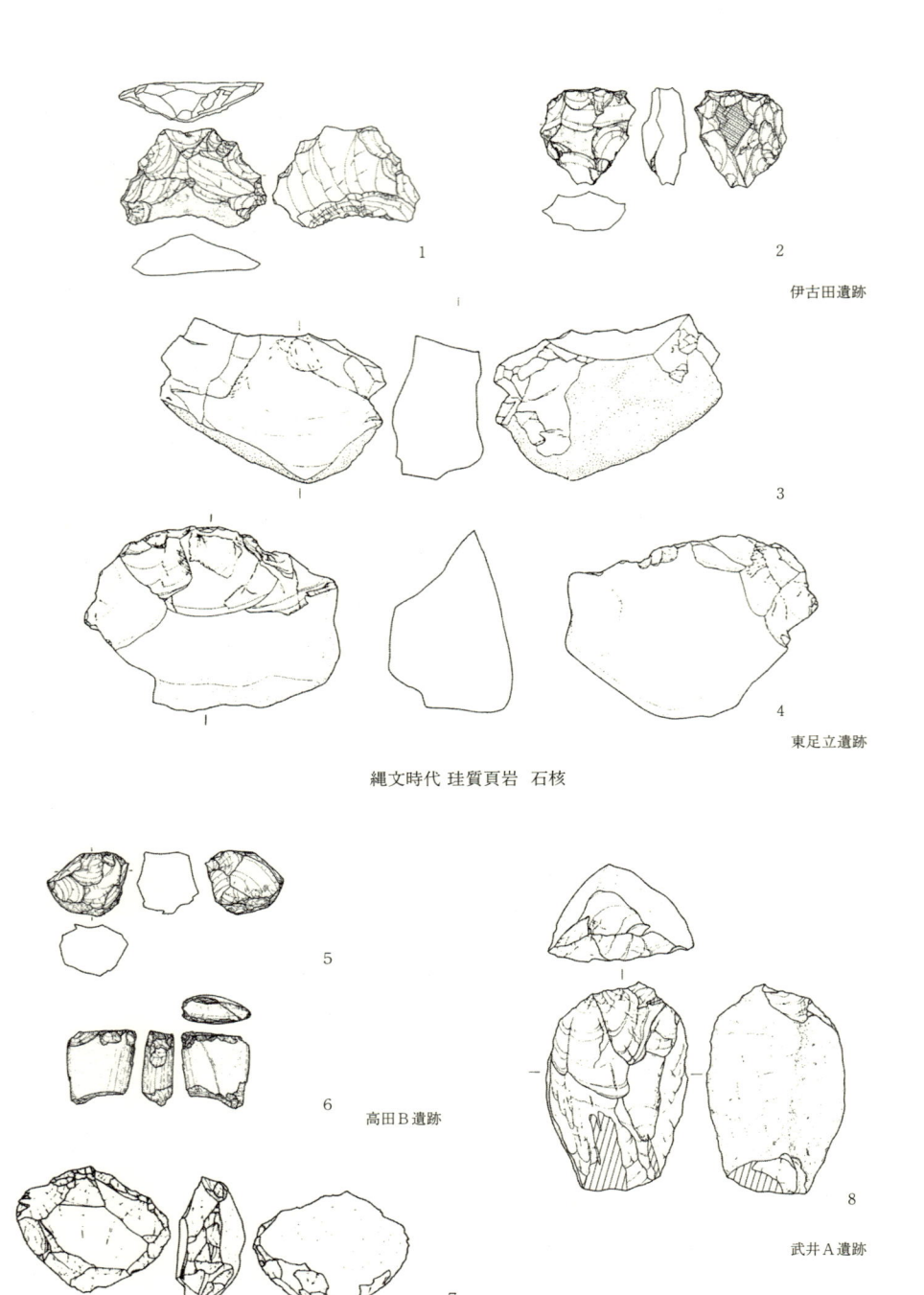

8

武井A遺跡

弥生時代 珪質頁岩 石核

0　　　　10cm

図27　仙台湾沿岸地域出土の珪質頁岩製石核

**表3 仙台湾沿岸における頁岩の使用率**

| 遺跡 | 器種 | 点数 | % | 頁岩点数 | % |
|---|---|---|---|---|---|
| 伊古田<br>(縄文時代<br>後期中葉) | 石鏃 | 16 | 16.2% | 6 | 37.5% |
| | 石錐 | 22 | 22.2% | 17 | 77.3% |
| | クサビ形 | 10 | 10.1% | 8 | 80.0% |
| | RF | 42 | 42.4% | 32 | 76.2% |
| | 石核 | 9 | 9.1% | 6 | 66.7% |
| | 合計 | 99 | 100.0% | 69 | 69.7% |
| 東足立<br>(縄文時代<br>後期後葉) | 石鏃 | 49 | 38.9% | 30 | 61.2% |
| | 石錐 | 8 | 6.3% | 8 | 100.0% |
| | クサビ形 | 0 | 0.0% | 0 | 0.0% |
| | RF | 35 | 27.8% | 27 | 77.1% |
| | 石核 | 34 | 27.0% | 31 | 91.2% |
| | 合計 | 126 | 100.0% | 96 | 76.2% |
| 原遺跡<br>(前期末<br>中期初) | 石鏃 | 31 | 8.4% | 4 | 12.9% |
| | 石錐 | 29 | 7.9% | 6 | 20.6% |
| | クサビ形 | 17 | 4.6% | 3 | 17.6% |
| | RF | 195 | 53.0% | 17 | 8.7% |
| | 石核 | 96 | 26.1% | 8 | 8.3% |
| | 合計 | 368 | 100.0% | 38 | 10.3% |
| 高田B<br>(中期中葉) | 石鏃 | 128 | 40.6% | 15 | 11.7% |
| | 石錐 | 46 | 14.6% | 10 | 21.7% |
| | クサビ形 | 0 | 0.0% | 0 | 0.0% |
| | RF | 114 | 36.2% | 4 | 3.5% |
| | 石核 | 27 | 8.6% | 2 | 7.4% |
| | 合計 | 315 | 100.0% | 31 | 9.8% |
| 中在家南<br>(中期中葉) | 石鏃 | 44 | 66.7% | 15 | 34.1% |
| | 石錐 | 5 | 7.6% | 3 | 60.0% |
| | クサビ形 | 0 | 0.0% | 0 | 0.0% |
| | RF | 17 | 25.8% | 9 | 52.9% |
| | 石核 | X | X | X | X |
| | 合計 | 66 | 100.0% | 27 | 40.9% |
| 南入A<br>(中期末葉) | 石鏃 | 6 | 27.3% | 0 | 0.0% |
| | 石錐 | 0 | 0.0% | 0 | 0.0% |
| | クサビ形 | 0 | 0.0% | 0 | 0.0% |
| | RF | 7 | 31.8% | 3 | 42.9% |
| | 石核 | 9 | 40.9% | 2 | 22.2% |
| | 合計 | 22 | 100.0% | 5 | 22.7% |
| 武井<br>(中期末葉) | 石鏃 | 5 | 41.7% | 0 | 0.0% |
| | 石錐 | 1 | 8.3% | 0 | 0.0% |
| | クサビ形 | 0 | 0.0% | 0 | 0.0% |
| | RF | 0 | 0.0% | 0 | 0.0% |
| | 石核 | 6 | 50.0% | 2 | 33.3% |
| | 合計 | 12 | 100.0% | 2 | 16.7% |

58

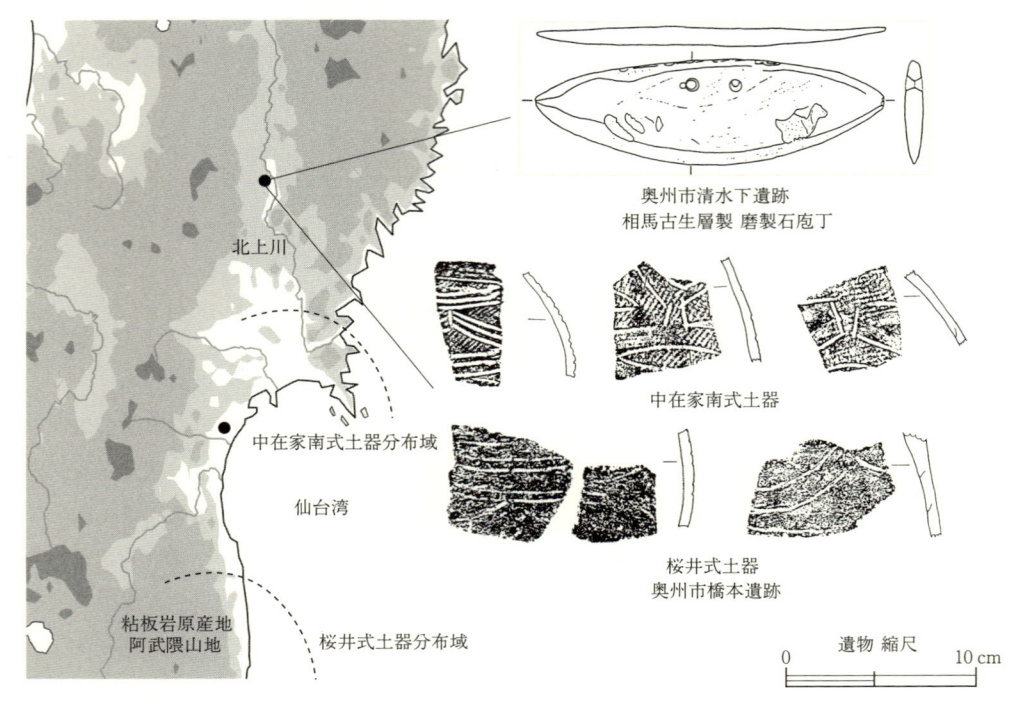

**図 28 仙台湾沿岸地域出土の粘板岩製石庖丁と土器の移動**

要する石器には引き続き珪質頁岩が多用され、縄文時代の石器製作体系が残存している。しかし、中期中葉以降になると打製石器の製作量が減少するなかで、珪質頁岩の使用率も大幅に落ち込む。この時点で縄文時代から継続した珪質頁岩の石器製作系列が終焉を迎え、石器製作体系に大きな変化が訪れたといえる。

### 6　まとめ

　仙台湾沿岸の弥生時代における石器の生産と流通は、水田稲作を受容した弥生時代前期末から中期初頭に大きな変化がみられる。まず、縄文時代に小型の打製石器の素材として多用されていた珪質頁岩の原石の搬入量が減少する。

　弥生時代の磨製石斧類の製作では、特定石材の選択を行うことはなく、多種多様な石材が用いられる。そして、磨製石斧の石材と打製石器の石材の一部が共通することから、磨製石斧の製作工程のなかに一部の打製石器の製作工程が組み込まれるという変化が考えられる。また、この段階では原遺跡や高田B遺跡の分析を通して、独占的な磨製石器の流通構造は生じておらず、石器は自家集落内の製作段階であったといえる。

　中期中葉後半（中在家南式土器期）になると、相馬古生層の粘板岩を用いた石器製作が福島県北部の相馬地域で活発に行われ、仙台湾での未成品が出土しなくなる。そして、中期後葉の桜井式土器期では、天神沢遺跡や桜井遺跡をはじめ相馬地域での集落数が急増する。また、相馬古生層

産出の粘板岩を用いた石庖丁と扁平片刃石斧の独占的な流通構造が生じ、石器の生産と流通の画期といえる。粘板岩製磨製石庖丁の分布範囲は広く、その北限は岩手県奥州市清水下遺跡である。また、中在家南式土器および桜井式土器もその分布の北限が北上川中流の奥州市付近である（図28、日下2005：49頁）。つまり、農耕社会の進展と広域な人々の交流の結果により新たな粘板岩製磨製石器などが仙台平野を中心とした東北地方太平洋側へもたらされたものと考えられる。

## 第2節　いわき地域の石器の生産と流通

　福島県いわき市周辺の地域（以後「いわき地域」と称する）は仙台湾沿岸とともに東北地方において大陸系磨製石器が多く出土する地域である（図29）。本節では、龍門寺遺跡を中心として石器製作の変化の推移を明らかにしたうえで、石器の生産と流通を手がかりに地域間交流について検討する。

### 1　いわき地域における弥生時代の石器研究史

　いわき地域は、仙台湾沿岸とともに石庖丁の出土が多い地域として注目されていた（竹島1970）。この地域では弥生時代中期中葉（龍門寺式土器期）に、太形蛤刃石斧や石庖丁などの大陸系磨製石器が出現する。磨製石器の出土量が福島県の中通り地域や浜通り地方北部の相馬・双葉地域よりも多い理由は、いわき地域の弥生時代の集落が低地面に隣接した丘陵上に位置し、水稲耕作を行ったためと考えられる（野崎1991：23頁）。

　仙台地方での研究と同様に、いわき地域でも石庖丁を中心に研究が進められてきた。坂本和也は、出土石庖丁を集成し、その石材産地をいわき地域北部の高倉山層群と推定した（坂本1993）。また、石庖丁の石器製作については、それぞれの集落が自ら石材産地へ素材の獲得に赴き、集落内で自家消費のための石庖丁の製作を行ったと説明した（坂本1994：22頁）。剥片石器についても、福島県双葉町陣馬沢遺跡出土の石英粗面岩（筆者註：流紋岩）を用いた縦長剥片が石庖丁の代用品として収穫具に用いられた可能性が指摘されている（古賀1993）。

　いわき地域の剥片石器については、剥片剥離技術に基づき形態分類され（中山1990）、不定形の剥片石器は個人に帰属する石器であり、様々な用途に使われた利器であるとされた（坂本1993）。

図29　福島県いわき地域の弥生時代の主要遺跡

いわき地域では、弥生時代の石器の出土量が比較的多いため、これまでにも石器の研究は行われてきたものの、個々の石器に関する研究が多く、石器群全体を対象とした分析は行われていない。また、いわき地域ではこれまでに多くの弥生時代の集落が検出されているが、これらの集落間における物資の流通構造についても十分な検討が行われているとは言い難い。

## 2　いわき地域の石器石材

いわき地域で石器製作に用いられる主な石材は流紋岩、閃緑岩、ヒン岩、ホルンフェルスの4種である。本稿で呼称する石材名は、すべて筆者が肉眼観察による実見のうえで、遺跡間相互の石材名の相違を統一したものである。石材の視覚的特徴は以下の通りである（図30）。

### a. 流紋岩

色調は灰色から乳白色を呈している。龍門寺遺跡で打製石鏃および打製の小型石器類に用いられている石材である。流紋岩は石英粗面岩と記される例もあるが、多くの報告書において岩石名の相違は認められない。

### b. 閃緑岩

色調は緑色を呈し、白色鉱物が短い縞状に多く認められる。龍門寺遺跡で閃緑岩と称しているものを基準としている。

### c. ヒン岩

色調は薄灰色を呈しており、乳白色の角状鉱物が斑に認められる。龍門寺遺跡で閃緑ヒン岩・ヒン岩と称されている石材である。特徴的な石器としては大型直縁刃石器（報告書においては鋸型石器とされている）や太形蛤刃石斧である。報告書においては斑レイ岩と分類される例もある。

### d. ホルンフェルス

色調は風化のため白色から乳白色を呈する特徴がある。但し、発掘調査時に生じたと思えるガジリ部を観察すると濃灰色から黒色を呈している[5]。ホルンフェルスは、報告書による分類のばらつきが閃緑岩・ヒン岩に比べて大きい。

閃緑岩　　　　　　　　　ヒン岩　　　　　　　　ホルンフェルス

図30　福島県いわき地域の磨製石斧に用いられる石材

## 3 龍門寺遺跡出土石器の検討

 福島県いわき市龍門寺遺跡は、草木川左岸の丘陵裾部に広がる遺跡である（猪狩 1985）。出土した弥生土器は、中期中葉の龍門寺式土器のほか、中期末葉の天神原式土器や後期の天王山式・八幡台式土器が少量出土している。龍門寺遺跡の石器群は包含層からの出土であるが、出土した弥生土器の9割が龍門寺式土器である点から、弥生時代中期中葉[6]の石器群として扱いたい。

 龍門寺遺跡の発掘調査報告書によると石器は459点出土している。石器の器種組成は、石鏃などの狩猟具がその半数を占め、そのほか伐採具・加工具・収穫具・スクレイパーなどの剥片刃器類・敲石などである（図31）。この石器組成から、龍門寺遺跡では縄文時代以来の狩猟形態を保ちながらも、木製農具の製作用に扁平片刃石斧や柱状片刃石斧など新たな道具を導入し、水田耕作も行っていたことがわかる（野崎 1991：19頁）。また、龍門寺遺跡では太形蛤刃石斧・扁平片刃石斧・柱状片刃石斧・石庖丁などの大陸系磨製石器がセットで出土している点も重要である（禰宜田 1993：162頁）。

### （1） 伐採斧の検討

 龍門寺遺跡では伐採斧が42点出土している。完成品・未成品・転用品および剥片類が出土しており、遺跡内で磨製石斧の製作が行われていた。

 石斧の平面形は、両側面が平行して基部から刃部にまでいたる形態が主体である（図31-1）。そのほか、刃部に向かって裾開きで広がる形態（同図2）、石斧中位でやや膨らみ、基部・刃部に向かってすぼむ形態がある。石斧の横断面形は、石器素材に剥片素材を用いるため楕円形である。刃部付近を中心に丁寧に研磨調整が施され、基部付近はやや粗くなり、敲打整形による凹凸を残す特徴がある。

#### a. 石材の分類

 伐採斧の石材には、閃緑岩（60％）とヒン岩（19％）が主として用いられている。そのほかは、黒雲母結晶片岩（10％）、角閃変岩（7％）、斑糲岩（2％）、角閃岩（2％）である。龍門寺遺跡では、閃緑岩及びヒン岩が伐採斧用の石材の8割を占めており、特定の石材が利用されている。

#### b. 石器素材

 石器素材として礫素材・剥片素材の両方が用いられている。どちらの素材か判断できない資料もあるが、比率的には剥片素材を用いる例が大半を占めている。閃緑岩は、調査区内から石核は出土していない。そのため、石器の素材は未成品の状況から勘案して長さ15cm前後の大型の剥片を主として集落内に持ち込んでいることが想定される（図31下段左写真）。

#### c. 成形技術

 成形は剥離・敲打・研磨調整が施される。これら3つの技術は順を追って施されるものの、製作状況に応じて省略される施工技術もある。

 剥離調整は、素材を獲得するために粗割剥離（剥離A）を行い、剥片素材を獲得する（図33-1）。そして成形のための細かい剥離（剥離B）を行う。その後、敲打調整により器面を平担化し形状を整えている。礫素材を用いた閃緑岩製の石斧では、敲打痕を確認できない例もあり、省略され

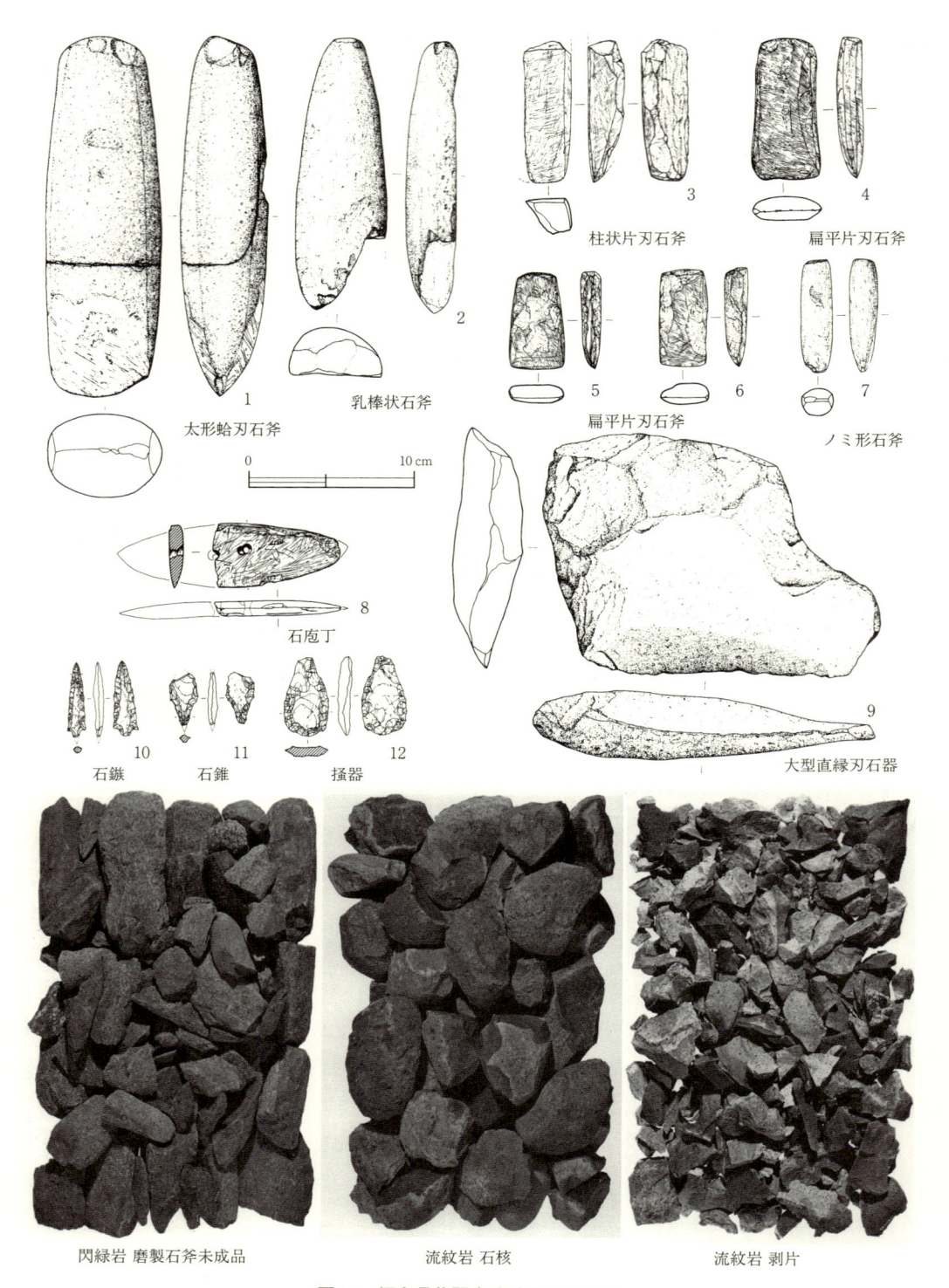

図31 福島県龍門寺遺跡出土の石器

ている可能性がある。

研磨調整は、2種類に分類できる。研磨 A は、刃部から基部の範囲で敲打調整痕を残さない程度の丁寧な調整である。研磨 B は、刃部付近のみを研磨調整し、斧身中位付近から基部にかけては敲打調整痕を残す程度の粗い研磨である。龍門寺遺跡の主たる研磨は研磨 B である。研磨調整を確認した資料17点中、研磨 A が3点（18％）、研磨 B が14点（82％）である。

### （2） 加工斧の検討

加工斧は、未成品・完成品・転用品等も含めて50点出土している。器種別にみると、柱状片刃石斧1点（図31-3）、扁平片石斧44点（うち14点は未成品）、ノミ形石斧5点（同図7）である。龍門寺遺跡では集落内で扁平片刃石斧の製作を行っており、特に閃緑岩を用いた未成品が多い。

石器素材は剥片を用いる比率が高く、研磨調整は主面・側面・基端面に施す。しかし、主面には剥離 B の痕跡が残るやや粗雑な研磨調整が施されおり、完成品の平面形は基部からハ字状に刃部に向けて台形状に開く東北地方の扁平片刃石斧に特有の形状をしている（斎野1995：36頁）。横断面形は、主面の研磨が徹底されていないため、中央がレンズ状に膨らみ、側面にいたるとすぼまるかまぼこ形である（同図4～6）。

#### a. 石材の分類

加工斧の石材は伐採斧と異なり、多種多様な石材が用いられる。凝灰質砂岩や閃緑岩やホルンフェルスが、他の石材よりも若干高い比率で用いられている。

#### b. 製作工程

加工斧の石器素材には、礫素材と剥片素材が用いられている。剥片素材がより多用され39点（78％）であり、礫素材は8点と少ない（16％）。そのほか素材の不明なものが3点（6％）ある。製作工程は剥離 B で器形を整え、敲打調整を省略して直接研磨調整を施している。研磨調整は刃部を中心とした範囲に行われ、主面や側面・基端面には剥離痕を顕著に残し、完成品へといたる。

### （3） 龍門寺遺跡の石器製作の検討

ここでは主要な石材である流紋岩・閃緑岩・ヒン岩・ホルンフェルスを中心に分析を進めていきたい（図32）。

#### a. 流紋岩製石器製作系列

流紋岩は、打製石鏃・石錐・スクレイパー・剥片刃器に用いられる。つまり、流紋岩は小型の打製石器の素材といえる。調査区内からは石核・剥片類が大量に出土しており（図31下段中・右写真）、遺跡内での打製石器の製作が行われていた。流紋岩製石器製作系列で注目しておくべきは、この石材はすべて打製石器を製作するための石材であり、研磨調整技術を要する石器製作系列とは対峙的な位置にある。

#### b. 閃緑岩製石器製作系列

閃緑岩は伐採斧と加工斧に用いられる。伐採斧で閃緑岩が占める比率は60％で、他の石材よりも突出しており、閃緑岩は主に伐採斧を製作するために集落へ搬入された可能性が高い。一方、

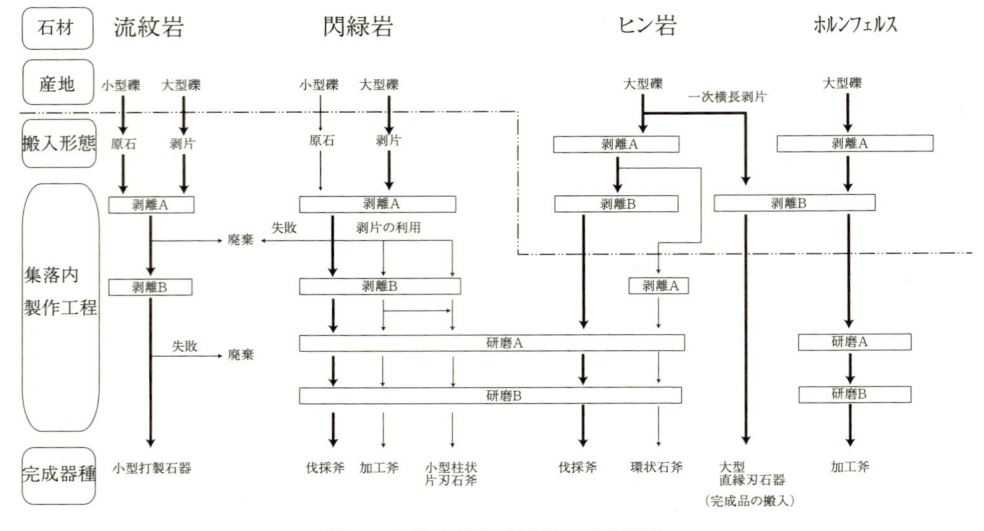

図32 福島県龍門寺遺跡の石器製作

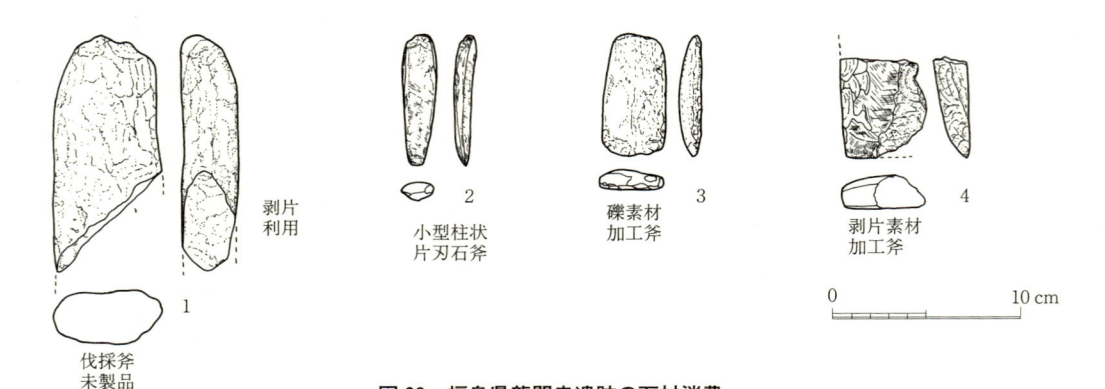

図33 福島県龍門寺遺跡の石材消費

閃緑岩を用いた加工斧の出土数は少なく、また加工斧全体における比率も低い。図33-4のような大型の加工斧は、粗割（剥離A）で獲得された剥片を素材にしていると思われる。また、同図2の小型の柱状石斧などは、その形状から剥離Aで獲得した剥片を石器の素材にしている可能性もある。

### c. ヒン岩製石器製作系列

ヒン岩は、伐採斧・打製石斧・環状石斧・大型直縁刃石器に用いられる。調査区内からは大型の石核や剥片類は出土していない。未成品は伐採斧1点と環状石斧2点である。伐採斧は、刃部が欠損しているものの、研磨が全体的に粗いため未成品と考えられる。しかし、剥離段階で廃棄された明らかな未成品（失敗品）は出土していない。また環状石斧の未成品は、破損面の中央上部に打点をもつことから、敲打による穿孔作業時の失敗品と考えられる。これら2つの未成品（失敗品）は、ともに製作工程の初期のものではない。そのため、石器製作の初期段階は、石材採

取地もしくは他集落で行われ、製作途上品が龍門寺遺跡へ持ち込まれたと考えられる。大型直縁刃石器（図31-9）は、報告書では鋸形石器と称されている。主面の片側に自然面が残る大型の一次剥片を素材としている。

### d. ホルンフェルス製石器製作系列

ホルンフェルスは、扁平片刃石斧の石材として用いられる[7]。未成品1点を含めて7点出土しているが、剥片類は管見の限り出土していない。未成品は、基端面と片方の主面のみを研磨しており、側面が未調整である。石斧の形態や製作技術に他の石材製の石器との相違はなく、扁平片刃石斧は石材を問わずに同じ製作技術で製作されている。

### e. 龍門寺遺跡の石器製作の特徴

龍門寺遺跡の石器は、大きく4つの石器製作系列によって成り立っている。閃緑岩製石器製作系列・ヒン岩製石器製作系列・流紋岩製石器製作系列・ホルンフェルス製石器製作系列である。閃緑岩からは磨製石斧、ヒン岩からは収穫具・打製土掘具・祭祀具・磨製石斧、流紋岩からは打製石鏃など小型の打製石器、ホルンフェルスからは加工斧がそれぞれ製作されている。そのほかにもさまざまな石材を用いた石器製作は行われているがその量は少ない。また、この4つの石材系列で製作される石器類が木材加工具・狩猟具・収穫具・祭祀具という弥生時代の主要な石器器種である点が重要である。

## 4　いわき地域における石器製作の変遷

次に龍門寺遺跡（弥生時代中期中葉）の前後の時期の資料を分析し、その変化を明らかにする。

### （1）　弥生時代中期中葉以前の検討

#### a. 薄磯貝塚

福島県いわき市薄磯貝塚の縄文時代後期後葉から晩期中葉の資料を対象とする（大竹ほか1988）。石器製作系列では、流紋岩製石器製作系列で小型の打製石器が製作されている。打製石鏃の45点中19点（42％）を占めているほか、打製石錐4点すべてが該当する。打製石鏃の製作に流紋岩を用いる割合は、縄文時代前期の例と比較すると減少傾向にあるとされるが（矢島1999：36頁）、他の石材より多用されている。割合が低くみえる要因には、矢島敬之が指摘するように石材産出地との距離が他の遺跡に比較して離れているためであろう。磨製石斧には閃緑岩・ヒン岩の石器製作系列を確認できない。

#### b. 作B遺跡

福島県いわき市作B遺跡は、この地域には数少ない縄文時代晩期から弥生時代前期の遺跡である（高島2004）。基部が刃部幅よりも極端に狭くなっている太形蛤刃石斧が5点報告されている。横断面形は楕円形だが、平面形は縄文時代に通有の乳棒状石斧と共通しており、太形蛤刃石斧とは形態が異なる。そのなかで閃緑岩製の石斧が1点出土している。

#### c. 美シ森B遺跡

福島県双葉郡楢葉町美シ森B遺跡は弥生時代前期の遺跡である（高橋1997）。弥生時代前期の

土器が集中した地点では、打製石鏃・打製石斧・伐採斧・剥片・磨石が出土している。石鏃・剥片はともに流紋岩製である。伐採斧はヒン岩製であり、ヒン岩製の伐採斧に特徴的な製作技術である研磨Bが施されている。中期中葉以降の資料と共通しているが、この段階でヒン岩製石器製作系列が成り立っていたのかについては、資料の増加を待って判断したい。

### d. まとめ

龍門寺遺跡でみられた特定石材を利用する石器製作は、縄文時代晩期から弥生時代前期の時期に確立しておらず、流紋岩の石器製作系列のみである。

## （2） 弥生時代中期中葉の検討

### a. 薄磯貝塚

福島県いわき市薄磯貝塚では、弥生時代中期中葉（龍門寺式土器）の貝層から3点の石斧が出土している（大竹ほか1988）。3点とも石材は異なり未成品はない。打製石鏃は未成品・完成品ともに出土している。石材には流紋岩が多用され、流紋岩製石器製作系列が認められる。

### b. 平窪諸荷遺跡

福島県いわき市平窪諸荷遺跡では、龍門寺式土器期から中期末葉の天神原式土器期までの土壙墓が検出されている（髙島ほか1998）[8]。この遺跡は概要報告のみで詳細は不明であるが、磨製石斧・石鏃・玉類が土壙墓および包含層から出土している。遺構が墓址に限られているため遺物の組成に偏りがあり、未成品が極めて少ない。

磨製石斧は54点（伐採斧25点、加工斧29点）出土しており、当該地域の石器研究では、重要な資料である。筆者が観察した範囲では、伐採斧には閃緑岩・ヒン岩が主として用いられ、加工斧にはホルンフェルスが主として用いられる。また、閃緑岩製の伐採斧には、剥片素材を用いている完成品があり、龍門寺遺跡の伐採斧と類似した特徴を持つ。ヒン岩製の伐採斧は出土しているが、同一石材の加工斧がない点も龍門寺遺跡と共通している。

### c. まとめ

薄磯遺跡では流紋岩の製作系列を、平窪諸荷遺跡では閃緑岩の製作系列を見出すことができる。

## （3） 中期後葉の検討

### a. 砂畑遺跡

福島県いわき市砂畑遺跡では龍門寺式土器に後続し、大畑E遺跡よりも前出する型式の土器が主体を占めており、石器も同時期に帰属すると考えられる（猪狩ほか2002）。

砂畑遺跡では伐採斧が34点出土しており、石材はヒン岩製が主体である。ヒン岩は、扁平片刃石斧やノミ形石斧に用いられることなく、大型直縁刃石器や環状石斧に用いられる。

### b. 大畑E遺跡

福島県いわき市大畑E遺跡は、少数の遺構出土資料のほかに南御山2式土器段階を中心とした遺物包含層からも石器類が出土している（佐藤1990）。大畑E遺跡では流紋岩・ヒン岩・閃緑岩・ホルンフェルスの各石器製作系列を確認できる（図34）。

**流紋岩製石器製作系列**　流紋岩は打製石鏃・石錐・不定形石器など小型の打製石器のみに用い

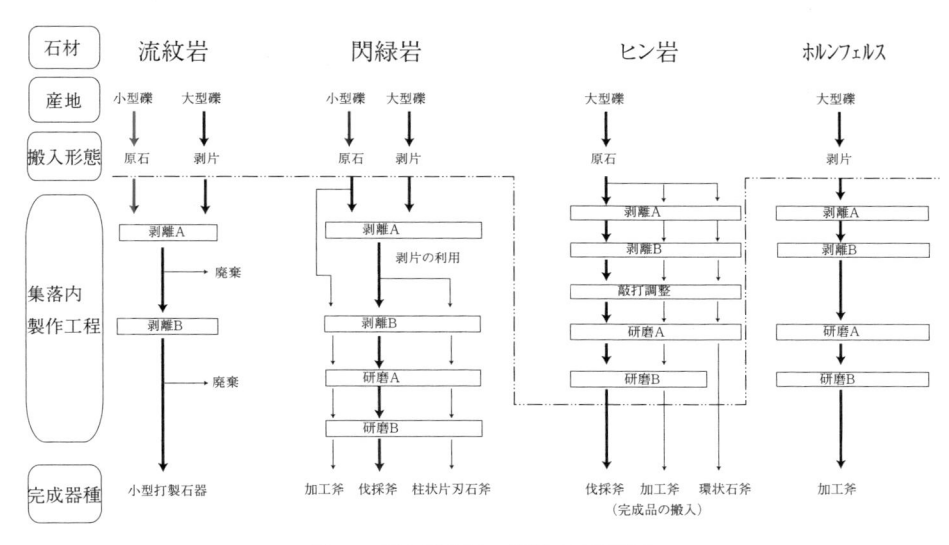

図34　福島県大畑E遺跡の石器製作

られ、剥片・石核が多数出土している。打製石鏃は未成品と完成品の両方が出土しており、遺跡内での製作が考えられる。

**閃緑岩製石器製作系列**　閃緑岩は伐採斧・加工斧にのみ用いられる。伐採斧の未成品は剥離A・Bを施した段階の資料（報告書図178-1）である。また、加工斧は素材に礫・剥片の両方を用いており、剥離調整段階の未成品が出土している。久世原・番匠地遺跡とともに閃緑岩製加工斧の形態が細長い長方形を呈する、いわゆる柱状片刃石斧の一群に限られている点は、伐採斧製作と共通するやや大型の石器素材を用いていることを示している。

**ヒン岩製石器製作系列**　ヒン岩は伐採斧・加工斧・環状石斧に用いられる。伐採斧では5点確認され、56％の使用率である。一方、加工斧では3点であり10％の使用率である。伐採斧・加工斧に未成品はなく、完成品が搬入されたものと考えられる。環状石斧は穿孔途中の段階の未成品である。

　ここで重要な点は、大畑E遺跡ではヒン岩製の加工斧が出土していることである。龍門寺遺跡では、ヒン岩は主に環状石斧・大型直縁刃石器・伐採斧に用いられる石材であり、加工斧には用いられない石材であった。大畑E遺跡では、扁平片刃石斧（1点）、柱状片刃石斧（2点）が出土している。ヒン岩製の扁平片刃石斧は器面に敲打調整が施され、研磨調整が比較的丁寧に行われている（図35-2）。敲打調整を施さないホルンフェルス製（同図3）とは製作方法が異なっており、より硬質な石材であるヒン岩では敲打調整が行われている。これは、敲打調整を行う伐採斧の製作技術の影響と考えられる。

**ホルンフェルス製石器製作系列**　ホルンフェルスは加工斧の素材として用いられる。しかし、出土点数は2点であり、加工斧全体のなかで占める割合は7％と低い。報告書第176図-1は基部を欠損しているが、両主面の研磨及び刃部の作り出しから完成品と判断できる。石器の素材は石

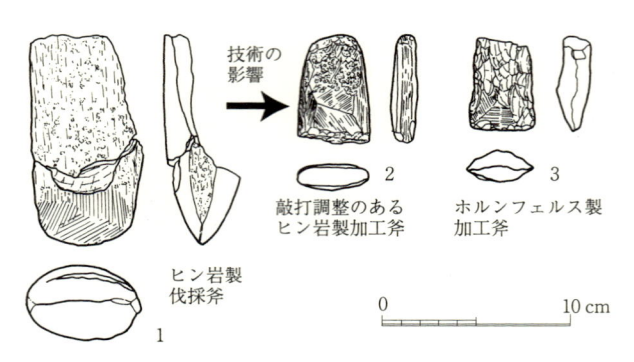

図35 福島県大畑E遺跡の石材消費

斧の形状から剝片と想定され、剝離調整・研磨調整を行うが、その施工は粗く剝離面が大きく残る。次にそれぞれの製作段階を示す資料を抽出してみたい。細部の剝離調整段階を示す未成品は確認できないが、比較的大きめな石核（報告書第190図-1）がある。この石核の特徴は、側面方向からの横長剝片を獲得する剝離技術にある。こうした横長剝片（報告書第163図-1）が石器素材に用いられたものと考えられる。ホルンフェルスが加工斧以外の石器器種に用いられないことから、大畑E遺跡では、石器素材の獲得→横長剝片の獲得→剝離調整→研磨調整の工程で加工斧を製作していると考えられる。

### c．久世原館・番匠地遺跡

福島県いわき市久世原館・番匠地遺跡では、中期中葉から中期末葉までの時間幅のある溝や土坑、ならびに天神原式土器期の水田址が検出されている（高島ほか1993）。なお、この遺跡では龍門寺式土器が多く出土したため、一部の資料は龍門寺式土器に伴う可能性もある。石器は石鏃・石錐などの小型の打製石器・磨製石斧・石庖丁・磨石・敲石が出土している。久世原・番匠地遺跡では流紋岩・ヒン岩・閃緑岩の石器製作系列を確認できる（図36）。

**流紋岩製石器製作系列**　流紋岩製の石器では、打製石鏃の未成品および剝片が出土している。完成品は、打製石鏃・石錐・剝片刃器が出土している。特に打製石鏃の製作に流紋岩を用いる比率は8割と高い。流紋岩は小型の打製石器の製作のみに用いられる石材である。

**閃緑岩製石器製作系列**　閃緑岩は、伐採斧・加工斧に用いられ、未成品・剝片は出土していない。また、閃緑岩の使用率は比較的低く、伐採斧1点（8％）、加工斧3点（38％）である。加工斧の平面形態は、刃部幅が狭い一群に限られている。これは閃緑岩製の伐採斧が使用中に破損した時に、その破損部を再加工して別器種の製作へといたる石斧の再生産が行われたためである。柱状片刃石器の刃部破損品として報告されている資料（図37-1）は、その形態的特徴から本来は伐採斧の側面部であり、使用時における破損部が再加工され、柱状片刃石斧へと転用されたものである。

**ヒン岩製石器製作系列**　久世原館・番匠地遺跡では、ヒン岩は伐採斧・敲打具・磨石に用いられている。伐採斧は7点（54％）出土しており、研磨技法はすべて刃部付近を中心とした研磨B

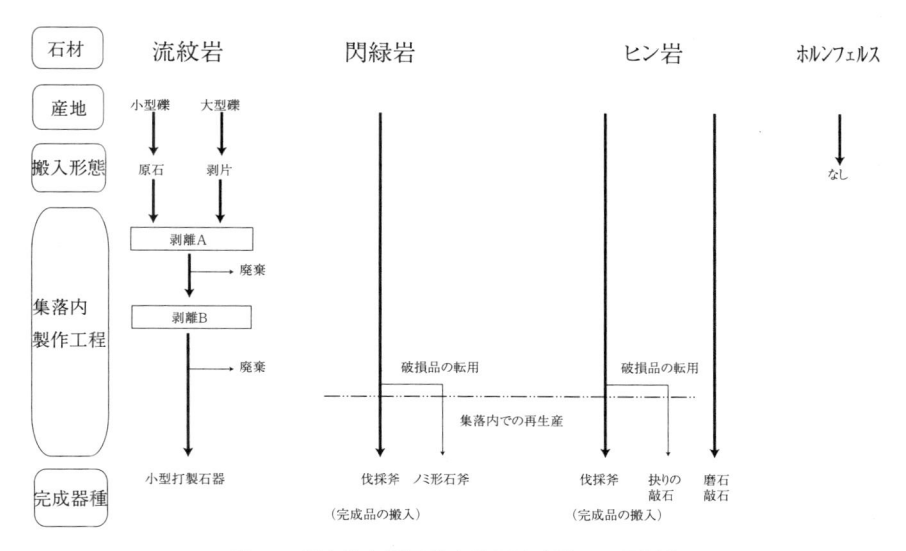

図36　福島県久世原館・番匠地遺跡の石器製作

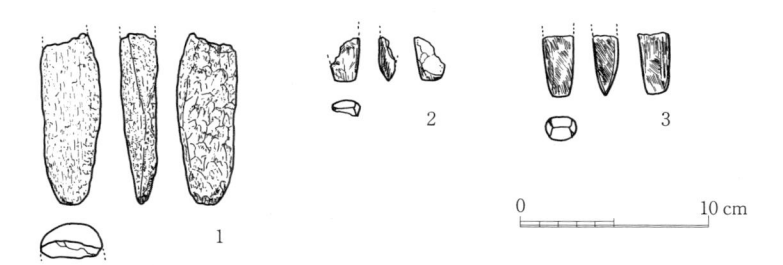

図37　福島県久世原館・番匠地遺跡の石器

である。石器の素材には剥片を用いており、他の遺跡出土の石斧の製作技法と共通性している。しかし、未成品および剥片の出土がないため、完成品が持ち込まれたものと考えられる。ヒン岩製の磨石・敲打具は、礫石器と磨製石斧の破損品からの転用品である。久世原館・番匠地遺跡では石器破損品の再加工生産および流紋岩製石器の製作以外については、集落内で石器製作を行ったとは考えにくい。

### d. まとめ

弥生時代中期後葉では、流紋岩は小型の打製石器の製作にのみ用いられている。磨製石斧の製作では、閃緑岩とヒン岩が両方用いられているが、ヒン岩が多用され始める。

### (4) 中期末葉の検討

#### a. 白岩堀ノ内遺跡

福島県いわき市白岩堀ノ内遺跡では中期末葉（天神原式土器）の遺物包含層が検出され、少数の土器と未成品を含む石器類が出土している（鈴木2000）。石器は石鏃・剥片刃器・不定形石器・石核・石斧・礫器・敲石などが出土し、石器製作系列は流紋岩・ヒン岩・ホルンフェルスで確認できる（図38）。

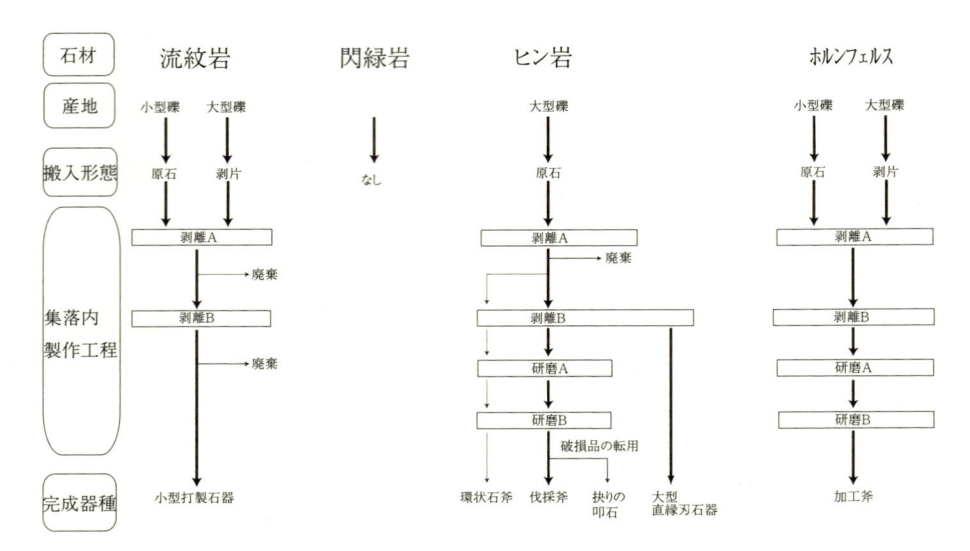

図 38　福島県白岩堀ノ内館遺跡の石器製作

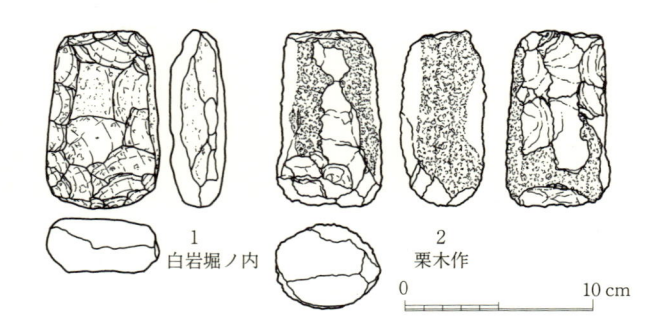

図 39　福島県いわき地域のヒン岩製伐採斧未成品

**流紋岩製石器製作系列**　流紋岩は、打製石斧に用いられる。完成品のスクレイパーのほか、石核や大型の剥片も出土している。石核は 5 cm から 9 cm 大であり、不定方向からの打撃剥離が行われている。

**ヒン岩製石器製作系列**　ヒン岩は伐採斧に用いられる。伐採斧は転用品・未成品を含めて 5 点出土しており、すべてヒン岩（100％）である。その他の器種では、大型直縁刃石器の製作を意識して楕円礫の自然面の稜部を取るように剥離したヒン岩の剥片が 2 点出土している。その 1 つは剥離末端を加工して刃部を作り出している。

　ヒン岩製の磨製石斧の未成品は、比較的厚手で剥離調整から敲打調整を経て、一部に研磨調整も施されている（図 39-1）。刃部に相当する部位は剥離のままで、刃部を作り出していない点から石斧未成品と考えられる。長さは短いが、横断面形が扁平であり加工斧未成品の可能性が高い。また白岩堀ノ内遺跡では、閃緑岩製石器が出土しておらず、ヒン岩が磨製石斧製作において主要石材であったと考えられる。

**ホルンフェルス製石器製作系列**　ホルンフェルスは、加工斧に用いられる。剥片を石器の素材として用い、刃部を中心に研磨調整が施されている。未成品は出土していない。

### b．白岩堀ノ内館遺跡

福島県いわき市白岩堀ノ内館遺跡では、石鏃など小型の打製石器を中心とした流紋岩製石器製作系列・ヒン岩製石器製作系列が確認できる（鈴木1999）。ヒン岩は伐採斧（1点、100%）・大型直縁刃石器・剥片石器に用いられている。また、そのほか報告書では凹石として報告されている資料のなかに、石質および平面形から判断して環状石斧の未成品と思われる資料（報告書第60図-408）が含まれている。なお、加工斧が1点出土しているが、石材にヒン岩を用いない点は、他の遺跡におけるヒン岩の使用状況と同じである。

### c．永田遺跡

福島県いわき市永田遺跡では、ヒン岩製の伐採斧および大型直縁刃石器が出土している（鈴木1997）。ヒン岩で製作される石器器種は、伐採斧・大型直縁刃石器・環状石斧に限られている。この石材選択は同時期の他の遺跡と共通している。

### d．栗木作遺跡

福島県いわき市栗木作遺跡では、流紋岩・ヒン岩・ホルンフェルスの石器製作系列を確認できる（鈴木2002）。流紋岩では打製石鏃・石錐・不定形石器などの小型の打製石器が製作される。栗木作遺跡では2000点を超える剥片や石核が出している。ヒン岩では、伐採斧・大型直縁刃石器が製作される。また、敲打調整段階の伐採斧の未成品が出土している（図39-2）。ホルンフェルスは加工斧に用いられている。流紋岩・ヒン岩・ホルンフェルスのいずれの石材も剥片類が出土していることから、遺跡内で石器製作活動が行われたと考えられる。

### e．まとめ

中期末葉では、ヒン岩の使用率が高騰している。しかし、ヒン岩製磨製石斧の未成品が出土する遺跡は限られており、白岩堀ノ内遺跡と栗木作遺跡のみである。これらの遺跡で集中的に製作されたヒン岩製磨製石斧が周辺集落に流通したと考えられる。

### （5）　いわき地域における石器製作の推移

いわき地域において龍門寺式土器期以前では、流紋岩製石器製作系列のみが確認され、磨製石斧の製作に石材の選択性は認められない。

弥生時代中期では、龍門寺遺跡で流紋岩・閃緑岩・ヒン岩・ホルンフェルスそれぞれの石器製作系列が成立し、石器製作が行われている。また、龍門寺式土器期の土器を多く出土しながらも、天神原式段階まで継続的に集落が営まれていた久世原館・番匠地遺跡においても同様に流紋岩・ヒン岩・閃緑岩の石器製作系列を確認できる。

龍門寺式土器期の次の大畑E遺跡においても、流紋岩・閃緑岩・ヒン岩・ホルンフェルスそれぞれの石材を利用した石器製作系列は認められる。そして、中期末葉の天神原式土器期では、閃緑岩製石器製作系列がなくなり、流紋岩・ヒン岩およびホルンフェルス製石器製作系列のみになる。同時期の向山遺跡（中山ほか1986）および四郎作遺跡（和深1983）においても閃緑岩製石器

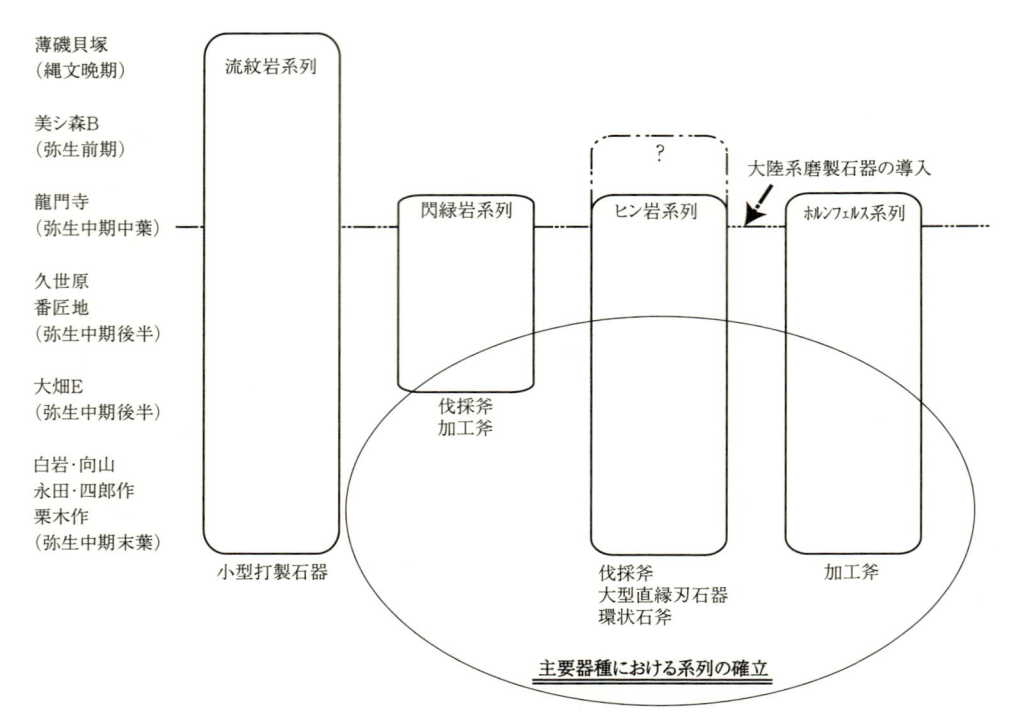

図40　福島県いわき地域における石器製作系列の変化

製作系列はなく、流紋岩・ヒン岩・ホルンフェルス製石器製作系列の石器製作であり、ヒン岩主体の石材選択・石器製作へと変化したのである。

つまり、これら代表的な4つの石材の石器製作系列は時期により変化がみられる。龍門寺式土器以前では、流紋岩製石器製作系列のみであり、中期中葉では流紋岩・閃緑岩・ヒン岩・ホルンフェルス製石器製作系列の4種、中期末葉では流紋岩・ヒン岩・ホルンフェルス製石器製作系列の3種である。石材の選択と製作される石器器種には変化はないものの、時期ごとに石材の選択が変化している（図40）。

流紋岩製石器製作系列は、縄文時代以来の石器製作技術であり、弥生時代中期末葉まで継続する。大陸系磨製石器が伝播した中期中葉に新しく3つの石器製作系列が成立している。そして、中期中葉以降に磨製石器の製作が閃緑岩製とヒン岩製石器製作系列への集約は、稲作の開始に伴い、石器の集中的な生産体制へと変化したためと考えられる。

## 5　いわき地域産磨製石斧の流通

龍門寺遺跡などで製作された磨製石斧は、いわき地域のみならず茨城県を中心として広域に流通した石器である。その分布範囲と時期について検討していく。

茨城県下の大陸系磨製石斧の出土分布は、太平洋岸に多く認められる。なかでも茨城県中部を流れる那珂川流域では、藤本弥城により大量の資料（以下「藤本資料」と呼ぶ）が表採・発掘され

ている（藤本1983）。本論では「藤本資料」の磨製石斧の石材を再分類し[9]、遺跡出土土器の時間幅および石斧以外の石器にも留意し検討を行うこととする。

那珂川流域からは伐採斧（太形蛤刃石斧）が22点出土している。これらの石斧のうち実見した15点について分類した結果[10]、閃緑岩製伐採斧は3点、ヒン岩製伐採斧は12点であった。

閃緑岩製伐採斧を出土する遺跡は、茨城県ひたちなか市前原遺跡（図41-1）・同市新堤遺跡（同図2・3）である。前原遺跡と新堤遺跡は中期中葉の狢式土器期を中心とし、中期末葉の天神原式土器期まで継続する遺跡である。

ヒン岩製伐採斧を出土する遺跡は、茨城県ひたちなか市笠谷遺跡（同図11）・同市新堤遺跡（同図10）・同市傾斜窪遺跡（同図4）・同市山崎遺跡（同図9）・同市山ノ上遺跡・同市前原遺跡（同図6）・同市内二葉町採集（同図12）・茨城県那珂郡東海村須和間遺跡（同図7）・茨城県東茨城郡大洗町団子内遺跡（同図8）・同町長峯遺跡（同図5）である。これらの遺跡のうち、山ノ上遺跡・団子内遺跡・長峰遺跡は、弥生時代後期の遺跡である。新堤遺跡・前原遺跡を除くその他は、中期末葉の天神原式土器を中心とする遺跡である。

石材別では、ヒン岩製伐採斧が出土点数および出土遺跡数ともに、閃緑岩製に比べ多い。時期別では、狢式土器期を中心とする新堤遺跡では、2点の閃緑岩製伐採斧が出土しているが、天神原式土器期の遺跡ではヒン岩製伐採斧が多く出土する。つまり、時期による石材差がある。また、藤本資料およびこれまで報告されている那珂川流域の同時期の遺跡出土資料のなかに伐採斧の未成品がないことも重要である[11]。つまり、那珂川流域の伐採斧は周辺地域からの搬入品であり、その可能性が最も高いのは石材および製作技法の点からいわき地域であると考えられる。製作技法の点では、新堤遺跡出土の閃緑岩製伐採斧は研磨Aであるが、ヒン岩製伐採斧の多くは研磨Bで製作されており、いわき地域の製作技法の変化に対応している。

一方、那珂川流域から出土する加工斧は、礫素材を用いて製作されている。そして、加工斧には伐採斧と同じ石材を用いる資料がなく、その多くが在地石材を用いた石器であると考えられる。流紋岩についても報告資料からは確認できず、茨城県高萩市赤浜遺跡で剥片類が出土しているにすぎない。

つまり、那珂川流域の遺跡では伐採斧のみをいわき地域から搬入し、他の石器は在地の石材を用いて製作していたと考えられる。伐採斧は、生産地であるいわき地域での石材選択の変化に応じて中期中葉の狢式段階[12]では、閃緑岩・ヒン岩で製作された石斧が搬入され、中期末葉の天神原式段階では、ヒン岩で製作された石斧が搬出された（図41）。

いわき地域の石器製作系列が那珂川流域では確認できないことから、両地域では、石器製作を共有していたとは言い難い。つまり、石器の移動現象は認められるものの、その背景には石器製作技術体系をもった人々の集団移動・石器製作技術及び製作情報を持つ人の交流などは想定することはできず、完成品の石斧が交易品として流通していたと考えられる。

那珂川流域以外の地域についても触れておきたい。那珂川以北の地域では石器の出土量も多くなく、器種も限られている点で不明な点が多い。赤浜遺跡では、流紋岩・ホルンフェルスの剥片

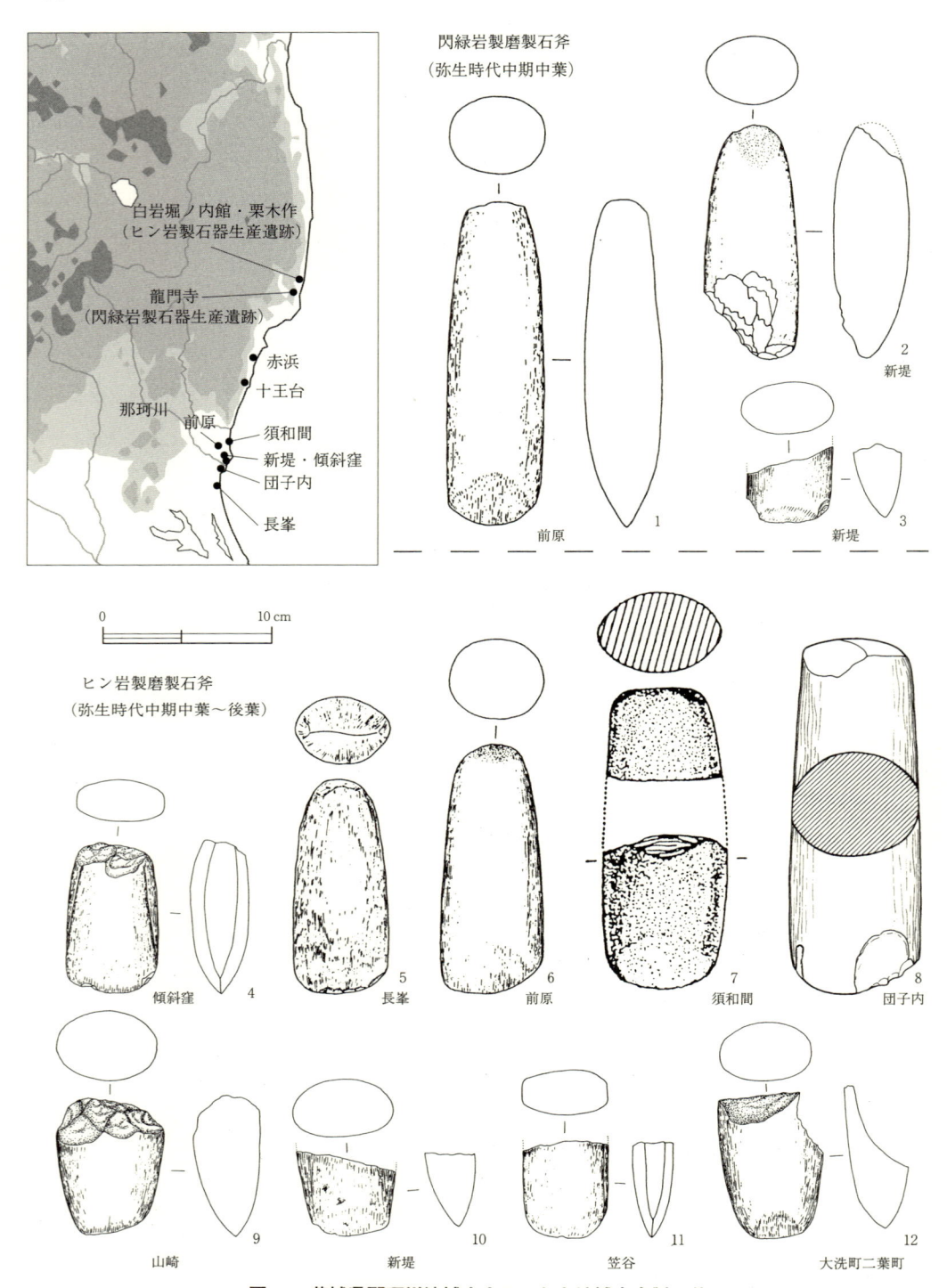

図41 茨城県那珂川流域出土のいわき地域産磨製石斧

類が出土しており、剥離技術を多用した石器製作活動が行われている。十王台遺跡においても扁平片刃石斧・柱状片刃石斧がともにホルンフェルスの剥片素材で製作されており、石器製作技術の点でいわき地域との間に類似性を見出すことができる。また、いわき地域産の磨製石斧は、栃木県下野市烏森遺跡からも出土しており、広範囲にわたる流通圏が確認される（杉山 2005：53 頁）。

### 6　まとめ

　いわき市龍門寺遺跡を中心に石器製作を構造的に捉え、同地域の時間変遷のなかで、その製作システムの継承性を指摘した。

　縄文時代以来の小型の打製石器の製作にともなう流紋岩製石器製作系列を伝統的に維持する一方、閃緑岩・ヒン岩・ホルンフェルス製石器製作系列は、弥生時代中期中葉の龍門寺式土器期から始まる。つまり、これらは大陸系磨製石器群の出現とともに始まる系列である。

　弥生時代中期中葉は、南関東地域から仙台湾周辺における本格的な水田稲作の開始期でもある（石川 2000：1 頁）。この時期、いわき地域における集落群の動向をみると、中期中葉以前においては、集落の分布が山間部や低地周辺部など多様性をみせていたが、中期中葉では、比高の低い平坦部に集落が分布し、生活様式に共通性がみられるようになる（野崎 1995：279 頁）[13]。また、いわき地域以外においても中期中葉の時期は、関東地方南部にみられるように小規模集落群を組織する低地占地型集落が現れ（石川 2001：88 頁）、集落間の収束力が強まる時期でもある。つまり、水田経営を行うにあたり集落群の再編成が行われる時期であり、その時期に主要な生産用具である石器類の製作にあたっても技術・情報の共有化が進んだと考えられる。

　そして、石器の生産と流通に関して茨城県那珂川流域の集落群出土の閃緑岩・ヒン岩製磨製石斧を取り上げ、両地域間の石器製作を比較した。その結果、那珂川流域では磨製石斧の未成品の出土が確認されないことから、同地域では磨製石斧をいわき地域から搬入しているものと考えられた。閃緑岩製ならびにヒン岩製の磨製石斧は、弥生時代中期中葉から末葉にかけて、いわば「交易品」としていわき地域から流通したと考えられる。

## 第3節　東北地方北部・日本海側域の石器の生産と流通

　東北地方の北部から日本海側の地域では、仙台湾沿岸地域やいわき地域に比較して大陸系磨製石器が少なく、弥生時代の石器の大部分を打製石器が占めている。ここでは、先学の研究を参照しつつ、仙台湾沿岸地域・いわき地域との石器の生産と流通の地域差を明らかにしておきたい。

### 1　東北地方の太平洋側北部の様相

　東北地方の太平洋側北部の青森県東部から岩手県北部を流れる馬淵川・新井田川流域では、第1章で検討したように縄文時代晩期終末の段階で太形蛤刃石斧や抉入柱状片刃石斧が出土するなど、西日本の弥生文化の要素を確認できる。

近年出土した青森県八戸市荒谷遺跡出土の抉入柱状片刃石斧は、下條信行による柱状片刃石斧分類のC型式に該当する。この石斧は大型であるが、弥生時代前期前半の抉入柱状片刃石斧に比べ、刃部の作りや前主面部の面・稜・鎬の作りが弛緩しており、九州地方の弥生時代前期の板付Ⅱc式以降に山陰地方から北陸地方を中心に広く出現する型式（下條1997）と考えられる。また、この地域で出土する太形蛤刃石斧が比較的小型であり、西日本の弥生時代前期の磨製石斧と異なることから形態のみの受容であるのに対して、荒谷遺跡の抉入柱状片刃石斧は抉り部が丁寧に作られ、抉り部から刃端部までが非常に長い点など西日本で出土する抉入柱状片刃石斧の特徴をよく残しており、搬入品である可能性が強い。

東北地方北部において太形蛤刃石斧の石器製作遺跡は現段階のところ確認されていない。また各地で出土する磨製石斧についても型式学的・石材的特徴に共通性がみられないことから、集中的な石器生産を窺わせる要素はなく、荒谷遺跡の例を除いては各集落での自家生産と考えられる。

## 2 東北地方の日本海側の様相

東北地方の日本海側では、弥生時代前期から大陸系磨製石器が出土している（図42）。弥生時代前期では、山形県酒田市生石2遺跡（安部ほか1987）から太形蛤刃石斧が出土している（同図3）。この遺跡からは北陸地方の横刃石器と共通する端部に剥離加工を施した剥片刃器が出土しており（同図1・2）、山田しょう等による使用痕分析から稲作の収穫具として用いられたことが推定されている（山田・会田1987）。生石2遺跡以外にも東北地方の日本海側の地域では、剥片刃器が稲作の収穫具として用いられたことが石器の使用痕分析から明らかになっており（須藤・工藤1991、高瀬2004）、石庖丁の出土例はきわめて少ない。

弥生時代中期前葉では、秋田県秋田市地蔵田遺跡から扁平片刃石斧（同図5、菅原1986）、山形県東根市小田島城遺跡から太形蛤刃石斧（同図6）が出土している（高桑2004）。

地蔵田遺跡の伐採斧（同図4）は、これまで太形蛤刃石斧として扱われ、西日本の弥生文化との関わりを指摘する見解もあった（禰宜田1993：154頁）が、この磨製石斧の右側面は平坦に研磨調整が施されており、北方に系譜を持つ三面石斧（斎野1995：38頁）である。三面石斧とは、左右の両主面および片側の側面に研磨調整を施した石斧であり、縄文時代晩期後葉から弥生時代前期を中心として北海道地方西南部から東北地方北部に分布する磨製石斧である（斎野1995）。三面石斧の分布の南限が、秋田県秋田市地蔵田遺跡である。地蔵田遺跡では、三面石斧が13点（磨製石斧総数に占める割合13.4％）出土しており、この石斧の未成品が出土しないことから、その多くは搬入品と考えられる。

東北地方の日本海側と北海道地方との交流を示す遺物は、これまで、北海道地方で製作された縄文土器および続縄文土器などが知られていた。そのほかに磨製石器についても認められる。三面石斧以外では、擦切技法を伴う磨製石斧が津軽平野から東北地方日本海側を中心に分布している（第1章図13参照）[14]。擦切技法を伴う磨製石斧は主に小型品であり、原石および擦切残片は北海道地方の太平洋側で出土している。東北地方で出土する擦切技法を伴う磨製石斧は、北海道地

生石2遺跡（1〜3）

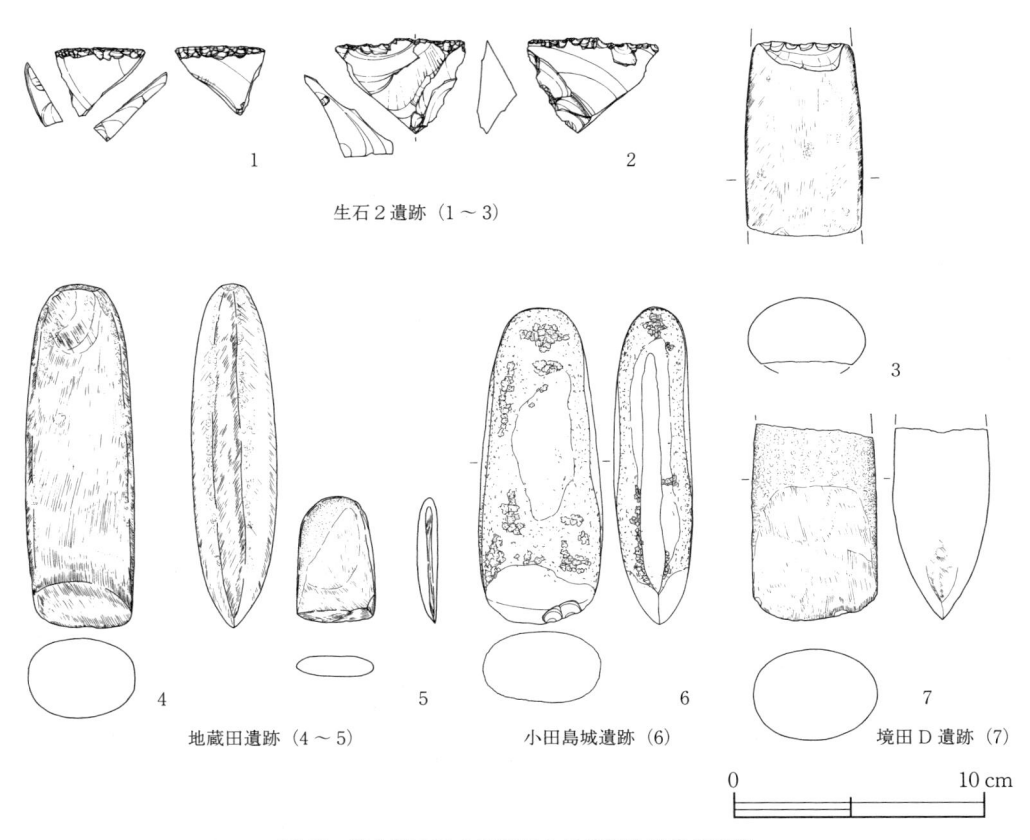

地蔵田遺跡（4〜5）　小田島城遺跡（6）　境田D遺跡（7）

**図42　東北地方日本海側における弥生時代の石器**

方の太平洋側で生産されたものが、流通したものであると考えられる（高瀬2002：44頁）。擦切技法を伴う磨製石斧の分布は三面石斧の分布範囲とも重なり、北海道南西部と東北地方北西部との交流を示す遺物として取り上げることができる[15]。これらの遺物が示す交流の背景については、現段階ではそれを推測するだけの資料がなく、今後の課題として残されている。

　中期後半では山形県山形市境田D遺跡から太形蛤刃石斧（図42-7）と扁平片刃石斧が出土している（渋谷ほか1984）。境田D遺跡では太形蛤刃石斧が2点、扁平片刃石斧が2点出土しており、東北地方日本海側の地域で最も出土数が多い。しかし、磨製石斧の未成品は確認されていないため、完成品を搬入していると考えられる。

### 3　まとめ

　東北地方の北部・日本海側の弥生時代の石器は、打製石器を中心とする組成であり、磨製石斧は極めて少ない。磨製石斧の生産と流通には2つの地域性がみられ、北東部の馬淵川・新井田川流域の地域では各集落で自家生産を行い、東北地方の北西部・日本海側地域では、北海道地方南西部から完成品の搬入が考えられる。東北地方のこれらの地域では稲作を行うものの、仙台湾沿

岸やいわき地域のような集中的な石器生産を行うことなく、自家生産ないしは縄文時代以来の北海道地方との交流により磨製石器を入手していた。

　また、東北地方北部・日本海側の地域では、打製石器の石材にも珪質頁岩が多用されている。しかし、縄文系石器の製作において石材入手の過程に変化がみられないことは、仙台湾沿岸における珪質頁岩の使用率が減少するのとは対照的である。当該地域では、砂沢遺跡での弥生時代前期の水田にみられるように稲作の導入という生業の転換は行われるものの、地域間交流の在り方は縄文時代と変化をみなかったと考えられ、東北地方の地域性が顕著に表れている。

## 第4節　小　結

　東北地方では、弥生時代の石器組成に大きく2つの地域性が認められる。東北地方の日本海側から東北地方の北部は、大陸系磨製石器を受け入れることなく、稲作を行う地域である。この地域では、縄文時代にみられた珪質頁岩の流通構造を色濃く残し、珪質頁岩が打製石器の素材として多用される。

　東北地方太平洋岸の中南部においては、大陸系磨製石器が積極的に用いられ、水田稲作を行った。仙台湾沿岸地域では、弥生時代前期末から中期初頭に大陸系磨製石器が出現するものの、石器は自家生産によって賄われていた。この時期には石材の原産地から遠く離れた仙台湾沿岸でも相馬古生層産粘板岩製の未成品が出土している。しかし、弥生時代中期中葉の後半になると、粘板岩を用いた磨製石器の未成品が仙台湾沿岸で出土しなくなり、完成品のみが出土するようになる。そして、石材原産地に近い福島県北部の相馬地域では弥生時代中期後葉に遺跡が急増し、粘板岩を用いた磨製石器の製作が行われ、未成品が多く出土している。こうした状況から、中期後葉には相馬地域から仙台湾沿岸地域へ、磨製石器の完成品が搬出されたと考えられる。つまり、石器の生産においては中期中葉後半に画期がみられる。

　いわき地域では、弥生時代中期中葉に大陸系磨製石器の出現し、効率的な石材利用を行う石器製作体制が確立した。一方で縄文時代にもみられた流紋岩製石器の製作は、小型の打製石器を対象とし引き続き行われた。また、いわき地域は弥生時代中期中葉・後葉に茨城県の那珂川流域の遺跡群へ太形蛤刃石斧の完成品を搬出し、両地域間の交流が明らかとなった。

　註
1）石斧の完成品および未成品の基準について述べておく。刃器については、刃部の有無をもって判断する。しかし、資料が完形でない場合には、主面・側面などの製作状況から判断する。但し、東北地方の磨製石器には、刃部調整以外に丁寧な加工調整をあまり施さない例が多いため、刃部を欠損している石器については、判断できない場合も存在する。
2）弥生時代の磨製石斧には樹木の切り倒し用の石斧（伐採斧）と、その後の木器製作に用いる石斧（加工斧）が存在する。伐採斧には、大陸系磨製石器としての太形蛤刃石斧と縄文時代以来の定角式石斧

第2章　東北地方における石器の生産と流通

と乳棒状石斧がある。加工斧には、扁平片刃石斧と柱状片刃石斧とノミ形石斧がある。伐採斧は、地域により差があり、太形蛤刃石斧のみを使用する地域や太形蛤刃石斧と定角式石斧を使用する地域など様々である。そのため、切り倒し用の石斧の総称として伐採斧と述べ、石器器種の詳細に触れる場合は石斧の各形式名を用いることとする。加工斧は木材加工での使用が想定されるものであり、片刃石斧の総称とする。

3) 集落における石器の製作と搬入の基準について記しておきたい。剥離調整を用いる石器の場合には、石器素材となるべき原石・剥片・製作過程において生じる剥片・残核およびその未成品が出土する場合には、集落内における石器製作活動を想定する。しかし、剥離調整を伴うにも関わらず、その剥片や製作初期段階の資料がない場合には、製作途上品もしくは完成品を他所からの搬入と考える。また、礫石器など極めて製作工程の少ない石器の場合には不明な点が残らざるを得ない。

4) 石斧の素材について、未成品は剥片素材と礫素材の違いは容易に区別できる。しかし、全面に研磨調整が行われた完成品の場合には、石器に残る礫面の残存状況から判断する。石斧の基端面に礫面の丸みが残る場合には礫素材であると考え、認められない場合には剥片素材と考えている。石斧製作において、素材の短辺側となる基端面では、礫素材を用いる場合に剥離調整が側面部側よりも困難なため、礫面が比較的残る場合が多い。

5) ホルンフェルスは、いわき地域のみならず、茨城県北部でも確認できる。茨城県下では、十王台遺跡のほか、赤浜遺跡においても同様の石材が確認される。但し、肉眼で見る限り、いわき地域に比べ石材の風化がやや弱く、色調も若干黒味を帯びている。そのため、同じ石材であるとは断定できない。

6) 龍門寺式土器の土器編年上の位置付けについて述べておきたい。龍門寺式土器はその文様構成から中期前半の位置付けが一般的になされてきた。しかし、近年の南関東地方の中里式段階の遺跡から龍門寺式土器の搬入品が出土している。中里式土器が西摂Ⅲ-1様式と共伴することからすれば、龍門寺式土器もⅢ期初頭に1つの定点を持つ。龍門寺式土器が土器型式として、一時期に収まらない長い時間幅を持つ可能性もあるが、ここではⅢ期に位置付けておきたい。

7) 本稿で分類するホルンフェルスは、報告書における石材の分類とは異なっている。そこで、本稿でホルンフェルス製と分類した石器の図版番号を示しておく。報告書第269図-6を269-6と省略する。ホルンフェルス製石器　269-6・272-3・278-2（未成品）・280-8・281-3・282-1・282-6である。

8) 平窪諸荷遺跡の出土資料（高島ほか1998）は、いわき市教育委員会のご好意により実見させていただき、高島好一からは、遺跡の状況など多くの点をご教示いただいた。

9) 本論において那珂川流域の伐採斧の石材を以下のように再分類しておきたい。
閃緑岩…新堤遺跡（藤本1983、fig.60-6、62-1）、前原遺跡（同fig.63-2）
ヒン岩…笠谷遺跡（同fig.60-2）、新堤遺跡（同fig.60-4、62-4、63-3）、傾斜窪遺跡（同fig.61-2）山崎遺跡（同fig.60-1）、山ノ上遺跡（同fig.62-5）、前原遺跡（同fig.62-3）、二葉町遺跡（同fig.62-6）須和間遺跡（茂木1972、第30図5）、団子内遺跡（井上1987、第35図69）、長峰遺跡（井上1973、第14図4）

そのほか、閃緑岩と思われるが、いわき地域の閃緑岩とは異なる石材および不明なものとして、次の資料がある。笠谷遺跡（藤本1983、fig.60-3）。

10) 旧稿（杉山2001）では、閃緑岩のヒン岩とを分けることなく一括で閃緑岩と判断した石斧は13点であった。これらを今一度確認し、その他の資料（2点）についても記録等から判断して下記のように再分類した。

11) 伐採斧の未成品は、「藤本資料」のなかには報告されていない。石斧の未成品は、調査時に採取されない場合や、また「打製石斧」として取り扱われる可能性も十分考えられる。

12) 遺跡の併行関係では、大畑E遺跡において足洗1式土器が出土していることから、狢式土器を「龍門寺遺跡」以後、「大畑E遺跡」以前とする。そして、茨城県日立市十王台遺跡群藤ケ作台遺跡において、足洗2式土器と天神原式土器が共伴している（小玉 2001）ことから、両型式を併行関係にあると捉えておきたい。

13) いわき地域における弥生時代の集落立地については、野崎欽五が中期中葉と中期末葉との相違について述べている。龍門寺式土器期を含む、磨消縄文系土器段階に集落立地は平低地や小名浜低地など低地での集落が増加しており、比高の低い平坦部を選定する傾向が強い。一方、天神原式土器（この土器型式設定に問題点があることを指摘している）段階を含む、中期末葉の平行沈線文系土器段階においては、各低地のやや奥まった地点に位置し、狭い沖積地に臨む段丘上に立地する遺跡が増加する（野崎 1995）。

14) 擦切技法を伴う磨製石斧の分布の南限は、秋田県大館市諏訪台C遺跡（利部 1990）である。

15) 山形県鶴岡市川代で柱状片刃石斧が2点採集されている。この柱状片刃石斧は、その形状および石材の点からサハリン南部から北海道北部西部の日本海側に分布する磨製石斧との類似が指摘されている（斎野 1998）。

# 第3章　関東地方・東海地方東部における石器の生産と流通

　本章では、関東地方と東海地方東部を対象として、弥生時代の石器の生産と流通の問題について検討する。関東地方は南北で弥生時代における諸様相（土器・石器組成・墓制・集落構造）が異なる特徴があり、一概にまとめることはできない。そこで関東地方北部の対象は、近年の資料の増加がみられる北西部（群馬県・埼玉県北部）とする。関東地方南部（東京都・千葉県・神奈川県、宮ノ台式土器分布域）は、その諸様相が東海地方東部（静岡県、有東式土器分布域）と共通しており、関東地方南部から東海地方東部を含めた地域を対象とする。本章では主に大陸系磨製石器について検討し、縄文系石器については、第5・6章にて弥生時代の黒曜石製石器を取り上げるなかで言及したい。

## 第1節　関東地方北西部の石器の生産と流通

　本節では、埼玉県熊谷市北島遺跡（弥生時代中期後葉）の資料を中心に分析する（図43）。はじめに関東地方北部（群馬県・埼玉県北部域）における弥生時代前期から中期中葉までの石器を概観し、この地域の石器の特徴を捉えることから始める。次に、北島遺跡の資料を検討する。北島遺跡は、弥生時代中期後葉の竪穴住居址、掘立柱建物、水田址および灌漑施設が検出され、集落の全体像が復元される遺跡の1つである（吉田2003）。北島遺跡からは、関東平野北部ではほか

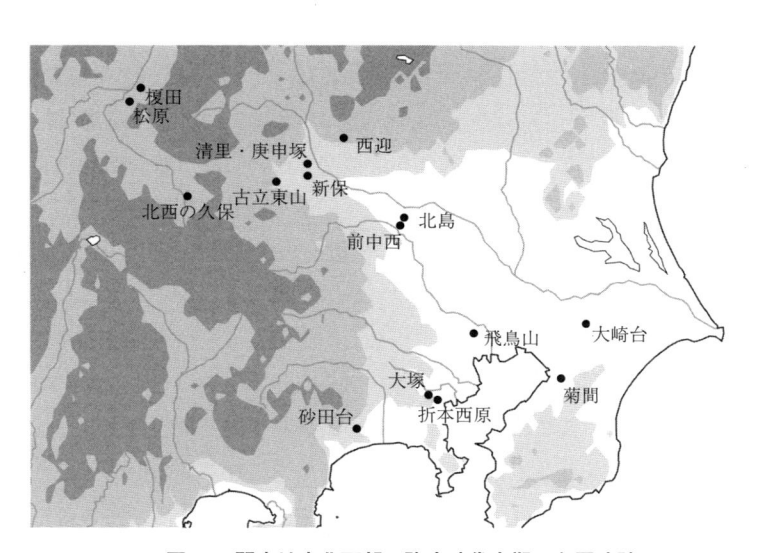

**図43　関東地方北西部の弥生時代中期の主要遺跡**

に例がない800点にも及ぶ大量の石器が出土しており、石器の様相は、関東地方北西部の特徴を色濃く反映している（図44）。そこで、北島遺跡の石器組成・石器製作の構造を把握する。まず、在地石材を用いた石器製作の全体像を明らかにしたうえで、搬入品を集落の変遷過程の観点から分析し、周辺地域との差異を明らかにしたい。

### 1　関東地方北西部における弥生時代の石器研究史

　広大な面積を誇る関東平野において弥生時代中期後葉の石器は、大きく2つの様相に分かれる。1つは、東海地方に磨製石斧の形態や石器組成などの系譜を辿ることができる関東地方南部（宮ノ台式土器分布圏）の石器群である。もう1つは、石器の器種組成で石鏃や打製石斧やスクレイパーなどが高い比率を占め、磨製石斧が稀少な関東地方北部の石器群である（石川1994：22頁）。

　1980年代から、高速道路建設に伴う大規模な発掘調査が行われてきた群馬県域および埼玉県北部域では、弥生時代中期の遺跡が多く調査され、出土石器の集成・分析などの論考が発表されている（平野・相京1991・1992）。それによると、この地域における石器組成の転換点は中期中葉であり、打製石器を中心とした組成で磨製石斧が占める比率が増加している。埼玉県行田市池上遺跡・小敷田遺跡では、大陸系磨製石器が出土する一方で、石器組成に占める石鏃の多さから西日本とは異なる農耕形態を想定する意見がある（石川1992a）。そして、中期後葉では、太形蛤刃石斧と扁平片刃石斧がセットで出土しており、その多くが同じ石材で製作されている（平野・相京1992）。また未成品が出土しないため、磨製石斧は信州地方から完成品の搬入の可能性が指摘された（石川1992a・1998、村松2004）。

　しかし、関東地方北西部の遺跡において、まとまった量の石器が出土することがこれまでほとんどなかったため、石器製作や組成、また鉄器や木器との関係など未だ多くの問題点が残されている。

### 2　関東地方北西部の弥生時代前期から中期中葉の石器

　弥生時代前期から中期前葉における関東地方北西部の石器組成の特徴は、打製土掘具（石鍬）の多さと木工具の稀少さである。弥生時代前期から中期中葉の打製石斧の形態は、平面形が撥形の大型品で刃部は曲刃である。また製作技術に共通点は多いものの、石材は遺跡ごとに異なっており、各遺跡の周辺で獲得できる石材をもとに個々の遺跡で石器製作がなされたと考えられている（渡辺2003）。木工具では両刃の磨製石斧が少量出土している。群馬県富岡市七日市観音前遺跡では、弥生時代中期前葉の竪穴住居址から、断面形が楕円形を呈するやや小型の伐採斧が出土している（井上1994）。しかし管見の限り、加工斧の出土はない。大陸系磨製石斧にみられるような石斧の器種分化が進まない縄文時代においても、磨製石斧にはその大きさに「大・小」の区別があり、伐採具と加工具が分化している。しかし、関東地方北西部の弥生時代前期から中期前葉にそれらの道具が存在しないことは、石斧組成の地域性を表していると同時に、集落内での木器製作活動が低調であり、木製品は完成品として周辺地域から搬入されていた可能性を意味して

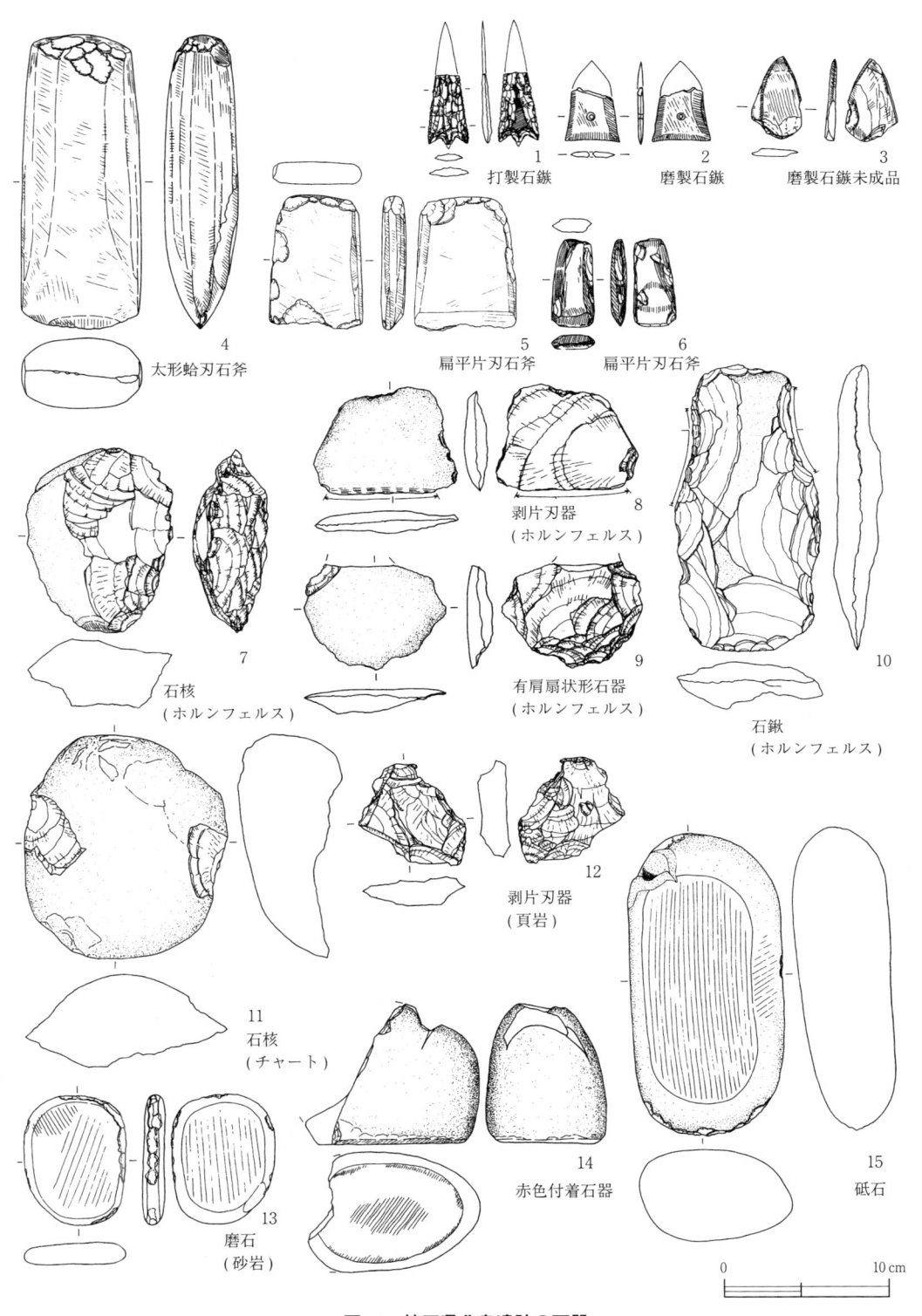

第3章　関東地方・東海地方東部における石器の生産と流通　83

1 打製石鏃　2 磨製石鏃　3 磨製石鏃未成品
4 太形蛤刃石斧　5 扁平片刃石斧　6 扁平片刃石斧
7 石核（ホルンフェルス）
8 剥片刃器（ホルンフェルス）
9 有肩扇状形石器（ホルンフェルス）
10 石鏃（ホルンフェルス）
11 石核（チャート）
12 剥片刃器（頁岩）
13 磨石（砂岩）
14 赤色付着石器
15 砥石

図44　埼玉県北島遺跡の石器

いる。

　また、この地域では定形的な磨製石庖丁は出土していないが、打製の横刃形石器が多数出土している。弥生時代中期前葉の群馬県安中市中野谷原遺跡出土の横刃型石器は、使用痕観察の結果、イネ科植物の刈り取りに用いられていた（高瀬2004b）。水田稲作を直接示す資料はないが、土器形態・土器組成の変化から陸耕が行われていたと考えられている（石川1992a：74-80頁）。

　こうした打製石器を中心とした石器の器種構成も、弥生時代中期中葉に大きく変化する。埼玉県熊谷市池上遺跡（中島1984）・行田市小敷田遺跡（吉田1991）では、石庖丁・太形蛤刃石斧・扁平片刃石斧・柱状片刃石斧などの大陸系磨製石器が出土しており、道具の体系に大きな変化が生じた。

### 3　北島遺跡の集落変遷と石器組成の推移
#### （1）　北島遺跡の集落変遷

　北島遺跡の集落の変遷は、土器編年に基づき3期に分けられている。北島遺跡では弥生時代中期後葉の北島式土器が主体であり、そのほか信州地方の栗林式土器も出土している。集落変遷（北島遺跡Ⅰ期～Ⅲ期）の時期と周辺地域との併行関係について明らかにしておく。

　北島遺跡Ⅰ期の第331号住居址からは、栗林式土器が出土している。この甕形土器を基準とすると、北島遺跡Ⅰ期は、寺島孝典による土器編年の「栗林式中段階新相」（寺島1999）、もしくは石川日出志による編年の栗林2式（新）である（石川2002）。関東地方南部との併行関係では、同じく栗林2式（新）の甕形土器が神奈川県横浜市大塚遺跡の環濠下層から出土している（武井1994）。環濠下層資料は、安藤広道による編年（安藤1990）のSiⅢ期前半に位置している。つまり、北島遺跡の始まりは関東地方南部との対比では宮ノ台式土器のSiⅢ期前半、信州地方との対比では栗林2式新段階となる（吉田2003、石川2004）。

　北島遺跡Ⅱ期およびⅢ期については、時期を限定することが可能な資料がないため、判然としないものの、中期末葉までの時間幅内で終焉を迎える。

#### （2）　北島遺跡の石器組成の推移

　北島遺跡出土の約800点を数える石器は、集落の変遷という時間軸のなかで検討する必要性がある。『農耕開始期の石器組成』（歴博1997）に準じ、石器を推定機能別に分類する[1]。

　図45には、北島遺跡および周辺地域として信州地方・関東地方北部・関東地方南部の主な弥生時代中期後葉の集落の石器組成を示した。

　北島遺跡の石器組成の特徴は、北島遺跡Ⅰ期からⅢ期を通じて礫加工具と打製刃器がその大部分を占めている点である。他の石器器種では、Ⅰ期からⅢ期にかけて石鏃および砥石が減少する。石鏃は未成品を含めて全体で15点出土しており、Ⅰ期では完成品2点、未成品7点であるのに対して、Ⅲ期では磨製石鏃の未成品が1点である。砥石についてもⅠ期には19点であるが、Ⅲ期では7点と減少している。石鏃の減少は鉄鏃の導入の可能性もあるが、これらは遺構の検出数の増減に対応した結果と考えられる。

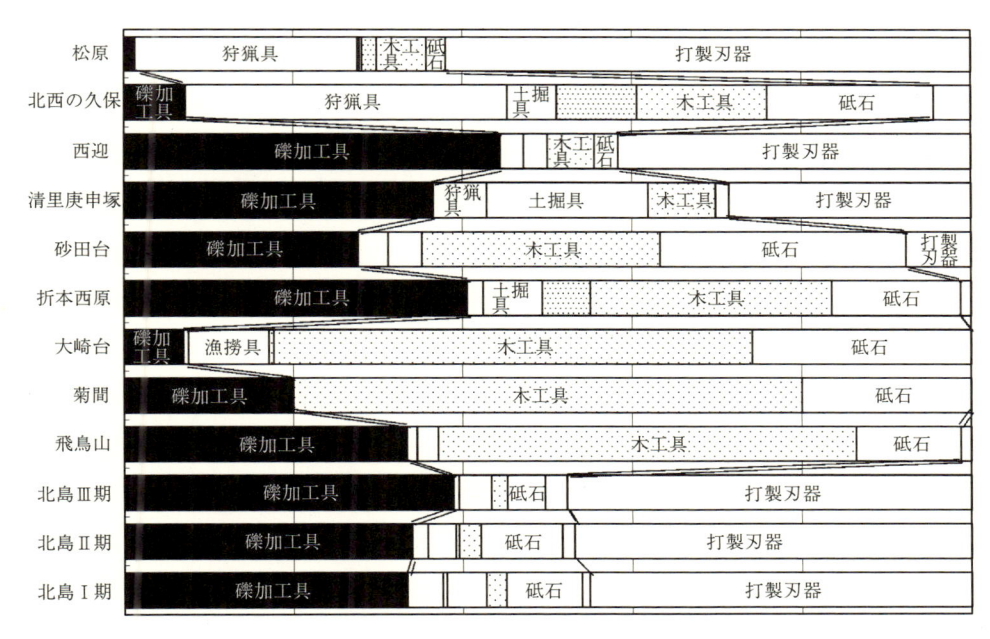

図45　関東地方における弥生時代中期の石器組成

次に周辺地域と比較してみたい。北島遺跡と最も類似した石器組成を示しているのは、群馬県前橋市西迎遺跡（小島1990）である。西迎遺跡では、石器組成の大部分を礫加工具と打製刃器が占め、狩猟具と木工具が極めて少なく、北島遺跡と共通している。同県前橋市清里庚申塚遺跡（相京1982）でも、土掘具がやや多い点を除けば、同様の傾向を示している。しかし、関東地方南部の宮ノ台式土器分布域の石器組成と比較すると、木工具および砥石の占める割合が異なる。このグラフを見る限り、北島遺跡の石器組成は群馬県域の集落と類似している。

## 4　北島遺跡における石器製作の検討

### （1）　北島遺跡における石器製作

北島遺跡では石器の未成品が出土しており、集落内で石器製作が行われていた。ここでは、北島遺跡の石器製作を分析する（図46）。石材の分類は報告書に準じているが、筆者が実見したうえで一部変更したものもある。変更したものについては、それぞれ記載する。

#### a.　緑色岩製石器製作系列

報告書では「蛇紋岩」として記されている石材である。この石材で製作される石器は太形蛤刃石斧（図44-4）・扁平片刃石斧（同図5）のみである。未成品の出土はなく、完成品が搬入されていると考えられる。

#### b.　蛇紋岩・シルト岩製石器製作系列

蛇紋岩・シルト岩で製作される石器は扁平片刃石斧（同図6）のみである。未成品の出土はなく、完成品が搬入されていると考えられる。

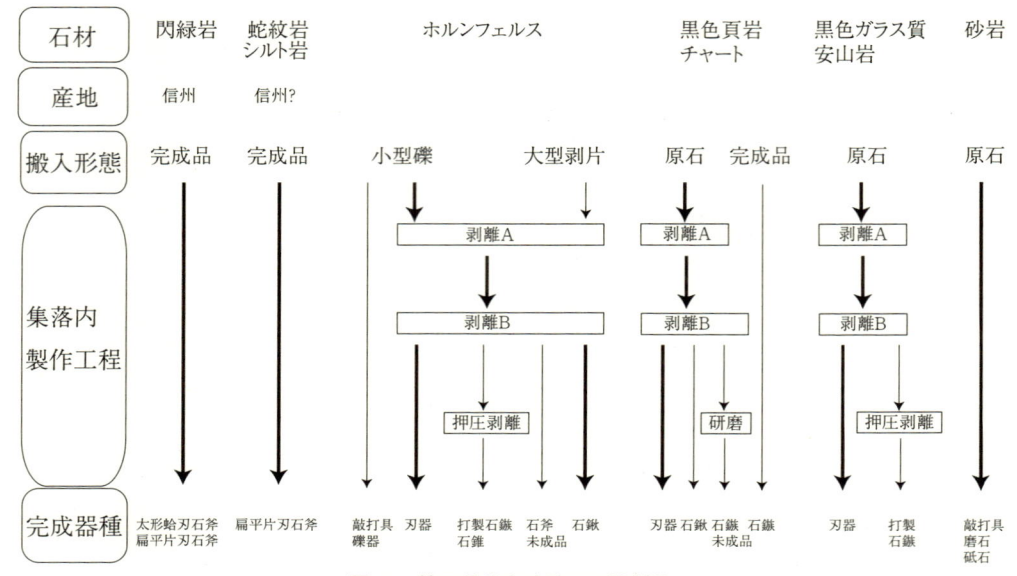

図46　埼玉県北島遺跡の石器製作

**c. ホルンフェルス製石器製作系列**

　ホルンフェルスは、北島遺跡で最も多く使われる石材である。この石材で製作される主な器種は打製刃器（同図8・9）と石鏃（同図10）である。それぞれの石器でホルンフェルスが占める割合はともに8割に近い（表4）。そのほかの器種としては、石錐や敲打具・磨石・砥石などがあるが、その数は極めて少ない。そのため、これらの石器製作を目的としてホルンフェルスが持ち込まれたと考えるよりも、先に挙げた打製刃器と石鏃の製作のために持ち込まれ、その製作過程のなかで少数の礫と剥片が副次的に他の器種の製作・使用に用いられたと考えるほうが適当である。

　さらにホルンフェルス製石器の属性分析からその製作技術の特徴を捉え、石材消費の姿を明らかにしたい（表5）。集落へ持ち込まれたホルンフェルスは、石器に残る自然面の位置などから判断して、小型の打製石器用には拳大の原石、石鏃用には大型の剥片素材が持ち込まれたと考えられる。打製刃器には、自然面が石器のいずれかの箇所に残されている。その割合は約90%であり、ほとんどの個体で確認される。そして、剥片刃器・石鏃ともに自然面は石器の背面側に残されており、打面調整をすることなく自然面を打面としている特徴がある。こうしたことから、連続した剥片剥離技術により、1原石から複数の石器素材を獲得するのではなく、1原石から石器1個体を製作している様相が窺える。剥離技術の特徴としては、器種により差異が認められる。剥片刃器と石鏃は横長剥片を、有肩扇状石器では縦長剥片を取り、それぞれ石器素材としている。これらは、その目的とする形状に合わせて剥離技術を変化させたことを示している。

　北島遺跡では、全時期を通じて剥片刃器と有肩扇状石器および石鏃が多用され、その剥片剥離技術にも一定の作法があることを鑑みれば、1原石から石器1個体を製作する技術は、北島遺跡における在地石材製石器の製作技術の特質といえる。

## 第3章 関東地方・東海地方東部における石器の生産と流通

表4　埼玉県北島遺跡の打製石器の石材組成

| 石材 | 石核 | 打製刃器 | 石錐 | 打製石斧 | 合計 |
|---|---|---|---|---|---|
| 黒色ガラス質安山岩 |  | 12 |  | 1 | 13 |
| 赤玉石 |  | 1 |  |  | 1 |
| 安山岩 |  |  |  |  |  |
| 花コウ岩 |  |  |  |  |  |
| 黒色頁岩 | 1 | 18 |  | 1 | 20 |
| 砂岩 |  | 12 |  | 2 | 14 |
| 石英 |  |  |  |  |  |
| 閃緑岩 |  |  |  |  |  |
| 多孔質安山岩 |  |  |  |  |  |
| チャート | 5 | 17 |  |  | 22 |
| 泥岩 |  |  |  | 1 | 1 |
| ホルンフェルス | 12 | 255 | 5 | 33 | 305 |
| 絹雲母片岩 |  | 2 |  | 3 | 5 |
| 紅簾片岩 |  |  |  | 1 | 1 |
| 緑泥片岩 |  | 1 |  |  | 1 |
| 礫岩 |  |  |  |  |  |
| その他 |  | 2 |  |  | 2 |
| 合計 | 18 | 320 | 5 | 42 | 385 |

表5　埼玉県北島遺跡出土のホルンフェルス製打製石器の属性

| 素材の大きさ | 本稿分類 | 報告書分類 | 点数 | 自然面有無（点数・％） | | 素材の種類（点数・％） | | 自然面の位置（点数・％） | |
|---|---|---|---|---|---|---|---|---|---|
| 小 ↓ 大 | 打製刃器 | 剥片刃器 | 236 | あり | 211 (89.4%) | 横長剥片 | 156 (73.9%) | 片面 | 117 (75.0%) |
|  |  |  |  |  |  |  |  | 頂部 | 10 (6.4%) |
|  |  |  |  |  |  |  |  | 側面 | 16 (10.3%) |
|  |  |  |  |  |  |  |  | その他 | 13 (8.3%) |
|  |  |  |  |  |  | 縦長剥片 | 51 (24.2%) | 片面 | 29 (56.9%) |
|  |  |  |  |  |  |  |  | 頂部 | 5 (9.8%) |
|  |  |  |  |  |  |  |  | 側面 | 10 (19.6%) |
|  |  |  |  |  |  |  |  | 端部 | 3 (5.9%) |
|  |  |  |  |  |  |  |  | その他 | 4 (7.8%) |
|  |  |  |  |  |  | 礫 | 3 (1.4%) |  |  |
|  |  |  |  |  |  | 不明 | 1 (0.5%) |  |  |
|  |  |  |  | なし | 25 (10.6%) | 横長剥片 | 20 (80.0%) |  |  |
|  |  |  |  |  |  | 縦長剥片 | 5 (20.0%) |  |  |
|  |  | 有肩扇状石器 | 19 | あり | 18 (94.7%) | 横長剥片 | 2 (11.1%) | 片面 | 1 (50.0%) |
|  |  |  |  |  |  |  |  | 端部 | 1 (50.0%) |
|  |  |  |  |  |  | 縦長剥片 | 9 (50.0%) | 片面 | 8 (88.9%) |
|  |  |  |  |  |  |  |  | 端部 | 1 (11.1%) |
|  |  |  |  |  |  | 礫 | 7 (38.9%) |  |  |
|  |  |  |  | なし | 1 (5.3%) | 縦長剥片 | 1 (100.0%) |  |  |
|  | 石鍬 | 石鍬 | 30 | あり | 30 (100.0%) | 横長剥片 | 14 (46.7%) | 片面 | 14 (100.0%) |
|  |  |  |  |  |  | 縦長剥片 | 8 (26.7%) | 片面 | 7 (87.5%) |
|  |  |  |  |  |  |  |  | 端部 | 1 (12.5%) |
|  |  |  |  |  |  | 礫 | 6 (20.0%) |  |  |
|  |  |  |  |  |  | 不明 | 2 (6.7%) |  |  |
|  |  |  |  | なし | 0 (0.0%) |  |  |  |  |

### d. 黒色頁岩・チャート製石器製作系列

　黒色頁岩・チャートは石核（図44-11）が出土しているため、集落内での石器製作が考えられる。そして、これらの石材で作られた剝片刃器（同図12）はホルンフェルスに次いで多い。そのほかは、黒色頁岩製の打製石鏃（同図1）・磨製石鏃（同図2）が完成品で1点ずつ出土している。しかし、石鏃は未成品がないため、他地域からの搬入品と考えられる。チャート製の磨製石鏃の未成品は2点出土しており、集落内で製作されたと考えられる。

### e. 黒色ガラス質安山岩製石器製作系列

　黒色ガラス質安山岩は、剝片刃器の製作に用いられる石材である。そのほかの器種では粗割の剝離Aの後に石鏃が製作されている。また剝離Aで生じた剝片を利用し、押圧剝離を施した打製石鏃の未成品が2点出土している。集落内から石核や原石は出土していないが、剝片刃器に主に用いられることから、原石が持ち込まれ製作されたと想定される。

### f. 砂岩製石器製作系列

　砂岩は、原石が集落に持ち込まれ、主として敲打具や磨石（同図13）、砥石など礫石器に用いられる。

### g. 北島遺跡の石器製作の特徴

　北島遺跡では、完成品を搬入する器種と自ら集落内で製作する器種とがある。他地域から搬入された石器は、磨製石斧と石鏃である。そして、自ら製作する器種は大量の剝片刃器を含む打製石器と敲打具などの礫石器、および搬入を補完するだけの少量の磨製石器である。集落内で製作する石器は、礫を素材として用い、複雑な剝片技術を要しない石器が多い。そして、製作工程のなかで生じた剝片を利用して、目的とする石器とは別の器種の石器製作も副次的に行った。

### （2）　北島遺跡出土の緑色岩製磨製石斧の検討

　北島遺跡では、一般に閃緑岩と呼ばれる緑色の岩石を用いた磨製石斧が複数出土している。同石材を用いた石斧生産遺跡の1つである長野県長野市榎田遺跡の分析で、この石材が「保科玄武岩類」に産出地を求められる変質輝緑岩・変質玄武岩・変質粗粒玄武岩であることが判明した。そしてその名称については「緑色岩」とされている（町田ほか1999：86頁）。以後、この石材を用いた磨製石器を「緑色岩製磨製石器」と呼称する[2]。筆者は、北島遺跡の資料実見の際に同遺跡の報告書で蛇紋岩とされていた磨製石斧類が、肉眼観察によりいわゆる「閃緑岩」つまり、緑色岩製の磨製石斧であると確認した[3]。

　北島遺跡からは12点の緑色岩製の磨製石斧が出土している（図47左）。器種では、太形蛤刃石斧が9点、扁平片刃石斧が3点である（表6）。集落変遷の時期別ではⅡ期にやや集中する。完形で残る石器は少なく、太形蛤刃石斧3点、扁平片刃石斧1点のみである。そのほかはすべて破片資料であり、なかには破損後に他の用途に転用されたものもある。

### a. 太形蛤刃石斧の検討

**369号住居址出土資料**（同図3）　長さ22.3cm、刃部幅8.0cm。胴部中位で破損しており2つに割れている。平面形は、基部から刃部にかけて緩やかにハ字状に開く形態である。横断面形は

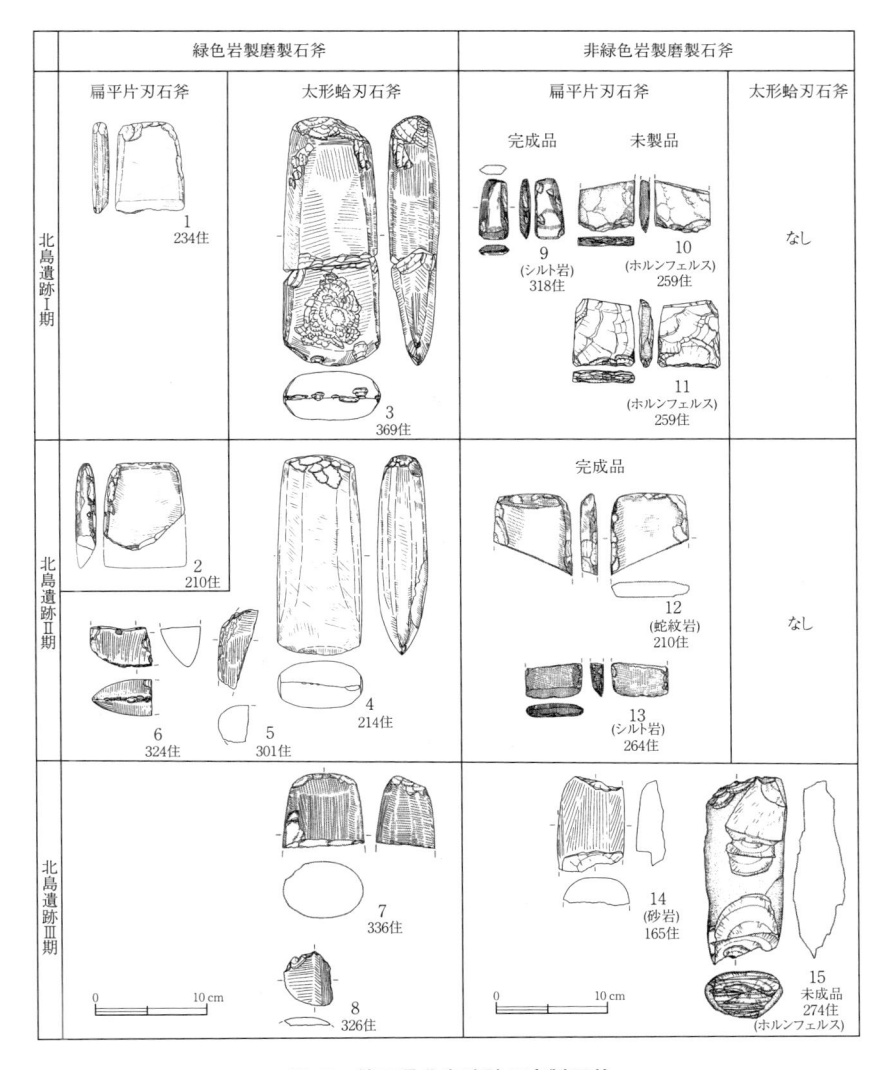

第3章　関東地方・東海地方東部における石器の生産と流通　　89

**図47　埼玉県北島遺跡の磨製石斧**

**表6　埼玉県北島遺跡出土の緑色岩製磨製石斧の属性**　（法量の単位＝cm）

| 図47 | 器　種 | 遺　構 | 時期 | 残存状況 | 長さ | 基部幅 | 幅 | 厚さ | 基部整形 | 側面整形 | 素材 |
|---|---|---|---|---|---|---|---|---|---|---|---|
| 3 | 太形蛤刃石斧 | 369住 | Ⅰ期 | 完形 | 22.3 | 6.7 | 8 | 4.4 | 敲打 | 面取研磨なし | − |
| 4 | 太形蛤刃石斧 | 214住 | Ⅱ期 | 刃部一部欠損 | 18 | 5.9 | 7.1 | 4.3 | 敲打・研磨 | 面取研磨あり | − |
| 5 | 太形蛤刃石斧 | 301住 | Ⅱ期 | 基部 | − | − | − | − | 敲打 | − | − |
| 6 | 太形蛤刃石斧 | 324住 | Ⅱ期 | 刃部 | − | − | − | 3.4 | − | 面取研磨なし | − |
| 8 | 太形蛤刃石斧 | 326住 | Ⅲ期 | 胴部 | − | − | − | − | − | − | − |
| 7 | 太形蛤刃石斧 | 336住 | Ⅲ期 | 胴部−基部 | − | 5.1 | 6.9 | 5.1 | 敲打 | 研磨 | − |
| − | 太形蛤刃石斧 | 377溝 | − | 胴部 | − | − | 7.3 | 5.1 | − | 研磨 | − |
| − | 太形蛤刃石斧 | 遺構外 | − | 完形 | 15.1 | 5.1 | 6.6 | 4.3 | 敲打 | 面取研磨なし | − |
| − | 太形蛤刃石斧 | 遺構外 | − | 胴部−刃部 | − | − | 6.7 | 4 | − | 面取研磨なし | − |
| 1 | 扁平片刃石斧 | 234住 | Ⅰ期 | 刃部一部欠損 | − | 5.2 | 5.9 | 1.4 | 研磨 | 研磨 | 剥片 |
| 2 | 扁平片刃石斧 | 210住 | Ⅱ期 | 胴部−基部 | − | 5.7 | 6.9 | 1.8 | 研磨 | 研磨 | 剥片 |
| − | 扁平片刃石斧 | 459土坑 | − | 胴部 | − | − | 5.2 | 1.2 | − | 研磨 | 剥片 |

長さ・刃部幅に比べ大変薄く4.4cmであり、その形状は楕円形である。調整方法は主面・側面ともに、刃部から基部にいたるまで非常に丁寧な研磨調整が施され、基端面は敲打調整で仕上げられている。主面の片面には、破損後に敲打具として利用されたと思われる痕跡が大きく残されている。

**214号住居址出土資料**（同図4）　長さ18.0cm、刃部幅7.1cm。平面形は基部から刃部にかけて緩やかにハ字状に開く形態である。横断面形は楕円形である。調整方法は、主面・側面ともに刃部から基部にいたるまで、丁寧な研磨調整が施されている。基端面は、敲打成形の後に粗い研磨調整が施され、平坦に仕上げられている。刃部の側面部には研磨調整による面取りが行われている。

**301号住居址出土資料**（同図5）　基部片資料。基端面は残存していないが、基部付近は敲打調整痕が目立つことから、同手法により基端面の調整が行われたと考えられる。

**324号住居址出土資料**（同図6）　刃部片資料。横断面形は扁平である。主面・側面ともに丁寧な研磨調整が施されている。刃部側面部の面取り研磨調整はない。

**336号住居址出土資料**（同図7）　基部片資料。横断面形は楕円形である。幅6.85cm、厚さ5.1cmである。主面・側面ともに丁寧な研磨調整が施されている。基端面は剥離調整の後に敲打調整により仕上げられている。

**326号住居址出土資料**（同図8）　胴部片資料。胴部表面のみである。丁寧な研磨調整が施されている。

**遺構外出土資料**　刃部片および胴部片が計3点出土している。

### b. 扁平片刃石斧の検討

**234号住居址出土資料**（同図1）　長さ7.9cm、刃部幅5.9cm。平面形は基部から刃部にかけて若干開く形態である。横断面形は、左側面がやや丸みを持つ隅丸方形である。主面・側面ともに丁寧な研磨調整が施され、主面と側面との境に稜線がつく。基端面には剥離調整痕が一部に残るものの、平滑になるように研磨調整が施されている。

**210号住居址出土資料**（同図2）　基部から胴部にかけての破片資料。最大幅6.9cmは基部幅よりも広く、若干ハの字形に開く形態と思われる。横断面形は主面と側面との境に弱い稜線がつく長方形である。主面・側面・基端面は丁寧な研磨調整により平滑になっている。

**459号土坑出土資料**　胴部片資料。基部および刃部を欠損している。残存部での計測で、最大幅5.3cmである。主面・側面ともに丁寧な研磨調整が施されている。横断面形は長方形である。

扁平片刃石斧の法量について、長野県長野市松原遺跡の報告のなかで町田勝則は石斧の最大長をもとに6分類している（町田ほか2000：108-118頁）。北島遺跡出土の完形資料4は、その分類のなかで「b1類」に属する大型品である。そのほかの破片資料も松原遺跡での分類に当てはめるとa類（最大長11cm、最大幅6.4cm）ないしはb類（最大長6cmから10cm、最大幅4.5～5.7cm）の大型品にあてはまる。

第3章　関東地方・東海地方東部における石器の生産と流通　91

表7　埼玉県北島遺跡出土の非緑色岩製磨製石斧の属性　(法量の単位＝cm)

| 図47 | 器　種 | 遺　構 | 時　期 | 残存状況 | 長さ | 幅 | 厚さ | 製作工程 | 素　材 |
|---|---|---|---|---|---|---|---|---|---|
| 14 | 太形蛤刃石斧 | 165住 | 3期 | 胴部 | 8.7 | 5.7 | 2.2 | − | − |
| 15 | 太形蛤刃石斧 | 274住 | 3期 | 未成品 | 16.0 | 6.9 | 4.2 | 剥離段階 | 礫 |
| 11 | 扁平片刃石斧 | 259住 | 1期 | 未成品 | 6.0 | 5.2 | 1.1 | 剥離段階 | 剥片 |
| 10 | 扁平片刃石斧 | 259住 | 1期 | 未成品 | 4.2 | 4.6 | 0.8 | 剥離段階 | 剥片 |
| 9 | 扁平片刃石斧 | 318住 | 1期 | 再生品 | 5.4 | 2.5 | 0.8 | − | 剥片 |
| 12 | 扁平片刃石斧 | 210住 | 2期 | 基部・胴部 | 7.3 | 6.6 | 1.3 | − | 剥片 |
| 13 | 扁平片刃石斧 | 264住 | 2期 | 刃部 | 3.0 | 4.6 | 1.2 | − | 剥片 |
| − | 扁平片刃石斧 | 320土坑 | − | 完形 | 10.7 | 5.9 | 1.4 | − | 礫 |
| − | 扁平片刃石斧 | 堰上段 | − | 未成品 | 9.1 | 6.2 | 2.6 | 剥離段階 | 礫 |
| − | 扁平片刃石斧 | 堰上段 | − | 未成品 | 9.7 | 6.9 | 2.6 | 剥離段階 | 礫 |
| − | 扁平片刃石斧 | 堰上段 | − | 未成品 | 10.0 | 4.7 | 1.3 | 剥離段階 | 剥片 |

### （3）　北島遺跡出土の非緑色岩製磨製石斧の検討

　北島遺跡では、緑色岩以外の石材（「非緑色岩」と呼称する）を用いた磨製石斧が完成品5点、未成品6点出土している（同図右）。器種では太形蛤刃石斧2点（うち未成品は1点）、扁平片刃石斧9点（うち未成品5点）である（表7）。

#### a．太形蛤刃石斧の検討

**165号住居址出土資料**（同図14）　報告書では、「磨石」として報告されているが、筆者は実見した際に砂岩製の太形蛤刃石斧の完成品・胴部中位片と判断した。全体に丁寧な研磨調整が施されている。

**274号住居址出土資料**（同図15）　ホルンフェルス製の未成品である。礫を素材とし、両面に剥離調整が施されている。側面からの打撃剥離の結果、器体が薄くなったため廃棄されたと考えられる。敲打調整・研磨調整は行われていない。

　これらの資料は、ともに北島遺跡における集落変遷のⅢ期に属する。ホルンフェルスは主に打製石器に使用された石材であり、未成品の出土は、この時期に在地石材を用いて磨製石斧製作が行われていたことを示している。その理由としては、緑色岩製磨製石斧の搬入が北島遺跡Ⅲ期で停止もしくは減少したためと想定される。緑色岩製磨製石斧の生産遺跡の1つであった長野市榎田遺跡などが同時期に終焉を迎えており、磨製石斧の流通機構が縮小している。そして、北島遺跡では緑色岩製磨製石斧を補完するために在地石材のホルンフェルスを用いた磨製石斧の製作が行われたのである。

#### b．扁平片刃石斧の検討

　扁平片刃石斧およびその未成品には、特定の石材が用いられている。完成品4点は、シルト岩もしくは蛇紋岩で製作されている。未成品にはホルンフェルスもしくはチャートが用いられている。つまり、シルト岩と蛇紋岩製の扁平片刃石斧は完成品として搬入された可能性が高いのに対して、ホルンフェルスおよびチャートを用いた磨製石斧は集落内で製作されたと考えられる。次に製作技術について検討したい。

　5点の未成品のうち、石器素材は剥片素材が3点、礫素材が2点である。礫素材は長方形の自

然石を用いて周縁から剥離調整が施され、成形されている。これらの資料では敲打調整・研磨調整は行われていない。一方、剥片素材の未成品は、剥離調整の段階が2点、研磨調整の段階が1点である。

　4点の完成品は、剥片素材3点、礫素材1点である。丁寧に施された研磨面の下に剥離面が残存する例もある。敲打調整が剥離工程の後に行われたかどうかは、研磨調整が器面全体にわたり丁寧に施されているため不明である。以下、形態について分析してみたい。

**318号住居址出土資料**（同図9）　蛇紋岩製。扁平片刃石斧の刃部破損後に、元来側面部分であったところを研磨調整し、刃部再生を行っている。

**210号住居址出土資料**（同図12）　蛇紋岩製。基部から胴部にかけての破片資料。平面形は縦長の長方形と推定される。横断面形は、上下面（石器の主面）がほぼ平行するものの、左右面（石器の側面）は剥離調整のため、直立しない。主面と側面は直角に稜線がつくほどではないが、部分的に平滑に研磨している。

**264号住居址出土資料**（同図13）　シルト岩製。平面形は縦長の長方形と推定される。横断面形はほぼ長方形である。主面・側面ともに丁寧な研磨調整を施し、その境には稜線がつく。

**320号土坑出土資料**　シルト岩製。基部の角がやや丸みを持つことから、主として礫素材と思われる。平面形は縦長の長方形である。横断面形はやや角が丸みを持つものの、主面・側面ともに丁寧な研磨調整が施され長方形となる。

　これら完成品は平面形・横断面形ともに長方形で、研磨調整も主面・側面ともに丁寧に行っており、緑色岩製の扁平片刃石斧に形態的・技術的に類似している。成形には剥離技術を多用していることが未成品から窺える。関東地方北西部のこのような製作技術は、主として礫素材を用いる関東平野南部や関東平野東部の扁平片刃石斧の製作技術（杉山2001a・b）と異なり、信州地方北部等にその祖型を辿ることができよう。

## 5　関東地方北西部の石斧の生産と流通

　弥生時代中期後葉における関東地方北西部の磨製石斧の流通について、緑色岩製磨製石斧を中心に検討する。緑色岩製磨製石斧は弥生時代中期後葉の栗林2式の段階で、松原遺跡・榎田遺跡が集落経営のピークを迎えるのと同時に各地に流通していることが知られている（町田2001、馬場2003：114頁）。

### （1）群馬県域

　群馬県域では磨製石斧が多く出土している。器種構成は、太形蛤刃石斧が大部分を占め、扁平片刃石斧は少なく、大型・小型の柱状片刃石斧の出土はない。また、磨製石斧の未成品は知られていない（平野・相京1992：57頁）。この地域では緑色岩製磨製石斧が多く、甘楽郡妙義町古立東山遺跡（平岡1990）、高崎市新保遺跡（佐藤1986・1988）、清里・庚申塚遺跡出土の太形蛤刃石斧はすべて緑色岩製磨製石斧である。扁平片刃石斧も弥生時代中期に属するものは、すべて大型の部類に属し、刃部幅が6cm以上の特徴がある。

## （2） 埼玉県域

　埼玉県域は南北で様相が異なる。宮ノ台式土器分布圏の南部では、荒川右岸域で扁平片刃石斧未成品が出土する[4]など、磨製石斧の製作を小規模ながら行っている。荒川左岸域では小型の集落が多く、石斧の保有も小型の扁平片刃石斧を中心としている。

　北部では、北島式土器期の集落である熊谷市前中西遺跡（吉野2002・2003）で1点の緑色岩製磨製石斧（扁平片刃石斧）が出土している。

　これらの2つの地域における共通点は、太形蛤刃石斧の未成品が極めて少なく、出土する完成品のほとんどが緑色岩製磨製石斧ということである。一方、扁平片刃石斧に関しては、すべてが緑色岩製磨製石斧で占められるわけではないが、未成品は極めて少ない。また、北島遺跡・新保遺跡出土の蛇紋岩製の片刃石斧の大部分は、信州等からの搬入品の可能性がある。関東地方南部では、遺跡ごとに緑色岩製磨製石斧の占有率（磨製石斧全体に占める緑色岩製磨製石斧の割合）に差があり、刃部幅の大きい片刃石斧は、信州地方や駿河湾沿岸などの地域から搬入され、他の中・小サイズは、在地石材で製作されている（田中1976：57頁、石川1994：22頁、馬場2001、杉山2001a：46頁）。

　つまり、弥生時代中期後葉の関東地方北西部では、在地で磨製石斧を製作することなく、その多くを信州地方から搬入している。太形蛤刃石斧と扁平片刃石斧を全面的に信州地方に依存する関東地方北部と、依存しつつも在地でも石器製作を行い、そのなかで遺跡ごとの個性を持つ関東地方南部とに大きな地域差が存在している。

## 6　木器製作具の地域性

　次に、弥生時代中期後葉における木工具の地域性について、木製品の製作を考慮に入れつつ検討する。まず、石斧の器種組成の特徴を捉えたい。木器製作具の構成については、飯塚武司により工具一式と呼称され、定義付けられている。それは、木製品の製作のための伐採・製材・加工・仕上げのための工具（用材として石・鉄やその数量を問わない）が集落に揃っていることを指す（飯塚2003：63頁）。木器製作具としての石器や鉄器の出土が意味するものは、集落内での木工生産の存在であり、木器製作具の器種構成の相違は、木工生産活動の地域性を表している。

　弥生時代中期後葉における関東地方北西部の木器製作具の器種組成は、伐採のための太形蛤刃石斧、加工のための扁平片刃石斧である。前述したとおり、関東地方北西部では小型の扁平片刃石斧や柱状片刃石斧が欠落している。鉄斧についても、現段階では出土例がない。周辺地域と比較すると、その地域性が明らかになる。信州地方北部における木器製作具は、太形蛤刃石斧と大・中・小の扁平片刃石斧である。柱状片刃石斧が欠落している点では共通するものの、扁平片刃石斧に大・中・小の各サイズが揃うなど差異がみられる。

　図48には、信州地方北部と北島遺跡資料および群馬県域の扁平片刃石斧の法量分布を示した。松原遺跡では、扁平片刃石斧の刃部幅にバリエーションがあり、木器の製作工程に応じた製作具の保有が認められる（町田ほか2000）。松原遺跡では、木製品の出土が少なかったため、未成品か

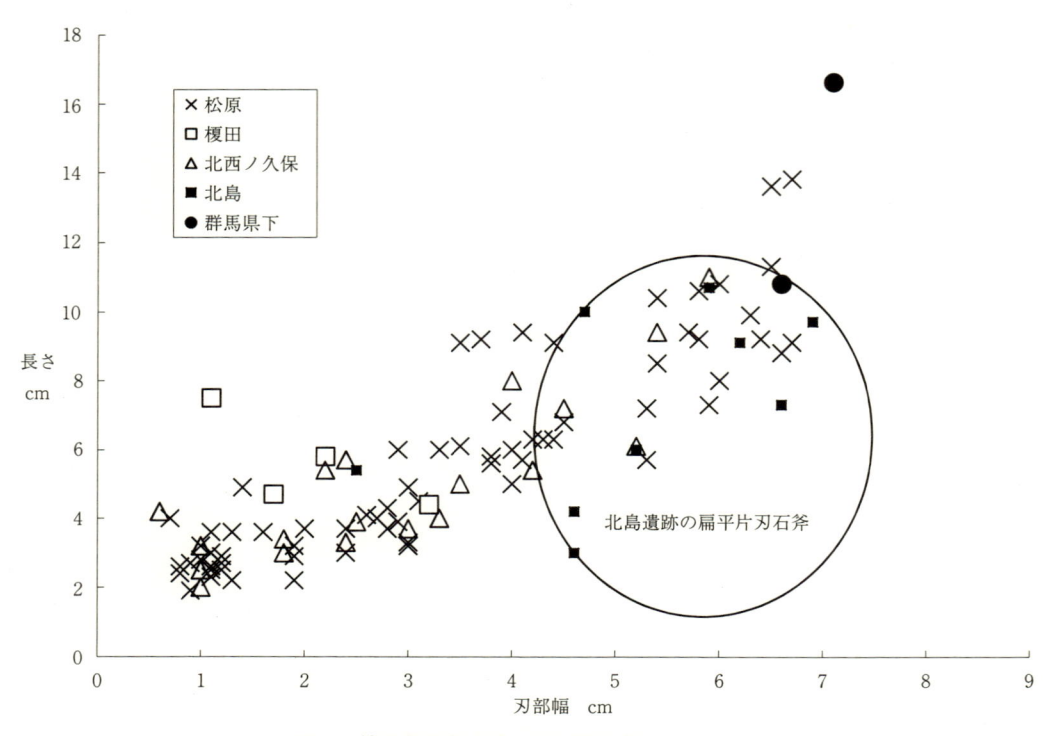

図48　埼玉県北島遺跡出土の扁平片刃石斧の法量

　らの具体的な木器製作の活動を描くことはできないが、石器の所有形態からすると木器製作のすべての工程が集落内で行われていたと想定される。同様の傾向は、佐久平の北西ノ久保遺跡でも窺える。一方、北島遺跡および群馬県域の遺跡の扁平片刃石斧の法量をみると、その大部分が刃部幅4cm以上の大型の石斧に分類される。北島遺跡で唯一の小型の扁平片刃石斧も元は大型品であり、破損後に小型品に作り替えられたものである。つまり、関東地方北西部では小型の扁平片刃石斧は、元来木器製作具に含まれない可能性が高い。

　関東地方南部の木器製作具には、太形蛤刃石斧・両刃の鉄斧・扁平片刃石斧・抉入柱状片刃石斧・柱状片刃石斧・ノミ形鉄斧がある。栃木県域では、資料が少なく、伐採斧のみであり加工斧の出土はない。茨城県域の木器製作具は、太形蛤刃石斧・扁平片刃石斧・抉入柱状片刃石斧・ノミ形石斧である（図49）。

　こうした木器製作具の地域差はなにを表すのか。関東地方北西部では、加工斧はすべて刃部幅が広い製品であり、細部加工用と考えられる刃部幅の狭い加工斧（石器・鉄器）は出土していない。こうした細部用の加工斧の不足については、2つの仮説が成り立つ。1つは、不足分を補う道具として、鉄斧がすでに存在していたが、何らかの理由で残存することがなかったとする解釈である。もう1つは、元来、細部加工用の斧は持たず、ほぼ完成品の木器を他地域から持ち込んでいたとする解釈である。

　まず、鉄斧について考えてみたい。管見の限り、関東地方北西部で弥生時代中期後葉に属する

第3章　関東地方・東海地方東部における石器の生産と流通　　95

**図49　弥生時代中期後葉における木器製作具の地域性**

鉄製品の出土例はない。これは鉄斧を多く出土する同時期の関東地方南部との大きな差であり、鉄の流通経路が関東地方南部とは異なることが考えられる。そして、信州地方北部での鉄製品の出土は、鉄斧が3例（臼居・町田1997）、鉄剣が2例（三石1999）である。そして、信州地方で出土する鉄斧はすべて刃部幅が大きい。臼居直之と町田勝則は、信州地方北部で製作される石斧（加工斧）の形態が鉄斧の形態の影響を受けている点から、千曲川流域における鉄斧の流通を想定している（臼居・町田1997）。こうした大型の鉄斧は、下條信行が指摘するように、信州地方の磨製石斧の器種構成に含まれない抉入柱状片刃石斧のかわりに主に製材の工程で用いられたと考えられる（下條1998）。しかし、流通する鉄斧が不足していたからこそ、補完具としての大型の扁平片刃石斧が松原遺跡で大量に製作され、信州地方北部でも使用されたと想定される。こうした状況から判断すると、信州地方北部では、大型の鉄斧が流通していたものの、その数は集落での消費を十分に補うほどではない。そして、細部の加工用と考えられる鉄斧は信州地方では出土していない。また、関東地方北西部では、現段階で大型・小型の鉄斧の出土例がないうえに、出土する加工斧もその大部分を信州地方北部から搬入している。つまり、関東地方北西部の地域が独

自に鉄器を入手するルートを持ち、信州地方にない刃部幅の狭い鉄斧を所有していたとは考えにくい。

　もう1つの解釈である木製品の他地域からの持ち込みについて検討する。関東地方北西部での弥生時代中期後葉の木製品の出土例は少ない。群馬県では、高崎市新保遺跡・同市新保田中村前遺跡（相京ほか1990・1992・1993、下城1994）の大溝から大量の木製品の完成品および未成品が出土しているが、時期決定に不確定要素が伴う。斧柄が多く出土した下層部分でも弥生時代中期後葉から後期にかけての土器が出土しており、時期を限定することはできない。

　北島遺跡からは、堰部分および溝からの杭を除くと石斧柄が2点、刳物容器1点、紡織具1点、槽の未成品が1点出土している。このなかで槽の製作方法は、他の木器の製作遺跡でみられる方法とは異なっている（谷口2004：117頁）。完成品の石斧柄は、石斧の搬入率の高さを考えれば、石斧とともに持ち込まれたと想定することに問題はないであろう。関東地方南部では、おなじ緑色岩製磨製石斧を用いながらも、同時に在地産石材による伐採斧も用いるため、それぞれのサイズに合わせた石斧柄を製作する必要があった。しかし、関東地方北西部では、磨製石斧のほぼすべてが長野盆地からの搬入に依存しており、石斧柄も搬入したと考えれば在地での製作が不要となる。そのほかの木器についても出土例がほとんどなく、またその製作用の加工斧がないことを考えれば、斧柄以外の木器も石器同様に他地域からの搬入により、賄われたと考えられる。

　それでは、少ないながらも出土している石斧は何に使用されたのか。筆者は、これらの石器で竪穴住居の建築部材や北島遺跡の堰出土の杭に見られるような細かな細工を必要としない木製品の製作が行われたと考えている。関東地方北西部では、弥生時代中期後葉の水田が検出されるなど、水田稲作が行われていたことは明らかであり、それに伴う木製品の製作も必要であったためである。

## 7　関東地方北西部における物資の獲得

　関東地方北西部の弥生時代中期後葉の集落では、磨製石器および木製品を信州地方など周辺地域から搬入し、獲得していたと考えられる。こうした地域性は何時頃から生じたのであろうか。先述したとおり、関東地方北西部の前期から中期前葉の石器は、基本的に在地石材を用いて集落内で生産している。中期中葉の池上遺跡・小敷田遺跡の木器製作具は、太形蛤刃石斧・扁平片刃石斧・柱状片刃石斧である。池上遺跡・小敷田遺跡では、在地石材を用いた石斧も製作されていたが、太形蛤刃石斧・扁平片刃石斧・柱状片刃石斧には、搬入された緑色岩製品が多い（巻頭写真4）。この点は、緑色岩製磨製石斧の流通量の減少に対応して、自ら在地石材を用いて製作活動を開始した中期後葉の様相と異なる。つまり、中期中葉では他地域から石器を搬入しつつも、自らも石器製作を行っていたのである。

　池上遺跡は、関東地方で最も早く大陸系磨製石器を取り入れた集落の1つである。池上遺跡では、刃部幅が4cmから6cmの大型の加工斧が出土しており、細部加工用の中・小型の加工斧は出土していない。すでにこの時期に木器を他地域に依存していたために、池上遺跡では、大陸

系磨製石器という新しい道具体系の導入のなかでノミ形石斧が選択されなかったと考えられる。弥生時代前期から中期前葉においても加工斧に相当する小型の磨製石斧の出土例がないことを考え合わせると、木製品については弥生時代前期から周辺地域に依存するような流通構造が成立していたとも想定される。

しかし、中期後葉はその様相が一変する。中期後葉には実用性の石器のみならず、非実用性（石戈や石剣など）の石器をも信州地方から搬入している。この地域の中期後葉の社会は、関東地方南部へとつながる磨製石斧など信州系文物の流通の拠点として展開した結果と考えられる。

### 8　まとめ

本節では、北島遺跡の石器の分析をはじめ、関東地方北西部における磨製石斧の流通、そして木製品製作活動について考察してきた。それらの分析結果を簡潔にまとめておきたい。

北島遺跡の石器には、完成品が搬入される器種と集落内で製作される器種がある。磨製石斧は完成品が搬入され、礫石器・打製石器は在地産石材を用いて集落内で製作されている。

太形蛤刃石斧は、その多くが緑色岩製磨製石斧であり、長野盆地からの搬入品であることが型式学的検討より明らかとなった。そして、北島遺跡が成立する時期は、緑色岩製磨製石斧が最も広範囲に流通する時期であり、同時期の関東地方北西部の集落は、磨製石斧を全面的に信州地方北部から搬入している。関東地方北西部では、在地の土器のほかに栗林式土器も多く出土しており、信州地方北部との密な交流が各種石器や土器の移動につながっている。その交流の領域の東端が北島遺跡になる。

北島遺跡の時期ごとの石器製作をみると、北島遺跡の石器の器種組成は、礫加工具と剥片刃器が大半を占め、竜見町式土器分布圏の集落における石器の器種組成と類似している。そして、その器種組成は北島遺跡の存続期間を通じて変化がみられない。北島遺跡Ⅰ期・Ⅱ期では、木器製作具を信州地方から搬入し、在地では土掘具ならびに打製刃器のみの製作を行っていた。しかし、長野盆地における磨製石斧の生産が低調になるのと同調して、北島遺跡Ⅲ期では緑色岩製磨製石斧が不足し、補完具とするために在地産石材による伐採斧の製作が開始された。

関東地方北西部における木器製作具の器種構成についても、その特質が明らかになった。大陸系磨製石器を導入した弥生時代中期中葉から関東地方北西部の集落では、木器の細部加工に用いる小型の加工斧が木器製作具のなかから欠落している。こうした木器製作具の構成は、関東地方北西部の集落における木器製作活動の様相を反映していると考えられる。つまり、同地域では、杭や建築部材など大型木製品は、大型の石器を用いて集落内で製作し、小型の容器類など精美品等は、周辺地域からの完成品の搬入に依存していたと考えられる。

## 第2節　東海地方東部・関東地方南部の石器の生産と流通

本節では関東地方南部（神奈川県・東京都・千葉県・埼玉県南部域）と東海地方東部（静岡県域）の

石器の生産と流通について検討を行う（図50）。この地域では、弥生時代前期から中期中葉の遺跡の発掘調査が近年行われているものの、いまだ地域間の比較を行うまでの資料が充実していないため、主に中期後葉（宮ノ台式土器期・有東式土器期）を対象とし、中期中葉以前の状況に適宜触れていくこととする。なかでも静岡県静岡市付近の静清平野、山麓を挟み西側の藤枝市付近の志太平野の遺跡を中心として検討を進めていき、両平野で生産された石器の消費地の1つである関東地方南部の石器製作と照らし合わせて、両地域間の比較を行う。

### 1　東海地方東部および関東地方南部における弥生時代の石器研究史

静清平野の磨製石斧の生産遺跡については、早くから採集・調査および報告が行われてきた。加藤明秀・芹沢長介は、静岡県静岡市有東で採集した磨製石斧の種類と使用される石材の偏向性を指摘した。赤色硅岩（本節で述べる暗赤紫色輝緑凝灰岩）は抉入柱状片刃石斧・石庖丁・打製石斧・石匙に用いられ、青色硅岩（本節で述べる緑色凝灰岩）は片刃石斧に用いられることを指摘した（加藤・芹沢1938：462頁）。その後、有東遺跡の石器については、大村聡子が静岡県域での鉄器化との問題で触れた（大村1966）。

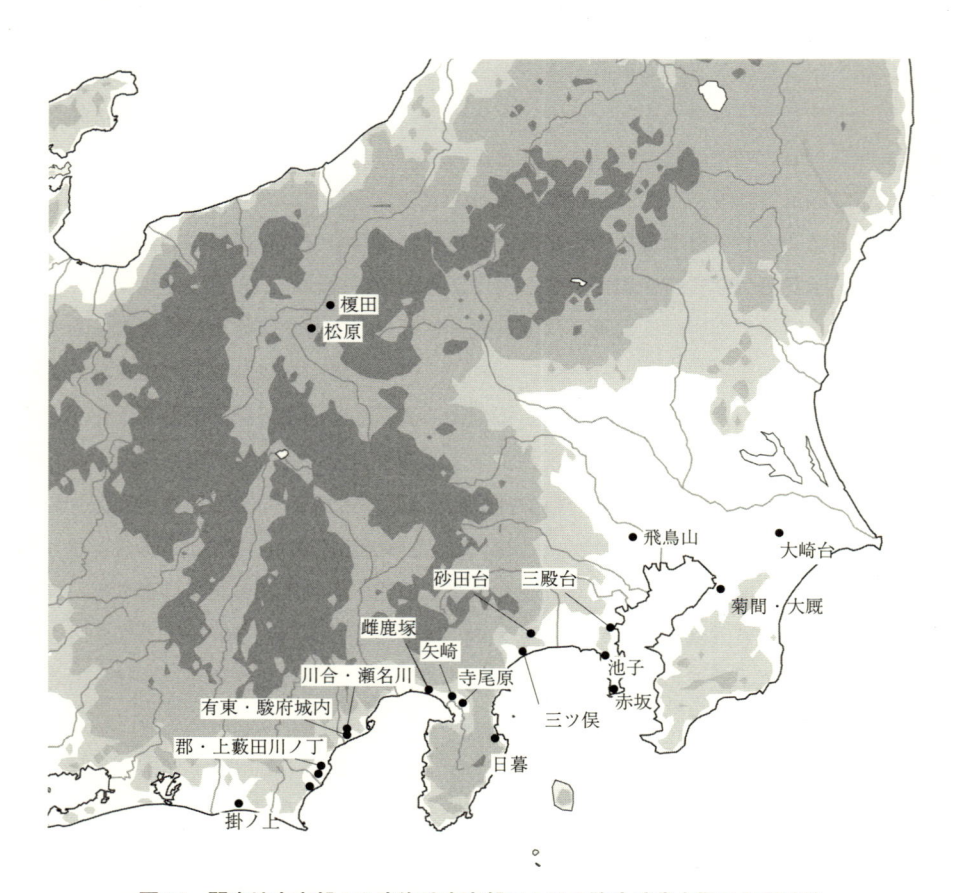

図50　関東地方南部から東海地方東部における弥生時代中期の主要遺跡

1990年代になり、静清平野に位置する川合遺跡の調査で膨大な量の磨製石斧の完成品およびその未成品が出土した。その報告で磨製石斧の石器製作工程が詳細に復元され、静清平野における弥生時代の石器研究の基礎資料となった（山田ほか1992）。その後、有東遺跡や瀬名川遺跡なども報告書が刊行され、静清平野における資料の充実が図られた。

　こうした石器生産地での資料の増加を受け、安藤広道は関東地方南部における静清平野産の磨製石斧の存在を指摘し（安藤1997：22頁）、佐藤由紀男は同石材の磨製石斧が、駿河湾沿岸の集落にも流通していることを明らかにした（佐藤2000：69頁）。馬場伸一郎は、石器製作の技術的検討から関東地方南部の磨製石斧のなかで剥片素材を用いる石器は、静清平野からの影響を受けたものであるとした（馬場2001：20頁）。筆者も加工斧を検討するなかで、静清平野産の磨製石斧の集成を行い、その分布および流通経路について検討を加えた（杉山2001：57頁）。

　これまでの静清平野の分析では、石器の流通が問題視されてきたが、磨製石斧の生産遺跡の詳細な検討は川合遺跡を除いて行われていない。

## 2　静清平野における石器製作の検討

### （1）　有東遺跡における石器製作

　有東遺跡は安倍川左岸に位置し、現在の安倍川の流路からは直線距離で約2km離れている。静岡市教育委員会による第8・10・16次調査資料を分析する（岡村1997）。有東遺跡では多種多彩な石材が用いられているが、主な石材は暗赤紫色輝緑凝灰岩・緑色凝灰岩・珪質チャート・黒色粘板岩・砂岩である（巻頭写真5　図51）。

#### a.　暗赤紫色輝緑凝灰岩製石器製作系列

　暗赤紫色輝緑凝灰岩は、磨製石斧（特に扁平片刃石斧）の製作に用いられる（図52）。有東遺跡では大型の原石が出土していないため、大型の素材は剥片の状態（図52-1）で集落へ搬入され、中小型の素材は原石（同図2）の状態で持ち込まれたと考えられる。大型の剥片素材は剥離調整と研磨調整を経て、加工斧（同図5）に仕上げられる。また、少数ではあるが粗割された剥片を用いて剥片刃器（同図3）が製作されることもある。中・小型の原石素材は、大型の剥片素材の場合と共通して剥離調整・研磨調整を経て加工斧が製作される。小型原石では研磨調整のみで加工斧を製作する例もある。

　遺跡出土の中型の原石を観察すると、敲打面の下に剥離面が認められる（同図2）。この原石の剥離は自然面に不定方向から打撃が加えられている。石器製作工程において、目的とする剥離が得られなかった場合には、石器製作具としての多面体敲石に転用されたと考えられる。暗赤紫色輝緑凝灰岩は、主に扁平片刃石斧の石材として用いられるが、極めて少ない例として剥片刃器などの器種へと分化する場合もある。

#### b.　緑色凝灰岩製石器製作系列

　緑色凝灰岩は扁平片刃石斧の製作に用いられる。暗赤紫色輝緑凝灰岩と同様に、集落に大型の剥片ならびに中小型の原石が持ち込まれ、剥離調整、研磨調整を経て完成品となる。また、剥離

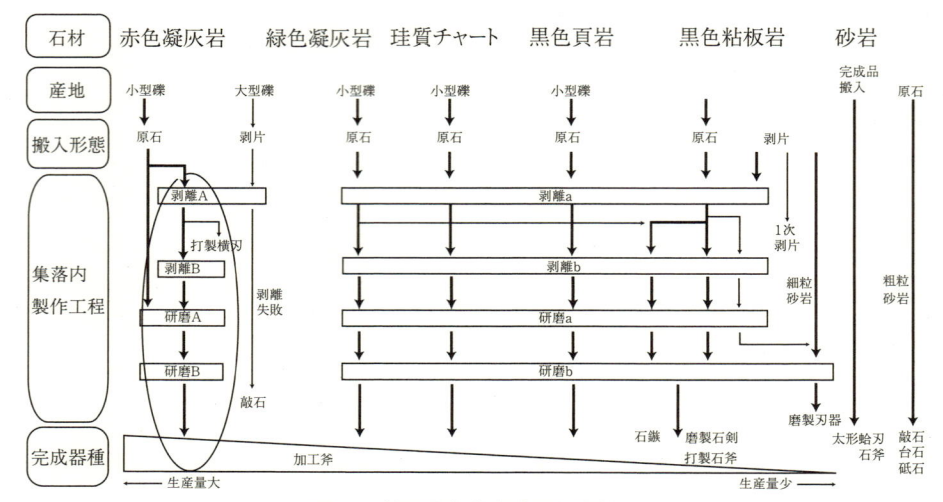

図51　静岡県有東遺跡の石器製作

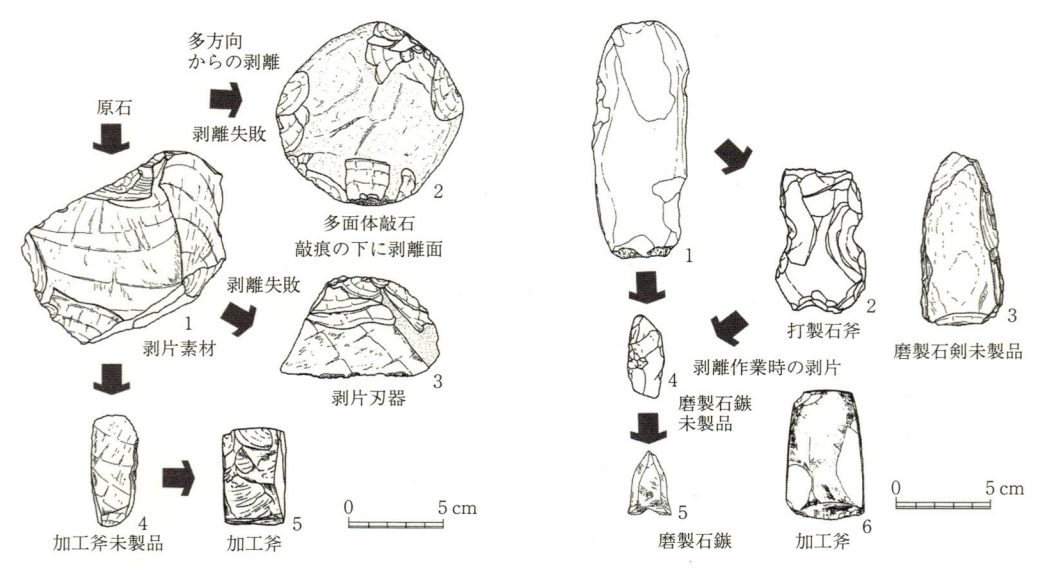

図52　暗赤紫色輝緑凝灰岩製石器の製作系列

図53　黒色粘板岩製石器の製作系列

Aで生じた剥片が、磨製石鏃の素材として用いられることもある。

### c. 珪質チャート・黒色頁岩製石器製作系列

これらの石材は、扁平片刃石斧の製作に用いられる。しかし、石材の搬入形態は暗赤紫色輝緑凝灰岩とは異なり、小型の原石のみが持ち込まれている。

### d. 黒色粘板岩製石器製作系列

黒色粘板岩は、主に素材の大きさから打製石斧の製作に用いられたと考えられる。また、その製作工程において生じた剥片は他の石器器種にも用いられる（図53）。原石（同図1）が集落へ持ち込まれ、剥片剥離により打製石斧（同図2）が製作される。そのほか、磨製石鏃（同図5）・扁平

片刃石斧（同図6）と磨製石剣（同図3）・磨製刃器が製作される。これらの石器は、打製石斧の製作工程のなかで生じる剥片が再利用されたと推定される。特に磨製石鏃はその素材が剥片素材であり、粗割の剥離Aにおいて薄く層状に剥離した剥片を石器素材にしたと考えられる。

### e. 砂岩製石器製作系列

砂岩は多様な石器の器種に用いられる。最も多い器種は、敲石・台石・砥石などの礫石器である。また、背面に自然面を持つ横長剥片を用いた刃器も多く出土している。砂岩製の太形蛤刃石斧は多数出土しているが、未成品は出土していない。

### f. 有東遺跡の石器製作の特徴

有東遺跡の石器製作を概観すると、まず暗赤紫色輝緑凝灰岩が加工斧、黒色粘板岩が打製石斧・磨製石剣の素材として多用される。この成形工程で生じた剥片をもとにして、磨製石鏃のほか扁平片刃石斧の製作が行われたと考えられる。砂岩は楕円形の礫を持ち込み、打製刃器を製作する。

## （2） 川合遺跡における石器製作

川合遺跡は、静清平野北部、巴川・長尾川流域に位置する。安倍川からは直線距離で約6kmである。静岡県埋蔵文化財調査研究所によって発掘調査された資料（山田ほか1992）を検討の対象とする（図54）。

### a. 暗赤紫色輝緑凝灰岩製石器製作系列

暗赤紫色輝緑凝灰岩で製作される石器は、加工斧が8割を占めている。有東遺跡同様に川合遺跡においても加工斧の製作に特定石材の選択的な利用が考えられる（図55）。

小型・大型の原石（図55-1）が集落へ持ち込まれ多方向からの剥離がされる（同図2）。この段階で失敗したものは、多面体敲石（同図3）となり、剥片は刃器として利用される（同図4）。石斧製作上適した剥片素材（同図5）は、その後剥離・敲打を経て加工斧（同図6）として製作される。その他の器種では、少ないながらも太形蛤刃石斧にも用いられる。

### b. 緑色凝灰岩製石器製作系列

小型の原石が集落に持ち込まれ、剥離調整、研磨調整を経て加工斧が製作される。そして、剥離Aによる一部の剥片は、磨製石鏃の素材として再利用される。

### c. 黒色頁岩製石器製作系列

小型の原石が持ち込まれ、剥離調整、研磨調整を経て加工斧が製作される。しかし、緑色凝灰岩とともにその数は少ない。

### d. 黒色粘板岩製石器製作系列

黒色粘板岩では打製石斧（図56-1～3）が主に製作される。原石は調査範囲からは出土していない。集落内では剥離調整、研磨調整を経て打製石斧が製作され、剥離Aで生じた剥片が磨製石鏃（同図4～5）や磨製石剣の素材となる。また、少数ながらも扁平片刃石斧や磨製刃器も製作される。

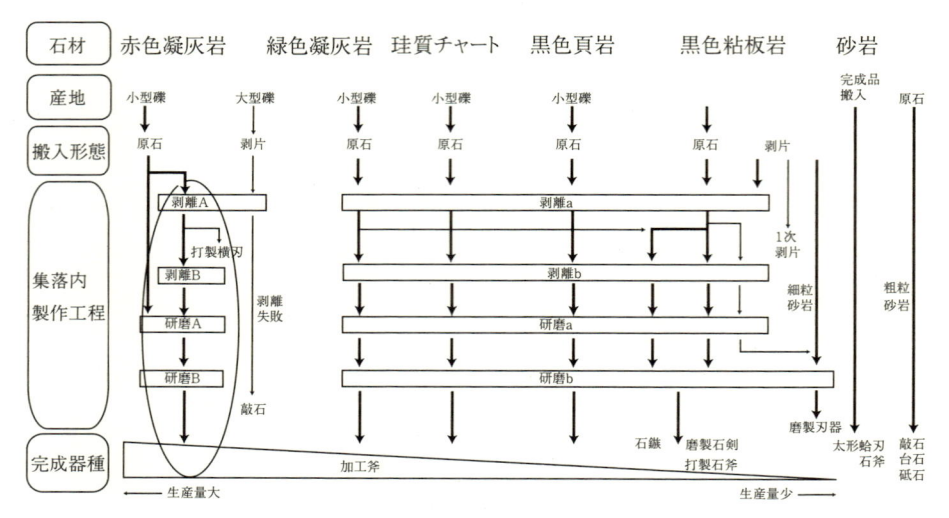

図54　静岡県川合遺跡の石器製作

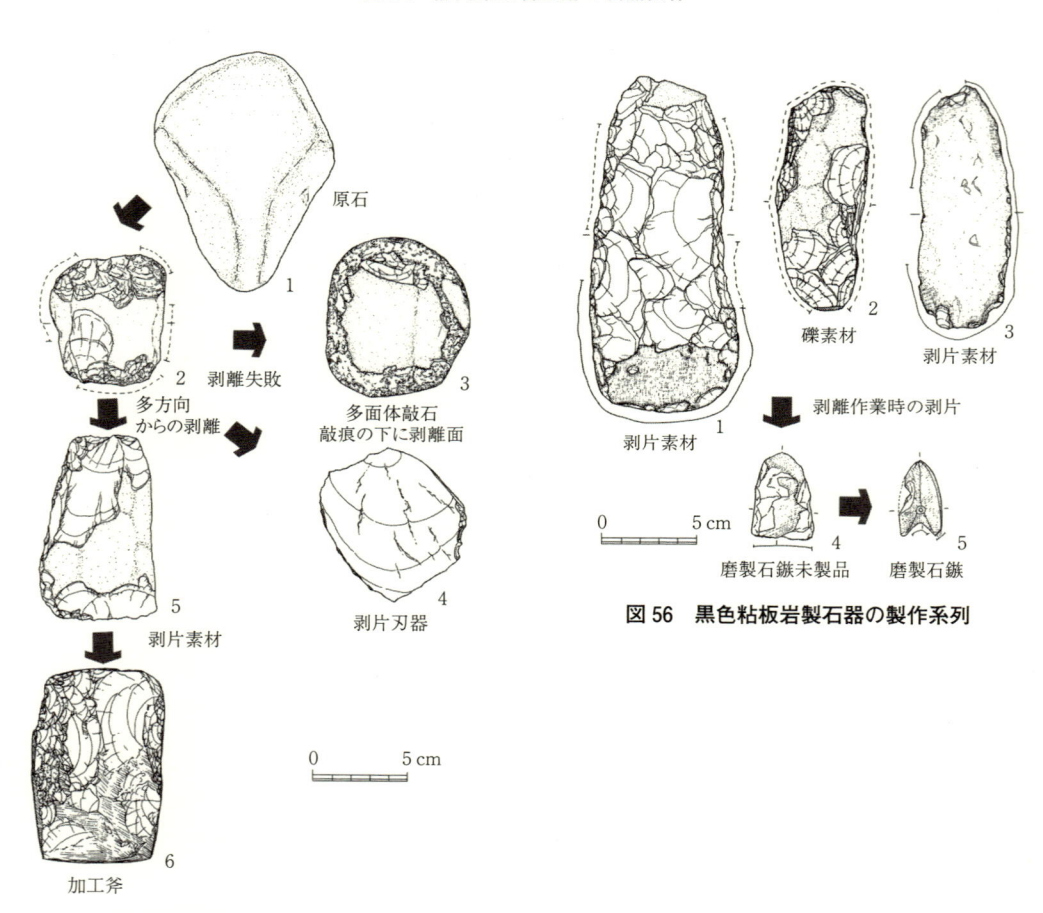

図55　暗赤紫色輝緑凝灰岩製石器の製作系列

図56　黒色粘板岩製石器の製作系列

### e. 砂岩製石器製作系列

砂岩は有東遺跡と同様にその石質により、太形蛤刃石斧と敲石など多種多様な器種に用いられる。太形蛤刃石斧は細部の調整剥離である剥離B段階からの資料が出土しており、剥離Aまでは集落外で加工されていた可能性がある。粗粒砂岩は、敲石・台石・砥石などの礫石器に用いられる。細粒砂岩は、扁平な原石を持ち込み、研磨調整を施し、磨製刃器を製作している。また、背面に自然面を持つ横長剥片が集落に大量に持ち込まれている。

### f. 川合遺跡の石器製作の特徴

川合遺跡の石器製作を概観すると、有東遺跡と同様に加工斧は暗赤紫色輝緑凝灰岩を用いて製作されている。そのほか、この石材の剥片は、打製刃器の製作にも用いられている。黒色粘板岩は主に打製石斧に用いられ、製作工程で生じた剥片等を利用して磨製石鏃なども製作されるなど、有東遺跡との共通点が多い。つまり、有東遺跡と川合遺跡においては、遺跡が異なっても石材の選択から石器製作にいたるまでの工程が共通している。

### (3) 駿府城内遺跡における石器製作

駿府城内遺跡は、静清平野北部の微高地上に立地する。これまで、静岡県教育委員会・静岡市教育委員会・静岡大学等によって発掘調査が行われているものの、公表されている資料は少ない。ここでは静岡市教育委員会による1990年度調査資料を分析資料として扱う（八木1993）。

実見した資料は16点であり、有東遺跡や川合遺跡に比べると調査面積が狭いこともあり、石器の点数は少ない。

### a. 暗赤紫色輝緑凝灰岩製石器製作系列

暗赤紫色輝緑凝灰岩で製作される石器は、扁平片刃石斧である。駿府城内遺跡では有東遺跡や川合遺跡とは異なり、暗赤紫色輝緑凝灰岩が扁平片刃石斧の石器素材として占める割合は低く、緑色凝灰岩・黒色粘板岩とほぼ同率である。

### b. 緑色凝灰岩製石器製作系列

主面調整を主とする研磨A段階の緑色凝灰岩製の片刃石斧未成品が2点出土している。磨製石鏃は、完成品が出土している。

### c. 黒色粘板岩製石器製作系列

黒色粘板岩で製作される石器は、扁平片刃石斧と磨製石剣である。扁平片刃石斧はすべて剥片素材をもとにして製作されている。石器の法量は他の石材の扁平片刃石斧に比較して小型である。駿府城内遺跡においても、有東遺跡や川合遺跡などでみられたような他の器種（打製石斧など）を製作する工程で生じた小型の剥片が、扁平片刃石斧の製作に用いられたものと考えられる。

### d. 駿府城内遺跡の石器製作の特徴

駿府城内遺跡の石器製作は、石器自体の出土数の稀少さから不明な点があるが、暗赤紫色輝緑凝灰岩・緑色凝灰岩・黒色粘板岩を用いた石器製作を行っている。但し、原石の出土や製作初期段階の資料がないため、製作途中の未成品を他集落から得て、石器製作を行っている可能性が高い。

### （4） 瀬名川遺跡における石器製作

瀬名川遺跡は、静清平野北部に位置し、先述した川合遺跡と隣接する集落遺跡である（中川 1999）。

#### a. 暗赤紫色輝緑凝灰岩製石器製作系列

暗赤紫色輝緑凝灰岩で製作される石器は、扁平片刃石斧である。瀬名川遺跡でもこの石材が加工斧石材の約5割を占めており、他の静清平野の遺跡同様に加工斧の製作に最も利用される石材である。瀬名川遺跡では素材となる大型原石が出土せず、剥離Aの未成品が出土している。その後、剥離B・研磨調整を経て完成品となる。また、小型の礫素材では剥離調整・研磨調整を経て製作される石斧もある。剥片素材を用いた打製刃器や暗赤紫色輝緑凝灰岩を素材とする敲打具の出土はない。

#### b. 緑色凝灰岩・黒色粘板岩製石器製作系列

緑色凝灰岩製石器も暗赤紫色輝緑凝灰岩同様の製作工程であるが、資料が少なく不明な点が多い。

黒色粘板岩で製作される器種は、磨製石剣・磨製石鏃・扁平片刃石斧である。粘板岩は加工斧全体の使用石材のなかで3割を占めており、他遺跡よりもややその比率は高い。磨製石剣などを製作する工程のなかで、一次剥片が採取され、剥離B・研磨調整を経て、扁平片刃石斧が製作されたと考えられる。また、剥離工程のなかで得られた剥片を利用して研磨調整を行い、磨製石鏃が製作されている。礫素材を用いた扁平片刃石斧も出土しており、集落への石器素材の搬入は剥片と礫の両方と考えられる。

#### c. 砂岩製石器製作系列

砂岩は、その大部分を敲打具や台石や砥石などの礫石器や剥片刃器に用いられている。

#### d. 瀬名川遺跡の石器製作の特徴

瀬名川遺跡では、暗赤紫色輝緑凝灰岩が磨製石斧のみに利用され、有東遺跡でみられたような剥片刃器への転用は確認されない。これは、集落への大型原石の搬入がなく、集落内での剥離作業が行われなかったためである。黒色粘板岩は磨製石斧・磨製石鏃・磨製石剣の製作に用いられ、他の遺跡で確認された粘板岩製の打製石斧は出土していない（図57）。

### （5） 静清平野における石器製作

静清平野の遺跡では、扁平片刃石斧には暗赤紫色輝緑凝灰岩を用いるなど、石材の選択的利用が行われている。その他の器種・特定石材の利用形態には、黒色粘板岩と打製石斧・磨製石剣・磨製石鏃、さらに砂岩と一次剥片を利用した剥片刃器がある。

有東遺跡や川合遺跡では、剥離痕・敲打痕をもつ暗赤紫色輝緑凝灰岩製の多面体敲石が多数出土している。これらの石材は最終的には敲打具として使用されたが、集落への搬入時には加工斧の製作用の素材として持ち込まれ、集落内で石質の良し悪しの分別が行われ、これらの原石が石器製作に適さなかったため、敲石として利用されたと考えられる。

こうした石器製作が顕著にみられるのは、有東遺跡と川合遺跡である。他の2遺跡は石器素材

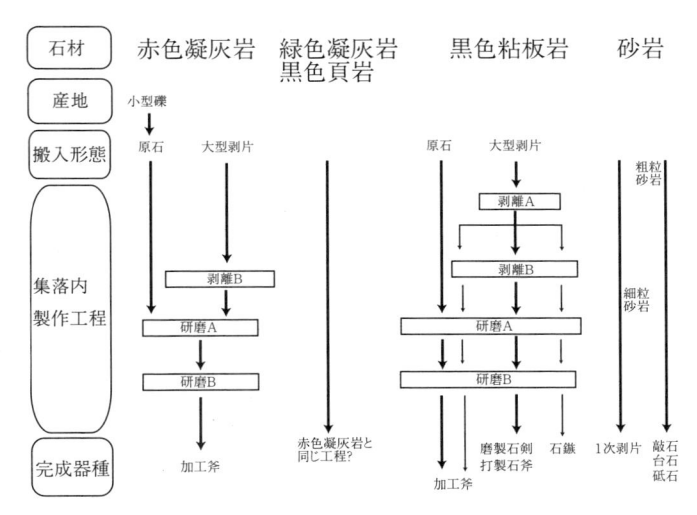

図57 静岡県瀬名川遺跡の石器製作

となる原石や剥片の出土が有東遺跡や川合遺跡よりも少なく、駿府城内遺跡や瀬名川遺跡では半完成品を搬入して、集落内で最終的な加工を行っていると考えられる。

## 3 志太平野における石器製作の検討

次に静清平野に隣接する地域について検討する。志太平野の藤枝市郡遺跡・上藪田川の丁遺跡を対象とする。

志太平野は、静岡県中部の大井川による扇状地形として広がる平野である。東は高草山が海岸線まで張り出しており、静清平野と地形的に区分される。

### （1） 郡遺跡における石器製作

郡遺跡は志太平野東部を流れる瀬戸川左岸に位置している。分析対象とする資料は藤枝市教育委員会所蔵資料の15点である（八木1982・1984・1986、鈴木1990）。

郡遺跡の主な石材は暗赤紫色輝緑凝灰岩・黒色頁岩・砂岩である（図58）。

#### a. 暗赤紫色輝緑凝灰岩製石器製作系列

暗赤紫色輝緑凝灰岩で製作される石器は加工斧のみである。郡遺跡では未成品・完成品ともに出土している。しかし、静清平野と異なり、暗赤紫色輝緑凝灰岩の加工斧の製作における使用率は低い。片刃石斧19点に対して、暗赤紫色輝緑凝灰岩は7点である。静清平野では約8割を占めていたことに比べると、その数は少ないと言える。

#### b. 黒色頁岩製石器製作系列

黒色頁岩で製作される石器は、扁平片刃石斧と磨製石鏃である。扁平片刃石斧は、剥片素材を用いて剥離Bを行い、研磨調整を施し完成へといたる。磨製石鏃は完成品が1点出土している。しかし、この磨製石鏃の研磨面を観察すると、研磨痕の下に剥離面が確認される。郡遺跡では磨製石鏃の未成品は出土していないが、磨製石鏃と扁平片刃石斧が共通の石材を使用しており、片

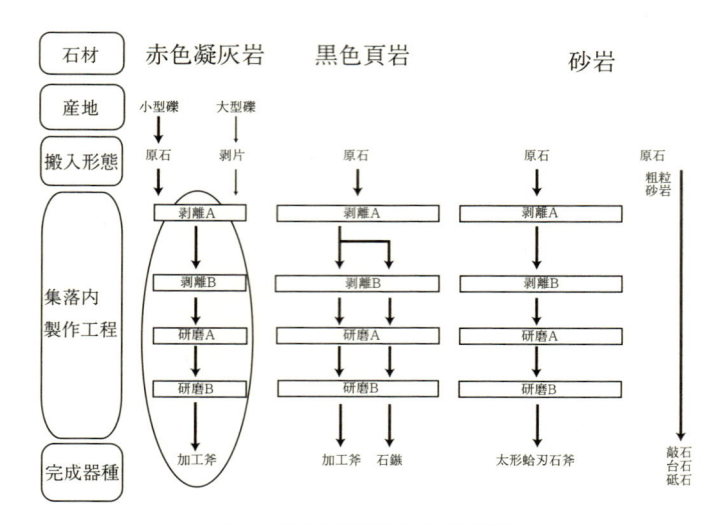

図58 静岡県郡遺跡の石器製作

刃石斧の製作過程における剥片を利用した磨製石鏃の製作が考えられる。

### c. 砂岩製石器製作系列

砂岩で製作される石器は、太形蛤刃石斧と砥石である。しかし、太形蛤刃石斧と砥石では、同じ砂岩でもその岩質に精粗の差があり、製作系列を異にしている。また、静清平野で多く出土した一次剥片を用いた剥片刃器はない。

### d. 郡遺跡の石器製作の特徴

郡遺跡では、静清平野とおなじく暗赤紫色輝緑凝灰岩が用いられるが、使用率は低い。黒色頁岩は扁平片刃石斧の製作に用いられるとともに磨製石鏃の製作も行っており、静清平野の粘板岩の製作状況と類似している。

## （2） 上藪田川の丁遺跡における石器製作

上藪田川の丁遺跡は、志太平野東部葉梨川東岸に位置する。分析対象とする資料は、藤枝市教育委員会所蔵資料である（鈴木1981）。上藪田川の丁遺跡の主な石材は、暗赤紫色輝緑凝灰岩・黒色頁岩・砂岩である（図59）。

### a. 暗赤紫色輝緑凝灰岩製石器製作系列

暗赤紫色輝緑凝灰岩で製作される石器は、扁平片刃石斧である。そのほか、数は少ないものの敲打痕・擦痕が認められる石器もある。暗赤紫色輝緑凝灰岩は、集落に礫と剥片の形で持ち込まれている。剥片素材は長さ13cm以上の大型品であるのに対して、礫素材は比較的小型である。剥片素材は集落への搬入後、剥離調整、研磨調整を経て完成品へといたる。

### b. 黒色頁岩製石器製作系列

黒色頁岩で製作される石器は少なく、扁平片刃石斧と剥片刃器である。集落への搬入形態は暗赤紫色輝緑凝灰岩と類似しており、剥片と小型の礫である。扁平片刃石斧は剥片素材・礫素材をもとに製作され、その製作過程で生じる剥片を用いたと考えられる剥片刃器が出土している。

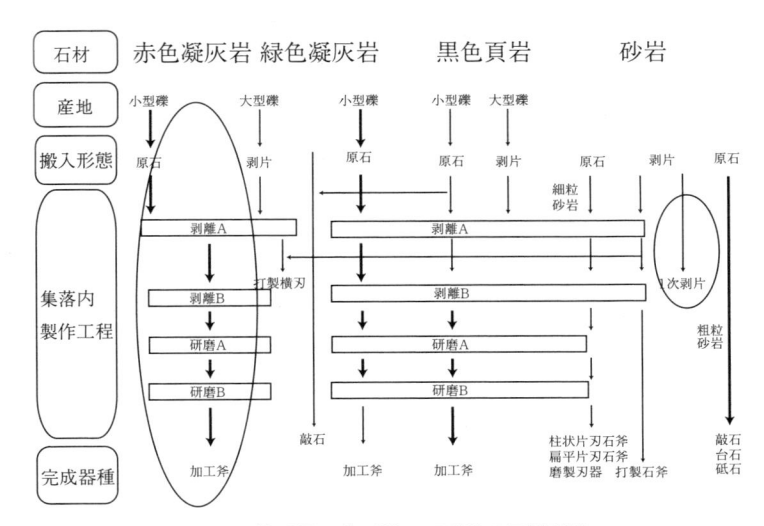

図 59　静岡県上藪田川の丁遺跡の石器製作

### c. 砂岩製石器製作系列

砂岩はその岩質に応じて製作される石器の器種に違いが認められる。細粒砂岩では砥石・磨製刃器が製作され、中粒ないし粗粒砂岩では加工斧・打製刃器・打製石斧が製作される。磨製刃器を例にとると、細粒砂岩は目的とする大きさ・形状に似合う法量の原石を持ち込み、研磨工程を経て完成品へといたる。また、中粒硬質砂岩は扁平な楕円礫が集落へ持ち込まれ、剥離調整を施すことにより打製石斧の完成へといたる。また、この製作過程の剥離Aの際に、片面に礫面を持つ楕円形の剥片刃器も製作される。

### d. 上藪田川の丁遺跡の石器製作の特徴

上藪田川の丁遺跡の石器製作は、暗赤紫色輝緑凝灰岩及び砂岩の石器製作系列、そして、それぞれの石器素材の集落への搬入形態など、用いる岩石に若干の相違は認められるが、静清平野の状況と類似している。

### （3）志太平野における石器製作

志太平野の2遺跡では扁平片刃石斧の製作において、暗赤紫色輝緑凝灰岩が利用されている。しかし、郡遺跡では未成品も含めた片刃石斧19点のうち、暗赤紫色輝緑凝灰岩を用いるものは7点とやや少なく、志太平野全体でも4割と少ない。

上藪田川の丁遺跡では、片面に自然面を持つ砂岩製の一次剥片が出土しており、静清平野の遺跡と類似した様相を呈している。

石器製作系列に関しては、暗赤紫色輝緑凝灰岩が主として片刃石斧のみに用いられる点、そして郡遺跡では、黒色頁岩の扁平片刃石斧を製作する過程で生じた剥片を用いて磨製石鏃を製作している点など、静清平野と共通点が多い。それは、志太平野と静清平野では、石材の選択から消費までの石器製作の情報を共有していたためと考えられる。

### 4　石材獲得地の検討

　静清平野と志太平野の検討から、両平野に展開する集落の石器製作が共通していることが指摘できた。ここでは、遺跡を取り巻く石材環境から石材の獲得地を検討してみたい。

#### （1）　遺跡出土の原石

　有東遺跡・川合遺跡・駿府城内遺跡・瀬名川遺跡の4遺跡で最も多用される暗赤紫色輝緑凝灰岩と砂岩は、それぞれ石材原産地が推定されている。暗赤紫色輝緑凝灰岩は安倍川流域に分布する石材である。砥石に用いられる砂岩は、川合遺跡出土の資料は長尾川流域に、有東遺跡出土資料は谷津山・八幡山の露頭からの採取が想定されている（伊藤1992）。

　川合遺跡では、暗赤紫色輝緑凝灰岩が加工斧の素材として用いられており、その使用率の高さは、静清平野の他の遺跡と比較しても突出している。川合遺跡からは暗赤紫色輝緑凝灰岩の原石が27点出土している。それらは長さ10cm前後のものが多い（表8下段）。また、剥片素材の製作初期段階の資料[5]は、長さ・幅ともに10cm以上の剥片もあるが、法量分布の中心は、やや小型の長さ6cm、幅4.5cm前後である。剥片素材の特徴は、楕円礫ないしは亜角礫の稜部付近が自然面として残る点である。すなわち、母岩の稜部を剥ぎ取るような剥片剥離を行っている。その母岩の法量は遺跡出土の原石ないしはそれ以上の大きさであると想定できる。こうした大きさの礫を、安倍川のどの辺から採取してきたのかみていきたい。

#### （2）　安倍川での石材調査

　現在の安倍川河川敷で採取可能な礫の法量を観察し、獲得地域を推定する。調査は安倍川左岸の河川敷を対象とした。海岸をその始点として、1kmごとに区分けし、各地点を1時間かけて歩き、その間に採取できる暗赤紫色輝緑凝灰岩の数と大きさ（長径）を記録した。法量の長辺をもとに作成したのが表8である。河口付近では採取可能な礫の法量は当然小さく、上流に向かうに従い礫の法量は大きくなる。長さ10cm前後の母岩は、地点2から採取できる。しかしその数は決して多くなく、定量的に採取可能なのは河口から10kmの地点11からである。この地点より上流域を川合遺跡の石器素材採取地として捉えておきたい（図60）。

#### （3）　石材の採取の遺跡差

　静清平野の他の遺跡をみることにしよう。駿府城内遺跡では管見の限り、暗赤紫色輝緑凝灰岩の原石の出土はない。加工斧の他の石材をみても原石および剥離A段階の資料はない。長尾川流域の瀬名川遺跡でも同じ様相である。瀬名川遺跡で出土するのは剥離A以降の未成品である。また、川合遺跡で多数出土した暗赤紫色輝緑凝灰岩を用いる敲打具も出土していない。他の石材の敲打具は1点の玄武岩を除き、すべて砂岩である。つまり、駿府城内遺跡と瀬名川遺跡では暗赤紫色輝緑凝灰岩の母岩を搬入していたとは考えられない。

　川合遺跡では原石が集落へ搬入され、その後集落内で剥片剥離を行う。その過程で石器製作に不適切な岩石は、多面体敲石へと転用されている。同様の敲打具の出土は、同じく原石を持ち込む有東遺跡でも確認される[6]。一方、暗赤紫色輝緑凝灰岩を用いた敲打具が出土していない集落では、他の集落から製作途中の未成品を入手していると考えられる。川合遺跡および有東遺跡の

第3章 関東地方・東海地方東部における石器の生産と流通

表8 静岡県安倍川左岸における暗赤紫色輝緑凝灰岩の法量

| 地点・礫の大きさ(cm) | 1cm | 2cm | 3cm | 4cm | 5cm | 6cm | 7cm | 8cm | 9cm | 10cm | 11cm | 12cm | 13cm | 14cm | 15cm | 16cm | 17cm | 18cm | 19cm | 20cm | 20cm以上 |
|---|---|---|---|---|---|---|---|---|---|---|---|---|---|---|---|---|---|---|---|---|---|
| 1 (海岸) | 0 | 1 | 11 | 23 | 16 | 17 | 10 | 12 | 4 | 2 | 4 | 1 | 1 | 0 | 0 | 1 | 0 | 0 | 0 | 0 | 0 |
| 2 (河口から1km) | 0 | 1 | 6 | 10 | 12 | 12 | 8 | 6 | 3 | 4 | 3 | 1 | 3 | 1 | 1 | 1 | 0 | 0 | 0 | 0 | 0 |
| 3 (河口から2km) | 0 | 0 | 3 | 8 | 10 | 10 | 8 | 11 | 6 | 1 | 3 | 1 | 2 | 2 | 2 | 1 | 0 | 0 | 0 | 0 | 0 |
| 4 (河口から3km) | 0 | 0 | 0 | 0 | 3 | 6 | 9 | 4 | 9 | 6 | 4 | 0 | 1 | 0 | 1 | 1 | 1 | 0 | 0 | 0 | 0 |
| 5 (河口から4km) | 0 | 0 | 3 | 1 | 5 | 3 | 6 | 6 | 5 | 2 | 4 | 1 | 0 | 3 | 0 | 1 | 0 | 0 | 1 | 0 | 0 |
| 6 (河口から5km) | 0 | 0 | 1 | 6 | 7 | 7 | 10 | 8 | 7 | 5 | 7 | 7 | 2 | 3 | 0 | 2 | 1 | 0 | 0 | 0 | 0 |
| 7 (河口から6km) | 0 | 0 | 0 | 1 | 10 | 8 | 10 | 18 | 13 | 1 | 8 | 4 | 3 | 0 | 2 | 1 | 2 | 1 | 0 | 0 | 0 |
| 8 (河口から7km) | 0 | 0 | 0 | 0 | 2 | 9 | 12 | 3 | 9 | 8 | 3 | 3 | 3 | 0 | 3 | 0 | 0 | 0 | 0 | 0 | 1 |
| 9 (河口から8km) | 0 | 0 | 0 | 1 | 0 | 4 | 10 | 5 | 5 | 1 | 4 | 6 | 5 | 2 | 3 | 2 | 0 | 1 | 1 | 1 | 1 |
| 10 (河口から9km) | 0 | 0 | 0 | 0 | 1 | 6 | 7 | 6 | 6 | 5 | 4 | 4 | 2 | 2 | 1 | 1 | 1 | 0 | 1 | 0 | 0 |
| 11 (河口から10km) | 0 | 0 | 0 | 1 | 2 | 3 | 7 | 6 | 8 | 3 | 5 | 1 | 3 | 1 | 0 | 1 | 1 | 0 | 0 | 0 | 0 |
| 川合遺跡出土原石 | 0 | 1 | 1 | 2 | 3 | 2 | 2 | 4 | 5 | 3 | 0 | 2 | 0 | 1 | 0 | 1 | 0 | 0 | 0 | 0 | 0 |

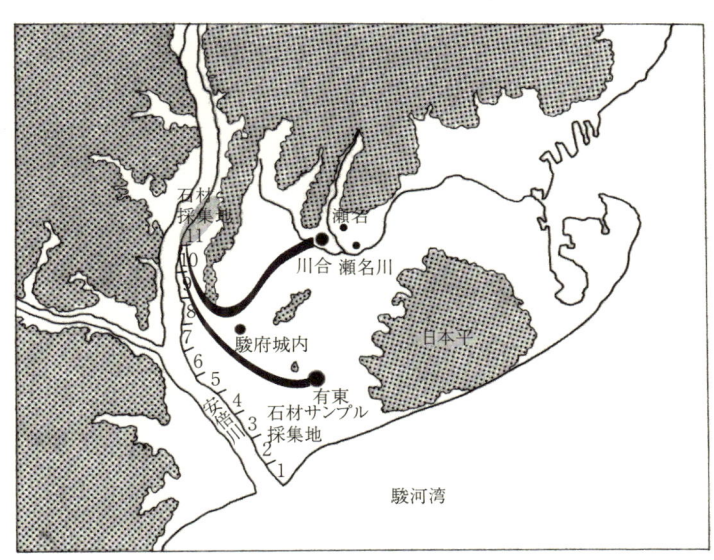

図60 静岡県安倍川の石材採取地と石材環境

周辺集落では製作途上の剥離 A もしくは B 段階で受け入れ、以後自己の集落で加工製作を行うことが想定される。つまり、静清平野の各遺跡で石器製作を行っているものの、その工程には遺跡差が認められる[7]。

志太平野では、大井川・瀬戸川および朝比奈川で暗赤紫色輝緑凝灰岩が採取可能である[8]。しかし、瀬戸川および朝比奈川流域では砂岩が主体であり、暗赤紫色輝緑凝灰岩の分布は安倍川よりも少ない。また、緑色凝灰岩や黒色粘板岩の分布量はさらに少ない。上藪田川の丁遺跡では、暗赤紫色輝緑凝灰岩の使用率が加工斧 18 点中 12 点（67％）、郡遺跡では 19 点中 7 点（37％）と静清平野の遺跡と比べて低いのは、安倍川との石材環境の相違に起因すると考えられる。今回の河川での石材調査では、静清平野で磨製石鏃の製作に用いられる黒色粘板岩が瀬戸川および朝比奈川で採取できなかった。郡遺跡で出土している磨製石鏃は黒色頁岩を用いており、石材環境に適応して「色調」[9]による石材選択が行われていた可能性がある。志太平野や静清平野の状況から、暗赤紫色輝緑凝灰岩の使用比率の差異など、使用石材の各平野における偏差は河川における石材構成の差に起因するものと言える。

## 5　安倍川産凝灰岩製磨製石斧の流通

暗赤紫色輝緑凝灰岩製の磨製石斧は、弥生時代中期後葉に東海地方中部から関東地方南部の遺跡で出土している。管見の限りでは、静清平野・志太平野以外で 21 遺跡から 37 点出土している（巻末付表参照）[10]。石器の多くは、扁平片刃石斧ないしはノミ形石斧であり、そのほかの器種は、抉入柱状片刃石斧 2 点、伐採斧 1 点である。ここでは主に安倍川で石材を採取し、静清平野の遺跡で製作されたと考えられる磨製石斧を安倍川産凝灰岩製磨製石斧と呼ぶことにする。

図 61 には、弥生時代中期後葉における安倍川産凝灰岩製磨製石斧の分布と加工斧全体に占める安倍川産磨製石斧の比率を示した。有東・川合の両遺跡で生産された磨製石斧は、西は静岡県袋井市掛ノ上遺跡から東は千葉県佐倉市大崎台遺跡にいたる地域で出土している。安倍川産の凝灰岩製磨製石斧の主要な分布域は、駿河湾東岸の地域である。静岡県駿東郡清水町矢崎遺跡や同県沼津市雌鹿塚遺跡では、太形蛤刃石斧・柱状片刃石斧・扁平片刃石斧のほとんどが静清平野からの搬入品で占められている。未報告の遺跡ではあるが、静岡県駿東郡函南町寺尾原遺跡や同県伊東市日暮遺跡でも多くの暗赤紫色輝緑凝灰岩製磨製石斧が出土している。こうしたことから、伊豆半島をも含めた地域が磨製石斧を静清平野からの搬入に依存しているといえる。

石器製作地からの距離が離れる神奈川県・東京都・千葉県域の集落では、安倍川産の凝灰岩製磨製石斧が占める比率は減少している。相模湾沿岸では、小田原市国府津三ツ俣遺跡や三浦市赤坂遺跡から中・小型の片刃石斧が出土している。荒川流域では、東京都北区飛鳥山遺跡、板橋区赤塚氷川神社遺跡から扁平片刃石斧が 1 点ずつ出土している。千葉県では養老川流域の城の腰遺跡から抉入柱状片刃石斧と扁平片刃石斧が出土している。関東地方へもたらされた磨製石斧の大きさをみると、大型の加工斧のみならず、本来在地石材で製作可能なサイズである小型の加工斧も流通している。

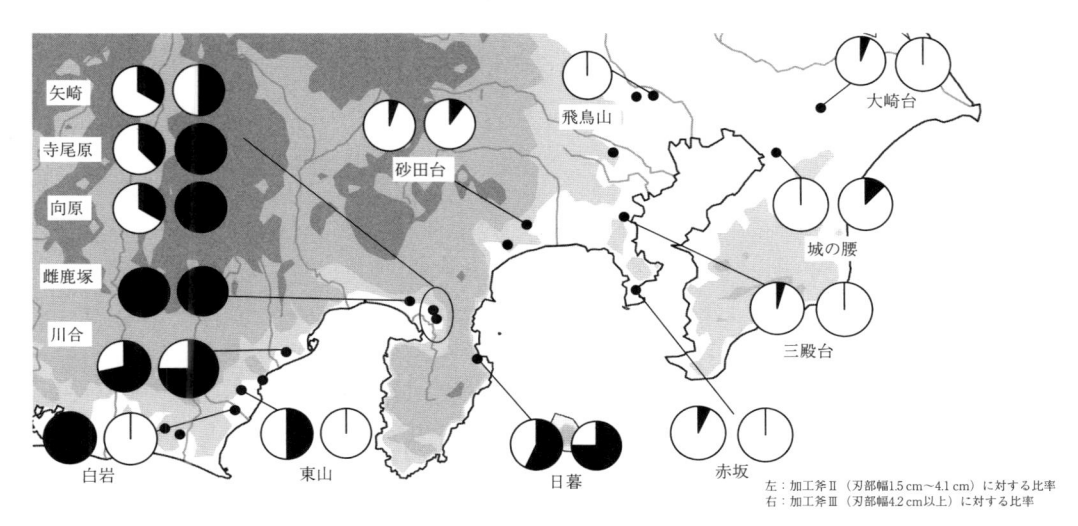

図61 安倍川産凝灰岩製磨製石斧の分布

左：加工斧Ⅱ（刃部幅1.5 cm〜4.1 cm）に対する比率
右：加工斧Ⅲ（刃部幅4.2 cm以上）に対する比率

表9 宮ノ台式土器の細分編年表

| 砂田台遺跡 | 下末吉台地 | 大崎台遺跡 |
|---|---|---|
| Ⅰ期 | Si Ⅰ期<br>Si Ⅱ期<br>Si Ⅲ期 前半 | 1期 |
| Ⅱ期 | Si Ⅲ期 後半 | 2期 |
| Ⅲ期 | Si Ⅳ期 | 3期 |
| Ⅳ期 | Si Ⅴ期 前半 | 4期 |
| Ⅴ期 | Si Ⅴ期 後半 | 5期 |

　関東地方南部での初現は、安藤広道による弥生土器編年（安藤1990）の宮ノ台式土器 Si Ⅲ期（表9）からである。その終焉は、宮ノ台式土器期終末であり、駿河湾沿岸では沼津市雌鹿塚遺跡など後期初頭の時期まで出土することが確認される[11]。

### 6　関東地方南部の消費地遺跡の検討

　ここでは関東地方南部の集落遺跡において、石器製作技術が異なる他地域で製作された石器の搬入と、それによる在地石材を用いた石器の製作技術の変化を検討する。本項では、神奈川県秦野市砂田台遺跡と千葉県佐倉市大崎台遺跡を対象とする。この2つの遺跡について馬場伸一郎は、それぞれ大塚型技法・大崎台型技法として磨製石器の製作技術をまとめている。特に大塚型技法については、静清平野における川合型技法との間に集団相互の交流や集団移動が要因となって、共通の製作技法や折衷的な技法が生じたと考えている（馬場2001：20頁）。

### （1）　砂田台遺跡出土石器の検討

　砂田台遺跡は神奈川県西部の秦野市と平塚市にまたがる台地先端部に位置している。弥生時代中期後葉の竪穴住居址93軒・方形周溝墓・土坑・環濠が検出され、石器も磨製石器・打製石器が大量に出土している（巻頭写真1、宍戸ほか1989・1991）。ここでは、宍戸信悟の土器編年[12]（表

10、宍戸 1992) に基づき出土石器を時期別に分ける (図62)。安倍川産凝灰岩製の石器は、宍戸編年Ⅲ・Ⅳ・Ⅴ期の遺構から出土している。

砂田台遺跡のⅠ・Ⅱ期では、磨製石斧が礫素材を用いているため1原石から1器種の石斧が製作され (同図7～8・13・17)、静清平野で確認されたような石器製作時における他の器種の石器素材として利用は認められない。

Ⅲ期になると、検出される遺構の数が増加するため石器の出土数も増える。安倍川産凝灰岩製の磨製石斧は108号住居から1点出土している (同図19)。しかし、Ⅲ期の石器製作技術は、Ⅰ・Ⅱ期同様に磨製石斧は礫素材を用いた製作技法が主体である (同図24～30)。しかし、静清平野の石器製作技術の影響を表す資料が出土している。1号住居出土の加工礫は剥片素材を用いて研磨Aにいたる未成品 (同図23) である。また、73号住居では、多面体の敲石が出土している (同図20)。この敲石には不定方向からの剥離痕が敲打痕の下に確認され、静清平野の敲石と特徴が共通する。

これら2つの剥離調整を伴う資料、及び1号住居・63号住居出土の1次剥片を用いた剥片刃器 (同図21・22) などの石器類は、静清平野においても確認される石器類であり、そこには、馬場の指摘のとおり、集団相互における交流の様相及びヒトの移動に基づく石器製作技術の伝播を窺うことができる (馬場 2001：20頁)。

しかし、砂田台遺跡において磨製石斧未成品およびその製作具の少なさ、そして磨製石斧の製作に礫素材を多用する点を考慮すれば、搬入した石器にみられる剥片剥離技術は、客体的な存在である。

Ⅳ期もⅢ期と同様に考えられる。158号住居から安倍川産凝灰岩製の柱状片刃石斧 (同図33) が出土し、3号住居 (同図34)・4号住居 (同図35)・74号住居から剥片刃器が出土している。また、51号住居からは剥離調整に伴う剥片 (同図36) が出土している。

しかし、Ⅴ期になるとその様相は変化する。25号住居から安倍川産凝灰岩製の扁平片刃石斧 (同図50) が出土しているが、この石斧以外に、Ⅳ期までみることができた剥片刃器や剥片素材など、静清平野との関連を示す資料は出土していない。

（2） 大崎台遺跡の検討

大崎台遺跡は千葉県佐倉市に位置し、中期後葉の宮ノ台式土器段階の住居址が153軒・方形周溝墓・環濠が検出された。集落址の検出が多い関東地方南部の中でも集落部分が全掘された好例である (柿沼 1985・1986・1987)。

大崎台遺跡出土の宮ノ台式土器の編年については、これまで、多くの論考が発表されている (柿沼 1984・1991、小倉 1993・1996、黒沢 1997・1998、安藤 1996)。ここでは、黒沢浩の房総地域を対象とした弥生土器編年に基づき、出土石器の分析を行いたい (図63)。

大崎台遺跡からは、暗赤紫色輝緑凝灰岩製の加工斧が2点出土している。136号住居址出土の扁平片刃石斧は、住居址内に確認された後世の掘り込みからの出土であり、帰属時期は不明である。164号住居址出土の扁平片刃石斧 (同図14) は、床上からの出土であり住居址に伴っている。

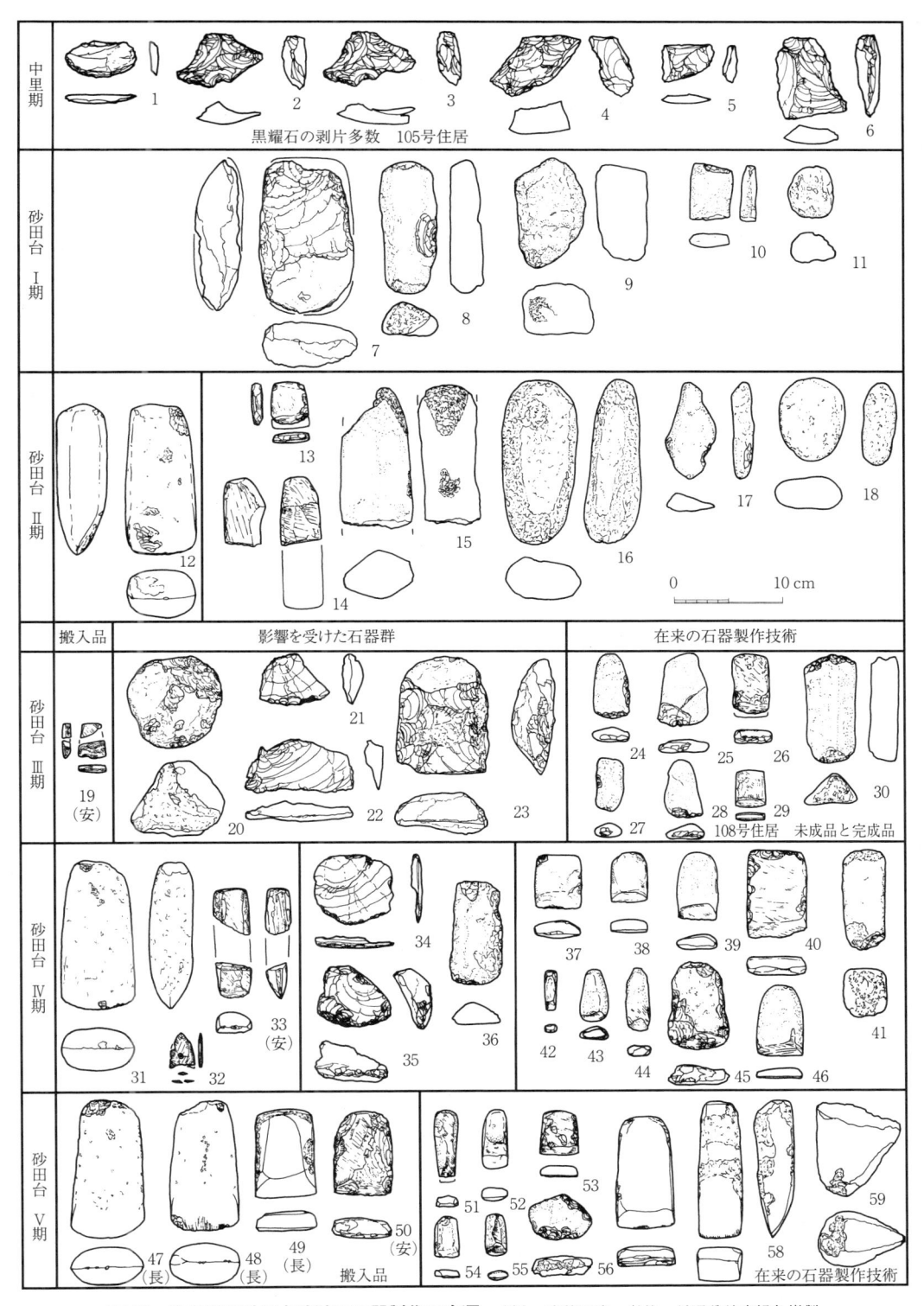

第3章　関東地方・東海地方東部における石器の生産と流通

**図62　神奈川県砂田台遺跡の石器製作の変遷**　（安）＝安倍川産、（長）＝長野盆地産緑色岩製

この竪穴住居址からは出土土器が少なく、住居址同士の切りあい関係から、住居址は集落変遷の3期に帰属する。つまり、3期を境にして大崎台遺跡の石器製作に変化を読みとることができるかに注目する必要がある。

1期では、石器製作具および加工礫は出土していない。

2期では、128号住居から磨製石斧が出土している。小型の扁平片刃石斧が3点である（同図5~7）。1点は長野盆地からの搬入品である緑色岩製（同図5）であり、他の2点は砂岩製である。緑色岩製の磨製石斧は、剥片素材をもとに前後主面・側面を丁寧に研磨する形態である。砂岩製の磨製石斧は、自然礫を用い、刃部を中心として研磨調整が施される。そのほかの石器類（砥石・石皿・磨石）（同図8~12）もすべて礫石器であるために、石器の製作系列を確認できない。163号住居から長楕円形の砂岩の自然礫（同図13）が出土しており、石器製作用の原石である可能性がある。

3期では、石器の器種が増え、石斧・砥石・敲打具等が出土する。184号住居から楕円形の礫に細部調整のための剥離を施した未成品と考えられる資料（同図23）が出土している。しかし、3期に属する石器は礫素材をもとにした石器製作によるため、それ以前の時期と同様に石器製作系列を確認できない。

4期では、石斧未成品はいずれも礫素材をもとにして製作されており（144号住居・209号住居出土）、石器製作系列を示す資料はない。

5期でも石器製作は礫素材をもとにしており、未成品は少なく（431号住居出土の1点）石器製作系列を示す資料はない。

つまり、大崎台遺跡においては3期に静清平野から石斧を入手するものの、在地の石器製作技法に変化がみられず、砂田台遺跡と石器製作の様相が異なる。

## 7 まとめ

静清平野で製作される安倍川産凝灰岩製の磨製石斧を中心に、遺跡の石器製作を検討した結果、次のような地域性がみられる。

**地域1**：静清平野・志太平野。石器製作時における特定石材の選択性・石器製作系列など製作技術情報の共有化がみられる。

**地域2**：静岡県の大井川流域から沼津市や三島市が広がる田方平野。磨製石斧の多くを地域1から搬入している。特定石材の選択性および石器製作系列の共有化はなされていない、もしくはきわめてその影響は薄い。

**地域3**：安倍川産凝灰岩製磨製石斧の分布の西限である静岡県袋井市付近から東京湾西岸地域。同石材製石器の搬入率が極めて低い。

**地域4**：東京湾東岸。石器製作系列の共有化は確認されないものの、安倍川産凝灰岩製の石器が少量搬入される。

地域1から地域4までの関係をまとめると、石器製作の影響は、静清平野からの距離に比例し

第3章　関東地方・東海地方東部における石器の生産と流通

| | 搬入品 | 在来の石器製作技術 |

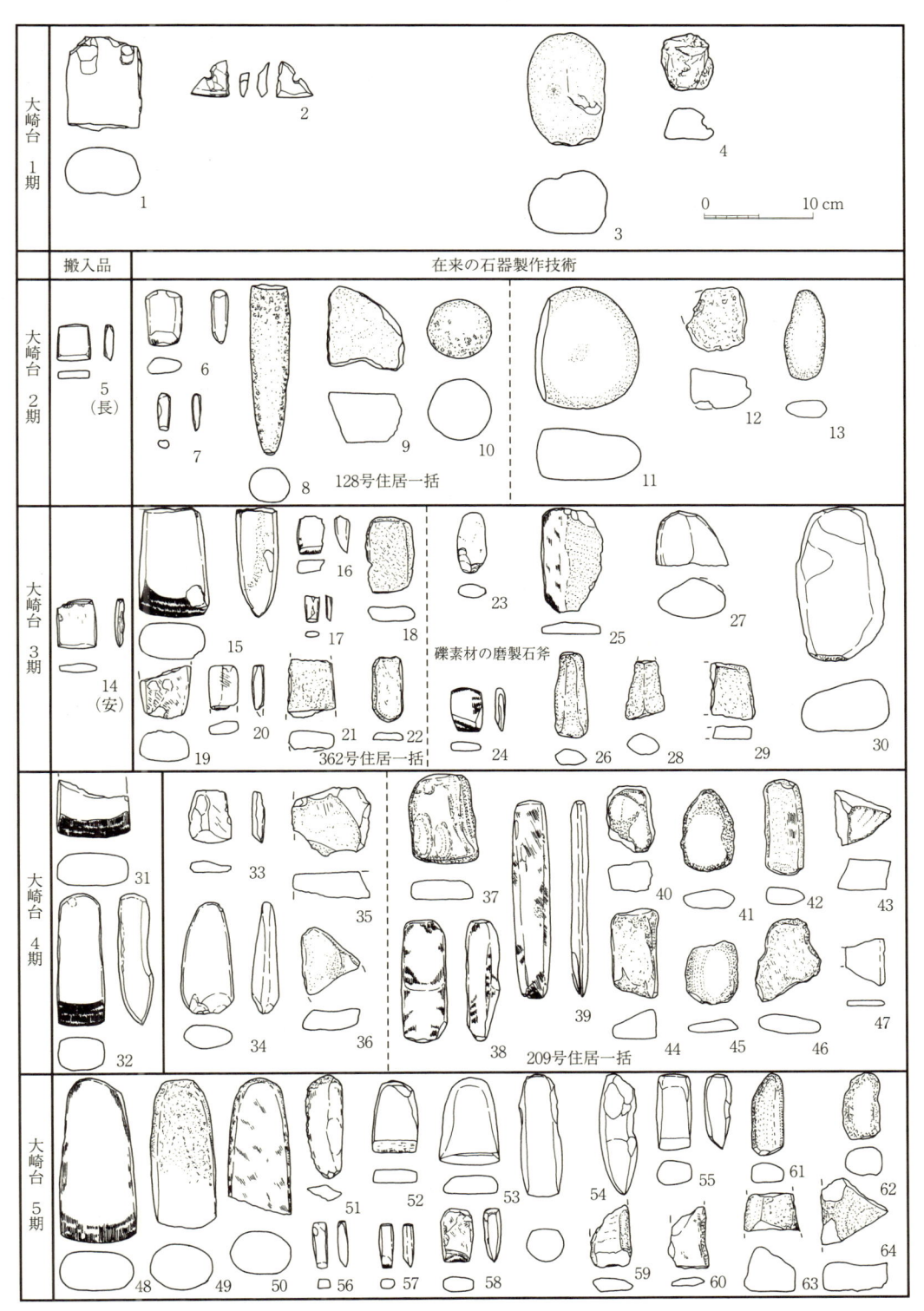

**図63　千葉県大崎台遺跡の石器製作の変遷**　（安）＝安倍川産、（長）＝長野盆地産緑色岩製

て薄くなっている。このことは、石器製作に関する技術・情報の共有の濃淡が地理的距離に応じていることを示している。

本節では磨製石斧を中心にみてきたが、その他の遺物からも磨製石斧の検討で想定された地域間交流の様相をみることができる。地域1を中心に分布する1段構成の横走羽状文をもつ甕形土器（有東式土器）は、地域3、特に関東地方南部にはみられない（伊藤1997：71頁）。石器についても磨製石鏃や磨製石剣は、静清平野を中心として地域3まで分布するものの、地域4においてはその出土例が極めて少ない。

## 第3節 小　結

弥生時代中期における関東地方および東海地方東部の石器流通には、大きく3つの地域性がある。

関東平野北西部では、打製石器を中心に多様な石材構成のもとで石器製作を行い、磨製石斧は長野盆地からの完成品の搬入に依存している。中期中葉の遺跡（池上遺跡・小敷田遺跡）では、太形蛤刃石斧全体に占める緑色岩製磨製石斧の割合は高くないが、中期後葉の北島遺跡および群馬県域では、その大部分が長野盆地からの搬入となり、変化している。また、木製品の製作についても小型の加工斧が中期中葉以降では出土しておらず、木製品の製作が集落内において行われたとは考えにくく、完成品を周辺地域から搬入していたと推定される。

関東地方南部と東海地方東部は、土器型式では宮ノ台式土器・有東式土器であり、両土器の分布圏は墓制や生業形態についてもほぼ変化がみられないと考えられてきた。しかし、石器の生産と流通の点からみると両地域の間には大きな差が認められる。静清平野では大型・小型の磨製石斧を製作しているものの、関東地方南部では小型の磨製石斧のみを製作しており、大型品は周辺地域からの搬入に依存している。

静清平野の安倍川流域には、いくつかの石器の生産遺跡が存在する。川合遺跡や有東遺跡などでは、石器製作に係る石材の情報や石器の製作技術を共有していたことが明らかとなった。しかし、石器の消費地への製作技術的な影響を検討したところ、一部に石器製作者の直接的な移動もしくは石器製作の情報の伝播をみることができるにすぎなかった。

砂田台遺跡では、静清平野から安倍川産凝灰岩製の磨製石斧が搬入された時期に、剥片剥離技術を施す石器製作が行われた。つまり、剥片素材で製作された石器を搬入すると同時に、剥片素材の利用が砂田台遺跡で開始されたのである。こうした石器製作技術の変化の背景には、安倍川流域で石器製作を行っていたヒトの移動など、技術の伝播が考えられる。

一方、千葉県佐倉市大崎台遺跡では、在地での石器製作に安倍川流域からの石器製作技術の影響は確認されない。つまり、大崎台遺跡への安倍川産磨製石斧の搬入にあたっては、石器製作を行っていたヒトの移動というよりは、交易品等の「モノ」として石器がもたらされたと考えることができる。東京湾東岸地域の弥生時代中期の集落では、磨製石斧の未成品の出土例は極めて少

ない。特に千葉県域では、石斧素材として相応しい石材が産出しないため、神奈川県域などからの磨製石斧の供給を考えざるを得ない（石川1994：21頁）。例えば、東京湾東岸の沿岸域の集落から出土する硬砂岩製の抉入柱状片刃石斧は、石斧の型式学的特徴から三浦半島の遺跡から出土する石斧と類似しており、両地域間での石斧の供給・受給が想定される。

　関東地方南部では、長野盆地産の緑色岩製の磨製石斧が大量に出土している。石器の器種は、太形蛤刃石斧と扁平片刃石斧が中心である。そのほか、同じ石材製の抉入柱状片刃石斧や環状石斧も出土している（図84参照）。関東地方南部では、小型の磨製石斧は在地において製作し、大型の磨製石斧を主に長野盆地など周辺地域から搬入していた。また、関東地方のみでしか確認されない緑色岩製の抉入柱状片刃石斧や環状石斧の出土は、石器生産地である長野盆地と消費地である関東地方南部の関係を示していると考えられる。未だ検討の余地はあるものの、いわば関東地方からの受注により製作され、流通した可能性さえ考えられる。

　信州地方と関東地方との交流では、信州地方からは緑色岩製磨製石斧や黒曜石がもたらされている。しかし、磨製石斧はすべて完成品のみである。黒曜石も信州地方で製作される両面加工で横断面が菱形になる凹基形や有茎の打製石鏃などを製作する技術は、関東地方南部には弥生時代中期に確認されない。つまり、石器やその素材が流通するものの、石器製作技術の交流は信州地方と関東地方南部との間にはみることができない。この点が東海地方との交流の様相と大きく異なる点である。

　最後、3つ目の地域は、第2章で検討を行った茨城県域である。この地域では、小型の磨製石斧を在地石材を用いて製作し、太形蛤刃石斧を福島県いわき地域から搬入している。茨城県域では、弥生時代中期中葉から大陸系磨製石器が出現し、その時期からいわき地域産の閃緑岩製磨製石斧が搬入されている。

　関東地方は、大陸系磨製石斧が伝播する中期中葉に石器の製作が大きく変わる。中期中葉以前では、石斧等が器種分化していなかったことにも起因するが、集落内での自家生産が中心であった。しかし、中期中葉以後、集落内では小型の磨製石斧のみを製作して、太形蛤刃石斧や大型の片刃石斧は静清平野や長野盆地・いわき地域等の周辺地域からの搬入に依存する。こうした関東地方一円に広がる石器の流通体系の変化は、生業が大きく転換する過程で集落群が有機的に結合し、地域内では賄いきれない不足分を周辺地域に求める依存性の強い社会へと変化したためと推定される。

## 註

1) 筆者が報告書および石器を実見した結果から、次に述べる3種類の石器については、石材を再分類している。「礫加工具」は主に敲石と磨石である。石器の機能は異なるが、同じ個体でその部位により使い分けているものがあり、個体数カウントの混乱を避けるためにまとめた。「打製加工具」は、報告書の分類では「有肩扇状石器」・「剥片刃器」とされている。『農耕開始期の石器組成』の分類では、「有肩扇状石器」は土掘具に分類され、「剥片刃器」は「加工具」に分類されている。北島遺跡の場合、

「有肩扇状石器」の法量は土掘具としては小さく、また明らかな摩耗などの使用痕も観察できないため、両者を打製刃器としてまとめた。「赤色付着石器」は、敲石や磨石・台石の一部に赤色顔料が付着している石器である。石器の形態は「礫加工具」と変わらないものの、石器の加工対象物が異なるため別にカウントした。

2 ) 長野盆地で製作される磨製石斧は、榎田型磨製石斧と称されている（馬場2001）。しかし、その後、各地の石斧を検討するなかで、馬場は、2004年の論文で長野県松本市境窪遺跡出土の緑色凝灰岩製の磨製石斧を例にとり、成形技法・調整技法・法量の点から榎田型磨製石斧に含めた理解を行った（馬場2004）。馬場2001の論文では、その石材が「閃緑岩」と称さることが多かった緑色岩に限定されていた。しかし、2004年の論文では、他の石材製もふくめて型式学的な点から榎田型磨製石斧として境窪遺跡の資料を論じた。たしかに、長野盆地の磨製石斧生産遺跡の1つに数えられる松原遺跡においても「閃緑岩」以外の岩石を用いた伐採斧も製作されている。しかし、その量は伐採斧全体に占める割合で6.1%と極めて少ない。つまり、残りの93.9%を占める「閃緑岩」製磨製石斧が、この地域の主要な磨製石斧であり、その分布を知ることこそが、長野盆地と周辺地域の交流を知るうえで重要な手がかりとなる。

　　筆者は、石川県小松市八日市地方遺跡や静岡県浜松市角江遺跡の資料見学を行った際に、長野盆地と同様の形態的特徴を有する在地石材製の石斧を観察した。在地石材製の磨製石斧全体のなかで、長野盆地と共通する製作技術の施工例が少ない現状では、搬入品として持ち込まれた石斧を模倣したものと解釈した。こうした搬入品の模倣は、土器にはよくみられる現象である。そこで、ここでは長野盆地の製作技法を施した石材を緑色岩に限定して検討を行うこととしたい。やや些末な問題点かもしれないが、対象とする資料を限定しておく必要がある。

3 ) 馬場伸一郎は緑色岩製磨製石斧の型式学的特徴を端的に記している（馬場2001）。筆者も石材の判別とともに型式学的な基準に従い、検討した結果、長野盆地で製作された緑色岩製磨製石斧であると判断した。馬場伸一郎が指摘する型式学的特徴は以下の通りである。

　　太形蛤刃石斧：①基部から刃部にわたる敲打調整と丁寧な研磨調整の施工。②平面形は基部から刃部にかけて幅広になる。③横断面形はつぶれた楕円形。④刃部両側面に研磨調整で面取りが行われる（絶対条件ではない）。⑤頭部が敲打もしくは研磨調整により平坦に整形される（絶対条件ではない）。⑥長さ：17.0cm～21.0cm、幅：5.5cm～7.0cm、厚み：3.0cm～4.5cm

　　扁平片刃石斧：①主面・側面・刃面の全体が丁寧に研磨調整。②各面の面取り調整が明瞭で、稜線がつく。

4 ) 石斧未成品は、朝霞市向山遺跡や富士見市南通遺跡から出土している。向山遺跡の資料は未報告であるが、実見し未成品であることを確認した。南通遺跡出土資料は加藤1998に報告されている。

5 ) 川合遺跡の報告書のなかで、剥片加工AⅡ段階の資料を指している。

6 ) 有東遺跡では、黒色頁岩の多面体敲石が出土している。

7 ) 静清平野の各集落では、未成品の有無に遺跡差があることは、川合遺跡の報告に際し指摘されている。

8 ) 上藪田川の丁遺跡が面する葉梨川では、現在護岸工事がなされており、確認できなかった。

9 ) 石材の色調も石材採取時の重要な情報であると考えられる。

10) 杉山（2001）をもとにし、神奈川県川崎市長尾台北遺跡・東京都板橋区赤塚氷川神社遺跡の出土例を追加した数である。

11) 宮ノ台式土器の終末にあたっては、相模地域では後続する後期初頭の土器の出土が少なく、不明な点

が多い。一部、後期初頭まで宮ノ台式土器が残るとする指摘もある。本来ならば、土器型式について整合性を持たせなければならないが、紙幅の関係から、本論では、宮ノ台式土器型式は中期後葉の土器型式として捉えておきたい。

12) 宍戸の編年観と同地域を同じく対象とした安藤広道・黒沢浩の編年とには、結果としてあまり大きな違いがないことから、ここでは、宍戸の編年を用いる。

# 第4章　中部地方における石器の生産と流通

　本章では北陸地方と信州地方の分析を行う。北陸地方については、縄文系石器ならびに大陸系磨製石器の流通について分析する。信州地方については、これまで各章で指摘してきた緑色岩製の磨製石斧の分布および出土率の推移を検討し、緑色岩製磨製石斧の流通の意義を明らかにしたい。

## 第1節　北陸地方の石器の生産と流通

　本節では、便宜上現在の行政区分に従い福井県から新潟県を対象とし（図64）、玉類を除いた石器の流通について分析し、北陸地方に内在する石器の流通構造の質的転換について考察する。石器の帰属時期は主に共伴する弥生土器の編年（表10）に基づき進めていく。

### 1　北陸地方における弥生時代の石器研究史

　北陸地方の弥生時代の石器研究では、管玉や勾玉などの玉の研究に重点が置かれ、その製作技法や完成品の流通が対象となってきた。一方で、玉製品以外の石器についての総括的な研究事例はほとんどなく、新潟県と富山県の境にある親不知海岸付近を境にして、石器組成に東西の地域差がみられるとの指摘がされるにすぎなかった（橋本1966：149頁）。その後1990年代になって下記のような総括的な研究が行われたものの、それらの研究において共通したものは、出土資料の僅少さによる分析の限界であった。

　『弥生時代の石器』や『考古学ジャーナル』の「大陸系磨製石器研究の現状」をみると、石川県域および北陸地方を執筆した安英樹が、少ない資料を駆使しているのがよく分かる（安1992・1995）。この論考で安は、北陸地方の石器は大陸系磨製石器と縄文時代以来の石器から構成されており、弥生時代中期前葉に大陸系磨製石器が定着し、後期後半に急激に減少するとまとめた。『農耕開始期の石器組成』では各県単位で石器組成の総括が行われているが、北陸地方では石器組成の傾向が共通している。それは、縄文時代後・晩期から土掘具と横刃石器が出現し、弥生時代中期には、大陸系磨製石器の石斧類が多く出土することである。そして後期では、鉄器化が進むために石器の出土数が激減するという傾向である（歴博1997）。近年、新潟県下の石器組成をまとめた立木宏明は、石器の器種ごとに消長を検討し、弥生時代後期後半に鉄器化が進むまで、石器組成は縄文晩期から変化しないとまとめている（立木2001：123頁）。

　石器の器種に関しては、石川考古学研究会による2度にわたる集成・補遺集（石川考古学研究会1999・2001）および久田正弘により研究が進められた（久田2002）。

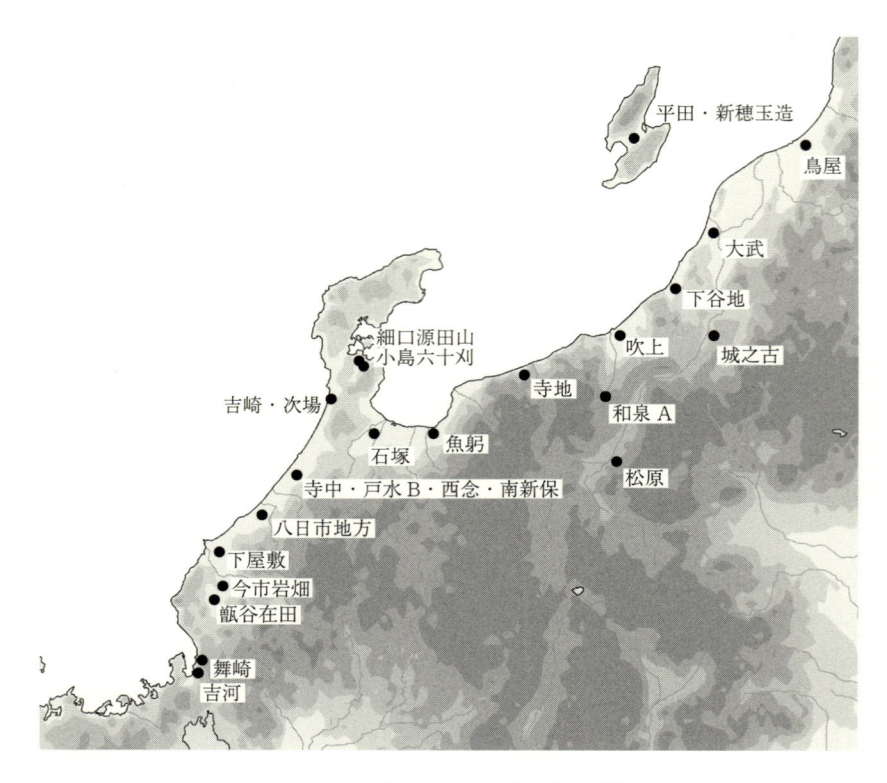

図64　北陸地方の弥生時代の主要遺跡

表10　北陸地方の弥生時代前期・中期の土器編年

| 福井 | 石川 |  | 福井 | 石川 | 本文の呼称 |
|---|---|---|---|---|---|
|  | Ⅰ-1 | 小島六十刈 |  | 和泉A | 弥生時代前期 |
|  | Ⅰ-2 | 八田中 |  |  |  |
| 甑谷在田 | Ⅱ-1 | 吉崎次場N-2 | 石塚1期 |  | 弥生時代中期前葉 |
| 今市岩畑・下屋敷 | Ⅱ-2 | 矢木ジワリ |  |  |  |
|  | Ⅲ-1 | 寺中 | 石塚2期 |  | 弥生時代中期中葉 |
|  | Ⅲ-2 | 吉崎次場Ⅰ-4溝 | 石塚3期 | 下谷地 |  |
|  | Ⅳ-1 | 磯部 | 石塚4期 | 平田（県） | 弥生時代中期後葉 |
|  | Ⅳ-2 | 専光寺裏 | 石塚5期 |  |  |
|  | Ⅳ-3 | 戸水B |  |  | 弥生時代中期末葉 |
|  | （河合1996） |  | （山口ほか2001） |  |  |

　石器の流通論については、松尾実による磨製石庖丁に関する研究（松尾2004）や久田による北陸地方出土の緑色岩製磨製石斧の集成（久田2004）が行われているが、流通形態の解釈や在地製石器との比較が不十分であり、依然として詳細な検討を要する段階にある。

## 2　北陸地方の石器の概要

### （1）石器の器種と型式

　伐採斧には、前期から中期初頭に多くみられる縦・横ともに断面形がつぶれた楕円形でやや薄

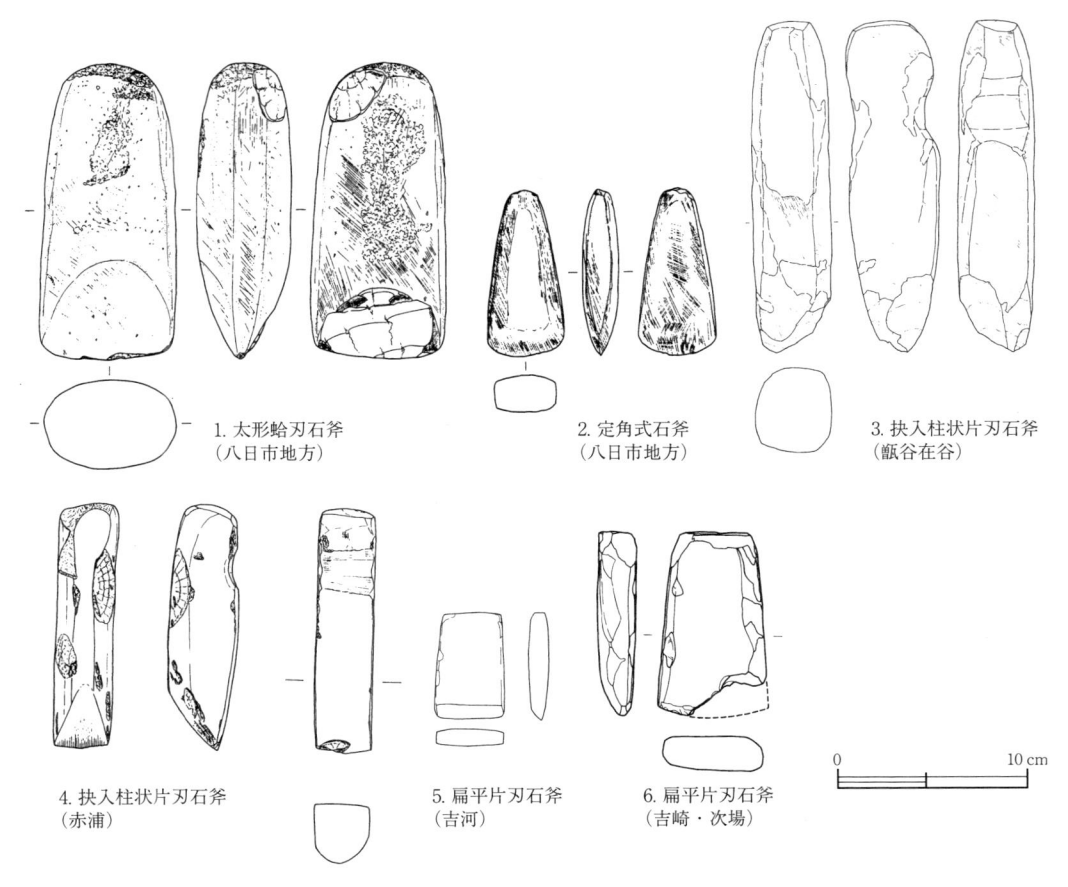

図65 北陸地方の磨製石斧

1. 太形蛤刃石斧（八日市地方）
2. 定角式石斧（八日市地方）
3. 抉入柱状片刃石斧（甑谷在谷）
4. 抉入柱状片刃石斧（赤浦）
5. 扁平片刃石斧（吉河）
6. 扁平片刃石斧（吉崎・次場）

身の石斧と、中期以降に多く出土する横断面形が楕円形のいわゆる太形蛤刃石斧がある（図65-1）。また、刃部から基部にいたるまで側面部に面取りの研磨調整が施される定角式石斧も出土している（同図2）。石材では在地産石材とともに長野盆地産の緑色岩や北陸地方特有の蛇紋岩が用いられる。

　柱状片刃石斧は出土数が少ないが、型式としては抉入が主流である。柱状片刃石斧は中期初頭から出土し、後期に確実に伴う出土例はない。福井県福井市甑谷在谷遺跡では、下條信行による柱状片刃石斧の型式分類（下條1997）のC型式が中期前葉の土器とともに出土している（同図3）。表採資料ではあるが、石川県鳳珠郡穴水町沖波遺跡でも同型式の石斧が確認されている（長谷1969）。そのほかは横断面形が「かまぼこ形」を呈するD型式が多く、特に中期後葉ではD型式が一般的となる。但し、D型式も中期前葉の石川県加賀市柴山出村遺跡や同県七尾市赤浦遺跡（同図4）から出土しており、C型式からD型式へと型式変化したのではなく、はじめから各型式の柱状片刃石斧が併存していたと考えられる。出土分布は福井県から石川県にかけて多く、東に向かって少なくなり、新潟県新潟市字稲島馬渡遺跡での採集例が日本海側での分布の北限である

(新潟県 1983)。

　扁平片刃石斧は、刃部幅の法量を基準に分類すると、「2cm～4cm」の小型、「4cm～6cm」の中型、「6cm 以上」の大型のおよそ 3 種類に分けることができる。扁平片刃石斧は中期前葉から器種組成に加わり、中期中葉・中期後葉に出土数のピークを迎え、弥生時代後期に伴うものは少ない。扁平片刃石斧の形態は敦賀地域とそれ以東では差があり、主面と側面との研磨調整の施工度の違いがある。福井県敦賀市吉河遺跡の扁平片刃石斧は、主面・側面が丁寧に平坦に研磨された、下條分類（下條 1996）の H1 段階の資料（同図 5）が多くを占めているのに対し、以東の地域では研磨調整がやや粗雑になる H2 段階の資料（同図 6）が主流であり、東の地域ほど石斧の形態は変容している。

　ノミ形石斧は、全長をもとに 2 つに分類できる。1 つは 4cm 以下の長さの短い形態であり、もう 1 つは、4cm 以上の長い形態である。

## （2）　石器の組成

　表 11 には、北陸地方における弥生時代中期の主な遺跡の石斧組成を示した。磨製石斧の組成は、伐採斧が突出して多い傾向があり、次に扁平片刃石斧・ノミ形石斧・柱状片刃石斧となる。特に表内の◎印の遺跡では伐採斧の生産を行っているために他の集落よりも出土数が多く、伐採斧が組成の多数を占めている。また、これらの石斧を製作している遺跡では、石斧の破損率が高い特徴がある。福井県坂井市下屋敷遺跡では完形資料がなく（破損率 100％、出土伐採斧 40 点）、石川県小松市八日市地方遺跡では完形資料が 7 点（破損率 95.9％、出土伐採斧 172 点）、同県羽咋市吉崎・次場遺跡では、石斧の全体形が窺える資料は 1 点（破損率 99.9％、出土伐採斧 80 点）のみである。つまり、これらの石斧の生産遺跡では、特に破損率が高い伐採斧が製作されているため、その数が組成の数値に反映されていることに注意しておく必要がある。

　この石器組成を木製斧柄の組成から検討する。北陸地方において特に、大型集落と考えられる八日市地方遺跡の柄の分析を通じて石斧の大量製作の意味、つまり、集落内での消費を目的としたのか、もしくは集落外への搬出を目的としたのかについて検討する。図 66 には、八日市地方遺跡の木製斧柄の組成を示した。加工斧柄（膝柄）と伐採斧柄（直柄）との比率では、若干だが伐採斧柄が多い。但し、袋状鉄斧柄を差し引くと伐採斧柄は加工斧柄よりも少なく、表 11 の出土石器数でみるほどの組成差がないことが分かる。つまり、これは伐採斧の身の破損が木製柄の破損よりも頻繁に起きたため、繰り返し石斧身が製作され、同じ木製柄に付け替えられたために、石斧でみたほどの組成差がないのである。

　また、各遺跡出土の完成品および刃部部分が残る破片資料を対象として、ルーペによる使用痕観察を行った。その結果、刃部に対して直交方向に伸びる線状痕を確認できた石斧は、八日市地方遺跡で 38 点（64.4％、59 点中）[1]、吉崎・次場遺跡で 9 点（60％、15 点中）であり、ともに 6 割を超える高い頻度である。使用痕が残る石器の多いことは、集落内での消費率が高かったことを表している。これまでの石器研究でしばしばみられた「磨製石斧の大量製作」＝「他集落への搬出を目的とした石器製作」という図式ではなく、これらの遺跡では、磨製石斧の大量生産の目的が

表11　北陸地方における弥生時代の磨製石斧の組成

| 石器製作遺跡 | 遺跡 | 時期 | 伐採 | 柱状 | 扁平 | ノミ形 | 計 |
|---|---|---|---|---|---|---|---|
|  | 今市岩畑 | 中期前葉 | 4 | 0 | 1 | 3 | 8 |
| ◎ | 下屋敷 | 中期中葉 | 40 | 0 | 3 | 0 | 43 |
|  | 吉河 | 中期前葉−後期 | 89 | 6 | 16 | 4 | 115 |
| ◎ | 吉崎・次場 | 中期前葉−後期 | 80 | 1 | 13 | 0 | 94 |
|  | 平田 | 中期後葉 | 14 | 0 | 15 | 4 | 33 |
| ◎ | 八日市地方 | 中期前葉−後葉 | 172 | 9 | 16 | 6 | 203 |
| ◎ | 石塚 | 中期前葉−後葉 | 4 | 0 | 4 | 0 | 8 |

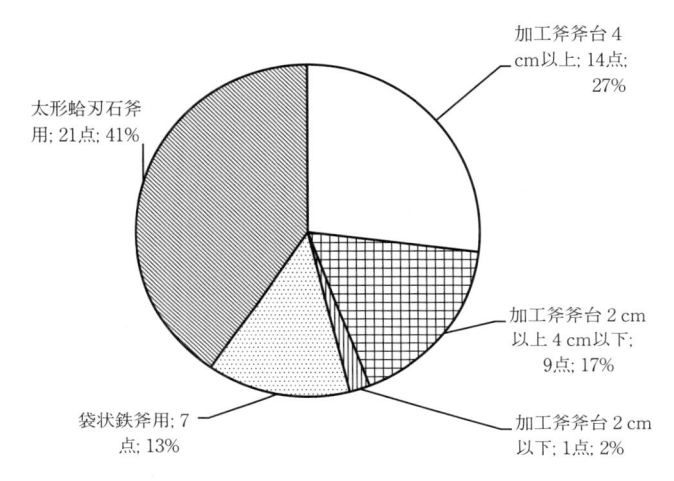

図66　石川県八日市地方遺跡出土の木製斧柄組成

（太形蛤刃石斧用：21点；41％／加工斧斧台4cm以上：14点；27％／加工斧斧台2cm以上4cm以下：9点；17％／加工斧斧台2cm以下：1点；2％／袋状鉄斧用：7点；13％）

主に集落内での自家消費のためと評価できる。両遺跡とも集落の面積が10万m²を超え、周辺集落に比べて格別に大きくそれに伴う木材も大量に必要であり、大量の木材加工具が必要であったと考えられる。

　なお、八日市地方遺跡では、鉄器は出土していないが、袋状鉄斧の柄が出土しており、弥生時代中期の北陸における鉄器の流通が想定される。時期を限定できる鉄斧用木製柄は、中期中葉が2点、中期前葉から中期後葉が1点、中期後葉が1点である。

### 3　北陸地方における石器製作の様相

　ここでは、北陸地方の主要な遺跡である八日市地方遺跡、吉崎・次場遺跡、下屋敷遺跡、石塚遺跡の石器の製作工程について検討する。

#### （1）八日市地方遺跡の検討

　石川県小松市八日市地方遺跡は中期前葉から中期後葉にいたる大型集落である（福海ほか2003、浜崎2004）。図67には各石材の石器製作[2]を示した。

　a．デイサイトb・硬砂岩製石器製作系列

　デイサイトb・硬砂岩製で製作される石器は、伐採斧（太形蛤刃石斧）と礫石器である。礫素材

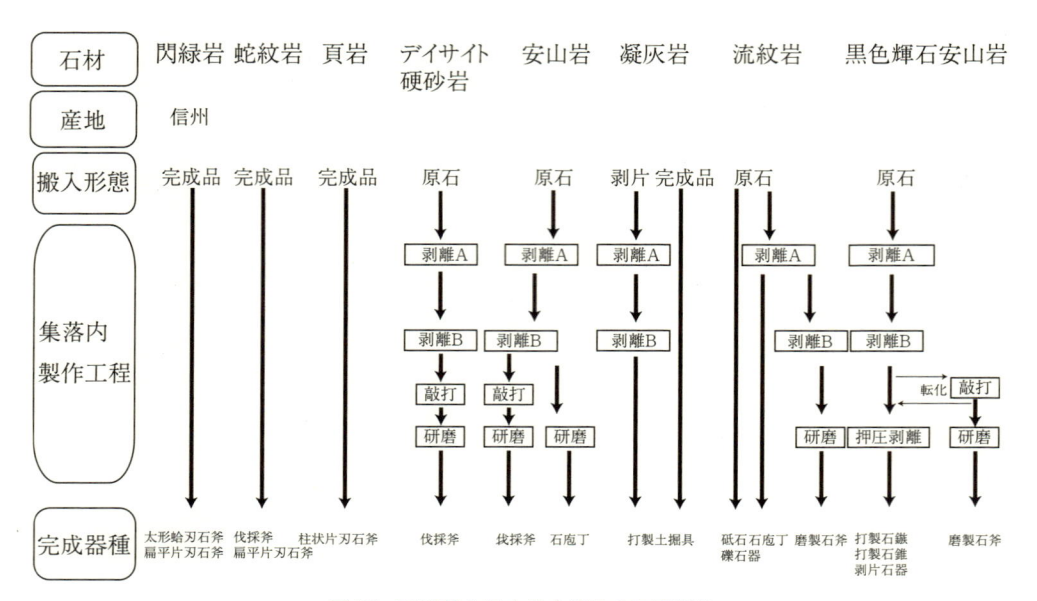

図67 石川県八日市地方遺跡の石器製作

が集落に搬入され、剥離調整、敲打調整、研磨調整が施され完成品となる。遺跡からは剥離段階・敲打段階の未成品が出土しており、集落内で石斧製作が行われていた。

伐採斧は研磨調整の段階で施工に差異が認められる。デイサイトb製は、主に刃部付近のみが研磨され、胴部から基部には敲打痕が残る特徴がある。一方、砂岩製は、刃部面から基部にいたるまで全面に比較的丁寧な研磨調整が施される特徴がある。

　b. 安山岩製石器製作系列

　安山岩で製作される石器は、主に伐採斧（太形蛤刃石斧・乳棒状石斧・定角式石斧）と収穫具と打製土掘具である。伐採斧は礫素材が持ち込まれ、剥離調整、敲打調整、研磨調整を行い完成へといたる。また、安山岩製の伐採斧は、硬砂岩製と同じく刃部面から基部まで丁寧に研磨される特徴がある（図68-7）。そのほか、刃部磨製の収穫具も安山岩で製作されるが、磨製石斧とは異なる種類の安山岩が用いられている。安山岩製の打製土掘具は大型礫の自然面を片主面に残し、剥離調整して製作されている。

　c. 凝灰岩製石器製作系列

　ここで述べる凝灰岩は、管玉の製作に用いられる緑色凝灰岩以外の凝灰岩である。凝灰岩で製作される石器は、主に打製土掘具である。安山岩製と同じく大型礫の表面を背面に残す一次剥片を用いている（同図16）。集落内では原石に相当する大きさの礫が出土しないため（宮田2003）、河川など石材獲得地での製作もしくは剥片素材の製作、集落への搬入そして細部加工の製作が考えられる。

　d. 流紋岩製石器製作系列

　流紋岩で製作される石器は、石庖丁などの収穫具である。層状節理が発達する流紋岩bは、

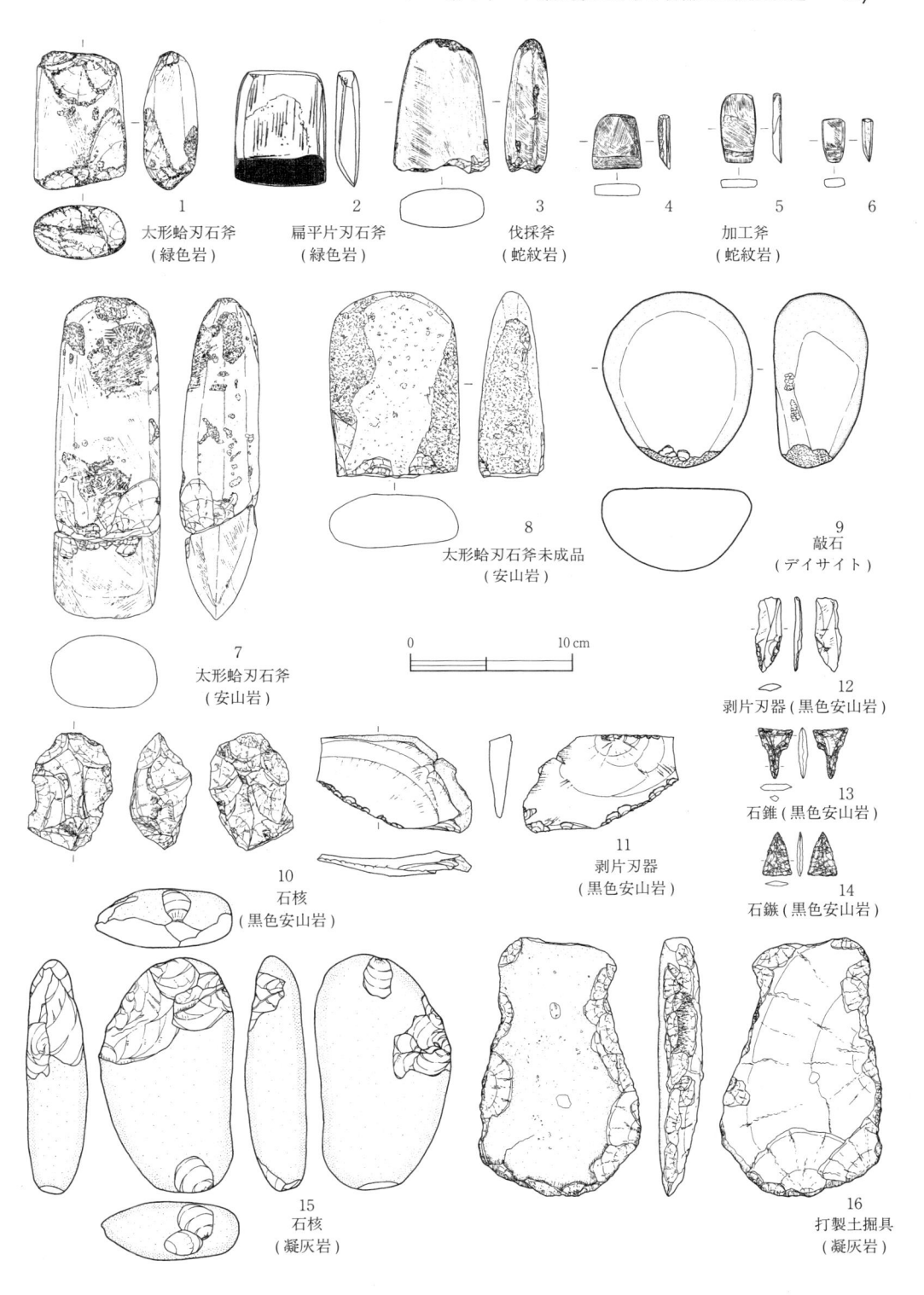

第 4 章　中部地方における石器の生産と流通

1　太形蛤刃石斧（緑色岩）
2　扁平片刃石斧（緑色岩）
3　伐採斧（蛇紋岩）
4・5・6　加工斧（蛇紋岩）
7　太形蛤刃石斧（安山岩）
8　太形蛤刃石斧未成品（安山岩）
9　敲石（デイサイト）
10　石核（黒色安山岩）
11　剥片刃器（黒色安山岩）
12　剥片刃器（黒色安山岩）
13　石錐（黒色安山岩）
14　石鏃（黒色安山岩）
15　石核（凝灰岩）
16　打製土掘具（凝灰岩）

図68　石川県八日市地方遺跡出土の石器

厚さの均一な薄い素材を得ることができるため、薄身の石器を製作するのに適している。収穫具以外では、例は少ないが磨製石斧の製作にも用いられる。

### e. 黒色輝石安山岩製石器製作系列

　黒色輝石安山岩で製作される石器は、石鏃や石錐などの小型の打製石器である（同図10～14）。黒色輝石安山岩の産地は北陸地方では能登地方と奥越地方で確認されている。遺跡内からは自然面が残る原石が出土しており、原石もしくは粗割した剥片の状態で集落へ搬入され、石器製作が行われたと考えられる。打製石器以外には、この石材を用いた磨製石斧（太形蛤刃石斧・扁平片刃石斧）も出土している。しかし、黒色輝石安山岩以外の石材を用いた磨製石斧の未成品が大量に出土しているにも関わらず、黒色輝石安山岩を用いた石斧未成品は出土していない。この石材が小型の打製石器の製作に最も多く使用される石材であるため、石斧製作時の失敗品はそのまま打製石器の素材へと転用されたためと考えられる。

### f. 八日市地方遺跡の石器製作の特徴

　八日市地方遺跡では、弥生時代中期前葉から石器の製作が始まり、中期中葉から後葉に石器製作活動の最盛期を迎えている。近郊を流れる手取川で採取可能なデイサイトbや安山岩など在地石材の活用が顕著である一方で、縄文時代以来の小型の打製石器には遠隔地から黒色輝石安山岩が持ち込まれている。

　八日市地方遺跡では37点の伐採斧の未成品（太形蛤刃石斧36点、定角石斧1点）、1点の扁平片刃石斧の未成品が出土している。器種による未成品の出土量の偏りをみると、伐採斧を集落内で製作し、加工斧は他地域からの搬入が想定される。完成品を搬入する石器には、緑色岩製の磨製石斧（同図1～2）と蛇紋岩製の磨製石斧（同図3～6）がある。また、頁岩製の抉入柱状片刃石斧も未成品がないため完成品の搬入である可能性が高い。

### （2） 吉崎・次場遺跡の石器製作

　石川県羽咋市吉崎・次場遺跡は弥生時代中期前葉から後期の集落であり、立地も弥生時代の集落が点在する邑知潟の西側先端部に位置する（福島1987・1988、宮下1998、今井1999、牧山2000）。図69には吉崎・次場遺跡の石器製作を示した。吉崎・次場遺跡も八日市地方遺跡同様に、出土する石器が質量ともに北陸地方の弥生時代の集落のなかでは突出している（図70）。

　信州地方産の緑色岩製の磨製石斧は完成品が搬入されている（図70-1～3）。ここでは在地石材の3つの石材について、その石器製作の工程を検討する。

### a. 変朽安山岩製石器製作系列

　変朽安山岩で製作される石器は、伐採斧である。集落に石斧の形状に近い棒状の原石が持ち込まれ、集落内で剥離調整、敲打調整、研磨調整が行われている（同図4～6）。

### b. 角閃石安山岩製石器製作系列

　角閃石安山岩で製作される石器は、礫石器、収穫具、環状石斧である。集落に原石が持ち込まれ、そのまま礫石器として使用される場合と、剥離調整の後に刃部のみを研磨調整し、収穫具とする場合がある。

図69 石川県吉崎・次場遺跡の石器製作

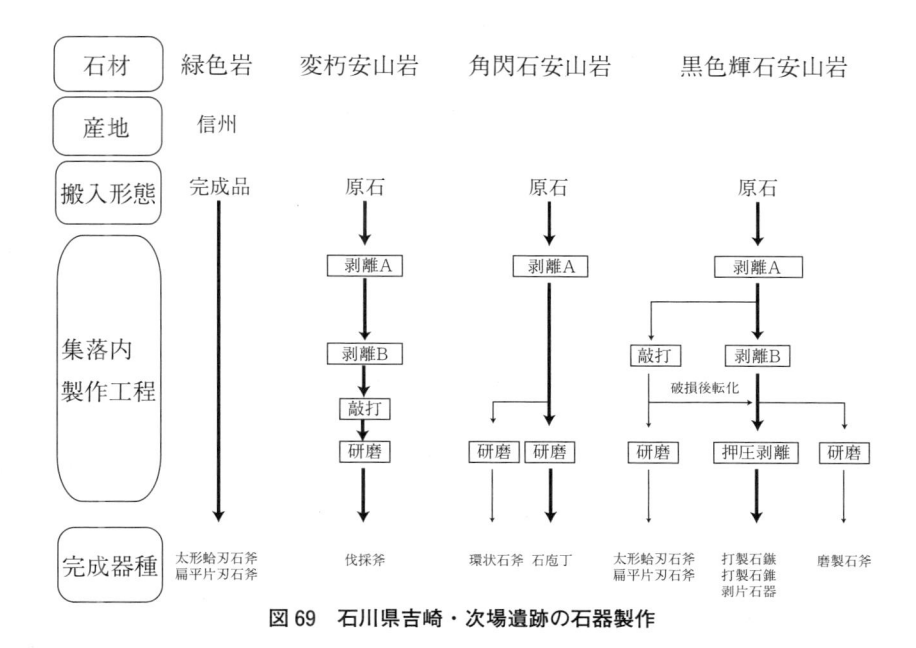

### c. 黒色輝石安山岩製石器製作系列

　黒色輝石安山岩で製作される石器は、主に石鏃などの小型の打製石器（同図10〜13）である。黒色輝石安山岩は集落に原石が持ち込まれている。吉崎・次場遺跡は口能登に位置し、石川県志賀町富来にある石材産出地に近いことから、この石材が石器素材として多用される。最も使用率が高い打製石鏃を例にとると、八日市地方遺跡では、黒色輝石安山岩の使用率が完成品で52％、未成品で50％[3]であるのに対して、吉崎・次場遺跡では、完成品で91％、未成品で99％と極めて使用率が高い（同図10〜11）。集落内からは7cm大の石核（同図7）が出土しており、剥離調整、押圧剥離が施され、打製石器が製作されている。また、八日市地方遺跡同様にこの石材を用いた太形蛤刃石斧（同図9）が出土している。しかし、黒色輝石安山岩を用いた石斧の未成品はきわめて少ない（同図8）。それは、伐採斧の製作工程において失敗した際には、石斧の未成品が打製石器の素材へと転化されているためと考えられる。

### d. 吉崎・次場遺跡の石器製作の特徴

　吉崎・次場遺跡では、在地石材の変朽安山岩、角閃石安山岩、黒色輝石安山岩などを用いた石器製作が行われている。

　吉崎・次場遺跡からは36点の太形蛤刃石斧、1点の抉入柱状片刃石斧の未成品が出土している。八日市地方遺跡同様に集落内で伐採斧を製作し、加工斧は主に他地域から搬入している。磨製石斧未成品は中期中葉に属するものが多いが、中期前葉に属するN-2号土坑からも出土しており（報告書126図91・97）、磨製石斧の製作の開始は、吉崎・次場遺跡の集落の開始時期から行われている。

130

1 太形蛤刃石斧（緑色岩）

2 扁平片刃石斧（緑色岩）

3 扁平片刃石斧（緑色岩）

4 太形蛤刃石斧 剥離段階未成品（変朽安山岩）

5 太形蛤刃石斧 敲打段階未成品（変朽安山岩）

6 太形蛤刃石斧（変朽安山岩）

0　　　10cm

7 石核（黒色輝石安山岩）

8 石斧未成品（黒色輝石安山岩）

9 磨製石斧（黒色輝石安山岩）

10　11 石鏃未成品・完成品（黒色輝石安山岩）

12　13 石錐・石針（黒色輝石安山岩）

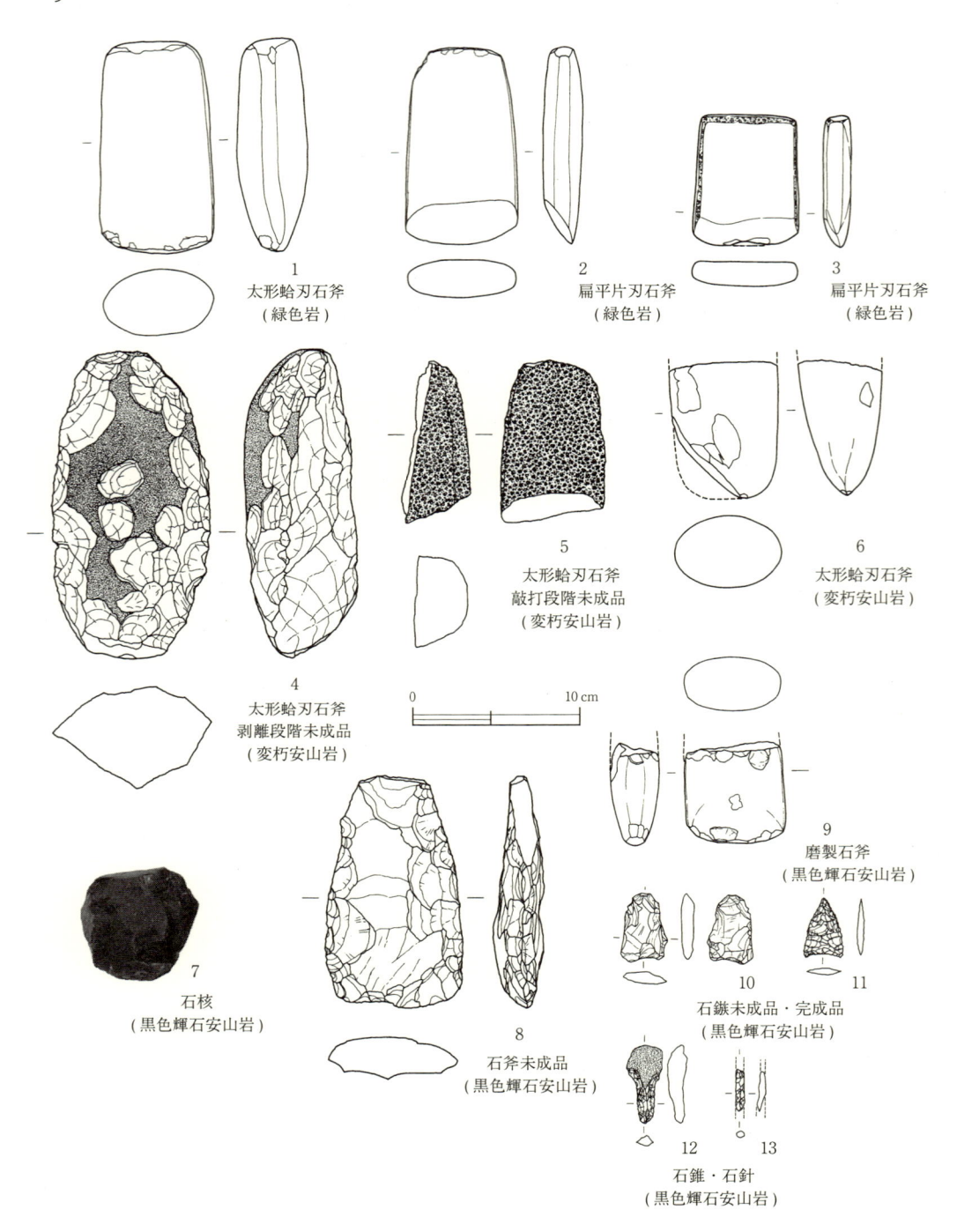

図70　石川県吉崎・次場遺跡出土の石器

### （3）下屋敷遺跡の石器製作

　福井県坂井市下屋敷遺跡は、中期前葉に時期が限定される集落である（富山1988）。玉類以外の石器については、詳細な報告がなされていないが、今回資料調査を行った結果、磨製石斧の生産遺跡であることが確認された（図71・72）。資料調査時には磨製石斧と収穫具を実見できたが、石鏃などの打製石器については実見できなかった。そのため、打製石器については報告書の記載に従っておく。

#### a. 砂岩・凝灰岩・安山岩製石器製作系列

　砂岩・凝灰岩・安山岩で製作される石器は、磨製石斧である。棒状の礫を石器素材として集落に持ち込み、剥離調整が行われたため（図72左上）集落内からは楕円礫の角部を持つ剥片（同図右上）が多数出土している。その後、敲打調整、研磨調整が施された。石材による施工技術の差はない。磨製石斧は完成品が31点出土しているが、すべて破損しており（同図右下）、3点が破損後に敲石へと転用されている。刃部が残る伐採斧の破片6点のなかで、5点に刃部と直交する線状痕が確認された。未成品は9点出土している。未成品のうち5点は敲打段階の資料（同図左下）である。

#### b. そのほかの石材

　完成品が搬入される石器には、緑色岩製の扁平片刃石斧、蛇紋岩製の磨製石斧や頁岩製の小型磨製石斧がある。また、石鏃は安山岩が用いられている。

### （4）石塚遺跡の石器製作

　弥生時代の集落の検出例が少ない富山湾沿岸において、富山県高岡市石塚遺跡は中期前葉から後期までの長期継続型の集落であり（大野1986ほか）、数少ない石器の器種構成が分かる集落である。石塚遺跡では石器未成品の出土が少なく、他の遺跡のように「石材別系列」として認識するまでにはいたらない。そのため器種単位で扱う（図73・74）。

　石塚遺跡の石器は、集落内で製作する石器と完成品を搬入する石器とに分けることができる。未成品が出土しているのは、凝灰岩製の太形蛤刃石斧（図74-4）のみである。この未成品は礫素材をもとにして剥離調整・全面に敲打調整を行い、その途中で破損したものと考えられる。但し、凝灰岩を用いる伐採斧は他に出土しておらず、八日市地方遺跡や吉崎・次場遺跡のように集中的な磨製石斧の生産を行っていた様相はない。

　完成品を搬入する石器は蛇紋岩製の磨製石斧である。石塚遺跡では蛇紋岩製の両刃石斧が1点、扁平片刃石斧（同図5～6）が4点出土している。未成品が出土していないため、他地域からの搬入品と考えられる。また、蛇紋岩製磨製石斧は、擦切技法により集落内での石斧の再生産が行われている。つまり、使用中に破損した磨製石斧を擦切技法により分割して石器の素材とする。そして、その素材を研磨調整し、より小型の磨製石斧として集落内で再生産した石斧が出土している（同図6、山口1992）。石塚遺跡では、蛇紋岩以外の石材による扁平片刃石斧が出土していないため、こうした所作により片刃石斧が賄われていたと考えられる。また、打製石鏃も未成品が出土していない。北陸地方にはない長身の石鏃（同図1）が出土することなどからすれば、これら

| 石材 | 閃緑岩 | 変朽安山岩 | 角閃石安山岩 | 黒色輝石安山岩 |
|---|---|---|---|---|
| 産地 | 信州 | | | |
| 搬入形態 | 完成品 | 原石 | 原石 | 原石 |

集落内製作工程:

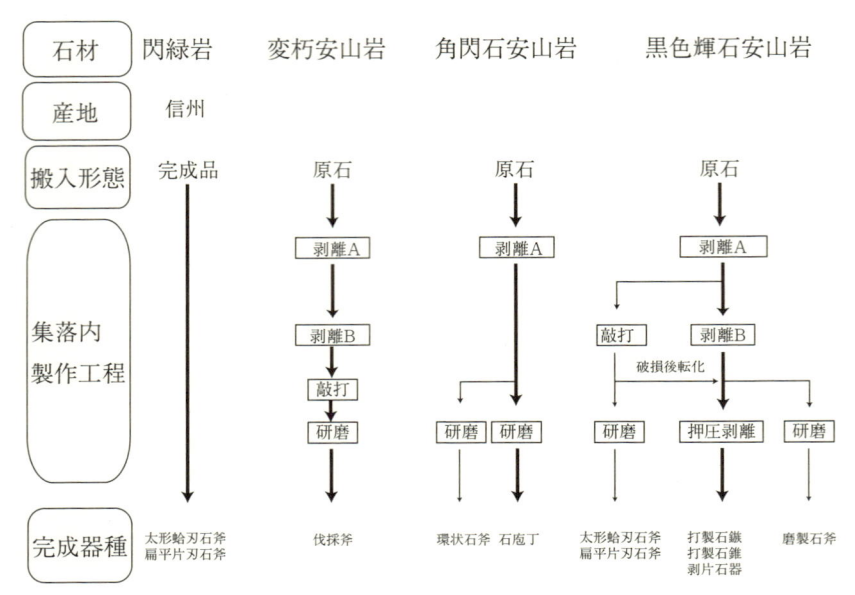

- 閃緑岩：完成品 → 太形蛤刃石斧／扁平片刃石斧
- 変朽安山岩：原石 → 剥離A → 剥離B → 敲打 → 研磨 → 伐採斧
- 角閃石安山岩：原石 → 剥離A → 研磨（環状石器）／研磨（石庖丁）
- 黒色輝石安山岩：原石 → 剥離A → 敲打／剥離B（破損後転化）→ 研磨（太形蛤刃石斧・扁平片刃石斧）／押圧剥離（打製石鏃・打製石錐・剥片石器）／研磨（磨製石斧）

図71　福井県下屋敷遺跡の石器製作

伐採斧 剥離段階 未成品　　　　剥片類

伐採斧 敲打段階 未成品　　　　伐採斧 完成品

図72　福井県下屋敷遺跡出土の石器

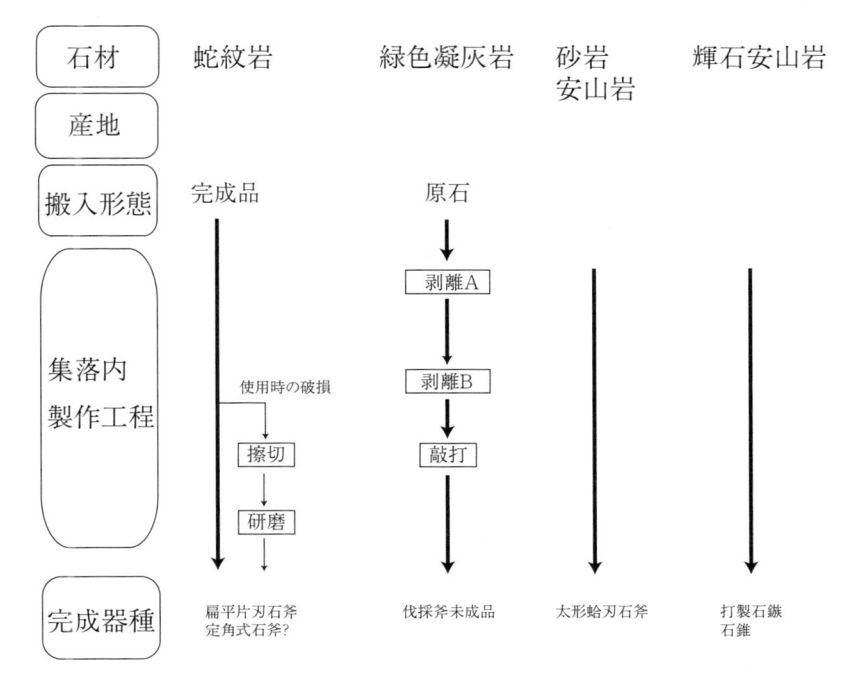

第4章　中部地方における石器の生産と流通　133

| 石材 | 蛇紋岩 | 緑色凝灰岩 | 砂岩 安山岩 | 輝石安山岩 |
|---|---|---|---|---|
| 産地 | | | | |
| 搬入形態 | 完成品 | 原石 | | |
| 集落内製作工程 | 使用時の破損 → 擦切 → 研磨 | 剥離A → 剥離B → 敲打 | | |
| 完成器種 | 扁平片刃石斧 定角式石斧? | 伐採斧未成品 | 太形蛤刃石斧 | 打製石鏃 石錐 |

**図73　富山県石塚遺跡の石器製作**

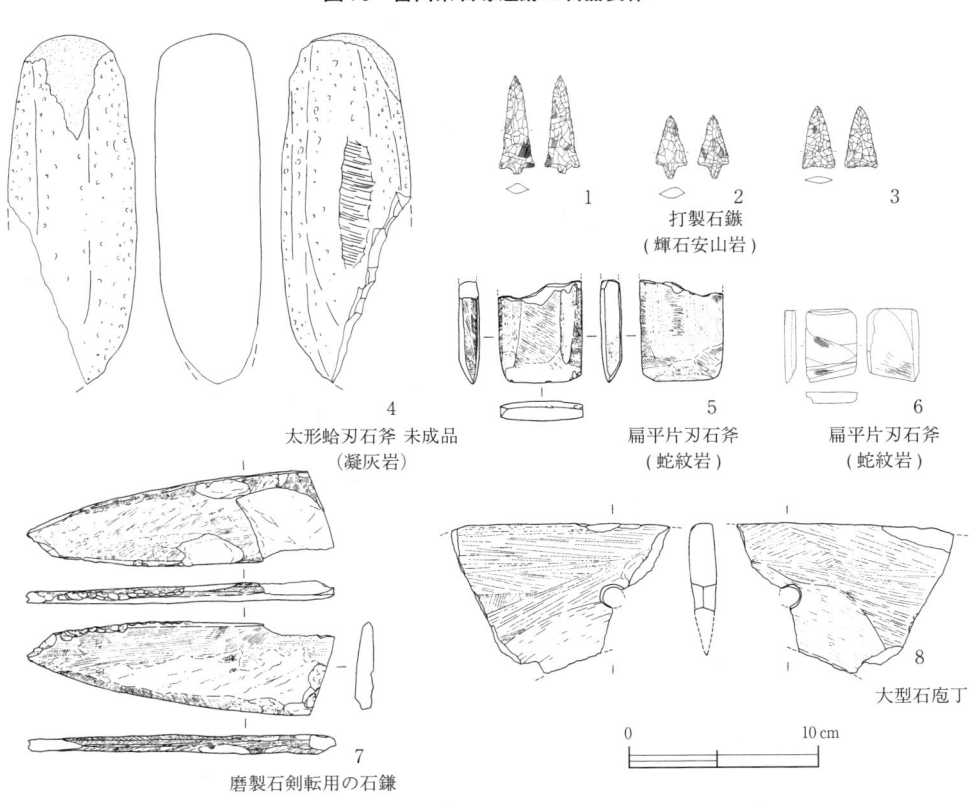

1, 2, 3　打製石鏃（輝石安山岩）

4　太形蛤刃石斧 未成品（凝灰岩）

5　扁平片刃石斧（蛇紋岩）

6　扁平片刃石斧（蛇紋岩）

7　磨製石剣転用の石鎌

8　大型石庖丁

0　10cm

**図74　富山県石塚遺跡出土の石器**

も完成品が周辺地域から搬入された可能性が強い。
### （5） 北陸地方の石器の特徴
以上、4つの遺跡について石器製作の様相をみてきた。これらの地域の石器は、その搬入と製作の形態について次の3つの類型に分類できる。

Ⅰ類：「完成品・搬入型」石器
　　　周辺地域から完成品を持ち込む石器。「完成品・搬入型」石器は緑色岩製磨製石斧と蛇紋岩製磨製石斧である。
Ⅱ類：「素材搬入・集落内製作型」石器
　　　周辺地域から石器素材を搬入し、集落内で加工する石器。「素材搬入・集落内製作型」の特徴的な石材は、黒色輝石安山岩である。石川県金沢市下安原海岸遺跡（安1997）で、未加工の大型剥片（9.1 cm×12.9 cm）と石核（8.0 cm×14.1 cm）が一括して出土しており、集落への石材の搬入・保管形態を示している。
Ⅲ類：「在地素材獲得・集落内製作型」石器
　　　隣接地で石器素材を獲得し、集落内で加工する石器。上記の石材以外を用いた石器。

これら3つの類型が北陸地方における石器である。それでは、次に「完成品・搬入型」石器について、「在地素材獲得・集落内製作型」石器との比較から分析したい。

## 4　北陸地方における磨製石斧の生産と流通

「完成品・搬入型」石器である緑色岩製の「磨製石斧」と蛇紋岩製の「磨製石斧」の流通について器種構成、分布、時期を検討する。

### （1） 緑色岩製磨製石斧の流通

北陸地方における緑色岩製磨製石斧は、すでに久田正弘が集成している（久田2004）。久田の成果をもとに資料調査を行い、補遺・訂正のうえで104点の石斧を確認した（巻末付表参照）。

#### a. 石器の器種

北陸地方で出土する器種は、太形蛤刃石斧が87点、扁平片刃石斧が15点、環状石斧が1点、詳細不明1点である。なお、関東地方南部でしばしば出土する同石材製の抉入柱状片刃石斧や有孔磨製石剣は、北陸地方では出土していない。

太形蛤刃石斧は、完形資料（87点中17点が該当）の法量をみると、長さ15 cm未満の小型品と製作時の目標値（馬場2003：106頁）とされる17 cm〜21 cmの2群に分けられる。小型品は「使い減り」による短小化の可能性もあるが、同じく緑色岩製磨製石斧が出土する関東地方南部の中期中葉の資料では、小型品も比較的多いため、製作当初から小型品であった可能性が高い。大型品は完形で残る例が2例（石川県七尾市三引遺跡・新潟県十日町市新座原D遺跡）あり、ともに肉眼やルーペによる観察で、刃部に線状痕がみられないなど、使用された痕跡が他の緑色岩製磨製石斧に比較して少ない。

扁平片刃石斧は、刃部幅が4.5 cm以上の大型品である。緑色岩製の扁平片刃石斧は在地石材

製の片刃石斧と比べても大型品である。

### b. 出土の分布

　緑色岩製磨製石斧は、北陸地方全域から出土している。新潟県胎内市乙遺跡が北限であり、福井県敦賀市舞崎遺跡が分布の西限である。出土傾向は、おおよそ3つに分類できる。

　Ⅰ類：出土磨製石斧のほとんどが緑色岩製磨製石斧で占められている。
　　　　新潟県佐渡市の平田遺跡、新穂玉作遺跡群[4]、同県上越市吹上遺跡
　Ⅱ類：占有率はⅠ類ほどではないが、複数点（5点以上）出土する。
　　　　石川県羽咋市吉崎・次場遺跡、同県金沢市西念・南新保遺跡、同県小松市八日市地方遺跡
　Ⅲ類：1点以上4点以下の少量出土する。
　　　　石川県羽咋市東的場タケノハナ遺跡など多数。

　出土遺跡の分布は、生産地である長野盆地に近い新潟県下が最も多い。長野盆地と結ばれる信濃川流域の遺跡群（新潟県十日町城之古遺跡や新潟県加茂市採集資料など）や妙高高原を越えた高田平野の遺跡群（吹上遺跡や新潟県上越市片貝松ノ木田遺跡など）では、他地域に比べて緑色岩製の磨製石斧が多く出土している。また、これらの地域から出土する緑色岩製の磨製石斧には、石斧の刃部脇の両側面や基端面に面取のための研磨を行う施工率が、他の地域で出土する緑色岩製磨製石斧よりも高い特徴がある。

### c. 流通の時期

　帰属時期を限定できる資料は決して多くはないが、最も古い例として吉崎・次場遺跡のN-2号土坑出土資料がある。時期は中期初頭に位置付けられる。最も多く出土する時期は、中期中葉・中期後葉であり、新潟県上越市裏山遺跡などのように一部後期の遺跡からも出土している。

## （2）蛇紋岩製磨製石斧の流通

　蛇紋岩製磨製石斧は、縄文時代にも数多く流通した石斧であるが、弥生時代の遺跡からも出土している。縄文時代の蛇紋岩製磨製石斧の生産遺跡は、富山県朝日町境A遺跡や新潟県糸魚川市青海町寺地遺跡が著名である。一方、弥生時代の蛇紋岩製磨製石斧の生産遺跡は、新潟県佐渡市新穂玉作遺跡群を除いて知られていない[5]。しかし、蛇紋岩製磨製石斧は弥生時代においても北陸を中心に広域で出土しており、佐渡以外にも未知の蛇紋岩製の磨製石斧の生産遺跡が存在する可能性が高い。集成した59点の蛇紋岩製の磨製石斧について（巻末付表参照）、縄文時代の蛇紋岩製磨製石斧と比較し、弥生時代の蛇紋岩製磨製石斧の特徴を捉えたい。

### a. 石器の器種

　両刃の磨製石斧には大型・小型[6]の2種があり、それぞれ縄文時代の定角式磨製石斧の特徴と等しく、両主面および両側面を丁寧に研磨調整して平坦にすることで主面と側面との境に稜線が残る。そして、平面形は最大幅を刃部にもち、基部方向に向けて狭まる形態である。ほかに大陸系磨製石斧の扁平片刃石斧・ノミ形石斧の一部もこの石材で製作され、合計で4種類の蛇紋岩製磨製石斧がある。伐採斧である大型の定角式石斧を除いた蛇紋岩製磨製石斧は、北陸地方の片刃

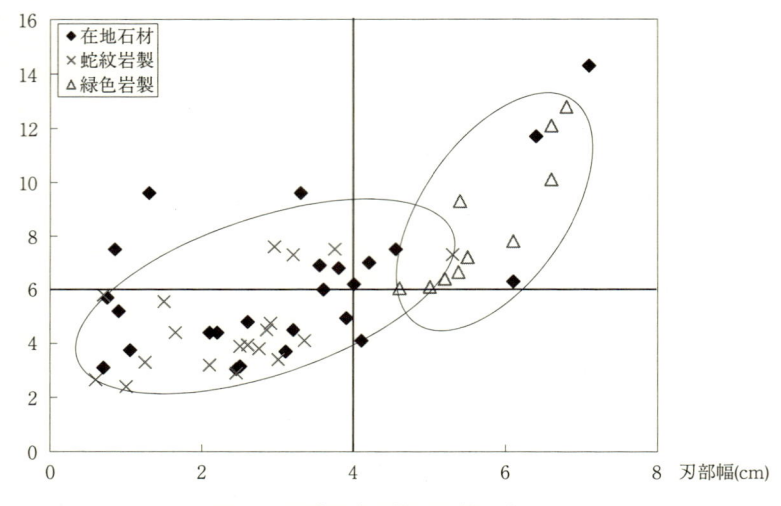

図 75 北陸地方の片刃石斧の法量

表 12 弥生時代中期の蛇紋岩製石斧の組成

| 県　名 | 遺跡名 | 器種 | 総点数 | 蛇紋岩製 |
|---|---|---|---|---|
| 石　川 | 細口源田山 | 伐採斧 | 5 | 1 |
|  | 西念・南新保 | 伐採斧 | 6 | 1 |
|  | 寺中 | 伐採斧 | 6 | 1 |
|  | 八日市地方 | 伐採斧 | 172 | 4 |
|  |  | 扁平片刃石斧 | 16 | 5 |
|  |  | ノミ形石斧 | 6 | 2 |
| 富　山 | 石塚 | 扁平片刃石斧 | 4 | 3 |
|  | 魚躬 | 片刃石斧 | 2 | 2 |
| 新　潟 | 小丸山 | 片刃石斧 | 2 | 2 |
|  | 平田 | 扁平片刃石斧 | 15 | 10 |
|  |  | ノミ形石斧 | 4 | 4 |

石斧の法量分布のなかで示すと、主に小型品の部類に属する（図75）。

### b．出土の分布

　蛇紋岩製の磨製石斧の出土分布を県単位でまとめると、福井県2点（1遺跡）、石川県16点（6遺跡）、富山県5点（2遺跡）、新潟県36点（7遺跡）である。新潟県西部を流れる糸魚川など蛇紋岩原産地域である新潟県下が最も出土量が多く、石材原産地から距離が離れるに従いその出土量は減少する。器種別の分布についてみると、伐採斧は弥生時代中期以降になると石川県や福井県など原産地から遠隔の地域での出土例が多くなる。片刃石斧は、逆に新潟県と富山県など石材原産地の近隣での出土例が多くなる（表12）。

### c．流通の時期

　蛇紋岩製磨製石斧は、弥生時代においても縄文時代から継続的に流通している。但し、石斧の形態に変化があるのは、第1章で述べた弥生時代前期の和泉A遺跡の資料からである。そして、

弥生時代中期前葉では下屋敷遺跡出土の扁平片刃石斧にみられるように、蛇紋岩は大陸系磨製石器の石材として用いられる。出土数では中期後葉が最も多い。

### （3） 縄文時代晩期の蛇紋岩製磨製石斧の分析

次に、縄文時代における蛇紋岩製磨製石斧の生産遺跡と消費遺跡を概観し、弥生時代の蛇紋岩製磨製石斧と比較したい。

生産遺跡は新潟県糸魚川市寺地遺跡（八幡1987）を対象とする。蛇紋岩製磨製石斧の生産遺跡としては、富山県朝日町境A遺跡（山本1990）が著名であるが、この遺跡は縄文時代中期から晩期にわたる遺跡であり、個々の石器について時期を限定できない。一方、寺地遺跡は境A遺跡に比べると石斧の生産規模はやや小さいと考えられるが、阿部朝衛（阿部1987）の分析により、中期の石器と晩期の石器とを分別できる点で有効である。

寺地遺跡では、87点の完成品の磨製石斧が出土しており、そのうち晩期の資料は大型品（長さ8cm、厚さ1.5cm以上）25点と小型品（長さ8cm、厚さ1.5cm以下）16点である。寺地遺跡における蛇紋岩の石材使用率は大型品で96％、小型品で100％と高く、石材原産地遺跡の特徴を示している。同様の特徴は、縄文時代の蛇紋岩製磨製石斧の製作遺跡である境A遺跡（山本1990）でも確認できる。この2つの遺跡の特徴は、小型品よりも大型品が多く出土する点である（表13）。

次に、蛇紋岩製石斧の消費地遺跡を取り上げる。対象とするのは新潟県柏崎市刈羽大平遺跡（品田1985）と新潟県新潟市鳥屋遺跡（石川1988）である。これらの遺跡では蛇紋岩製磨製石斧の大型品が少なく、小型品が約50％を占める（表14）。つまり、蛇紋岩製磨製石斧の消費遺跡では小型品を多く搬入し、その不足分と大型品は在地石材で補完している。この傾向は、縄文時代晩期に限定されることなく、縄文時代前期からの傾向である（鈴木1998）。

縄文時代晩期と弥生時代の蛇紋岩製磨製石斧の流通を比較すると、弥生時代の蛇紋岩製磨製石斧の流通は、縄文時代の流通形態と逆の様相を呈している。つまり、縄文時代には小型の磨製石斧が遠隔地へ流通したのに対し、弥生時代では伐採斧の大型品が遠隔地へ運ばれ、小型品が原産地近郊の遺跡でより多く消費されている。

### （4） 「完成品・搬入型」石斧と在地石材製石斧との比較

主な遺跡において「完成品・搬入型」石器を在地石材製の石斧と比較することにしたい。表15には、各地の遺跡における緑色岩製磨製石斧と蛇紋岩製磨製石斧と在地石材製磨製石斧の出土比を示した。まず地域ごとの組成比をみていきたい。

#### a. 新潟県域

新潟県域では、弥生時代中期の遺跡の検出例が多くないが、採集資料では多くの緑色岩製の太形蛤刃石斧が確認されている。長岡市大武遺跡や同市奈良崎遺跡では、緑色岩製磨製石斧の伐採斧と大型の扁平片刃石斧が出土している。蛇紋岩製磨製石斧は小型品が奈良崎遺跡や柏崎市小丸山遺跡で出土している。この地域では、太形蛤刃石斧と大型の扁平片刃石斧に長野盆地産の緑色岩製石斧を、そして小型の石斧に蛇紋岩製磨製石斧を搬入し、在地石材製の磨製石斧が少ない。

上越市吹上遺跡および佐渡市平田・新穂玉作遺跡群では、出土磨製石斧の大部分を緑色岩製磨

表13 新潟県寺地遺跡の石斧の組成

| 磨製石斧完成品 | | (点数) | | 蛇紋岩製 | |
|---|---|---|---|---|---|
| 87点 | 大型石斧 | 48 | 55.2% | 43 | 89.5% |
| | 小型石斧 | 39 | 44.8% | 39 | 100.0% |
| 磨製石斧未成品 | | | | | |
| 136点 | 大型石斧 | 108 | 79.4% | 98 | 90.7% |
| | 小型石斧 | 28 | 20.6% | 28 | 100.0% |
| 大型石斧 | | | | | |
| 48点 | Ⅰ形 | 16 | 33.3% | 12 | 75.0% |
| | Ⅱ形 | 25 | 52.1% | 24 | 96.0% |
| | 不明 | 7 | 14.6% | | |
| 小型石斧 | | | | | |
| 39点 | Ⅰa形 | 20 | 51.3% | 20 | 100.0% |
| | Ⅰb形 | 3 | 7.7% | 3 | 100.0% |
| | Ⅱ形 | 16 | 41.0% | 16 | 100.0% |

表14 縄文時代晩期の石斧消費地における蛇紋岩製石斧の組成

| 遺跡名 | 総数 | 蛇紋岩製 | 大型 | 蛇紋岩製 |
|---|---|---|---|---|
| 刈羽大平 | 17 | 9 | 6 | 1 |
| | | | 小型 | |
| | | | 11 | 6 |
| 遺跡名 | 総数 | 蛇紋岩製 | 大型 | 蛇紋岩製 |
| 鳥屋 | 33 | 7 | 23 | 1 |
| | | | 小型 | |
| | | | 10 | 6 |

表15 弥生時代中期における磨製石斧の石材比率

| | 遺跡名 | 両刃総数 | 緑 | % | 蛇 | % | 扁平・小型柱状総数 | 緑 | % | 蛇 | % |
|---|---|---|---|---|---|---|---|---|---|---|---|
| 新潟 | 奈良崎 | 3 | 2 | 66.7% | 0 | 0.0% | 3 | 1 | 33.3% | 1 | 33.3% |
| | 小丸山 | 0 | 0 | 0.0% | 0 | 0.0% | 2 | 0 | 0.0% | 2 | 100.0% |
| | 吹上 | 28 | 27 | 96.4% | 0 | 0.0% | 4 | 3 | 75.0% | 0 | 0.0% |
| | 平田 | 14 | 9 | 64.3% | 0 | 0.0% | 21 | 2 | 9.5% | 14 | 66.7% |
| 富山 | 石塚 | 4 | 0 | 0.0% | 0 | 0.0% | 4 | 0 | 0.0% | 4 | 100.0% |
| | 魚躬 | 2 | 2 | 100.0% | 0 | 0.0% | 1 | 0 | 0.0% | 1 | 100.0% |
| 石川 | 細口源田山 | 4 | 1 | 25.0% | 1 | 25.0% | 1 | 0 | 0.0% | 0 | 0.0% |
| | 吉崎・次場 | 80 | 9 | 11.3% | 0 | 0.0% | 13 | 2 | 15.4% | 0 | 0.0% |
| | 東的場タケノハナ | 10 | 1 | 10.0% | 1 | 10.0% | 3 | 0 | 0.0% | 0 | 0.0% |
| | 西念・南新保 | 6 | 4 | 66.7% | 1 | 16.7% | 4 | 1 | 25.0% | 0 | 0.0% |
| | 寺中 | 6 | 0 | 0.0% | 1 | 16.7% | 0 | 0 | 0.0% | 0 | 0.0% |
| | 八日市地方 | 172 | 7 | 4.1% | 4 | 2.3% | 21 | 1 | 4.8% | 7 | 33.3% |
| 福井 | 下屋敷 | 40 | 0 | 0.0% | 2 | 5.0% | 3 | 1 | 33.3% | 0 | 0.0% |
| | 舞崎 | 6 | 2 | 33.3% | 0 | 0.0% | 0 | 0 | 0.0% | 0 | 0.0% |

緑=緑色岩製石器、蛇=蛇紋岩製石器
下屋敷は刃部欠損しているが、形態的に両刃として判断した。

製石斧が占めている[7]。吹上遺跡からは、信州地方北部の弥生時代中期の土器型式である栗林式土器も大量に出土している。北陸地方では、弥生時代の遺跡から栗林式土器が出土するのは一般的である（久田 1991・1993）が、吹上遺跡（笹沢 2006）での出土比率は極めて高い。例えば、栗林式土器の全体に占める割合は、中期中葉から後半で 16％（SK38B）、中期末葉では 42％（SK270）、59％（SI332）である（笹沢 2003）。遺跡の立地も松原遺跡が位置する長野盆地まで約 60 km であり、信州地方との交通の便がよい地域であることから、頻繁な交流が行われた結果として、多くの長野盆地産の土器や石器が持ち込まれたと考えている[8]。

平田・新穂玉作遺跡群の磨製石斧は、その多くが長野盆地からの搬入品である。佐渡と長野盆地との交流を示す例として、緑色岩製磨製石斧の生産遺跡の1つである長野県長野市春山 B 遺跡（臼居 1999）で出土した玉素材がある。中期の竪穴住居址 SB05 からは、佐渡の管玉に特徴的な鉄石英の未成品および残核が 8 点出土しており、集落内で原石からの加工が行われている。

### b. 富山県域

富山県域ではその東西で緑色岩製磨製石斧の出土傾向が異なる。東部では伐採斧の多くが緑色岩製の太形蛤刃石斧である。中新川郡上市町中小泉遺跡（狩野 1982）、同町江上 A 遺跡（久々ほか 1982）、滑川市魚躬遺跡（舟崎 1973）では、伐採斧はすべて緑色岩製の太形蛤刃石斧である。加工斧は、富山市清水堂遺跡で緑色岩製の扁平片刃石斧が出土している（鹿島 1996）。一方、西部では緑色岩製磨製石斧の分布はやや少ない。富山県西部で在地石材製伐採斧の比率が高い理由としては、地域の中心集落である高岡市石塚遺跡で、磨製石斧の製作が行われていたためと考えられる。片刃石斧は小型の蛇紋岩製磨製石斧が高い割合を占める。

### c. 石川県域

石川県域では「完成品・搬入型」石器が弥生時代中期に多く出土しているが、Ⅳ期以前と以後とでは搬入形態に差異がある。八日市地方遺跡と吉崎・次場遺跡で大量の伐採斧の製作を行っている中期後葉以前では、両遺跡ともに緑色岩製の磨製石斧を搬入しているが、伐採斧全体に占めるその比率は低い。蛇紋岩製の磨製石斧は、八日市地方遺跡や小規模ながら磨製石斧の製作を行っている金沢市寺中遺跡（宮本 1977）で出土しているが、吉崎・次場遺跡では出土していない。しかし、中期後葉では集落単位で様相が異なってくる。七尾市細口源田山遺跡や、集落数が増える金沢平野では金沢市西念・南新保遺跡のように石斧の大部分を搬入型石器に依存する遺跡や、金沢市戸水 B 遺跡のように石斧そのものの出土量が極めて少ない遺跡がある。

### d. 福井県域

福井県域では中期前葉から在地石材での石器製作を開始している。下屋敷遺跡では蛇紋岩製の石斧が 2 点[9]、緑色岩製の扁平片刃石斧が 1 点搬入されているが、在地石材での伐採斧も製作している。中期中葉以降になると緑色岩製の磨製石斧や蛇紋岩製の磨製石斧がさらに多く搬入されている。

### e. 石器獲得手段の地域性

以上、「完成品・搬入型」石器の流通と在地石材製石器との関係についてまとめておきたい。

北陸地方においてまず2つの地域性がみられる。1つは新潟・富山県域である。この地域は磨製石斧の未成品が極めて少なく、石器の生産活動は低調と言える。そのため、石斧の大部分を「完成品・搬入型」石器として、周辺地域から持ち込んでいる。伐採斧は長野盆地産の緑色岩製、加工斧は蛇紋岩製の小型品を搬入している。小型の蛇紋岩製磨製石斧を多く搬入する形態は縄文時代の消費遺跡の状況と非常に類似している。

　もう1つは石川・福井県域の状況である。この地域では伐採斧および加工斧には在地石材を用いた石斧を主とし、緑色岩製の磨製石斧ならびに蛇紋岩製の磨製石斧を少量搬入している。西念・南新保遺跡を除き、緑色岩製の磨製石斧の搬入率は新潟・富山県域よりも低い。また、蛇紋岩製石斧は、伐採斧が主に搬入され、加工斧（扁平・ノミ形石斧）は、八日市地方遺跡を除いて出土例はなく、加工斧の搬入の形態が新潟・富山県域とは対照的である。つまり、石川・福井県域では、蛇紋岩製の磨製石斧の縄文時代的な流通構造（石斧の生産遺跡から離れた消費地遺跡では小型の蛇紋岩製磨製石斧が多く出土し、大型の蛇紋岩製の磨製石斧は出土しない状況）が変化している。この地域において、加工斧そのものの出土量が少なく、しかも「完成品・搬入型」石器が占める割合が低いのは、高田遺跡や西念・南新保遺跡での片刃鉄斧やノミ形鉄斧の出土[10]が示すように加工用の鉄器化がより早く進行したためと考えられる。その鉄器の不足分を在地製石斧と「完成品・搬入型」石器で補っている状況が想定され、縄文時代以来の蛇紋岩製磨製石斧の流通構造にはなかった遠隔地への伐採斧の流通が鉄器の流通により生じたものと考えられる。

## 5　北陸地方における集落の動態と石器の流通

　石器の生産と集落との関係について検討し、北陸地方における石器製作体制の確立と解体について述べたい（図76）。

　北陸地域の石器生産遺跡の成立については、拠点集落を検討した安英樹が総合的に分析・比較した。そして、前期から中期中葉と中期後葉・後期とでは集落形態・文物の流通形態に差異があることを述べた。弥生時代前期・中期前葉の八日市地方遺跡ならびに吉崎・次場遺跡は、物資の生産力が高く、原材料を遠隔地・近郊地を問わず確保し、集積する機能を有していた。そして、両遺跡は、周辺の集落あるいは地域外へ生産物を供給したと想定した（安2001：78頁）。本論では、上記の2つの遺跡以外の遺跡も含めてその動向を明らかにしたい。

### （1）集中生産以前

　弥生時代前期に相当する。北陸地方で弥生時代前期の集落遺跡は検出されているが、いまだその数は少なく不明な点も多い。この時期では各集落で石器製作を行い、蛇紋岩製磨製石斧が流通していたと考えられる。「素材搬入・集落内製作型」の石器としては、黒色輝石安山岩が各集落に搬入されている。石川県七尾市小島六十苅遺跡（土肥1986）や同県白山市乾遺跡（岡本2001）などでは、黒色輝石安山岩の原石・剥片が大量に出土し、打製石鏃などの小型の打製石器が製作されている。また、蛇紋岩製の磨製石斧が「完成品・搬入型」の石器として持ち込まれている。但し、石材原産地付近の新潟県糸魚川市大塚遺跡などでは大型品が多く、遠距離になるに従い小

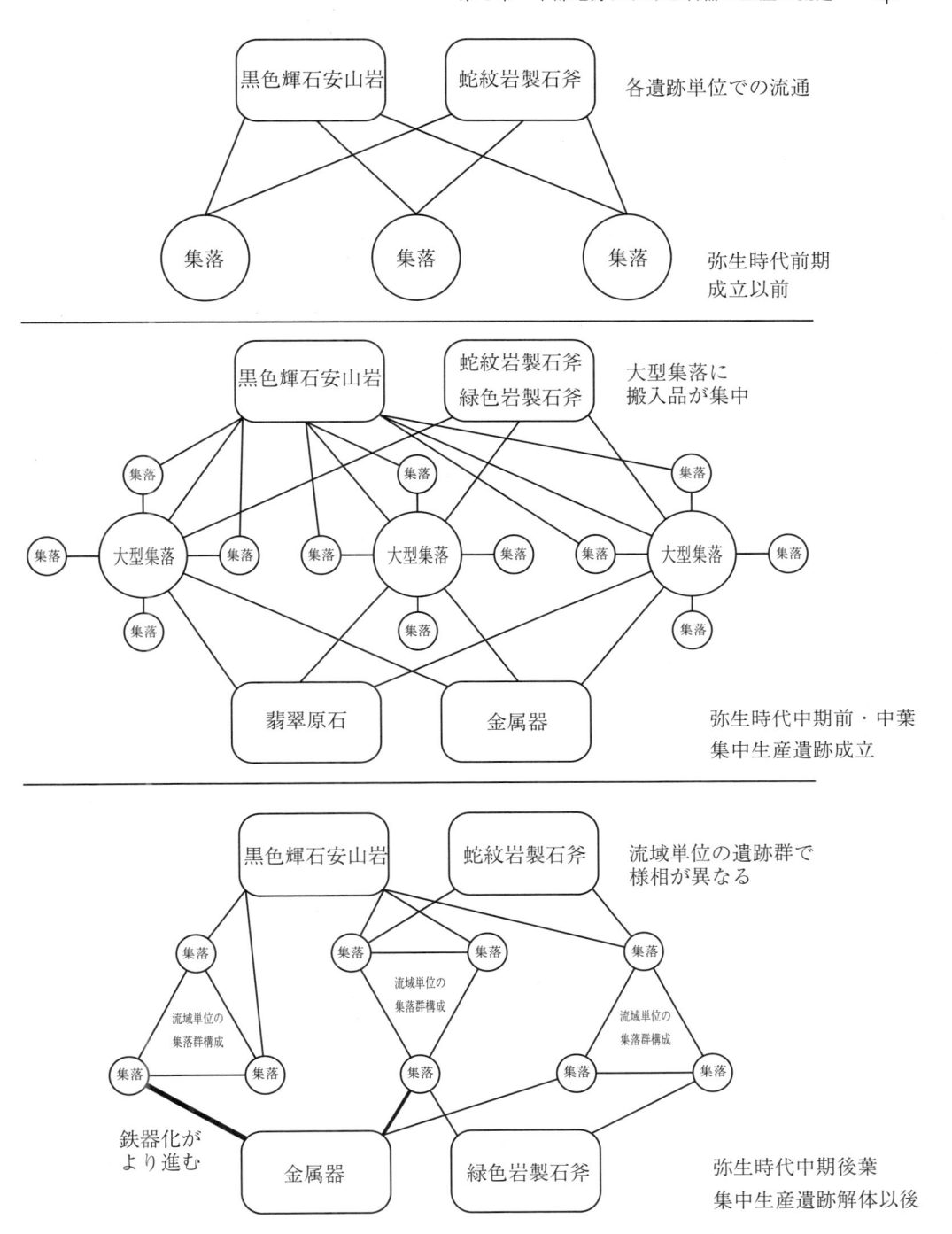

第 4 章　中部地方における石器の生産と流通　141

図76　北陸地方における石器流通構造の推移

型品になる点からすると、その流通形態は先に示した縄文時代晩期の形態のままである。弥生時代前期の北陸地方では、富山県射水市加茂遺跡（久々ほか1999）出土の炭化米にみるように生業に変化は生じているものの、石器の流通形態は縄文時代と変わらない。

### （2） 集中生産遺跡の成立

　大陸系磨製石器が伝播し、本格的な水田経営が行われ始める中期前半になると石器製作の地域差は顕著になる。富山県域以西では大型集落が形成され、石器の集中的な生産が開始する。新潟県域では集落の検出例が少なく[11]、現段階で金属器の出土例はない。また、石器の製作活動も低調である。ここでは、集落の検出例が多い富山県域以西を中心にみていきたい。

　中期前半に八日市地方遺跡と吉崎・次場遺跡が成立し、大量の石器製作を始める。これらの遺跡における石器には、「素材搬入・集落内製作型」石器と「完成品・搬入型」石器がある。「素材搬入・集落内製作型」石器は、黒色輝石安山岩などで、打製石鏃や玉作に関連する石針などが集落内で製作されている。「完成品・搬入型」石器は、緑色岩製の磨製石斧（太形蛤刃石斧・扁平片刃石斧）や蛇紋岩製の磨製石斧などである。

　ここで注目したいのは、遠隔地に蛇紋岩製の伐採斧が流通する点である。つまり、縄文時代晩期では、石材産出地近郊にその流通範囲がとどまっていた蛇紋岩製の伐採斧が、弥生時代中期になると広域に流通するようになった点である。分布範囲の拡大は、縄文時代以来の蛇紋岩製の磨製石斧の流通構造が有していた「大型品（伐採斧）は近距離に、小型品（加工斧）は遠距離に流通する」という構造の枠組みが大きく変化したことを表している。

　流通構造の枠組みの変化は、大型集落を中心に行われた。八日市地方遺跡および吉崎・次場遺跡が流通の拠点をなしていたが、それ以外に、中心的集落に該当する可能性があるのは下屋敷遺跡である。下屋敷遺跡は部分的な発掘報告がなされているに過ぎないため、その全体像を把握できないが、銅鐸の石製鋳型が出土するなど金属器生産も行う遺跡であり、八日市地方遺跡や吉崎・次場遺跡と同様の性格を有していたと思われる。これら3つの遺跡に共通するのは、大量の石器製作、弥生時代中期前葉から中葉における「完成品・搬入型」石器の出土、金属器の導入と管玉や翡翠製玉の製作である。特に翡翠の玉製作はこの段階では、能登半島以西から敦賀以東のこれら3遺跡に集中しており（浅野2003：80頁）[12]、日本列島各地へ多くの完成品が搬出されている。

　弥生時代中期前葉から中葉では、生産・流通の拠点としての大型集落の周辺に小型の集落が形成される。吉崎・次場遺跡の立地する邑知潟周辺には同時期の遺跡が点在する。鹿島郡中能登町久江ツカノコシ遺跡（安2003）では「素材搬入・集落内製作型」石器の黒色輝石安山岩が搬入されている。また、磨製石斧の完成品は出土するものの、未成品および製作時の剥片等は出土しておらず、集落内での石器の製作の可能性は低い。同様の傾向は、同町徳間遺跡でも確認される。つまり、吉崎・次場遺跡の周辺遺跡では、黒色輝石安山岩を搬入して打製石鏃などを製作しているが、磨製石斧に関しては在地の石材を用いた完成品を吉崎・次場遺跡などから搬入している可能性が高い。

大型集落は、外縁地域からの新たな物資（鉄器や磨製石斧や翡翠原石など）の受容口として機能したと考えられる。その結果、大型集落では他の集落に先行して鉄器化が進み、石器の集中的な生産が鉄器の不足分を補ったのである。そして、大型集落を中心とした流通網を通じて、周辺集落へ物資が搬出されたと考えられる。こうした「拠点と周辺」集落の関係という流通網のなかで、黒色輝石安山岩の「縄文時代以来の石器石材の流通」と大陸系磨製石器などの「弥生時代の石器の流通」が行われたのである。

### （3）　集中生産遺跡の解体

中期後葉になると、八日市地方遺跡や吉崎・次場遺跡のような集中生産遺跡は終焉もしくは縮小へと向かう。時を同じくして金沢平野や富山平野などの沖積平野に多くの集落が形成され、石器の流通形態に変化が現れる。

この段階になると、それまでの大型集落を中心とした流通形態から、河川を単位とした集落群の流通形態へと変化する。金沢平野を例にみよう。戸水B遺跡と西念・南新保遺跡は中期末葉に盛期を迎える集落群であり、遺跡間は約1kmしか離れていない。立地はそれぞれ別水系の微高地上に立地しており、それぞれ別の集団が占地していたと考えられている（安2005：28頁）。両遺跡の推定面積には大差はなく、鉄製利器用と考えられる立方体の砥石の出土も多くあり、利器の鉄器化が進んでいたと考えられる。しかし、戸水B遺跡では「完成品・搬入型」の石器が確認されていない。一方、西念・南新保遺跡では、磨製石斧の大部分は「完成品・搬入型」石器である。つまり、水系ごとに外部との交流に差異が認められる。同様の状況は、富山湾沿岸でも確認される。中期以降、各河川扇状地に集落が群集するものの、「完成品・搬入型」の石器の分析でみたとおり、地域の東西で搬入の様相が異なり、集落ごとの差異が顕著に現れてくる。

こうした現象は、前段階のような大型集落に集積された物資が、周辺集落へ分配される流通の構造から、流域単位での小さな集落群が形成され、各集落群単位で交流が行われる構造への変化を示している。中期末葉になると、特に流域ごとに集落の特徴の相違が顕著になる。例えば、出土する外来系土器の量比（中屋1994：157頁）は西念・南新保遺跡と戸水B遺跡とでは異なる。この違いは、流域ごとに形成される集団が他の地域と独自に交流していた様相を反映している。こうした各々の地域間交流のなかで石器や鉄器など必要な物資を入手したといえる。

### 6　まとめ

本節では、北陸地方の弥生時代の石器の生産と流通について分析し、地域構造の変化について述べてきた。弥生時代前期に各地で出現する大陸系磨製石器類も、生業の転換を示すほどの量ではなく、縄文時代以来の生業活動のなかで漸進的に変化していく様相が解る。

中期初頭になると北陸地方に2つ地域性がみられる。富山県と新潟県の境になる親不知海岸付近を分岐点として、その東西で石器組成・流通構造の違いが明瞭になる。親不知海岸の西側では、大陸系磨製石器が本格的に導入され、大型集落を中心として磨製石斧の集落内生産と周辺地域からの石器・石材の搬入が行われた。小型の打製石器を製作するための黒色輝石安山岩や蛇紋岩製

の磨製石斧も縄文時代から継続して流通していることが明らかとなった。

　しかし、鉄器化の進行により補完材として蛇紋岩製の大型石斧が遠隔地へ流通するようになった。縄文文化の伝統を残す石器類について改めて検討することは、大陸系磨製石器のみを対象とした弥生文化研究では明らかにできない一面を照らし出すことになる。

　かつて、山内清男や佐原眞は、弥生文化を構成する3つの要素として、大陸から伝播した要素、縄文文化から伝統として受け継いだ要素、弥生文化独自に発達した要素をあげた（山内1932：26頁、佐原1975：137頁）。それらに北陸地方の石器の流通を照らせば、大陸的要素を持つものとして「鉄器や大陸系磨製石器の流通」があり、縄文的要素を持つものとして「黒色輝石安山岩などの打製石器の流通」、そして両要素の融合・影響を受けたものとして「伐採斧である大型石斧が遠隔地へともたらされた蛇紋岩製磨製石斧の流通構造の変化」を指摘することができる。

　北陸地方における弥生時代の石器の流通の特徴として、縄文時代以来の蛇紋岩製磨製石斧の流通を挙げることができる。弥生文化においてみられる縄文時代以来の流通構造は、多くの場合、近畿地方のサヌカイトや信州・関東地方南部の黒曜石など狩猟活動に関わる小型の打製石器の素材の流通である。蛇紋岩製磨製石斧の流通が、縄文時代とは変容したものの、弥生時代にまで残存した背景には、北陸地方の手工業生産の伝統意識が強く影響している。北陸地方は縄文時代以来、生活必需品や威信財を交換するための交易流通機構を有し、その成立当初から交換価値の高い物資を手工業生産するという性格を有している（野島・河野2001：49頁）。蛇紋岩製磨製石斧は、その優美さから縄文時代中期以降大量生産され、各地へ搬出されている。そうした構造が弥生時代に残存しつつも、鉄器が普及し始めるなかで、その不足分を補う物資としての役割に変化していったと考えられる。

　またもう一点、流通をめぐる集落の動態にも注目しておく必要がある。弥生時代中期後葉になると八日市地方遺跡や吉崎・次場遺跡が衰退へ向い、大型集落を中心とした物流の構造に変化がみられる。こうした、拠点集落を中心としたネットワークの崩壊は、日本列島の多くの地域では弥生時代後期に鉄の普及とともに始まると考えられてきた。しかし、北陸地方、特にその西部では一段階早く進行している。その背景には、玉を巡る周辺地域との交流のなかで、先んじて鉄器化が進行したためと思われる。後期以降に太形蛤刃石斧や蛇紋岩製磨製石斧が出土しなくなるのは、鉄器化が更に普及した結果で、石器の伝統的な流通構造自体も崩壊したためと考えられる。

## 第2節　信州地方の石器の生産と流通

　信州地方（長野県域）の弥生文化は、南北で様相を大きく違えている。信州地方北部（長野盆地）では、主な生業が沖積地における水田稲作であるのに対して、信州地方南部（天竜川流域）では、段丘状の地形での畑作が中心と考えられてきた。しかし、近年の研究では、信州地方南部の生業は畑作だけでなく、むしろ水田稲作がその主流であった可能性も指摘されている（山下2000、三木2001：56頁）。

本節では、信州地方とその周辺地域との交流について検討を行うため、信州地方北部に着目し、代表的な遺跡である長野県長野市松原遺跡における石器製作について検討を行う。そして、この遺跡で特徴的にみられる緑色岩製の磨製石斧について、周辺地域での出土分布を明らかにし、信州地方北部の交流を時期ごとに検討する。

## 1　信州地方における弥生時代の石器研究史

　信州地方における弥生文化の南北の地域差は、それぞれの地域の石器器種の違いに表されている。信州地方北部では大陸系磨製石器を中心とした石器組成であるのに対して、信州地方南部では弥生時代後期にいたるまで横刃形石器などの打製石器が残存し、なおかつ大陸系磨製石器の出土例が北部ほど顕著ではない（神村1966：160頁）。

　信州地方南部の石器は、有肩扇状形石器・石鏃・横刃形石器などの打製石器のほか、平面形が長方形を呈する単孔の磨製石庖丁や磨製石鏃が主な器種である。磨製石鏃は狩猟用・戦闘用・儀礼用など石器の用途を巡り、信州地方南部の弥生文化観の形成に大きな影響を与えてきた。また、神村（旧姓：松島）透と戸沢充則は、北原遺跡の発掘調査報告をまとめるなかで、有孔磨製石鏃の製作工程を復元し、下伊那郡高森町北原遺跡が磨製石鏃の製作遺跡であることを明らかにした（藤森1951、松島ほか1951）。北原遺跡で製作された磨製石鏃は周辺地域に搬出され、分布は中部地方から東海地方に及ぶと指摘された（紅村1966：251頁）。その他の石器については、天竜川で採取可能な硬砂岩が用いられ、各集落内での製作が行われたと考えられている。

　一方、信州地方北部では太形蛤刃石斧や扁平片刃石斧を中心とした磨製石斧や石庖丁など大陸系磨製石器が石器組成の中心となる。なかでも、信州地方北部から出土する閃緑岩製（本書の「緑色岩」）の磨製石斧が着目された（八幡1928）。

　閃緑岩製の石器は、太形蛤刃石斧のみならず扁平片刃石斧や環状石斧などの器種があり、広く分布していることが八幡一郎によりすでに戦前に指摘されていた（八幡1930）。その後、石川日出志は信州地方北部で製作される磨製石器が関東地方や北陸地方などの周辺地域へ流通していたことを指摘した（石川1992：120-121頁・1994：22頁）。

　近年、信州地方北部の石器研究をより推進させる遺跡発掘調査報告書が刊行された。春山B遺跡（臼居1999）、松原遺跡（町田ほか2000）と榎田遺跡（町田ほか1999）は、ともに弥生時代中期後葉の遺跡であり、大量の磨製石斧の未成品が出土した遺跡である。特に松原・榎田の双方の遺跡で出土した太形蛤刃石斧の未成品は、製作段階に相違が認められ、集落間での石器製作の分業が想定される（町田2001）。榎田遺跡では、原石の獲得から磨製石斧の製作の敲打調整までを行い、その後、松原遺跡で研磨調整を行い、完成品が各地へ搬出されたと考えられた。こうした資料の充実を受け、町田勝則と馬場伸一郎が長野盆地における磨製石斧の生産と流通をまとめ、緑色岩製磨製石斧の生産が長野盆地の集落の動態に連鎖していることが明らかにした（町田2001：34頁、馬場2004：33-34頁）。その後、馬場は松原遺跡で大量に出土する磨製石斧には、高い比率で使用痕が検出され、必ずしも松原遺跡から外へ向けて搬出することを目的とした石器製作では

ないと指摘した（馬場 2004：18 頁）。弥生時代中期後葉の榎田遺跡と松原遺跡での石器製作が、必ずしも集落外への搬出を目的としたものではないにしろ、緑色岩製の磨製石斧は関東地方から東海地方そして北陸地方にまで広く分布している。磨製石斧をめぐり、信州地方北部は周辺の地域との頻繁な交流が想定されるのである。

## 2 信州地方北部における石器製作の検討

松原遺跡は長野県長野市の千曲川右岸の自然堤防上に立地し、その規模・内容から栗林式土器期の中核的な集落である。石器は剥片も含めれば1万点を超える量が出土している（町田ほか 2000）。報告書では、11 種類の石材について、石器製作系列を検討している。ここでは代表的な黒色頁岩（黒色頁岩 A・B・D）[13]・珪質頁岩・砂岩・単斜輝石安山岩・変輝緑岩・変質玄武岩を検討する（図 77）。

### a. 黒色頁岩製石器製作系列

黒色頁岩で製作される石器は、打製大型刃器・打製石斧・石庖丁・扁平片刃石斧・磨製石鏃・打製石鏃である（図 78）。石器製作の素材に剥片を用い、剥離調整を経て大型の打製刃器（同図 7、40％）や打製土掘具（同図 8）が製作される。その他、剥片素材に剥離調整、研磨調整を施した石庖丁（同図 6）も製作されている。しかし、石庖丁と打製石斧とでは、細部調整の剥離の段階で施工個所に相違がみられることから、細部の剥離の段階で製作する器種が最終的に決定されたことになる。

### b. 珪質頁岩製石器製作系列

珪質頁岩で製作される石器は、磨製石鏃と大型の剥片刃器である。特に磨製石鏃に多く用いられており、出土した磨製石鏃の約 70％ が珪質頁岩で製作されている。

珪質頁岩は、こぶし大の円礫が集落に搬入され、石器が製作される。製作過程で生じた大型剥片は、細部の剥離調整を行い打製刃器となる。

### c. 砂岩製石器製作系列

砂岩には、刃器類製作に用いる硬砂岩と砥石に用いる砂岩の2種類がある。硬砂岩では、剥片刃器が製作される。剥片刃器は粗割の剥離調整で生じた剥片をそのまま用いている。その他の器種では、太形蛤刃石斧や扁平片刃石斧などの石斧類や石錐などが製作されるが、その数は少ない。

### d. 単斜輝石安山岩製石器製作系列

単斜輝石安山岩で製作される石器は、剥片刃器・石庖丁や台石などの礫石器である。剥片石器は大型の剥片素材が集落に持ち込まれ、剥離調整を加えて製作される。また、剥片に細部剥離調整が施され、研磨調整を経た石庖丁（図 79-4）も製作される。単斜輝石安山岩の多くは、大型打製刃器（同図 5）を製作する過程において、横長剥片を目的として剥離作業を行っている。その際に縦長剥片（報文 PL32-3）や大型の剥片が生じた場合には打製刃器となり、磨製石庖丁の形状に沿うものは、その後の製作工程へと進んでいく。つまり、単斜輝石安山岩の剥片は、収穫具の製作を目的としている。

第4章 中部地方における石器の生産と流通

| 石材 | 緑色岩 | 珪質頁岩 | 砂岩 | 単斜輝石安山岩 |
|---|---|---|---|---|
| 産地 | 信州 | | | |
| 搬入形態 | 未成品 | 原石 | 原石 | 原石　剥片 |
| 集落内製作工程 | ↓研磨 | 剥離A→剥離B→研磨／↓ | 剥離A↓ | 剥離A→剥離B→研磨／石槌↓ |
| 完成器種 | 太形蛤刃石斧　扁平片刃石斧 | 磨製石鏃　大型打製刃器 | 砥石　大型打製刃器 | 台石　大型打製刃器　石庖丁 |

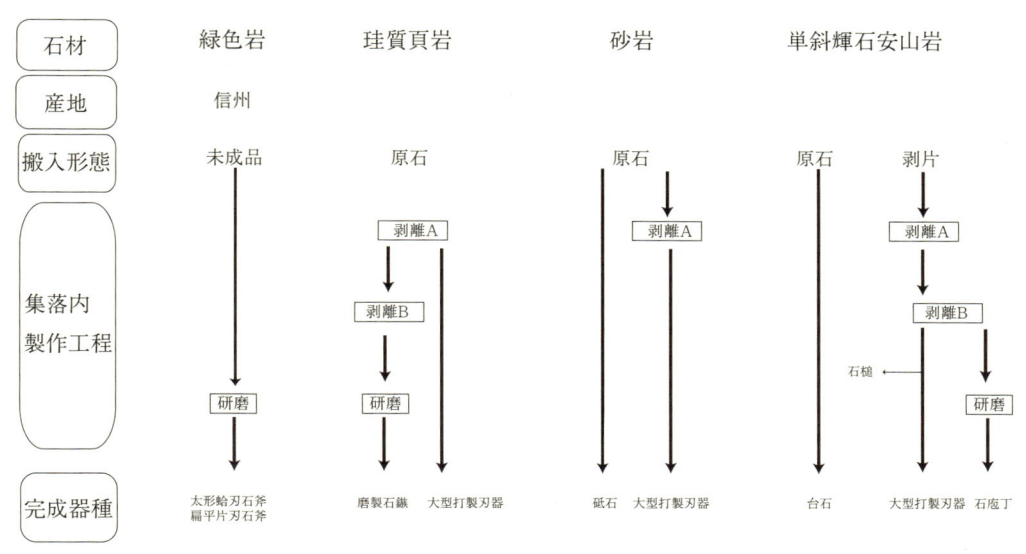

図77　長野県松原遺跡の石器製作

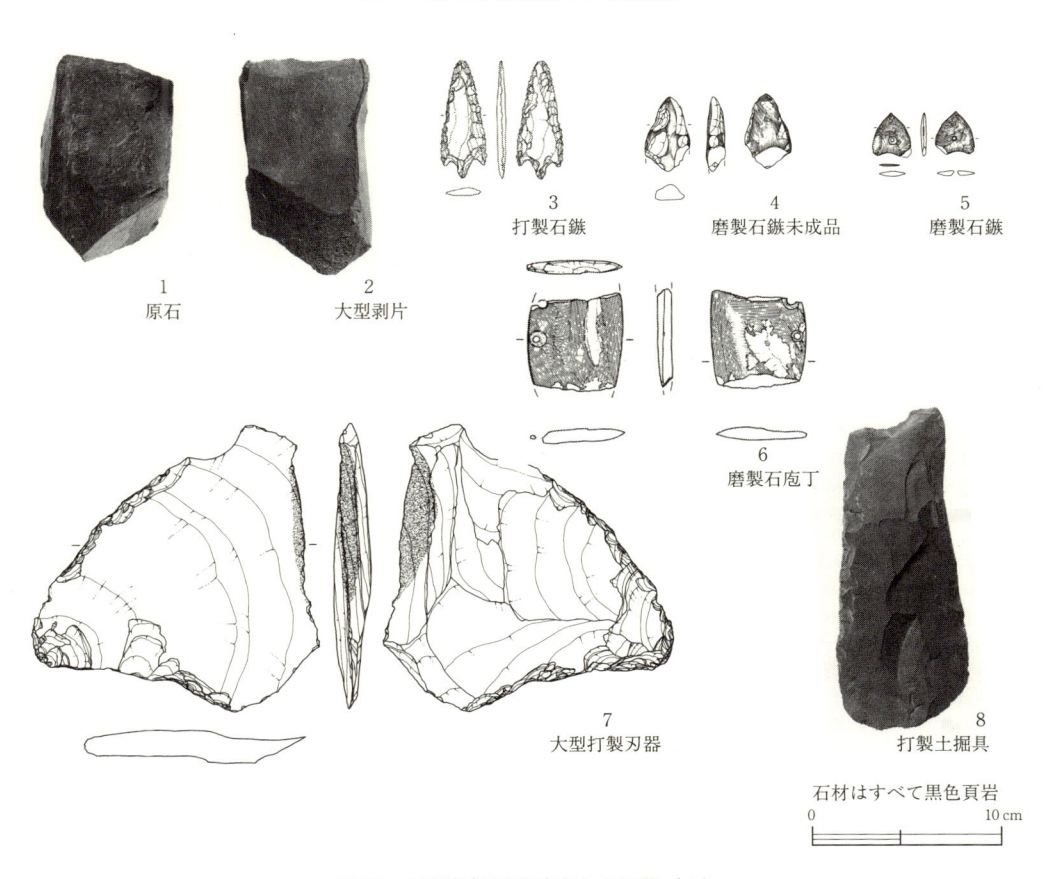

1　原石
2　大型剥片
3　打製石鏃
4　磨製石鏃未成品
5　磨製石鏃
6　磨製石庖丁
7　大型打製刃器
8　打製土掘具

石材はすべて黒色頁岩
0　　　10 cm

図78　長野県松原遺跡出土の石器（1）

1 太形蛤刃石斧未成品
（緑色岩）

2 太形蛤刃石斧
（緑色岩）

3 扁平片刃石斧
（緑色岩）

4 石庖丁
（単斜輝石安山岩）

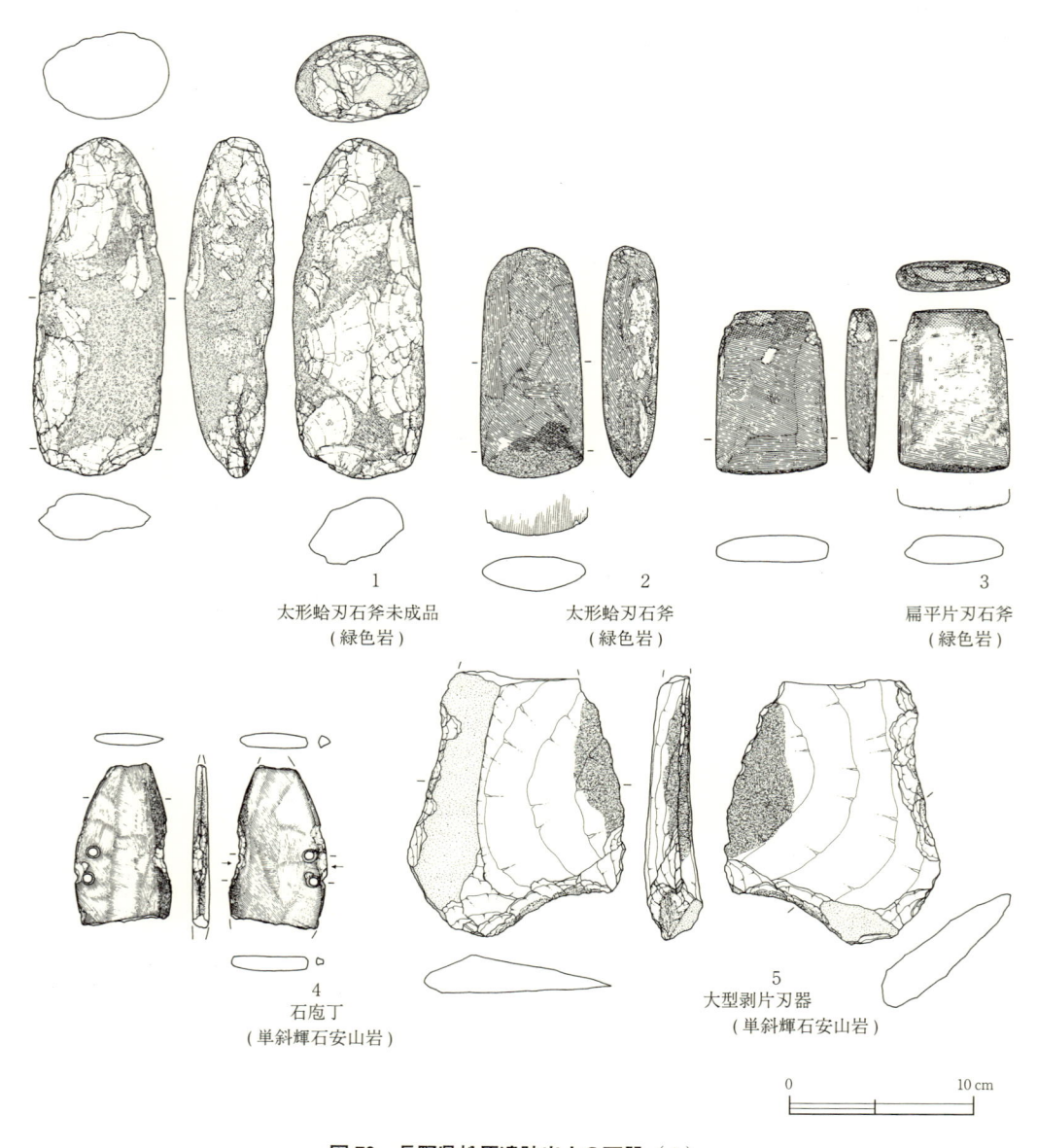

5 大型剥片刃器
（単斜輝石安山岩）

図79　長野県松原遺跡出土の石器（2）

### e. 緑色岩製石器製作系列

　緑色岩（変輝緑岩及び変質玄武岩）で製作される石器は、太形蛤刃石斧と扁平片刃石斧である。但し、松原遺跡では原石および敲打段階以前の未成品資料が出土していない。松原遺跡とは対照的に、長野県長野市榎田遺跡では原石から敲打段階の資料が多く出土している。製作途上の石斧未成品が榎田遺跡から松原遺跡へ持ち込まれ、同遺跡で敲打・研磨調整の工程が行われたと考えられている（同図1-3、町田2000、馬場2004）。

### f. 松原遺跡の石器製作の特徴

松原遺跡では、基本的に遺跡周辺から石器素材となる原石を直接搬入[14]し、集落内で石器製作が行われている。但し、緑色岩を用いた磨製石斧だけは、榎田遺跡で製作された敲打調整段階の未成品を搬入し、集落内で研磨調整を行い、使用・消費している。

松原遺跡の石器製作の特徴は、黒色頁岩製石器製作系列が表すような、製作過程に応じた器種の分化といえる。こうした石材消費は、同じ長野盆地の榎田遺跡や春山B遺跡では行われていない。

### 3 緑色岩製磨製石斧の流通

緑色岩製磨製石器は、弥生時代中期初頭から弥生時代中期末葉に信州地方を中心に北陸地方から関東地方および東海地方に広く流通した磨製石器である。緑色岩で製作される石器の器種は、太形蛤刃石斧、扁平片刃石斧、抉入柱状片刃石斧、環状石斧、独鈷石、有孔石剣である。これらのなかで、太形蛤刃石斧と扁平片刃石斧には、規格性があり、型式学的特徴がある（馬場2001）。

ここでは緑色岩製磨製石斧を時期別に検討し、信州地方と周辺地域との交流について検討する。

図80・81には弥生時代中期前葉ならびに中葉の緑色岩製磨製石斧の太形蛤刃石斧と扁平片刃石斧の分布とその出土量比、図82・83には弥生時代中期後葉の分布と出土量比を示した。伐採斧については、石斧の出土総数に対する緑色岩製石斧の比率を、加工斧については、緑色岩が大型の扁平片刃石斧に用いられる石材であるため、筆者がかつて関東地方南部の遺跡で分類した大型品（刃部幅4.2cm以上、杉山2001）を対象として、総数に対する緑色岩製石斧の比率をそれぞれ円グラフの黒で示した。なお、地図上の黒丸は出土遺跡を示している。

### (1) 長野盆地内での生産と流通

まず、緑色岩製磨製石斧が製作された長野盆地について、簡単に触れておく。

緑色岩製磨製石器の生産遺跡は、現段階では、長野盆地にのみ確認されており、時期は弥生時代中期後葉である。中期後葉以前の石器の生産遺跡の発見が今後期待される。これまでに検出されている石斧の生産遺跡は、榎田遺跡、松原遺跡、春山B遺跡、中俣遺跡である（馬場2004）。

榎田遺跡では、緑色岩（変輝緑岩及び変質玄武岩）の原石および太形蛤刃石斧では敲打調整まで、扁平片刃石斧では研磨調整までが行われた。緑色岩の原石を搬入して石器製作を行っている遺跡は、現段階では榎田遺跡以外にない。榎田遺跡で敲打調整まで終えた緑色岩製の太形蛤刃石斧の未成品は、長野盆地内の集落へ向けて搬出された。

松原遺跡では、緑色岩製の太形蛤刃石斧と扁平片刃石斧の敲打段階の未成品が大量に出土している。そして、研磨用の大型の置き砥石も出土しており、磨製石斧の研磨調整が中心に行われた。

春山B遺跡では、緑色岩製の太形蛤刃石斧と扁平片刃石斧の未成品が出土している。未成品は、両器種とも敲打段階の資料であり、榎田遺跡などの原石から剥離調整・敲打調整までを行う遺跡から搬入したと考えられる。

中俣遺跡では、松原遺跡や春山B遺跡と同様に、緑色岩製の太形蛤刃石斧と扁平片刃石斧の

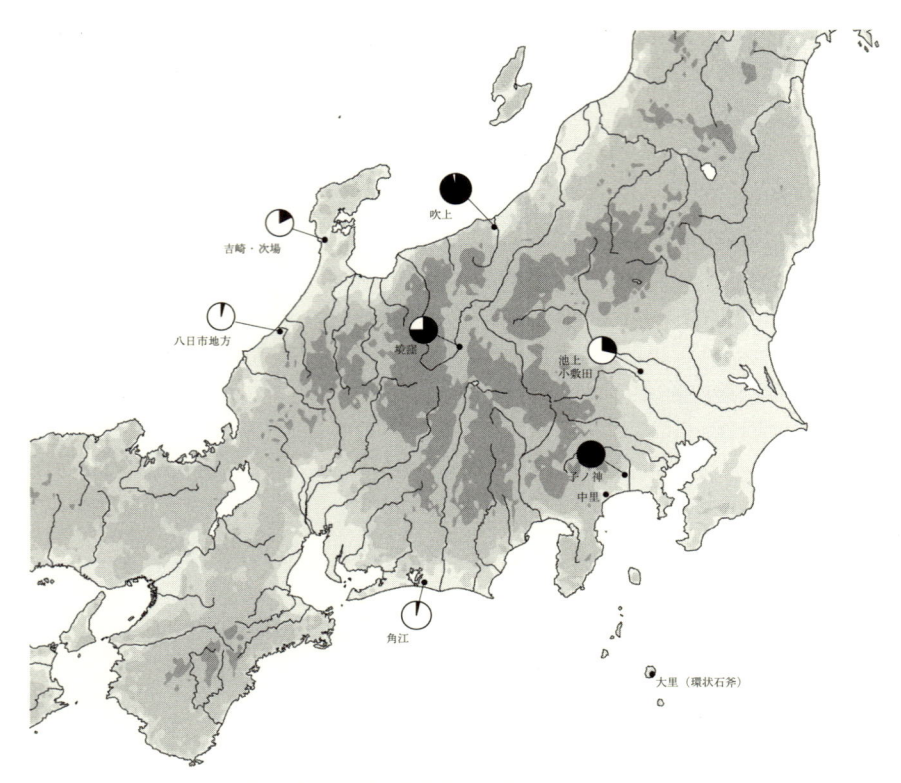

図80　弥生時代中期前葉の緑色岩製磨製石斧の分布（太形蛤刃石斧）

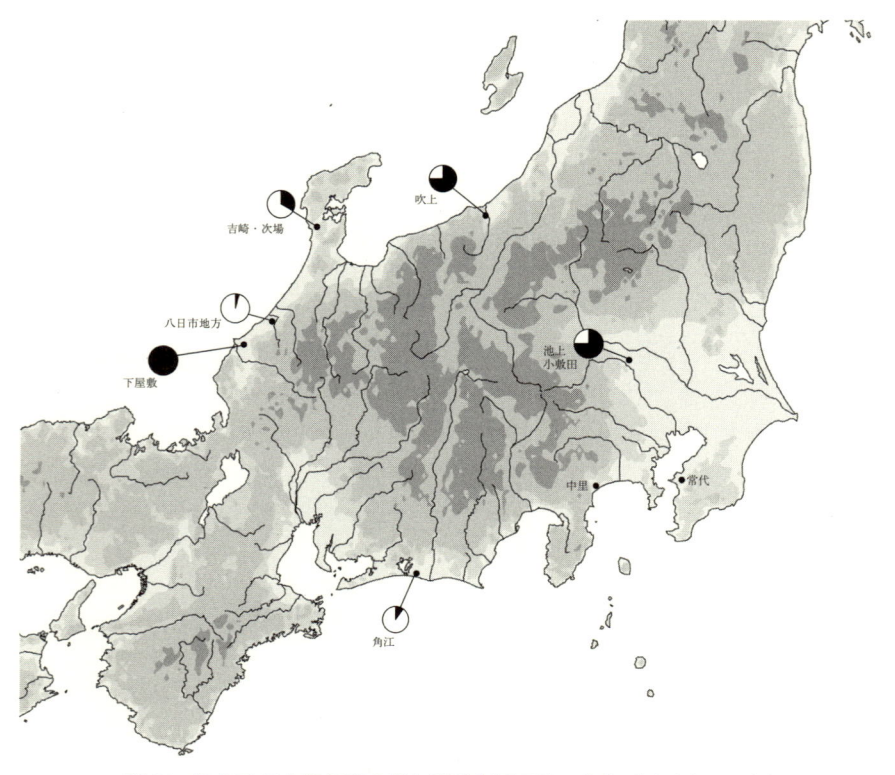

図81　弥生時代中期前葉の緑色岩製磨製石斧の分布（扁平片刃石斧）

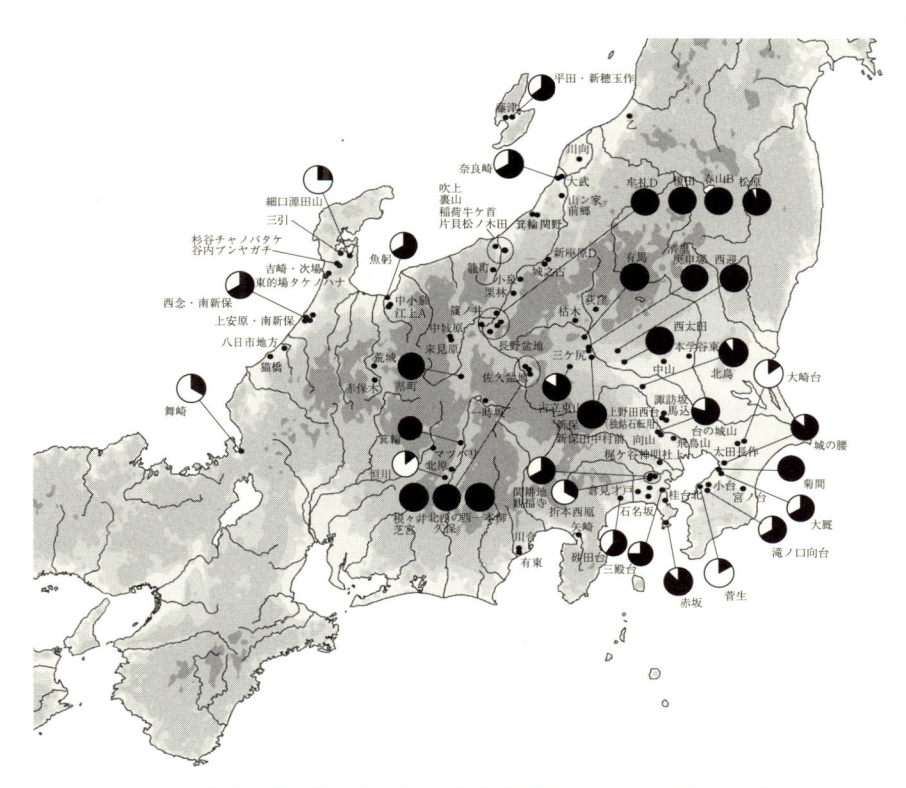

第4章　中部地方における石器の生産と流通　151

**図82　弥生時代中期後葉の緑色岩製磨製石斧の分布（太形蛤刃石斧）**

**図83　弥生時代中期後葉の緑色岩製磨製石斧の分布（扁平片刃石斧）**

未成品が出土している。太形蛤刃石斧は敲打調整段階の未成品であり、扁平片刃石斧は研磨調整段階の未成品である。

　これら以外の遺跡では、緑色岩製磨製石斧の未成品の出土は確認されていない。つまり、長野盆地では、榎田遺跡のように原石からの加工を行う遺跡、松原遺跡や春山B遺跡や中俣遺跡のように未成品を搬入して研磨調整を行い使用する遺跡、研磨調整がすでに行われた完成品としての石斧を搬入し使用する遺跡とに分けることができる。

　長野盆地以外では、緑色岩製磨製石斧の未成品が出土しないため、日本列島中央部に広く分布する緑色岩製の磨製石斧は、長野盆地内で製作され、その後各地に搬出されたと考えられる。

### （2）　弥生時代中期前葉・中葉における緑色岩製磨製石斧の流通

　最も古い時期の資料は本章第1節でみたとおり、石川県羽咋市吉崎・次場遺跡N-2号土坑出土の太形蛤刃石斧である。この資料は、中期前葉（第Ⅱ様式）の土器と条痕文土器が伴う遺構からの出土である。また、福井県坂井市下屋敷遺跡からも弥生時代中期前葉に比定される扁平片刃石斧が出土している。長野県域と北陸地方との間に弥生時代前期では、石器の流通がほとんど確認されなかったにも関わらず、緑色岩製磨製石斧が最も早くこの地域にもたらされている事実には注目する必要がある。

　関東地方から太平洋側の地域においては、栃木県佐野市中山で太形蛤刃石斧が採集され（杉山2006）、神奈川県厚木市及川宮ノ西遺跡（香村1996）で抉入柱状片刃石斧が出土している。栃木県の資料は採集資料のため、時期を厳密に比定することはできない。及川宮ノ西遺跡では前期末の土器片が出土しており、中期中葉ならびに後葉の土器片等は出土していない。しかし、弥生時代前期末の神奈川県西部の他の遺跡では、緑色岩製石器はおろか大陸系磨製石斧も出土していない。そのため、及川宮ノ西遺跡の資料の時期比定は保留しておきたい。

　以上の石斧の分布から、現段階では緑色岩製磨製石斧の流通は、北陸地方との交流から開始されたとみるのが妥当である。

　消費地である下屋敷遺跡と吉崎・次場遺跡の特徴から信州地方と北陸地方の交流を考えてみたい。本章第1節では、北陸地方における鉄斧の不足分を補うために遠隔地である信州地方からの太形蛤刃石斧の搬入を想定した。

　弥生時代中期前葉の北陸地方で緑色岩製磨製石斧を出土する遺跡である下屋敷遺跡と吉崎・次場遺跡には、ともに玉製品の製作を集落内で行っているという共通点がある。

　下屋敷遺跡では大量の玉の未成品とともに玉造りの加工具が出土している。吉崎・次場遺跡では中期前葉の遺構であるV-5号溝から管玉の未成品・翡翠製玉の未成品が出土しており、集落内において玉生産が行われている。同時期の長野盆地での玉製品が検出された遺跡・遺構は少ないが、長野県長野市篠ノ井遺跡（西山1997）で管玉が1点出土している[15]。中期前葉の長野盆地では、玉製品の生産活動は確認されていない。弥生時代中期初頭までは島根県松江市西川津遺跡など山陰地方で玉生産が行われたが、中期前葉ではその生産地が北陸地方に移動しており、篠ノ井遺跡から出土した管玉も北陸からの搬入品と考えられる。

この点で、下屋敷遺跡や吉崎・次場遺跡など磨製石斧や玉製品の生産遺跡において長野盆地産の緑色岩製磨製石斧が出土する意味は、先に挙げた鉄器の不足分を補う目的とともに、磨製石斧が玉との交換品として長野盆地の集団からもたらされたものと推定される。つまり、弥生時代中期前葉で「北陸の玉」と「長野盆地の磨製石斧」の交換と交易が行われていたと考えられる[16]。

中期中葉になると、緑色岩製磨製石斧の分布範囲は広がりをみせ、北陸地方のみならず、関東地方・東海地方においても出土する（図80・81）。北陸地方では吉崎・次場遺跡のほかに、石川県小松市八日市地方遺跡や新潟県上越市吹上遺跡からも、多くの緑色岩製磨製石斧が出土している。

関東地方北部では、埼玉県行田市小敷田遺跡で緑色岩製の太形蛤刃石斧・扁平片刃石斧および柱状片刃石斧（巻頭写真4 左3点、図84-1）が出土している。関東地方南部では、神奈川県厚木市子ノ神遺跡・同県小田原市中里遺跡から太形蛤刃石斧や挟入柱状片刃石斧が出土している。また同石材を用いた環状石斧は、伊豆諸島の三宅島の大里遺跡（同図10）からも出土している。

東海地方では、静岡県浜松市角江遺跡から太形蛤刃石斧と扁平片刃石斧が出土している。

中期中葉では、引き続き「北陸の玉」との交換と交易が想定され、実際に大量の玉生産を行う八日市地方遺跡や吹上遺跡では、交換品としての「磨製石斧」が出土する。そうしたなかで翡翠製勾玉の生産がなく、緑色凝灰岩などの玉生産が小規模な石川県金沢市寺中遺跡では、伐採斧が5点出土しているにも関わらず、緑色岩製磨製石斧の出土はない。つまり、北陸地方の玉生産の規模に応じて、大規模な玉生産遺跡における玉と緑色岩製磨製石斧の「交換」が積極的におこなわれたものと考えられる。

### （3） 弥生時代中期後葉における緑色岩製磨製石斧の流通

弥生時代中期後葉の後半（栗林2式新段階）になると、長野盆地の榎田遺跡で緑色岩製磨製石斧が大量生産され、分布範囲も拡大する。西は福井県敦賀市舞崎遺跡から、東は栃木県壬生町下都賀郡本学谷東遺跡や千葉県茂原市宮ノ台遺跡、南は静岡県静岡市川合遺跡・有東遺跡まで分布する（図82・83）。

北陸地方では、緑色岩製磨製石斧が玉生産の大規模遺跡のみならず、多くの遺跡で出土しており、その分布範囲は栗林式土器の分布（久田1991・1993、石川1997）と一致する。玉の生産も大規模集落のみならず、一般集落においても行われるようになり、磨製石斧の交易も一般集落も含めた交易へと変化している。

しかし、中期後葉においても玉生産が大規模に行われる集落には、大量の緑色岩製磨製石斧が出土しており、玉製品との交換を目的とした磨製石斧の流通は、継続して行われたと考えられる。

中期後葉には玉生産の拠点が新潟県柏崎市下谷地遺跡、佐渡の新穂玉作遺跡群など北側に移動したと考えられる。特に佐渡の新穂玉作遺跡群では、鉄石英や緑色凝灰岩を用いた細型管玉が生産されている（坂上2000）。下谷地遺跡では、緑色岩製の磨製石斧は出土していないものの、日本海を隔てた佐渡の平田・新穂玉作遺跡群では、緑色岩製磨製石斧が大量に出土している（9点、64.3％）。新穂玉作遺跡群では在地石材を用いた磨製石斧も出土しているため、搬入された緑色

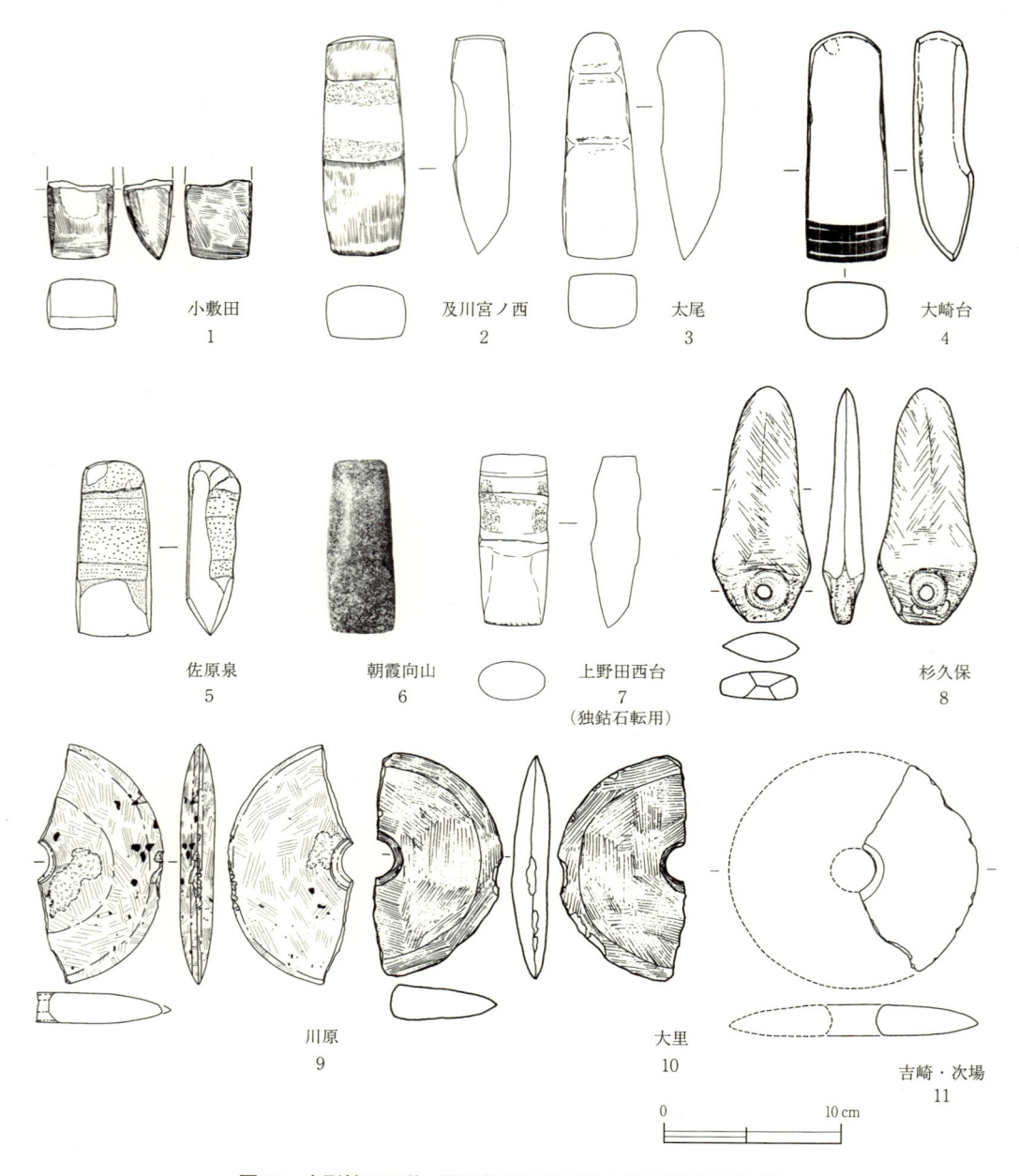

小敷田 1　及川宮ノ西 2　太尾 3　大崎台 4

佐原泉 5　朝霞向山 6　上野田西台 7（独鈷石転用）　杉久保 8

川原 9　大里 10　吉崎・次場 11

0　10cm

図84　太形蛤刃石斧・扁平片刃石斧以外の緑色岩製磨製石器

岩製の磨製石斧は、佐渡で生産される細形の管玉との交換品として持ち込まれたと解釈される。また、石斧の生産遺跡である松原遺跡では、細形の管玉のほか佐渡で多く産出される鉄石英の原石と石核が出土し、榎田遺跡では石核が出土している（図85）。つまり、佐渡と長野盆地の両地域間において「玉およびその素材」と「緑色岩製磨製石斧」との交換が行われたと考えられる。

　関東地方では、緑色岩製磨製石斧の搬入量が増大している。長野県佐久盆地・群馬県域・埼

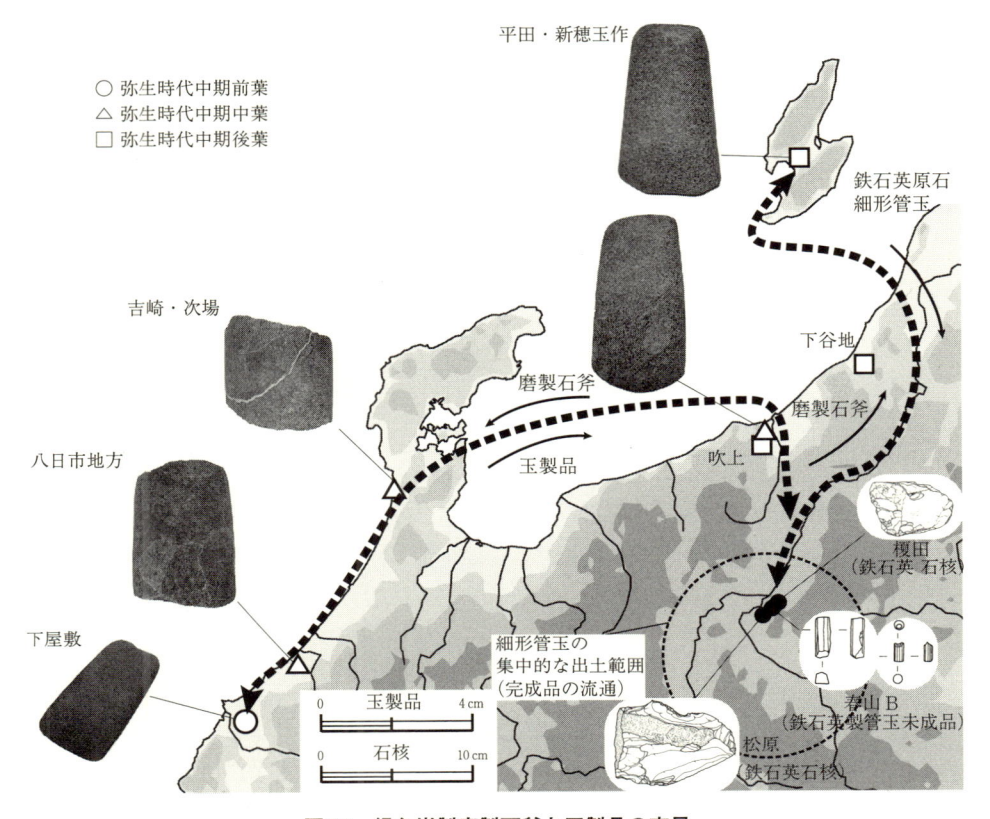

図 85　緑色岩製磨製石斧と玉製品の交易

　県北部では、出土する磨製石斧のほぼ全点が緑色岩製の磨製石斧で占められる。分布は長野盆地から佐久盆地を経由し関東地方北西部から荒川を下るルートで広がっている（杉山 2001：57 頁）。
　また、関東地方南部では石器の生産地に分布しない器種の石器が出土している。特に抉入柱状片刃石斧（図 84-3～6）は、筆者の肉眼観察では緑色岩製である。抉入柱状片刃石斧は、長野盆地における石器の器種構成にはない。こうした生産地にて本来所有しない器種が、石斧の消費地で一定量出土するという事実は、生産地と消費地の関係を示している可能性がある。つまり、関東地方南部で大量に出土する緑色岩製の磨製石斧は、関東地方南部の集落からの石器器種の要望を受けて、長野盆地にて生産され、流通するという受注生産を行う地域間関係であったと想定されるのである。
　長野盆地より南部では、松本盆地から伊那谷および飛騨にむけて緑色岩製磨製石斧の分布は広がりをみせる[17]。しかし、諏訪から甲府盆地方面、さらには富士川下流域では分布が極めて薄く、諏訪市一時坂遺跡から太形蛤刃石斧が 1 点出土しているのみである（高見ほか 1988）。ただし、八ヶ岳の南西から甲府盆地にかけては中期後葉の遺跡の分布が希薄なため、詳細は不明である。駿河湾沿岸では 3 遺跡で確認されているのみである。東海地方では、緑色岩製の環状石斧が豊田市川原遺跡から出土している（図 84-9、服部 2001）。

緑色岩製の磨製石斧を器種別にみると、太形蛤刃石斧の出土量に比較して、扁平片刃石斧の出土量は全体的に少なく、片刃石斧全体のなかでの占有比も低い。こうした器種の偏向性は、在地における石器製作のあり方と関連性がある。第3章第2節で記したように関東地方南部の石器製作の特徴は、礫素材をもとに剥離調整を省略して、直接研磨調整を施す点である。大型の磨製石斧を製作するためには、剥離調整や敲打調整などの施工技術を要する。しかし、剥離技術に長けていない関東地方南部の集団においては、大型の磨製石器を製作することができないために、長野盆地をはじめ周辺地域に完成品としての磨製石斧を求めたと考えられる。また、緑色岩製の加工斧が少ない背景には、第3章の図49でみたように木器製作具として片刃の鉄斧の普及が想定されるため、太形蛤刃石斧に比較して出土量が少ないものと考えられる。

### 4　まとめ

　長野盆地で製作された緑色岩製磨製石斧について、弥生時代中期前葉から中期後葉における出土分布の変化を検討した。その結果、弥生時代中期前葉の緑色岩製磨製石斧は、北陸地方の玉製品の生産遺跡にのみ出土している。両地域間で石斧と玉製品の交換が行われたと考えられる。

　弥生時代中期中葉になると、緑色岩製磨製石斧の出土分布範囲は、北陸地方のみならず関東地方にも広がる。北陸地方における流通は、中期前葉に引き続き北陸地方で生産される玉製品との交換・交易が目的と想定される。一方、関東地方における流通は、関東地方の集落では生産することができない大型の磨製石斧に対する需要が生じたためと考えられる。緑色岩製磨製石斧の生産と流通は、信州地方北部を取り巻く周辺地域と関係において生じた社会・経済的な背景によると考えられる。

## 第3節　小　結

　弥生時代の北陸地方では、黒色輝石安山岩の素材と蛇紋岩製磨製石斧の流通が縄文時代から継続して行われていた。黒色輝石安山岩の流通は、原石の搬入形態などに縄文時代と共通する点が多く認められるが、蛇紋岩製磨製石斧の流通構造には変化が認められる。縄文時代には生産地の近隣地域に大型の蛇紋岩製磨製石斧が流通したが、弥生時代になると遠隔地へと流通している。その背景には、鉄斧の普及との関連が想定され、消費地での鉄斧の補完材として大型の蛇紋岩製磨製石斧が必要となり、縄文時代の流通形態が変化したと考えられる。

　また、弥生時代には、新たに信州地方北部との間に石器の流通が始まった。縄文時代の本州中央部、特に関東地方および東海地方では、長野県の八ヶ岳北麓域で産出される黒曜石が打製石鏃の石材として多用される。その分布圏をみると信州地方から関東地方・東海地方中・東部である。

　北陸地方における打製石器の使用石材は東西で大きく分かれる。東側の新潟県域では玉髄・安山岩・鉄石英・メノウが多用される。信州地方の黒曜石原産地に比較的近いものの、黒曜石の出土量は遺跡ごとに差があり、総じて黒曜石の出土数が少ないのが北陸地方東部の特徴といえる。

近年報告された新潟県新発田市青田遺跡出土の黒曜石製石器の石材産地の結果をみると、信州系黒曜石は含まれず、新潟県板山産である（荒川ほか2004）。同県上越市和泉A遺跡（加藤1999）では信州系黒曜石が多く出土しており、一律に黒曜石が流通していない。

西側の石川県域では、黒色輝石安山岩が小型の打製石器の素材として用いられる。黒色輝石安山岩は能登半島西側などで採取が可能な石材であり、縄文時代以来、石川県域の遺跡で打製の小型石器の使用石材としてほぼ10割に近い使用率である。

つまり、信州地方から関東地方・東海地方東部への石器石材の流通は、すでに縄文時代の段階から確立しているのに対して、信州地方から北陸地方への石器の流通は、これらの資料をみる限り顕著とは言えない。但し、縄文時代晩期の信州地方を中心に分布する浮線文系土器などは、北陸地方にも多く出土している事から両地域が没交渉であったわけではなく、石器という実用的な利器をめぐる交流においては、あまり活発ではなかったと考えられる。

しかし、弥生時代中期になり大陸系磨製石器が伝播すると緑色岩製磨製石斧が北陸地方の大型集落へと流通した。その背景には、八日市地方遺跡や吉崎・次場遺跡など大型集落で生産される管玉・勾玉類との交換が想定される。特に、玉生産の大規模遺跡である新潟県上越市吹上遺跡と同県佐渡市平田・新穂玉作遺跡群における緑色岩製磨製石斧の出土の多さ、および磨製石斧の生産遺跡である長野県長野市松原遺跡や榎田遺跡での鉄石英原石ならびに石核の出土は、玉生産遺跡との直接的な交流を物語るものである。

註
1）刃部が残存している石斧のみを対象としたため、表12に挙げた伐採斧の出土数とは、分析した石斧の数量が異なる。
2）手取川で採取できる転石と加賀地方南部で採取可能な石材の原石は集落に大量に持ち込まれ、砥石など礫石器に用いられる。石器製作システムの図に明記していないが、各石材ともに記載した「製作される石器器種」以上に同石材を用いた礫石器が出土している点が共通している。以下製作系列を述べる際には煩雑になるため、礫石器については言及しない。
3）八日市地方遺跡のデータには、未報告の資料も含まれている。宮田明教示。
4）佐渡の新穂玉作遺跡群は蔵王遺跡、竹の花遺跡、桂林遺跡、平田遺跡、塚田遺跡、城ノ畠遺跡からなる。発掘調査報告書が刊行されている平田遺跡の出土資料以外にも、旧新穂村（現佐渡市）が調査を行った資料を含めている。未公表の資料の検討については、佐渡市教育委員会に配慮をいただいた。新穂村の発掘調査資料を指す場合、新穂玉作遺跡群資料と呼び、新潟県埋蔵文化財調査事業団が行った発掘資料を指す場合には、平田遺跡資料と呼ぶ。総称する場合は、平田・新穂玉作遺跡群と併記する。
5）山口忠明教示。
6）大小の区分は、阿部朝衛による寺地遺跡の分類に準ずる。
7）両遺跡では、多くの磨製石斧が出土しているが、抉入柱状片刃石斧が出土しない点など、長野盆地の石斧組成と類似している点が多い。道具形態がそのまま持ち込まれている感さえある。
8）馬場伸一郎も吹上遺跡での信州系遺物の出土について、同様の意見を述べている（馬場2007）。

9）下屋敷遺跡では2点の蛇紋岩製磨製石斧が出土している。ともに刃部を欠損しているため両刃・片刃の判断を明確にできないが、残存部の厚さから判断して両刃石斧と推定される。
10）鉄斧は金沢市西念・南新保遺跡、同市戸水B遺跡、羽咋郡志賀町高田遺跡から出土している。高田遺跡の鉄斧は、刃部幅2.75cmの形刃石斧である。他の遺跡の鉄斧はノミ形であり、いずれも加工用である。
11）この時期以降、新潟県域では、上越市吹上遺跡や佐渡市平田・新穂玉作遺跡群など、大量の石器を出土する遺跡は存在するものの、玉製品以外の石器製作活動は低調である。検出される集落数についても、以西よりも少なく、地域性が現れてくる。
12）新潟県上越市吹上遺跡でも弥生時代中期中葉の翡翠製玉製作が確認されている。
13）黒色頁岩の分類は、報告書の記載に準じている。報告書では、肉眼観察により、黒色頁岩を5種類に分類している。A：粘板岩、B：シルト質頁岩、C：頁岩（茶色）、D：頁岩（緻密で硬質）、E：頁岩（ハリ質？）
14）松原遺跡において、遺跡周辺では獲得できず、遠隔地からの搬入を行っている石材は、片岩・翡翠・緑色凝灰岩・鉄石英・黒曜石である。そのほかの石材は、遺跡周辺で採取可能な石材である。
15）馬場伸一郎教示。
16）磨製石斧と玉の交換については、久田正弘も指摘している（久田2003）。
　　久田の意見は、2002年に行われた研究会での発言として記録されている。研究会での発言記録という性格であるため、その根拠について詳しく検討できないが、文脈から判断する限り、玉生産遺跡を多く抱える石川県においては、周辺各地からさまざまな搬入品が確認されている。こうした搬入品が玉と交換されたと考えているようである。本稿では、それまで石器流通に関して没交渉であった信州地方と北陸地方との関係において、その交流を示す磨製石斧が最も早く玉作遺跡で出土していることを根拠に交換が行われたと考えている。その後の吹上遺跡や平田・新穂玉作遺跡群における北陸地方における緑色岩製磨製石斧の出土状況をみれば、磨製石斧が交換材の役目を果たしていた事は明らかである。
17）吉朝富則教示。馬場の研究では、飛騨地域にも数多くの緑色岩製磨製石斧が分布していることが明らかになっている（馬場2008）。

# 第5章　弥生文化における縄文系石器の流通
―黒曜石製石器の研究（1）―

　小型の打製石器の素材として用いられた黒曜石が、弥生時代にも流通していたことはあまり知られていない。これまでの弥生時代の研究では、「稲作・大陸系磨製石器・金属器」などといった新しい文化の要素が主な対象となり、縄文時代から残る文化要素について、改めて問われることが少なかったためである。弥生時代の黒曜石製石器は、たとえ出土が確認されていても、縄文時代の遺物の混入品として扱われることが多く、報告すらされない事例も散見される。しかし、弥生時代においても黒曜石は打製石鏃や剥片刃器として用いられ、重要な利器の1つであったことは事実である。

　黒曜石研究の特徴は多々あるが、石器の流通論に限っていえば、次の点を挙げることができる。それは、理化学的分析手法を取り入れた石材産出地の推定分析を基軸に据えることにより、石材の原産地から消費地である集落への黒曜石の流通形態、集落での消費形態という石器石材のライフヒストリーを追究することが可能な点にある。近年主として採用されるようになった蛍光X線分析法は試料を破壊することなく、比較的短時間で分析が行えるようになった。特に蛍光X線分析の判別図法ならびに全点分析法（望月・池谷ほか1994）が提唱されてからは、一遺跡で100点もしくは全点資料の分析結果をもとにした石器・石材の流通論が展開されるようになり、黒曜石製石器の研究は大きな転機を迎えた。

　本章では、縄文時代後期から弥生時代中期の関東地方南部から東海地方東部を対象とし、黒曜石を巡る集団の動態に着目する。分析の対象地域は、その周囲に信州・箱根・伊豆諸島という黒曜石原産地を抱えており、すでに旧石器時代や縄文時代の研究において、黒曜石の石材利用の変化や消費される黒曜石の産地の推移が明らかにされている（池谷2003、諏訪間2006）。そこで、本章にて弥生時代の検討を行うことで、旧石器時代からの黒曜石を巡る人類史に新たな側面を加えるとともに前章までに記してきた弥生時代の磨製石器の流通論との比較・対照が可能となる。

　なお、検討を行う時期は、これまで資料が少ないとされていた（池谷2003）縄文時代後期から弥生時代中期までを対象とし、関東地方南部から東海地方東部の地域と比較するために甲信地方（長野県域・山梨県域）なども適宜参照する。

　まず、出土黒曜石の概要について述べ、地域ごとに遺跡からの出土量について明らかにする。次に蛍光X線分析法による産地推定結果をもとにして、関東地方から東海地方における黒曜石の流通の画期をまとめ、神津島産黒曜石の流通に携わる集団について検討を行う。

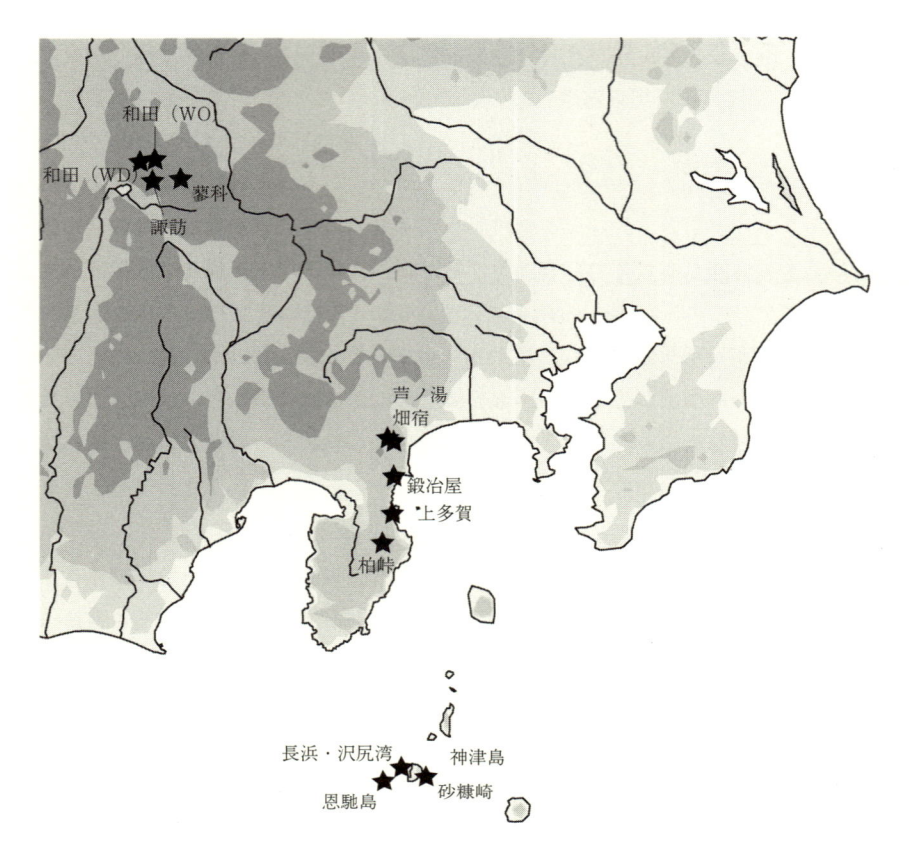

図86　関東地方周辺の黒曜石原産地

## 第1節　東日本における黒曜石の概要

　黒曜石は、流紋岩質のマグマが噴出や地表近くへの貫入により急冷した場合に生じるといわれている。黒曜石の産出地は、現在のところ国内約70カ所で確認されており、なかでも北海道・本州中部・九州北部にはその産地が集中している。本州中部では、諏訪や蓼科や和田などの信州地方の八ヶ岳周辺と箱根・伊豆や伊豆諸島の神津島などで黒曜石は産出し（図86）、北陸・信州・関東・東海の各地方で旧石器時代以来、打製石器の石材として利用された。

### 1　黒曜石原産地について
　ここでは、本章と特に関わる伊豆・箱根・神津島の黒曜石原産地の現状について簡単にまとめておきたい。
#### （1）箱根
　箱根では、鍛冶屋・畑宿・黒岩橋・芦ノ湯の5カ所で黒曜石を採取することができる。
　鍛冶屋は、神奈川県湯河原町に所在する。湯河原駅の北東約1kmに位置し、新幹線堀越トン

第5章 弥生文化における縄文系石器の流通　161

1　湯河原　鍛冶屋

2　天城　柏峠

3　神津島　沢尻湾

4　神津島　恩馳島

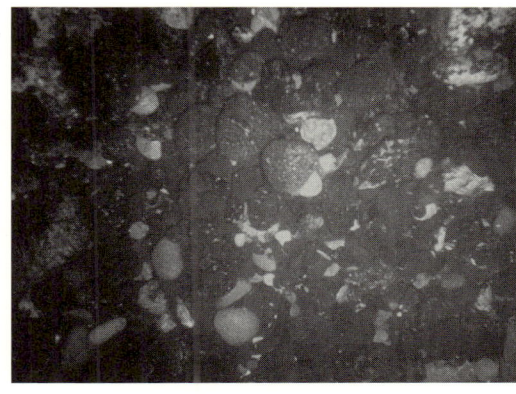

5　神津島　恩馳島海底

6　神津島　砂糠崎

図87　伊豆・神津島の黒曜石原産地の現況

ネルの脇のミカン畑で角礫を採取できる（図87-1）。このミカン畑は南斜面の下部に位置するが、その上部では黒曜石をほとんど確認できない。角礫の大きさは3cmほどのものから1kgを超えるような大型の原石も拾うことができる。

畑宿・黒岩橋・芦ノ湯は神奈川県箱根町に所在する。畑宿では、黒曜石は火砕流中に含まれている。形状は不揃いで亜角礫となっている。黒岩橋も黒曜石は火砕流中に含まれており、形状はまばらで小型のものが多い。芦ノ湯では、黒曜石は蛇骨川の転石中にある。

上多賀は静岡県熱海市に所在する。円礫の黒曜石を海岸で拾うことができる。

### （2） 天城

天城では、静岡県伊豆市柏峠で黒曜石を採取することができる。

柏峠は伊東市と伊豆市の境に位置し、標高約430mである。黒曜石は現在の伊東市と冷川峠を結ぶ県道から柏峠に入る林道の入り口付近の沢で確認できる。黒曜石の2cm大からこぶし大ほどの角礫である（同図2）。

### （3） 神津島

伊豆諸島の神津島では、4カ所で黒曜石を採取することができる。

沢尻湾…前浜より北へ約1kmに位置する。弧状を呈す小さな湾であり、その北側で黒曜石が産出する。現在でもこぶし大程度の円礫を採取することができる（同図3）。

長　浜…前浜から北へおよそ3kmで、沢尻湾の北隣に位置する。黒曜石はその海岸で採取できる。大きさはこぶし大程度であり、円礫である。

恩馳島…神津島の南西約5kmの海上にある岩礁である（同図4）。黒曜石は島の東側の海底で確認できる（同図5）。円礫が多いものの、海底に黒曜石の岩脈が存在し、角礫を採取することも可能である。

砂糠崎…神津島の東側で確認されている産地である。多幸湾の北側に張り出す砂糠山火山溶岩流の中腹に約800m、厚さ50mにわたり黒曜石の岩脈を見ることができる（同図6）。斑晶が極めて多く、やや茶色味がかった色調を呈している。黒曜石は、中腹のみならず海底にも落下したものが分布している。大きさも多様であり、人が抱えきれないほどの大きな原石が神津島村郷土資料館に展示されている。

## 2　黒曜石製石器の出土量

表16は、関東地方南部から東海地方東部における弥生時代の黒曜石製石器の集成である。各遺跡からは、この表に記した以上の黒曜石が出土しているが、出土黒曜石の帰属時期を限定するため、一括出土資料もしくは遺構の底面（床上）プラス10cmまでの出土資料を対象としている。出土黒曜石の帰属時期は、共伴する土器を基準としている。なお、時期の名称は『弥生土器の様式と編年』（加納・石黒2002）の「相模」を基準として、各遺跡の時期が「相模」の編年のどの段階に併行するのかを表している。Ⅰ＝弥生時代前期、Ⅱ＝弥生時代中期前葉（丸子式併行）、Ⅲ＝弥生時代中期中葉（中里式）、Ⅳ＝中期後葉（宮ノ台式）であり、更に細別するときは、Ⅲ-2のよう

第 5 章 弥生文化における縄文系石器の流通　163

**表 16　弥生時代の黒曜石製石器集成**

| | 遺跡名 | 出土点数 | 調査面積 (m²) | 出土遺構（時期・点数・器種） |
|---|---|---|---|---|
| 房総 | 菊間 | 1 | 4,500 | 30号住居（Ⅳ-4〜5・1・剥片） |
| 房総 | 常代 | 91 | 70,862 | SZ63（Ⅲ-2、1、搔器）、SZ119（Ⅳ・1・剥片）、SZ121（Ⅲ-Ⅳ・2・剥片）、SK406（Ⅳ・1・剥片）、SK448（1・剥片）、SK449（4・剥片、RF）、SK463（Ⅲ-2・7・剥片、UF）、SK464（Ⅲ-2・2・剥片）、SK469（Ⅲ-2・5・剥片）、SK566（Ⅲ-2・8・剥片、UF）、SD70（1・剥片）、SD220（Ⅲ-Ⅳ・2・剥片）、SD254（Ⅴ・1・UF）、SD461（1・剥片）、SD463（Ⅲ-2・6・剥片）、SD465（Ⅲ-2・23・剥片、UF）、SD466（Ⅲ-2・1・剥片）、SD470（Ⅲ-2・1）、SX16（Ⅲ-2・7・剥片）、遺構外（4）、未報告（12） |
| 武蔵 | 折本西原 | 7 | 4,000 | Y15号住居（Ⅳ-4・1・石核）、40号住居（Ⅳ-5・2・石核、剥片）、43号住居（Ⅳ-3・1・石核）、49号住居（Ⅳ-3・2・剥片）、6号方形周溝墓（Ⅳ-4・1・剥片） |
| 三浦 | 三殿台 | 1 | – | 140号住居（後期・1・石鏃） |
| 三浦 | 赤坂3次 | 9 | 680 | 1b号住居（Ⅳ-5・1・剥片）、1a号住居（Ⅳ-5・1・剥片）、3号住居（Ⅳ-5・1・剥片）、ほか6点 |
| 三浦 | 赤坂8次 | 1 | 1,152 | 4号住居（Ⅳ-5・1・石鏃） |
| 三浦 | 雨崎洞穴 | 2 | – | （Ⅲ・剥片） |
| 相模 | 北原 | 277 | 13,000 | Y5号焼土（Ⅰ-2・4・剥片）、Y7号焼土（Ⅰ-2・1・剥片）、Y10号焼土（Ⅰ-2・1・剥片）、Y11号焼土（Ⅰ-2・1・剥片）、Y14号焼土（Ⅰ-2・3・剥片）、Y16号焼土（Ⅰ-2・4・剥片）、遺構外（Ⅰ-2・11・石鏃、1・石錐、5・RF、1・UF、222・剥片、19・残核、4・原石） |
| 相模 | 上村 | 9 | 6,900 | 遺構外（Ⅰ-2・2・石鏃、7・剥片） |
| 相模 | 池子 | 11 | 9,800 | 旧河道（晩期、Ⅱ-2、Ⅲ-2・11・石鏃、UF） |
| 相模 | 平沢同明 | – | – | 未報告（縄文後期から弥生時代前期） |
| 相模 | 中里 | – | – | 未報告（Ⅲ-2） |
| 相模 | 王子ノ台 | – | 24,501 | 黒曜石は出土しているが、報告されていない。 |
| 相模 | 子ノ神 | 9 | 10,000 | 74号址（1・石鏃）、90号址（1・石鏃）、100号址（1・石鏃）、110号址（1・石鏃）、152号址（2・剥片）、183号址（1・石鏃）、206号址（1・石鏃）、遺構外（1・石鏃） |
| 相模 | 砂田台 | 1669 | 7,000 | 4号方形周溝墓（Ⅳ-5・1・RF）、6号方形周溝墓（Ⅳ-5・2・RF）、20号土坑（Ⅲ-2・2・石鏃、RF）、21号土坑（Ⅲ-2・2・RF）、23号住居（Ⅳ-4・1・UF）、31号住居（Ⅳ-5・1・石鏃）、35号住居（Ⅳ-5・1・UF）、46号住居（Ⅳ-5・1・石鏃）、68号住居（Ⅳ-5・1・石鏃）、73号住居（Ⅳ-5・1・UF）、95号住居（Ⅳ-2・3・1・石核）、97号住居（Ⅳ-5・1・石鏃）、100号住居（Ⅳ-3・1・石核）、105号住居（Ⅲ-2・1651（含覆土）、111号住居（1・石鏃）、121号住居（Ⅳ-4・1・UF） |
| 相模 | 山ノ神 | 3 | 150 | 包含層（Ⅳ-2・3・石鏃、石核、剥片） |
| 相模 | 三ツ俣 | 3 | 800 | 4号溝（1・剥片）、不明（2・剥片） |
| 伊豆 | 姫宮 | 1000以上 | – | 包含層（縄文晩期、Ⅰ、Ⅱ・2・石鏃） |
| 伊豆 | 日暮 | 383 | – | 未報告、石鏃と剥片多数 |
| 伊豆 | 日詰 | 8 | 4,000 | 包含層（石鏃） |
| 東駿河 | 大平Ⅱ | 4 | 4,200 | 1号住居（Ⅰ、Ⅱ・1・石鏃）、SX04（石鏃・チップ）、SX03（チップ）、包含層（2・石鏃） |
| 東駿河 | 関屋塚 | 28 | 880 | 包含層（縄文晩期・28・石鏃、石核、剥片） |
| 東駿河 | 山王 | – | 4,300 | 未報告。採集資料で石鏃が158点 |
| 東駿河 | 鶴喰前田 | 28 | 270 | 包含層（Ⅲ-2・1・原石、4・石核、2・RF、1・石鏃、12・剥片、8・チップ） |
| 東駿河 | 中手乱 | 1 | 1,984 | 包含層（Ⅲ-2・1・RF） |
| 東駿河 | 中島西原田 | 14 | 12,000 | 包含層（Ⅲ・Ⅳ・剥片） |
| 東駿河 | 八反田前田 | 2 | 12,000 | 包含層（Ⅲ・RF、剥片） |
| 東駿河 | 渋沢 | 71 | 3,200 | 包含層（Ⅰ-2・3・石鏃、2・RF、2・石核、1・剥片） |
| 西駿河 | 丸子・佐渡 | – | – | 包含層（Ⅱ・詳細不明・石鏃、剥片） |
| 西駿河 | 瀬名 | 23 | 1,800 | 包含層（Ⅱ・3・RF、1・UF、2・原石、2・石核、15・剥片） |
| 西駿河 | 有東 | 1 | 400 | SK01（Ⅳ・1・剥片） |
| 西駿河 | 川合 | 21 | 38,000 | SD11601（Ⅴ-1・2・石核、剥片）、SB6701（古墳中期・1・剥片）、SD8611（2・剥片）、SD10614（1・剥片）、包含層（13・剥片、石核）、表採（1・剥片） |
| 伊豆諸島 | 下高洞（大） | 1000以上 | 80 | 石鏃、未報告資料あり。 |
| 伊豆諸島 | 田原（新） | 363 | 60 | 包含層（縄文晩期-Ⅰ-2・2・石鏃、1・石鏃未成品、2・石錐、11・RF、1・UF、1・楔形石器、1・石核、344・剥片） |
| 伊豆諸島 | ケッケイ（利） | 1129 | 46 | 包含層（Ⅲ-1・1074・石鏃、搔器、石核、剥片） |
| 伊豆諸島 | 尾いずみ（三） | 1 | – | 包含層（Ⅲ-3・1・剥片） |
| 伊豆諸島 | 伊豆灯台（三） | – | – | 包含層（Ⅲ-3） |
| 伊豆諸島 | 大里1次（三） | 1108 | 100 | 包含層（Ⅲ-3・1108・石鏃、石核、RF・剥片） |
| 伊豆諸島 | 大里2次（三） | 10000 | 650 | 住居、土壙墓、土坑、包含層（Ⅲ-3・石核52点、ほか多数10000点以上・石鏃、RF、UF、石核、剥片） |
| 伊豆諸島 | 坊田（三） | 101 | 40 | 包含層（Ⅳ-1・101・石核、剥片、RF） |
| 伊豆諸島 | ココマ（三） | 29 | – | 包含層（Ⅳ-5・石核、剥片刃器、楔形石器、剥片） |

大：大島、新：新島、利：利島、三：三宅島

に表記している。
### （1） 房総地区

黒曜石は2遺跡で出土している。特に千葉県君津市常代遺跡では、弥生時代中期中葉（Ⅲ-2期）から宮ノ台式土器終末までの大量の遺物が報告されている。黒曜石はⅢ-2期の遺構を中心に99点出土している（甲斐1996）。

千葉県市原市菊間遺跡からは中期後葉（Ⅳ-4期からⅣ-5期）の第30号住居址から剥片が1点出土している（斎木1974）。

### （2） 武蔵地区

神奈川県北部域と東京湾沿岸地域を一地域としてまとめた。神奈川県横浜市折本西原遺跡では、弥生時代中期後葉（Ⅳ-3期からⅣ-5期）に属する石核と剥片が6点出土している（石井1980）。

### （3） 三浦地区

神奈川県三浦市雨崎洞穴では、弥生時代中期中葉（Ⅲ-2期）に属する剥片が2点出土している。

神奈川県三浦市赤坂遺跡は、中期後葉（Ⅳ-3期）から後期初頭（Ⅴ-1期）の集落遺跡である。数次にわたる発掘調査から合計で37点の黒曜石が出土している（岡本1992、諸橋2001）。

神奈川県逗子市池子遺跡では、旧河道から弥生時代中期後半の土器・木製品を中心に大量の遺物が出土している。旧河道の覆土下層から底面にかけて、縄文時代晩期から弥生時代中期（宮ノ台式以前）の土器とともに、黒曜石が11点（石鏃6点、Used Flake 5点）出土している（山本ほか1999）。

### （4） 相模地区

神奈川県愛甲郡清川村宮ケ瀬遺跡群の北原・上村遺跡からは、弥生時代前期（Ⅰ期）の資料が多く出土している。北原遺跡では、4点の原石など計277点の石器および剥片が出土している。この遺跡の出土資料の8割以上は剥片が占めており、石鏃など定形化された器種は少ない（市川1990）。上村遺跡は、前期（Ⅰ-2期）の土器を出土するキャンプサイト的な遺跡である。出土した石器類は、弥生時代初頭の土器分布と重なり、層位的にも縄文時代と分別ができる。黒曜石は包含層から石鏃が2点、剥片が7点出土している（鈴木1994）。

神奈川県小田原市中里遺跡からは弥生時代中期中葉（Ⅲ-2期）の集落が検出され、黒曜石も出土している[1]。神奈川県平塚市王子ノ台遺跡は、住居址からの少数の黒曜石の出土事実が報告書で述べられているのみであり、詳細は不明である（秋田2000）。

神奈川県足柄上郡大井町中屋敷遺跡は、弥生時代前期末の遺跡であり、土坑が複数基検出されている。黒曜石は171点出土しており、石鏃・UF・剥片などが出土している（小泉ほか2008）。

神奈川県厚木市子ノ神遺跡では弥生時代中期中葉（Ⅲ-2期）の土壙墓、中期中葉末（Ⅲ-3期）から中期後葉初頭（Ⅳ-1期）の集落址が検出された（日野ほか1990）。黒曜石は10点出土している。いずれも遺構外からの出土であるが、縄文時代の遺構・遺物が希薄なため、黒曜石は弥生時代中期に帰属する可能性が高い。器種は石鏃が多く、剥片は2点のみ報告されている。

神奈川県秦野市砂田台遺跡では、弥生時代中期中葉（Ⅲ-2期）と中期後葉（Ⅳ期）の集落址が

検出されている（宍戸ほか1989・1991）。Ⅲ期の遺構からは大量の黒曜石が出土している。

同市平沢同明遺跡では、縄文時代後期から弥生時代中期初頭にいたるまでの遺構および包含層が検出されている[2]。原石および剥片が多数を占めるものの、石鏃や石錐など定形化された石器類も多く出土している。

神奈川県小田原市山ノ神遺跡は弥生時代中期後葉（Ⅳ-2期）の土器を含む包含層が検出された（杉山1970）。調査区内からの縄文時代の遺物の出土はなく、報告された石鏃のほかにも自然面を持つ石核・剥片の計2点がある。

### （5） 伊豆地区

縄文時代前期の神津島産黒曜石の荷揚げ集落と想定される河津町見高段間遺跡に代表されるように、伊豆半島は伊豆諸島との交通を考慮した際に地理的に重要な地域である。

静岡県賀茂郡河津町姫宮遺跡は、縄文時代晩期から古墳時代にいたる集落である（宮本1994）。黒曜石は第11・12・16次調査時に出土している。特に11次調査では、縄文時代晩期末から弥生時代前期にかけての剥片類を中心とした黒曜石の集石遺構が複数検出されている[3]。

静岡県伊東市日暮遺跡は、弥生時代中期から古墳時代中期の遺物を出土する遺跡である。これまでに報告されている土器は、弥生時代中期後葉（Ⅳ-3期）の環濠出土資料のみだが、資料を実見した際に中期中葉（Ⅲ-2期）や中期後葉初頭（Ⅳ期前半）にさかのぼる資料も確認された。黒曜石は383点出土しており、これらは弥生時代の遺構もしくは古墳時代の土器を含む包含層から出土している。黒曜石の多くは、弥生時代に帰属すると思われるが、細かくみると時間幅がある可能性がある。石鏃のほか多数の剥片刃器・石核・剥片が出土している。

伊豆半島先端の賀茂郡南伊豆町日詰遺跡においても剥片が多数出土しているが、原石・石核の出土はないと報告されている（鈴木1978）。

### （6） 駿河地区

この地域では、東岸の田方平野（東駿河地域）と西岸の静清平野（西駿河地域）に遺跡が分布している。

静岡県駿東郡長泉町大平遺跡は、東駿河地域では数少ない弥生時代前期の住居址が検出された遺跡である（佐野2001）。住居址からは石鏃および剥片・チップが出土し、黒曜石の剥片の集中地点が2カ所（SX03、SX04）検出された。

静岡県富士宮市渋沢遺跡は、弥生時代中期前葉（Ⅱ期）の遺跡である（渡井1989）。黒曜石製石鏃3点以外は未報告である。定形化した器種は石鏃のみである。石鏃3点の内1点は、有茎式である。その他は剥片が大部分を占め、石核や剥片刃器（RF）なども出土している。

静岡県三島市の御殿川流域遺跡群では、弥生時代中期中葉（Ⅲ-2期）に属する鶴喰前田遺跡で特に多くの石器・原石が出土している（杉浦1995）。その他、同遺跡群の中手乱遺跡・中島西原田遺跡・八反田前田遺跡からも少量の黒曜石が出土している。

静岡県庵原郡富士川町山王遺跡は、縄文時代晩期終末の資料を多く出土した遺跡である（稲垣1975）。この遺跡からは、発掘調査以前に石鏃が多数採集されている。

静岡県静岡市瀬名遺跡は、弥生時代中期前葉（Ⅱ期）と中期後葉（Ⅳ期）の集落址である（中山1994）。出土した24点の黒曜石は、共伴する土器や石器の様相から中期前葉（Ⅱ期）に属すると考えられる。この遺跡からは石鏃、剥片刃器、原石、石核、剥片などが出土している。

静岡県静岡市川合遺跡は、有東遺跡とともに静清平野を代表する弥生時代中期の遺跡である（山田ほか1991）。川合遺跡では21点の黒曜石が出土している。そのうち13点は、弥生時代中期から古墳時代前期にかけてのX層から出土している。剥片のほか原石も2点出土している。

### （7） 伊豆諸島地域

伊豆諸島の遺跡では、これまでみてきた地域よりも黒曜石の出土量が飛躍的に多い。つまり、神津島の黒曜石原産地に近い遺跡では、黒曜石の採取・消費活動が活発であったといえる。

大島の下高洞遺跡は、縄文時代早期から弥生時代中期前葉末までの遺跡である（大島町1998）。弥生時代の石器は、D地区22層・21層（弥生時代中期前葉および前葉末）出土の石鏃・RF・楔形石器である。

新島の田原遺跡では縄文時代晩期末から弥生時代中期前葉（Ⅱ期）までの遺物包含層が検出されている（杉原・大塚ほか1967）。定形化した石器は、石鏃・同未成品・石錐・楔形石器や使用痕のある縦長剥片などであり、大量の剥片が出土している。

利島のケッケイ山遺跡は、弥生時代中期中葉（Ⅲ-1期・平沢式段階）の住居址が検出された集落遺跡である（大塚1959、石川1996b）。1129点（筆者集計）の黒曜石が出土しているが、その9割以上は剥片である。そのほか、石核や石鏃、使用痕のある剥片等が出土している。

三宅島の大里遺跡は、中期中葉（Ⅲ-3期）前後を中心とする集落址である。大里遺跡1次調査は、包含層のみの検出であったが（橋口1975）、隣接地での2次調査[4]では、住居址・土器棺墓が検出された（青木1995）。縄文時代の遺物を含まないことから、出土した大量の黒曜石はすべて弥生時代に属すると判断でき、両調査地点合わせて、石器・剥片等を含めて1万点を超える量の黒曜石が出土している。

発掘調査が行われていない三宅島の尾いずみ遺跡・伊豆灯台遺跡からも黒曜石製石器の採取が報告されている。

三宅島の坊田遺跡は弥生時代中期後葉初頭（Ⅳ-1期）を中心とする集落である（橋口1983）。坊田遺跡では、縄文時代の遺物が検出されないため、出土した101点の黒曜石はすべて弥生時代に属すると判断できる。石核は1点、石錐は1点、その他は剥片利用の石器や剥片である。

三宅島のココマ遺跡は小規模な発掘調査がこれまでに数次行われてきた。黒曜石は数点出土し、それらのなかには剥離調整を行っている資料も含まれている（芹沢1958）。採集土器から遺跡は、弥生時代中期末葉（Ⅳ-5期）から後期初頭（Ⅴ-1期）まで営まれたと考えられる。

### 3　黒曜石製石器の出土傾向

関東地方南部から東海地方東部の縄文晩期から弥生時代における黒曜石の時期別の出土量についてまとめておきたい。

第 5 章　弥生文化における縄文系石器の流通　167

　出土量の増減の変化が顕著に表れているのは、弥生時代中期中葉（Ⅲ-2 期）の段階である。砂田台遺跡・子ノ神遺跡・中里遺跡・池子遺跡・常代遺跡や鶴喰前田遺跡を含む御殿川流域遺跡群などのように、弥生時代中期中葉（Ⅲ-2・3 期）の遺跡からは比較的多くの黒曜石が出土し、「石器組成」の 1 つとして黒曜石製石器が存在した。伊豆諸島の集落でも弥生時代中期中葉（Ⅲ-2・3 期）の集落数は増えており、大里遺跡の 1 万点を超える例を筆頭に、各遺跡から大量に出土している。

　中期後葉（Ⅳ期）の宮ノ台式土器期になると、黒曜石の出土状況に変化があり、中期後葉では前半と後半では様相が異なる。山ノ神遺跡など前半にあたるⅣ-2 期にいたるまでは黒曜石の出土が確認されるが、Ⅳ-3 期は減少し、再び宮ノ台式土器終末にあたるⅣ-4・5 期でその出土が急増している。しかし、Ⅲ期に比較すれば、Ⅳ期の出土数は明らかに減少している。

　後期の黒曜石は、神奈川県横浜市三殿台遺跡と川合遺跡の 2 遺跡から出土している。三殿台遺跡第 140 号住居からは、凹基式の打製石鏃が 1 点出土している（和島 1965）。但し、第 140 号住居の壁周溝からは勝坂式土器、覆土からは堀之内式土器が出土しているため縄文時代の遺物の混入の可能性も残されている。川合遺跡では SD11601 から原石・剥片が出土している。SD11601 からは後期初頭の土器が多く出土しているが、中期後半（有東式）の土器片も出土しており、出土黒曜石が後期に属すると短絡的に決めることはできない。また、後期になると集落が増大する三浦半島や房総半島において、明確に供伴する黒曜石製石器は出土していない。

　つまり、黒曜石の流通は弥生時代中期中葉（Ⅲ期）にピークを迎え、その後徐々に減少し、Ⅳ-2 期に一度途絶える。そして、Ⅳ期終末に再び流通するがその量は極めて少なく、実質的に黒曜石の流通は弥生時代中期末葉を以て終焉したといえる。

## 第 2 節　黒曜石の流通

　蛍光 X 線分析による判別図法（望月・池谷ほか 1994）を用いて、東海・関東・中部の各地方における縄文時代後期から弥生時代中期後半までの黒曜石製石器および原石・剥片等の石材原産地を推定し、黒曜石の流通について検討を行いたい。判別図上で黒曜石は、信州系（4 エリア 13 判別群）・神津島産（1 エリア 3 判別群）・箱根産（1 エリア 5 判別群）・天城産（1 エリア 1 判別群）の 4 つに分類される[5]。当然ながら、これらの産地以外の黒曜石については、判別図上でまったく異なる地点にプロットされるため混同することはない。本論では、信州系黒曜石と神津島産黒曜石の石材利用の変化を中心にみていき、必要な際にはそれぞれの産地のなかで細かい産地を列挙して述べることとする。また、蛍光 X 線分析は実施していないが、筆者の肉眼観察により原石面の状況などから産地を判断したものについては、グラフ化せず、遺跡名と産地名を図上に記した。

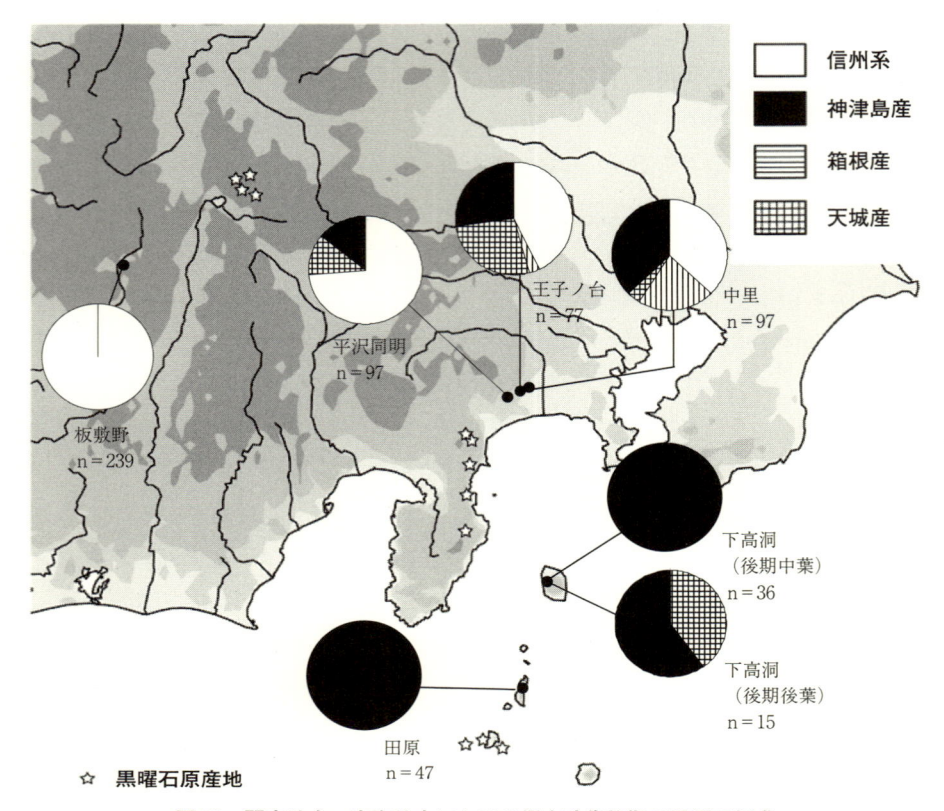

図88　関東地方・東海地方における縄文時代後期の黒曜石組成

## 1　縄文時代後期から弥生時代中期前葉における黒曜石の流通
### (1)　黒曜石の原産地推移
#### a.　縄文時代後期（図88）

　神奈川県秦野市の平沢同明遺跡のⅤ層（後期～晩期前半）では、信州系黒曜石が70％を超え、残りを天城産と神津島産がそれぞれ10％前後を占めている。王子ノ台遺跡（後期前半）では信州系が42％と高い比率を占める一方で、天城産も27％を占めている点に注目しておく。平塚市中里遺跡（後期前半）では、信州系と神津島産がともに37％を占めているなかで、箱根産が21.6％と次いでいる。また、綾瀬市上土棚南遺跡では、後期前葉の資料が398点出土しており、箱根産が最も多く56％を占め、次いで信州系が32％となる（矢島ほか2008）。

　信州の黒曜石原産地により近い長野県木曽郡木曽町板敷野遺跡では、信州系黒曜石で占められている。

　伊豆諸島の大島の下高洞遺跡D地区（以下D地区を省略）と新島の田原遺跡では、ともに神津島産黒曜石が主体である。しかし、下高洞遺跡では後期中葉は神津島産黒曜石のみで占められていたが、後期後葉では天城産黒曜石が40％を占めるように、伊豆半島との活発な交流が想定される。また、神津島産黒曜石には神津島恩馳島産と砂糠崎産が用いられているが、砂糠崎産黒曜

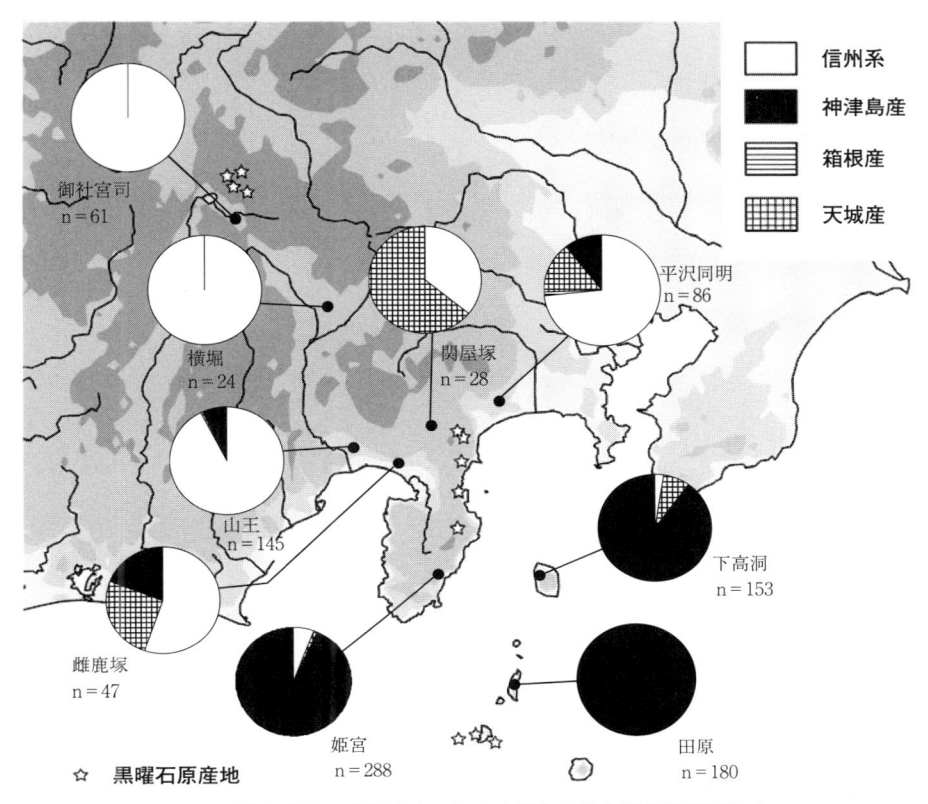

図89 関東地方・東海地方における縄文時代晩期の黒曜石組成

石が卓越する傾向にある（巻末付表4参照）。

**b. 縄文時代晩期**（図89）

　信州地方の黒曜石原産地に近い長野県や山梨県甲府盆地では、分析資料の全点が信州系黒曜石である。富士川から釜無川へと河川沿いに信州地方へ遡上することが可能な駿河湾沿岸の地域においても信州系黒曜石が中心である。また、多摩地方を抜けて甲信地方へと通じる武蔵野地域に信州系黒曜石が主体となる。

　関東地方、東海地方の本土部[6)]のみならず、伊豆諸島の下高洞遺跡においても信州系黒曜石は3点出土しており、広範囲に流通している。伊豆諸島における信州系黒曜石の出土は縄文時代中期前半にも、大島の龍ノ口遺跡で確認されている（大島町1998）。

　縄文時代晩期の特徴は、天城産黒曜石の増加である。平沢同明遺跡のⅣ層・雌鹿塚遺跡では、信州系黒曜石が主体のなかで天城産黒曜石が増加している。天城産黒曜石の占める比率は平沢同明遺跡で15％、静岡県沼津市雌鹿塚遺跡（石川1990）で25.5％である。静岡県御殿場市関屋塚遺跡では天城産が64％を占め、信州系黒曜石の量を凌駕している。そのほか平沢同明遺跡では、箱根産黒曜石の石核が1点出土しており、相模湾から駿河湾沿岸の地域では、箱根産・天城産黒曜石の流通が縄文時代前期以来の盛行期を迎えた。

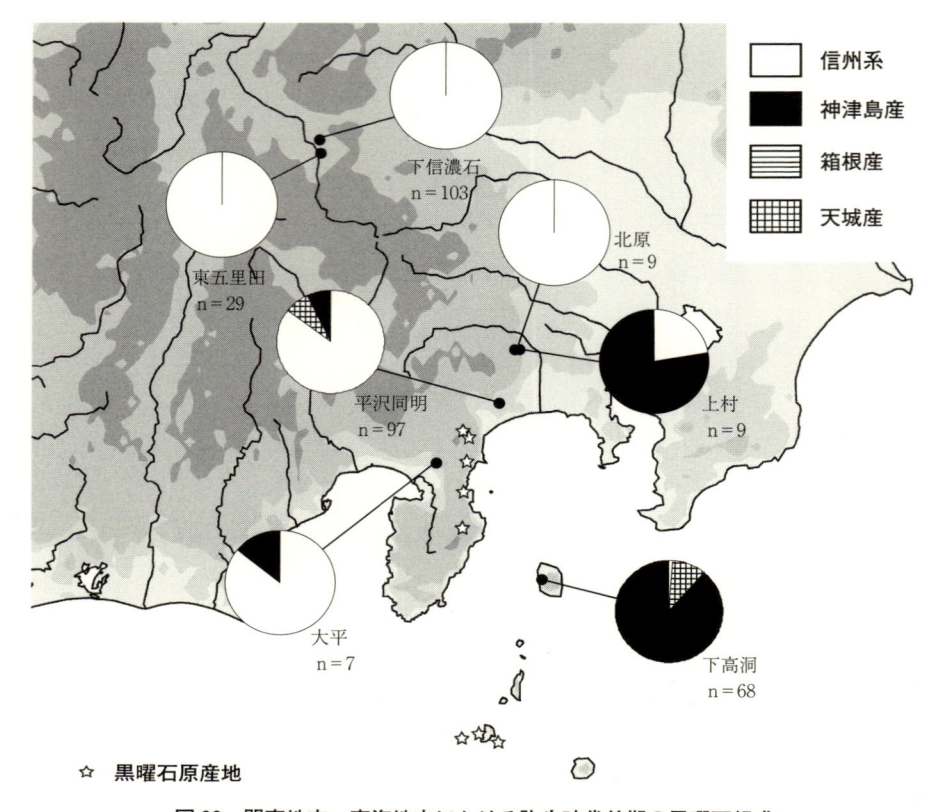

図90　関東地方・東海地方における弥生時代前期の黒曜石組成

　縄文時代晩期では神津島産黒曜石の流通に変化がみられる。旧石器時代以来、神津島産黒曜石は、主に斑晶の少ない恩馳島産黒曜石が広く流通していたが、縄文時代晩期から弥生時代前期では一部の地域に神津島の砂糠崎産黒曜石が大量に流通している。砂糠崎産黒曜石は、縄文時代晩期以前の遺跡からも出土することはあるものの、非常に稀な石材であり、出土しても1遺跡から1～2点と極めて少ない。

　神津島の原産地に近い伊豆諸島では砂糠崎産黒曜石が主体で50％以上を占めている。下高洞遺跡では、恩馳島産と砂糠崎産に量的な差異はみられないものの、田原遺跡のⅣ層（縄文時代晩期から弥生時代中期初頭の包含層）資料では、砂糠崎産黒曜石が67.8％を占め、突出している。相模湾沿岸における砂糠崎産黒曜石の出土遺跡は、平沢同明遺跡と神奈川県大井町の中屋敷遺跡と伊豆半島南部の河津町姫宮遺跡のみである。弥生時代前期の中屋敷遺跡では38点出土しており、産地分析を行った総点数に対して22.2％を占める。姫宮遺跡では、262点出土しており91.0％を占めている。

　つまり、砂糠崎産黒曜石は、伊豆諸島北部と伊豆半島南部を中心とした非常に狭い地域で流通した石材と言える。

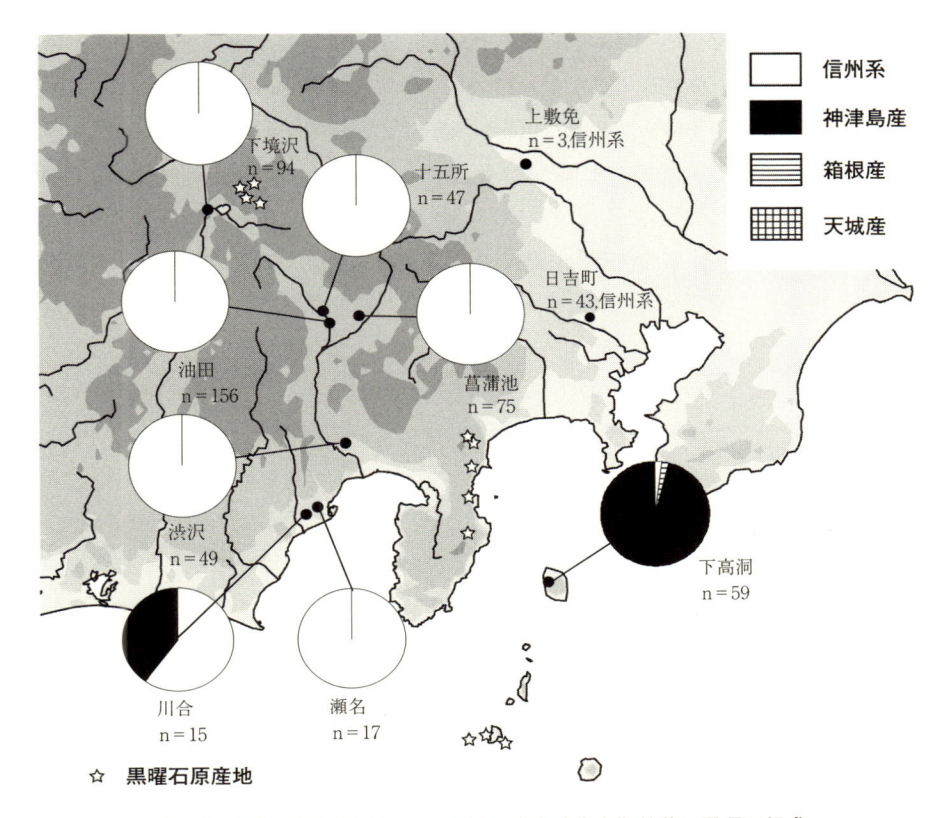

第5章　弥生文化における縄文系石器の流通　171

図91　関東地方・東海地方における弥生時代中期前葉の黒曜石組成

### c. 弥生時代前期（弥生時代Ⅰ期）（図90）

相模湾沿岸の地域で流通する黒曜石の主体は信州系黒曜石であり、神津島産および天城産黒曜石の占める割合がやや減少している。

北原遺跡では分析資料の全点が信州系である。平沢同明遺跡のⅢ層および大平遺跡においても信州系黒曜石が80％を超える占有率である。平沢同明遺跡のⅢ層では、天城産黒曜石が7点（7.2％）出土しているが、縄文時代に比べて天城産黒曜石の占める割合が減少している。中屋敷遺跡では、信州系が最も多く124点（79.4％）出土しており、箱根・天城産は確認されていない。弥生時代前期から中期初頭の東京都府中市武蔵国府関連遺跡（日吉町）においても出土43点の黒曜石はすべて信州系である（坂詰ほか2006）。上村遺跡では神津島産が主体である。しかし、分析数がきわめて少なかったため、上村遺跡全体の傾向を示しているのか検討を要する。

伊豆諸島の下高洞遺跡では、神津島産黒曜石が主体となるなかで、縄文時代晩期同様に天城産および信州系黒曜石が一部搬入されている。弥生時代前期に伊豆諸島で流通する神津島産黒曜石の主体は砂糠崎産黒曜石である。

信州地方では信州系黒曜石が主体を占めている。長野県佐久市東五里田遺跡（森泉2004）・下信濃遺跡（森泉2006）では、分析資料の全点が信州系黒曜石である。

### d. 弥生時代中期前葉（弥生時代Ⅱ期）（図91）

　駿河湾沿岸の地域では、分析を行った黒曜石はすべて信州系黒曜石に限定される。渋沢遺跡・瀬名遺跡では全点が信州系黒曜石である。川合遺跡では、信州系黒曜石のほかに神津島産黒曜石も40％出土しているが、中期前葉の主体は信州系黒曜石である[7]。相模湾および東京湾周辺では、当該時期の集落址の検出例が極めて少ないため、今後の資料の増加が期待される。

　伊豆諸島の遺跡では神津島産黒曜石が主体である。下高洞遺跡では天城産黒曜石の出土が減少し、神津島の砂糠崎産黒曜石が占める比率が弥生時代前期以上に高くなる。砂糠崎産黒曜石の占める割合は、分析を行った資料で78％である。

　渋沢遺跡、瀬名遺跡、下高洞遺跡はともに弥生時代中期初頭の丸子式土器を伴う遺跡であるが、島嶼部と駿河湾沿岸では流通する黒曜石がまったく異なる。

　関東地方北部および甲信地方では、分析資料の全点が信州系黒曜石で占められている。埼玉県深谷市上敷免遺跡（瀧瀬1993）では、黒曜石が3点出土している。この資料は蛍光X線による産地推定が行われていないが、肉眼観察による限り、剥片に残る礫面の状況からすべて信州系と推定される。甲府盆地の甲府市菖蒲池遺跡（森原1996）では、分析を行った75点すべてが信州系黒曜石である。菖蒲池遺跡出土の信州系黒曜石では、諏訪星ヶ台産黒曜石のみならず、蓼科冷山産黒曜石も多く認められる[8]。

### （2）　黒曜石の搬入形態

　縄文時代後期から弥生時代中期前葉まで、流通する黒曜石の主体を占める信州系黒曜石の石核および原石の法量は、地域により異なる（図92）。相模湾、駿河湾沿岸の地域では、原石および石核の法量は3cm前後が一群をなすが、甲府盆地で出土する原石はやや大きく、5cm大の一群がある。信州地方の黒曜石原産地により近い地域では、より大型の原石が出土し、原産地との距離が離れるに従って原石の大きさは小さくなる。石核についても、甲府盆地では3cm大のものが主体であるが、信州の原産地から遠く離れる地域では2cm大のものへと小型化している（図93）。

　但し、一部の遺跡では原産地からの距離が離れているにも関わらず、大型の信州系黒曜石の原石を出土する遺跡もある。例えば、静岡県静岡市清水天王山遺跡、神奈川県南足柄市五反畑遺跡、神奈川県秦野市平沢同明遺跡である。これらの遺跡では、信州地方の黒曜石原産地に近い遺跡で出土する10cm程度の大きさの原石が出土している。これらの原石は、ほとんど剥離作業が行なわれておらず、角礫の状態で搬入されている。遺跡の時期は、後期終末から晩期初頭を中心とし、甲信地方に分布の中心がある清水天王山式土器が多く出土するという共通点があり、注意しておく必要がある（図93-7）。

　次に剥片についてみると、相模湾・駿河湾沿岸の地域の遺跡からは、2cmから3cm大のものが中心に出土している。一部に5cm大の大型剥片もあり、剥片の形状での搬入も考えられる。これらの原石や剥片から製作される石器は、更に小型化しており、剥片刃器についても長径2cm大が主流を占めている。

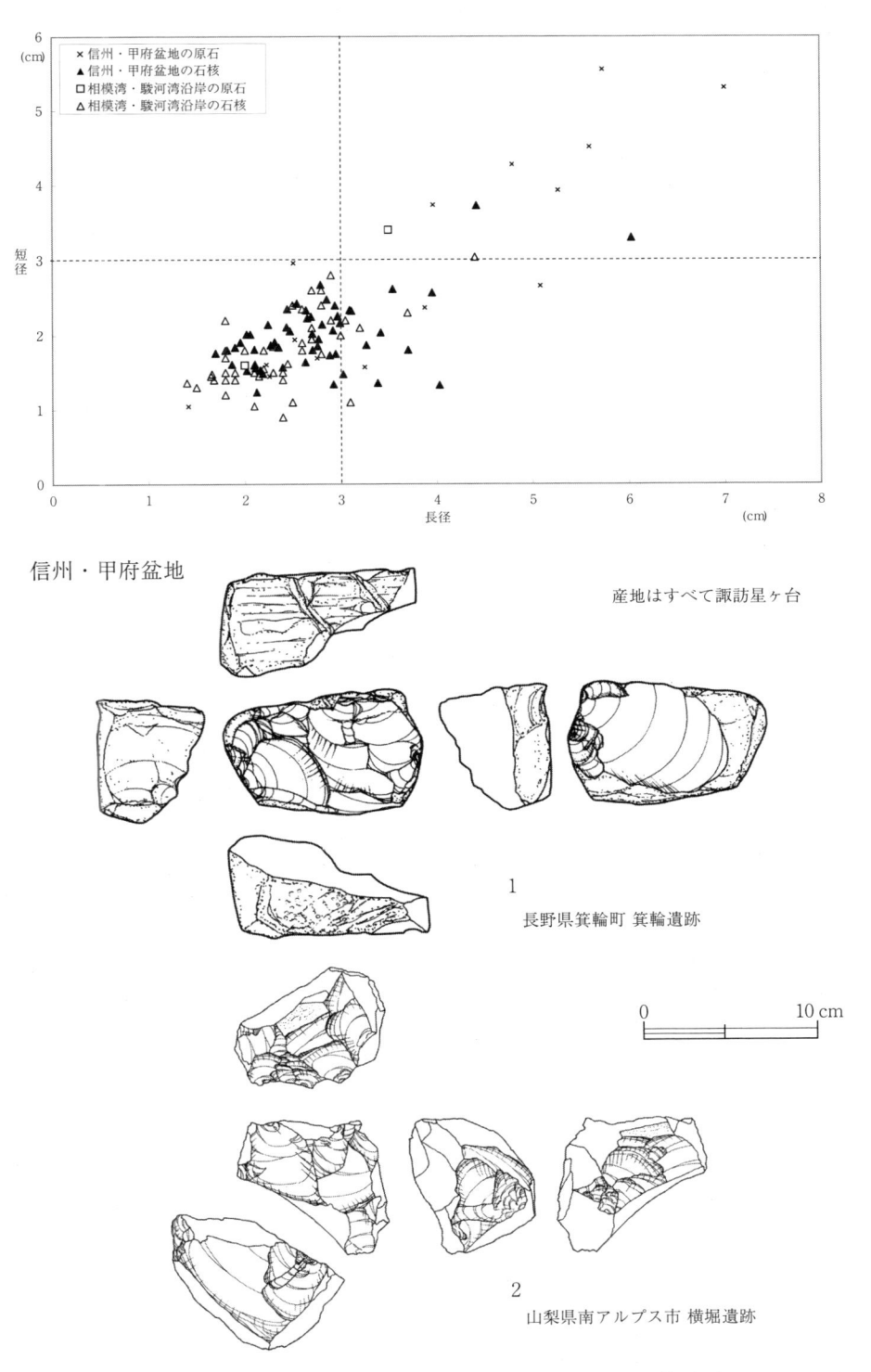

第5章　弥生文化における縄文系石器の流通　173

× 信州・甲府盆地の原石
▲ 信州・甲府盆地の石核
□ 相模湾・駿河湾沿岸の原石
△ 相模湾・駿河湾沿岸の石核

信州・甲府盆地

産地はすべて諏訪星ヶ台

1　長野県箕輪町 箕輪遺跡

2　山梨県南アルプス市 横堀遺跡

図92　関東地方・東海地方出土の信州系黒曜石の原石・石核（1）

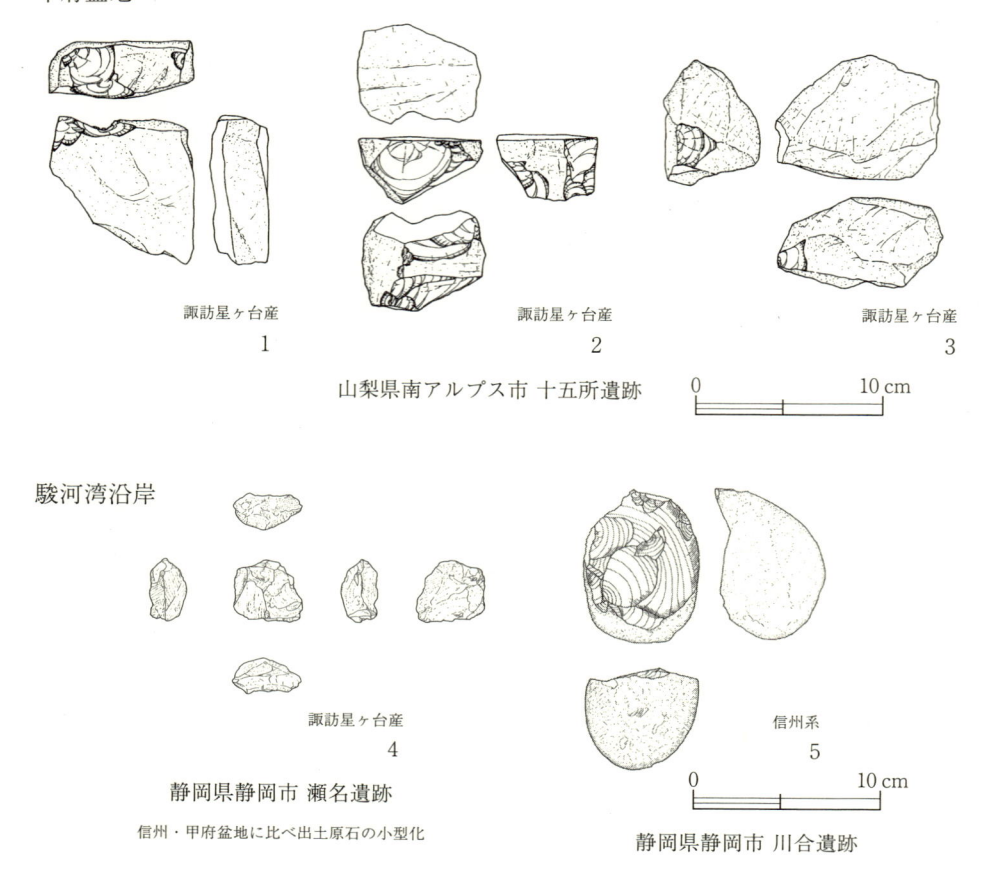

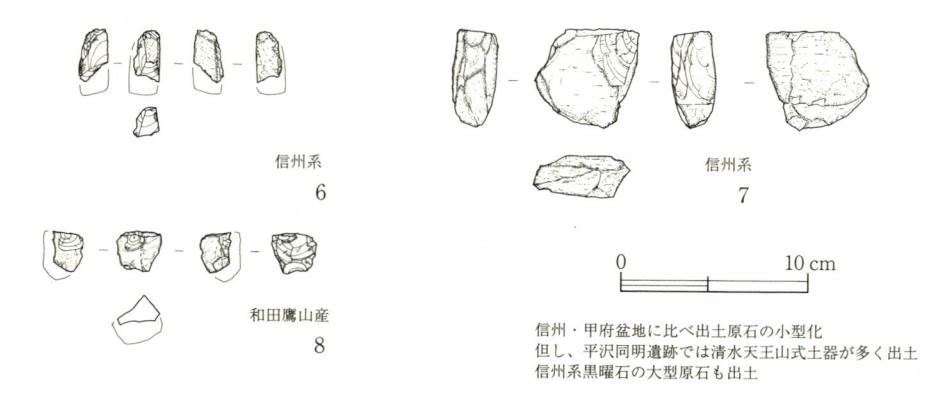

174

甲府盆地

諏訪星ヶ台産
1

諏訪星ヶ台産
2

諏訪星ヶ台産
3

山梨県南アルプス市 十五所遺跡　0　10cm

駿河湾沿岸

諏訪星ヶ台産
4

静岡県静岡市 瀬名遺跡
信州・甲府盆地に比べ出土原石の小型化

信州系
5

静岡県静岡市 川合遺跡　0　10cm

相模湾沿岸

信州系
6

和田鷹山産
8

信州系
7

0　10cm

信州・甲府盆地に比べ出土原石の小型化
但し、平沢同明遺跡では清水天王山式土器が多く出土
信州系黒曜石の大型原石も出土

神奈川県秦野市 平沢同明遺跡

図93　関東地方・東海地方出土の信州系黒曜石の原石・石核（2）

天城産黒曜石は、角礫の原石が流通している。大きさは6cm大を計る。分布の範囲は遠隔地までは持ち込まれず、天城柏峠の原産地を中心として、駿河湾東岸域、相模湾西岸域および大島までである。

### （3） 縄文時代後期から弥生時代中期前葉おける黒曜石の流通の特質

縄文時代後期から弥生時代中期前葉では、信州系黒曜石（諏訪星ヶ台産黒曜石）を主体とする流通である。信州地方の黒曜石原産地と消費地を結ぶラインにおいて、より大きい原石は流通の早い段階で消費され、一部の遺跡を除いて距離が離れるに従って小型の原石もしくは剥片が流通する「リレー方式の黒曜石の流通形態」といえる。

縄文時代後期から弥生時代前期に流通する黒曜石は、信州系黒曜石のほか箱根産・天城産・神津島産黒曜石を少量含む原産地組成である。弥生時代中期前葉では、伊豆諸島を除くと信州系黒曜石が流通している。縄文時代中期後半の関東・東海地方では、主として神津島産黒曜石が流通していたが、縄文時代中期末葉から、信州系黒曜石主体の流通へと変化した（藁科・東村1988、田上2000、池谷2003：135頁）。こうした信州系主体の傾向が弥生時代中期前葉まで継続していたのである。

また、神津島産黒曜石は大きく2つの流通圏を形成している。1つは相模湾沿岸の地域にみられるような神津島恩馳島産黒曜石の流通圏である。もう1つは、大島の下高洞遺跡・新島の田原遺跡・伊豆半島の河津町姫宮遺跡で確認された神津島砂糠崎産黒曜石の流通圏である。前者の恩馳島産黒曜石は、信州系黒曜石に比べて量は少ないが、相模湾沿岸の地域を中心として流通する石材である。恩馳島産黒曜石の石核や剥片に残る礫面をみると角礫面が多い。一方、砂糠崎産黒曜石の流通は、こぶし大の円礫が流通している。つまり、この2つ石材の流通には、礫の種類や獲得地・獲得方法の相違があり、それぞれ別個の流通として行われていた。特に、大島や新島の遺跡で砂糠崎産黒曜石が大量に出土しており、その石材が本土部にはほとんど持ち込まれていないということは、伊豆諸島の遺跡が神津島産黒曜石を本土部へ持ち込むために築かれた集落とは限らないことを示している。

以後、この時期の黒曜石の流通を「黒曜石流通第1期」と呼称する。

## 2 弥生時代中期中葉における黒曜石の流通

### （1） 流通する黒曜石の原産地推移

弥生時代中期中葉は、駿河湾沿岸から東京湾沿岸の地域において、流通する黒曜石の産地が信州地方産から神津島産へと全面的に転換し、黒曜石の出土量も急増する時期である。千葉県君津市常代遺跡、神奈川県厚木市子ノ神遺跡、同県秦野市砂田台遺跡の20号土坑、21号土坑、105号住居、同県三浦市雨崎洞穴遺跡や静岡県三島市鶴喰前田遺跡などの御殿川流域遺跡群では、出土する黒曜石がすべて神津島恩馳島産である（図94）。但し、静岡県浜松市角江遺跡では、出土数が駿河湾や相模湾沿岸地域に比較し少ないうえに、その黒曜石は信州系の諏訪星ヶ台産であり、遠江地域は神津島黒曜石の流通圏からは外れている。

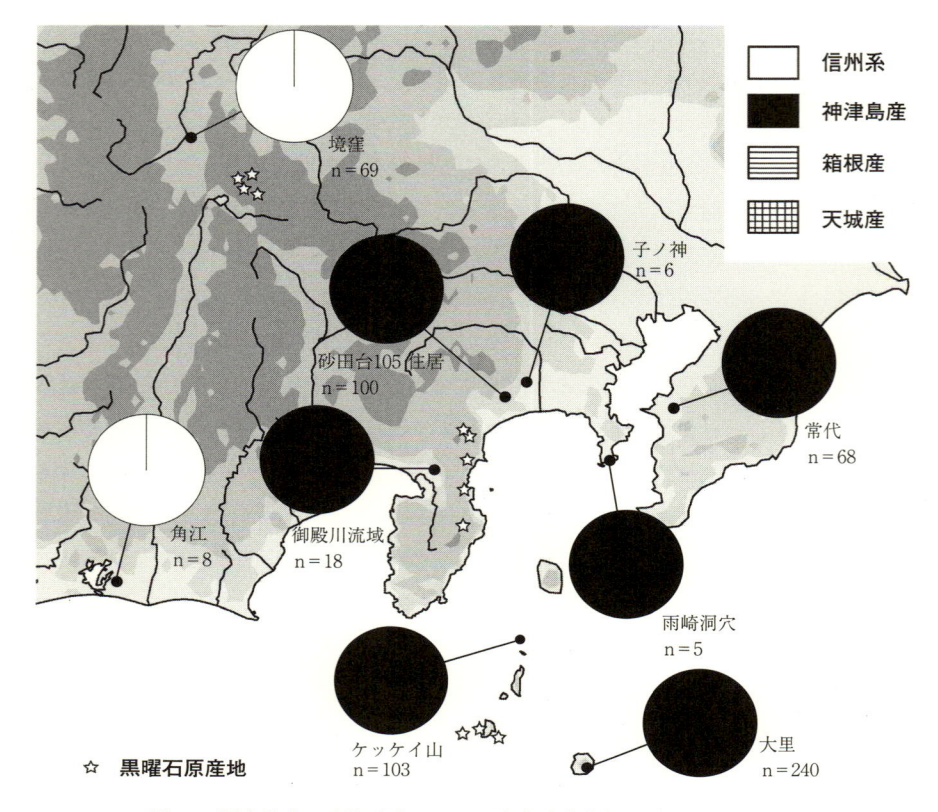

図94　関東地方・東海地方における弥生時代中期中葉の黒曜石組成

伊豆諸島の利島のケッケイ山遺跡では、分析資料の全点が恩馳島産黒曜石（100％）である。三宅島の大里遺跡では2次調査C-3号住居、6号土坑など分析資料の全点が恩馳島産黒曜石である。

信州地方では、長野県松本市境窪遺跡（竹原ほか1998）出土の黒曜石は、全点が信州系黒曜石である。

### （2）　黒曜石の搬入形態

神津島産黒曜石は縄文時代以来、大型の剥片ならびに摂理面を残す角礫が多く流通していた。しかし、弥生時代中期中葉になると各地の遺跡から円礫面を残す原石が出土している。

御殿川流域遺跡群の鶴喰前田遺跡出土の原石の法量は、11.7 cm×10.5 cm×7.2 cm、重量は773 gである。形状は円礫で、礫面を打面とする2面の剥離面が認められる（図95-1）。川合遺跡出土の原石[9]の法量は、15.3 cm×13.5 cm×12.1 cm、重さ2750 gである。形状は円礫で、2面の剥離面が認められる（同図2）。常代遺跡からは背面に円礫面を残す大型の石核が出土している。石核の大きさから復元される原石はこぶし大程度となる（図96-1）。また、大里遺跡では、大量の神津島恩馳島産黒曜石が出土している。それらはすべてこぶし大の円礫を用いており、本土部と島嶼部で用いる黒曜石の原石の形状は共通している。

黒曜石原産地で加工された剥片類の流通についても検討しておこう。この時期に大量の黒曜石

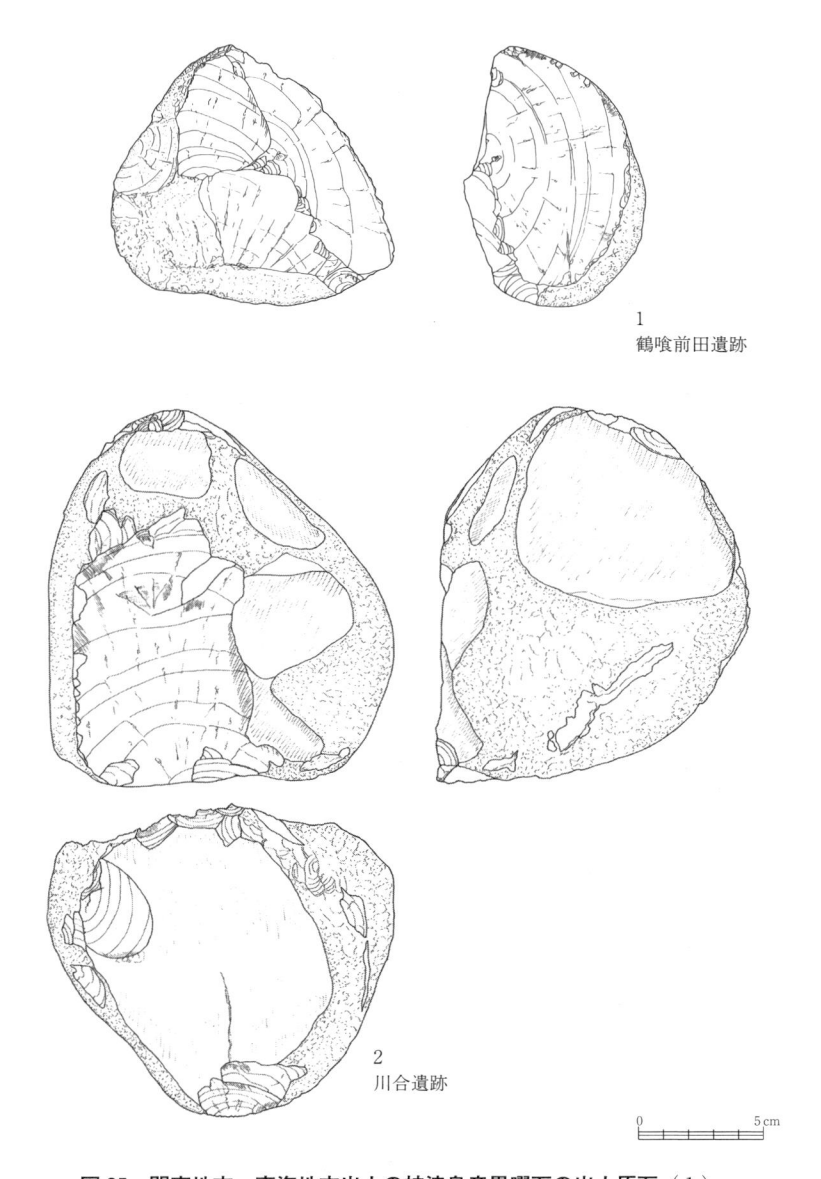

第5章　弥生文化における縄文系石器の流通　177

1
鶴喰前田遺跡

2
川合遺跡

0　　5cm

**図95　関東地方・東海地方出土の神津島産黒曜石の出土原石（1）**

製石器および剝片を出土した三宅島の大里遺跡では、黒曜石の剝片剝離に石刃技法を用いる例が多い。大里遺跡では、剝離作業時に打面調整を行い、剝片の横断面形が三角形ないしはM字形になるように打点をずらしながら、縦長剝片を連続して剝離している。一方、後述するように消費地である砂田台遺跡や常代遺跡では、石刃技法で剝片剝離は行われず、自然面を直接打撃し、剝片を獲得している。つまり、大里遺跡と砂田台遺跡や常代遺跡の間には、剝片剝離の技術差が歴然と存在している。この点からも流通した黒曜石の素材は黒曜石の原石であると考えられる。

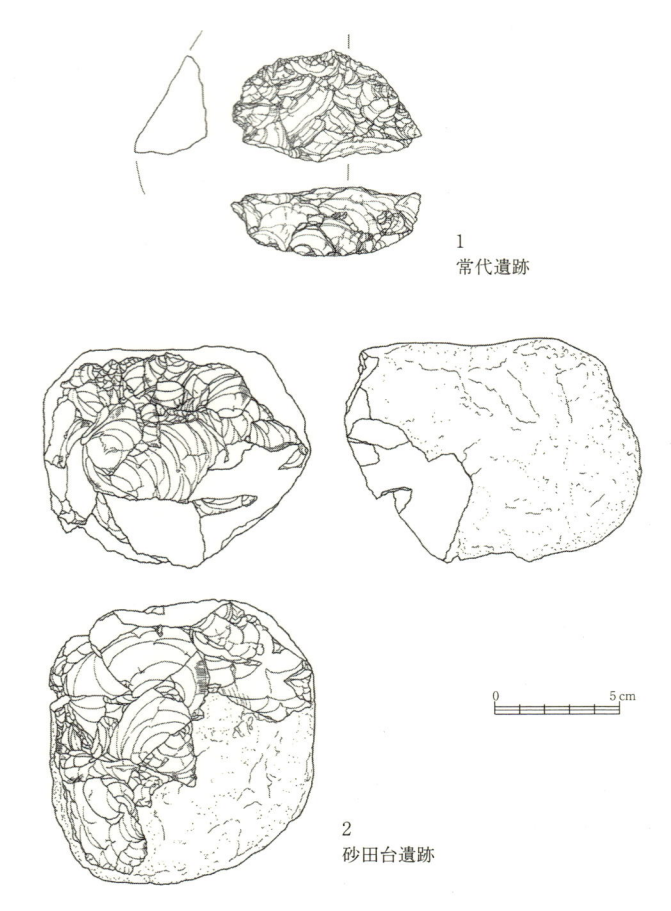

図96 関東地方・東海地方出土の神津島産黒曜石の出土原石（2）

### （3） 弥生時代中期中葉における黒曜石の流通の特質

　神津島産黒曜石の流通には、縄文時代において数度の画期がある。新潟県東蒲原郡阿賀町小瀬ケ沢洞穴において出土が確認される縄文時代草創期が神津島産黒曜石流通の「第1盛行期」であり、関東地方・東海地方における縄文時代前期末から中期前半が神津島産黒曜石の流通の「第2盛行期」である（池谷2003：138頁）。そして、弥生時代中期中葉は神津島産黒曜石の独占的な流通がみられ、「第3盛行期」として位置付けることができる。

　弥生時代中期中葉の神津島産黒曜石の流通は、弥生時代中期前葉までの信州系黒曜石の流通とは異なり、原産地からの距離に比例して原石の法量が小さくならず、直径15cmほどのこぶし大の円礫の原石が消費地に搬入されている。つまり、流通過程において、黒曜石が消費されることがなく、黒曜石の石材の原産地である神津島と消費地の遺跡が直接的に受容関係にある「ダイレクト方式の黒曜石の流通形態」といえる。

　その範囲は伊豆諸島の黒曜石原産地の周辺地域や駿河湾・相模湾・東京湾沿岸である。この地域以外では、前代と同様に信州系黒曜石が流通しており、その原石の大きさも3cm程度であり、

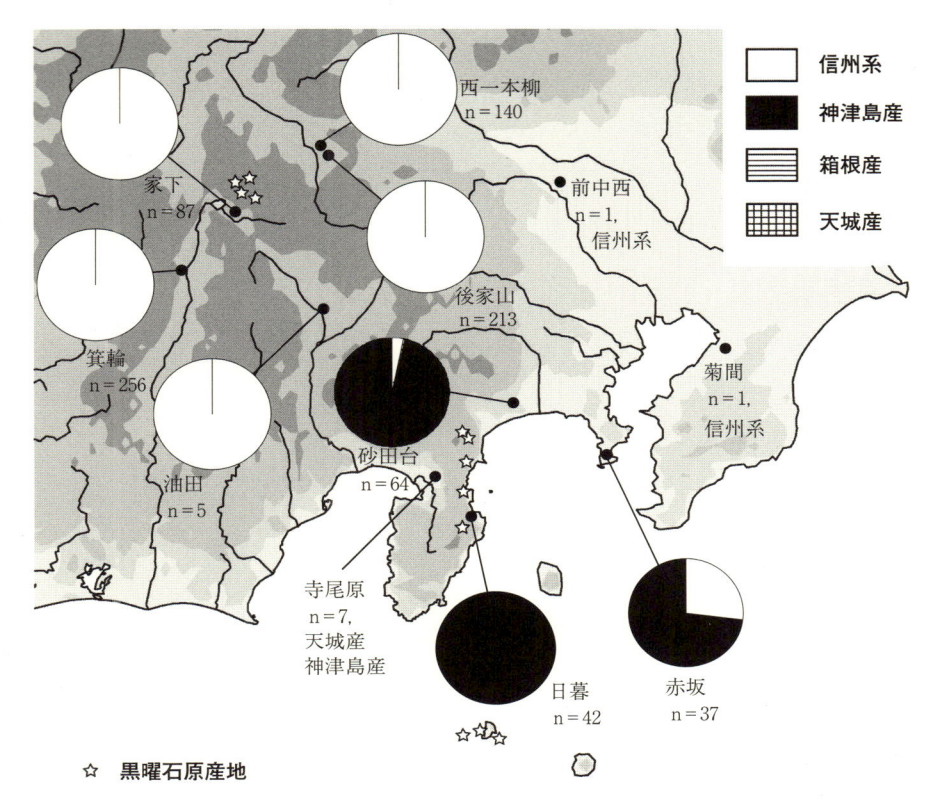

第 5 章　弥生文化における縄文系石器の流通　179

凡例：
- 信州系
- 神津島産
- 箱根産
- 天城産

図97　関東地方・東海地方出土の弥生時代中期後葉の黒曜石組成

変化はみられない。

　以後、この時期の黒曜石の流通を「黒曜石流通第2期」と呼称する。

## 3　弥生時代中期後葉における黒曜石の流通

### (1)　流通する黒曜石の原産地推移

　相模湾・駿河湾沿岸の地域では、中期中葉に引き続き神津島産黒曜石が主体を占めている。但し、中期末葉（Ⅳ-4・5期）に信州系黒曜石と天城産黒曜石が再度流通する点には注意しておく必要がある（図97）。砂田台遺跡では神津島産黒曜石が主体を占めるなかで、石鏃完成品3点・石鏃未成品1点・石核1点が信州系黒曜石、石鏃未成品1点が天城産黒曜石で製作されている。日暮遺跡では、分析した資料による限り神津島産黒曜石である。黒曜石原産地の天城柏峠に隣接しているにも関わらず、天城産黒曜石はほとんど使われていない[10]。赤坂遺跡では、神津島産黒曜石の比率が低下し、信州系黒曜石が多く占めている。静岡県駿東郡函南町寺尾原遺跡では、蛍光X線分析を行っていないが、筆者の肉眼観察では天城産および神津島産黒曜石が認められた。

　関東地方北部から房総半島の遺跡では、神津島産黒曜石は出土しておらず、信州系黒曜石が主体である。埼玉県熊谷市前中西遺跡や千葉県市原市菊間遺跡の黒曜石は、自然面の状況から信州系黒曜石と推定される。

表17 信州地方から関東地方における信州系黒曜石の原産地組成

| 遺跡名 | 時期 | 諏訪星ヶ台 | 和田鷹山 | 蓼科冷山 | 和田小深沢 | 和田土屋橋北 | 和田土屋橋南 | 和田土屋橋西 | 和田高松沢 | 芙蓉ライト | ブドウ沢 | 千ヶ滝 | 未確定産地 | 神津恩馳島 | 推定不可 | 総計 |
|---|---|---|---|---|---|---|---|---|---|---|---|---|---|---|---|---|
| 小島 | 縄文前期末～中期後葉 | 58 | 3 | 0 | | | | | | | | | | | | 61 |
| 熊久保 | 縄文中期前葉～後葉 | 354 | 3 | 0 | | | 1 | | | | | | | | | 358 |
| 上条中久保 | 縄文中期中葉～後葉 | 184 | 9 | 1 | 1 | | 1 | | | | | | | 1 | | 197 |
| 板敷野 | 縄文中期後葉～後期初頭 | 236 | 3 | | | | | | | | | | | | | 239 |
| 御社宮司 | 縄文晩期末 | 59 | 2 | | | | | | | | | | | | | 61 |
| 下信濃石 | 縄文晩期末 | 102 | | | | | 1 | | | | | | | | | 103 |
| 東五里田 | 弥生前期 | 28 | 0 | 0 | 1 | 0 | | 0 | 0 | | | | | | 1 | 30 |
| 下境沢 | 弥生前期末～中期初頭 | 92 | 1 | | | | 1 | | | | | | | | | 94 |
| 境窪 | 弥生中期中葉 | 67 | 2 | | | | | | | | | | | | | 69 |
| 家下 | 弥生中期後葉 | 68 | 2 | | 1 | 5 | 1 | 8 | 1 | 1 | | | | | | 87 |
| 箕輪 | 弥生中期後葉 | 140 | 26 | | 1 | 8 | 4 | 9 | 1 | 43 | 1 | | 23 | | | 256 |
| 西一本柳 | 弥生中期後葉 | 86 | 15 | | 1 | 1 | 5 | 8 | | 13 | 1 | 10 | | | | 140 |
| 根々井芝宮 | 弥生中期後半 | 47 | 0 | 13 | 0 | 0 | | 0 | 0 | | | | | 0 | | 60 |
| 後家山 | 弥生中期後半～後期後半 | 195 | 10 | 3 | 0 | 3 | | 1 | 1 | | | | | 1 | | 214 |
| 東久保 | 弥生後期後半 | 4 | 2 | 0 | 0 | 0 | | 0 | 0 | | | | | 0 | | 6 |
| 総計 | | 1474 | 66 | 1 | 5 | 14 | 12 | 27 | 2 | 57 | 2 | 10 | 23 | 1 | 1 | 1695 |
| 平沢同明 | 弥生前期～中期初頭 | 80 | | | 1 | | | 1 | 1 | | | | | | | 83 |
| 平沢同明 | 縄文晩期後半～終末 | 62 | | | | 1 | | | | | | | | | | 63 |
| 平沢同明 | 縄文後期～晩期初頭 | 67 | | | | 1 | | | | | | | | | | 68 |
| 雌鹿塚 | 縄文晩期 | 25 | 1 | | | | | | | | | | | | | 26 |
| 北原 | 弥生前期 | 9 | | | | | | | | | | | | | | 9 |
| 渋沢 | 弥生中期前葉 | 40 | | | | | | | | | | | | | | 40 |
| 瀬名 | 弥生中期前葉 | 17 | | | | | | | | | | | | | | 17 |
| 砂田台 | 弥生中期後葉 | 4 | 1 | | | | | | | | | | | | | 5 |
| 赤坂 | 弥生中期後葉 | 3 | 3 | 2 | | | 2 | | | | | | | | | 10 |
| 総計 | | 307 | 5 | 2 | 1 | 2 | 2 | 1 | 1 | | | | | | | 321 |

　信州地方はすべて信州系黒曜石で占められている。但し、この段階の信州系黒曜石にはその産地に変化が認められる。表17には、信州地方と相模湾沿岸の地域の主な遺跡について、信州系黒曜石の詳細な原産地を記した。信州系黒曜石の原産地で最も多く用いられていたのが諏訪星ヶ台であることは、縄文時代および弥生時代、また地域を問わず変わらない。中期後葉ではそのほかに和田鷹山を含む和田エリアや蓼科冷山産の黒曜石が増加しており、信州地方における多彩な原産地の利用が認められる。

その後、弥生時代後期の遺構からの黒曜石の出土例もあるが、帰属時期が不確定であることと黒曜石の出土が少数であることから、中期後葉の段階をもって旧石器時代から連綿と続いてきた関東地方南部から東海地方東部における黒曜石の流通は終焉を迎えた。

### （2） 黒曜石の搬入形態

弥生時代中期後葉に確実に伴う原石の出土例は非常に少ない。砂田台遺跡111号住居の大型原石（図96-2）は覆土からの出土であり、厳密には時期を特定できない。そうしたなかで、赤坂遺跡出土の神津島産黒曜石に着目しておく必要がある。赤坂遺跡は弥生時代中期後葉、特にその後半段階に位置付けられる集落である。同遺跡からは27点の神津島恩馳島産黒曜石が出土しているが、そのなかで8点に角礫面が残されている。中期中葉から中期後葉の神津島恩馳島産黒曜石は円礫が主であり、一部に角礫が認められる程度であったが、赤坂遺跡では自然面が確認される黒曜石のすべてが角礫の原石である。つまり、中期中葉と中期末葉とでは、採取する黒曜石の礫に違いがあり、赤坂遺跡へ持ち込まれた黒曜石は、海底に存在する黒曜石の岩脈から潜水して採取したものと考えられる。

砂田台遺跡では信州系黒曜石の剥片類の出土がない。したがって、信州系黒曜石製の石鏃は完成品もしくは未成品の状態で信州地方から持ち込まれていることが分かる。赤坂遺跡出土の信州系黒曜石の剥片は、長軸が現存長で2.3cm～3.2cmであり、当該地域に流通していた中期前葉までの大きさと同じである。また、角礫であったことを示す自然面を残す資料があることから、同サイズの原石が流通していたものと考えられる。剥片では、諏訪星ヶ台産が1点、和田エリア産黒曜石が4点（和田土屋橋南産2点、和田鷹山産2点）出土している。石鏃は信州系黒曜石の完形品が3点あり、諏訪星ヶ台産2点、和田鷹山産1点である。赤坂遺跡における信州系黒曜石の搬入形態は、小型の原石・剥片・石鏃など完成品の搬入と考えられる。剥片は主として蓼科冷山・和田鷹山から搬入し、石鏃は諏訪星ヶ台産・和田鷹山産の完成品を搬入している。

中期後葉は、前半（Ⅳ-1期）と後半（Ⅳ-4・5期）で石材の流通に大きな変化がある。前半期は中期中葉の搬入形態を継承していると考えられるが、後半期は、搬入先や石材採取方法が多様化している。

### （3） 弥生時代中期後葉における黒曜石の流通の特質

弥生時代中期後葉における黒曜石の流通は、前半（Ⅳ-1期）と後半（Ⅳ-5期）との間に断絶する期間が存在する。特に後半の流通は、信州地方における多様な産地の黒曜石の流通が関東地方南部においてもみられることに注目しなくてはならない。弥生時代中期後葉は前章で検討したように、長野盆地で製作される緑色岩製の磨製石斧が関東地方南部の集落に流通する時期である。特に緑色岩製の伐採斧は赤坂遺跡で6点（87.5％）、砂田台遺跡で9点（60％）と高い比率で搬入されている。つまり、信州系黒曜石が出土する関東地方南部の遺跡で緑色岩製の磨製石斧が出土しており、大陸系磨製石斧と縄文系石器の黒曜石の流通が別々のルートでもたらされたとは考え難い。むしろ、信州地方から関東地方南部への石器石材の流通のなかに両系統の石器が一緒に含まれていたと想定される。

この時期の黒曜石の流通を「黒曜石流通第3期」と呼称する。

## 第3節　神津島黒曜石の流通集団に関わる問題

　弥生時代中期中葉および後葉における神津島産黒曜石の流通には、専門的に携わった集団の存在が考えられる。そこで、伊豆諸島およびその周辺地域の集落群の動態を検討し、黒曜石流通の拠点地について分析する。

### 1　集落動態の検討

　伊豆諸島の遺跡群は継続的な居住のもとに形成されていると考えられてきた（橋口1988・2001）。しかし、そこでの検討は出土土器を大きな時間枠で捉えており、詳細な土器型式の検討が行われたわけではなく、一言で継続的な居住と判断するのは疑わしい。本節では出土土器をもとに集落の帰属時期を細分し[11]再検討を行う。表18には対象地域における遺跡の消長を示した。表中の墨ベタは大量の遺物の出土を意味し、アミ掛けは少量の出土を意味している。また、図98・99には時期別の遺跡の分布を示している。

#### （1）　縄文時代

　縄文時代を通じて、早期から晩期まで営まれる遺跡は極めて少ない。大島の下高洞遺跡や新島の田原遺跡で該当する土器が出土しているものの、土器型式は必ずしも連続していない。本稿では縄文時代の検討を行うわけではないので、後期以前については別の機会に検討する。ただ、縄文時代後期・晩期に営まれる集落には遺跡の継続幅に共通する点があることには着目しておく。下高洞遺跡・田原遺跡、そして三宅島の島下遺跡は、弥生時代前期の遠賀川系の土器を出土し、弥生時代中期前葉から中期中葉（Ⅲ-1期）で廃絶している。

#### （2）　弥生時代前期（Ⅰ期）

　Ⅰ期は水神平式土器など条痕文系および遠賀川系土器の出土する段階とする。弥生時代前期の資料は、本土部・島嶼部においても出土量は極めて少ない。島嶼部における遺跡の分布は先述したほかには、大島のケイカイ遺跡で遠賀川系土器が出土している。

#### （3）　弥生時代中期前葉（Ⅱ期）

　Ⅱ期は、貝殻条痕調整を施す丸子式土器段階に相当する。丸子式土器は、本土部・島嶼部で比較的多く出土している。この時期の島嶼部における遺跡の分布は、北部域に多く南部には少ない。前代から継続している下高洞遺跡・田原遺跡や島下遺跡のほかに大島でカン沢遺跡や波牛登り口遺跡で丸子式土器が出土している。

#### （4）　弥生時代　中期中葉（Ⅲ-1期）

　Ⅲ-1期は細頸壺の出現段階であり、平沢式土器段階に相当する。島嶼部においては、大島の下高洞遺跡および三宅島の島下遺跡で少量の土器が出土している。また利島にケッケイ山遺跡が営まれる。ケッケイ山遺跡は、集落形成時期はⅢ-1期に限定される。

第5章 弥生文化における縄文系石器の流通　183

**表18　縄文時代から弥生時代における本州東南部の集落群の動態**

| | 遺跡名 | 縄文早期 | 縄文前期 | 縄文中期 | 縄文後期 | 縄文晩期 | I-1 | I-2 | II-1 | II-2 | III-1 | III-2 | III-3 | IV-1 | IV-2 | IV-3 | IV-4 | IV-5 | V-1 |
|---|---|---|---|---|---|---|---|---|---|---|---|---|---|---|---|---|---|---|---|
| 房総 | 常代 | | | | | | | | | | | | | | | | | | |
| | 菊間 | | | | | | | | | | | | | | | | | | |
| 武蔵 | 折本西原 | | | | | | | | | | | | | | | | | | |
| | 観福寺北 | | | | | | | | | | | | | | | | | | |
| | 大塚 | | | | | | | | | | | | | | | | | | |
| | 桂台 | | | | | | | | | | | | | | | | | | |
| | 杉田 | | | | | | | | | | | | | | | | | | |
| | 三殿台 | | | | | | | | | | | | | | | | | | |
| 三浦 | 雨崎 | | | | | | | | | | | | | | | | | | |
| | 赤坂 | | | | | | | | | | | | | | | | | | |
| | 佐原泉 | | | | | | | | | | | | | | | | | | |
| 相模 | 平沢 | | | | | | | | | | | | | | | | | | |
| | 北原 | | | | | | | | | | | | | | | | | | |
| | 上村 | | | | | | | | | | | | | | | | | | |
| | 諏訪の前 | | | | | | | | | | | | | | | | | | |
| | 矢頭 | | | | | | | | | | | | | | | | | | |
| | 堂山 | | | | | | | | | | | | | | | | | | |
| | 怒田上原 | | | | | | | | | | | | | | | | | | |
| | 岡津古久 | | | | | | | | | | | | | | | | | | |
| | 中里 | | | | | | | | | | | | | | | | | | |
| | 王子ノ台 | | | | | | | | | | | | | | | | | | |
| | 子ノ神 | | | | | | | | | | | | | | | | | | |
| | 砂田台 | | | | | | | | | | | | | | | | | | |
| | 愛名鳥山 | | | | | | | | | | | | | | | | | | |
| | 山ノ神 | | | | | | | | | | | | | | | | | | |
| | 三ツ俣 | | | | | | | | | | | | | | | | | | |
| | 羽根尾堰ノ上 | | | | | | | | | | | | | | | | | | |
| | 手広八反目 | | | | | | | | | | | | | | | | | | |
| | 若尾山 | | | | | | | | | | | | | | | | | | |
| | 池子 | | | | | | | | | | | | | | | | | | |
| 伊豆 | 姫宮 | | | | | | | | | | | | | | | | | | |
| | 日暮 | | | | | | | | | | | | | | | | | | |
| | 日詰 | | | | | | | | | | | | | | | | | | |
| 東駿河 | 山王 | | | | | | | | | | | | | | | | | | |
| | 大平II | | | | | | | | | | | | | | | | | | |
| | 渋沢 | | | | | | | | | | | | | | | | | | |
| | 仁田仲道 | | | | | | | | | | | | | | | | | | |
| | 中島西原田 | | | | | | | | | | | | | | | | | | |
| | 鶴喰前田 | | | | | | | | | | | | | | | | | | |
| | 中手乱 | | | | | | | | | | | | | | | | | | |
| | 雌鹿塚 | | | | | | | | | | | | | | | | | | |
| | 長伏 | | | | | | | | | | | | | | | | | | |
| | 雌鹿塚 | | | | | | | | | | | | | | | | | | |
| | 矢崎 | | | | | | | | | | | | | | | | | | |
| 西駿河 | 西山 | | | | | | | | | | | | | | | | | | |
| | 丸子・佐渡 | | | | | | | | | | | | | | | | | | |
| | 瀬名 | | | | | | | | | | | | | | | | | | |
| | 有東 | | | | | | | | | | | | | | | | | | |
| | 清水 | | | | | | | | | | | | | | | | | | |
| | 川合 | | | | | | | | | | | | | | | | | | |
| 伊豆諸島 | ケイカイ(大) | | | | | | | | | | | | | | | | | | |
| | 波牛登り口(大) | | | | | | | | | | | | | | | | | | |
| | 下高洞(大) | | | | | | | | | | | | | | | | | | |
| | カン沢(大) | | | | | | | | | | | | | | | | | | |
| | ケッケイ山(利) | | | | | | | | | | | | | | | | | | |
| | 渡浮根(新) | | | | | | | | | | | | | | | | | | |
| | 田原(新) | | | | | | | | | | | | | | | | | | |
| | 島下(三) | | | | | | | | | | | | | | | | | | |
| | 友地(三) | | | | | | | | | | | | | | | | | | |
| | 尾いずみ(三) | | | | | | | | | | | | | | | | | | |
| | 伊豆灯台(三) | | | | | | | | | | | | | | | | | | |
| | 大里(三) | | | | | | | | | | | | | | | | | | |
| | 坊田(三) | | | | | | | | | | | | | | | | | | |
| | 西原D(三) | | | | | | | | | | | | | | | | | | |
| | ココマ(三) | | | | | | | | | | | | | | | | | | |

大：大島，利：利島，新：新島，三：三宅島　　□ 遺物の少量出土（ただし，縄文時代はすべてこの色で表す）
■ 遺跡の大量出土

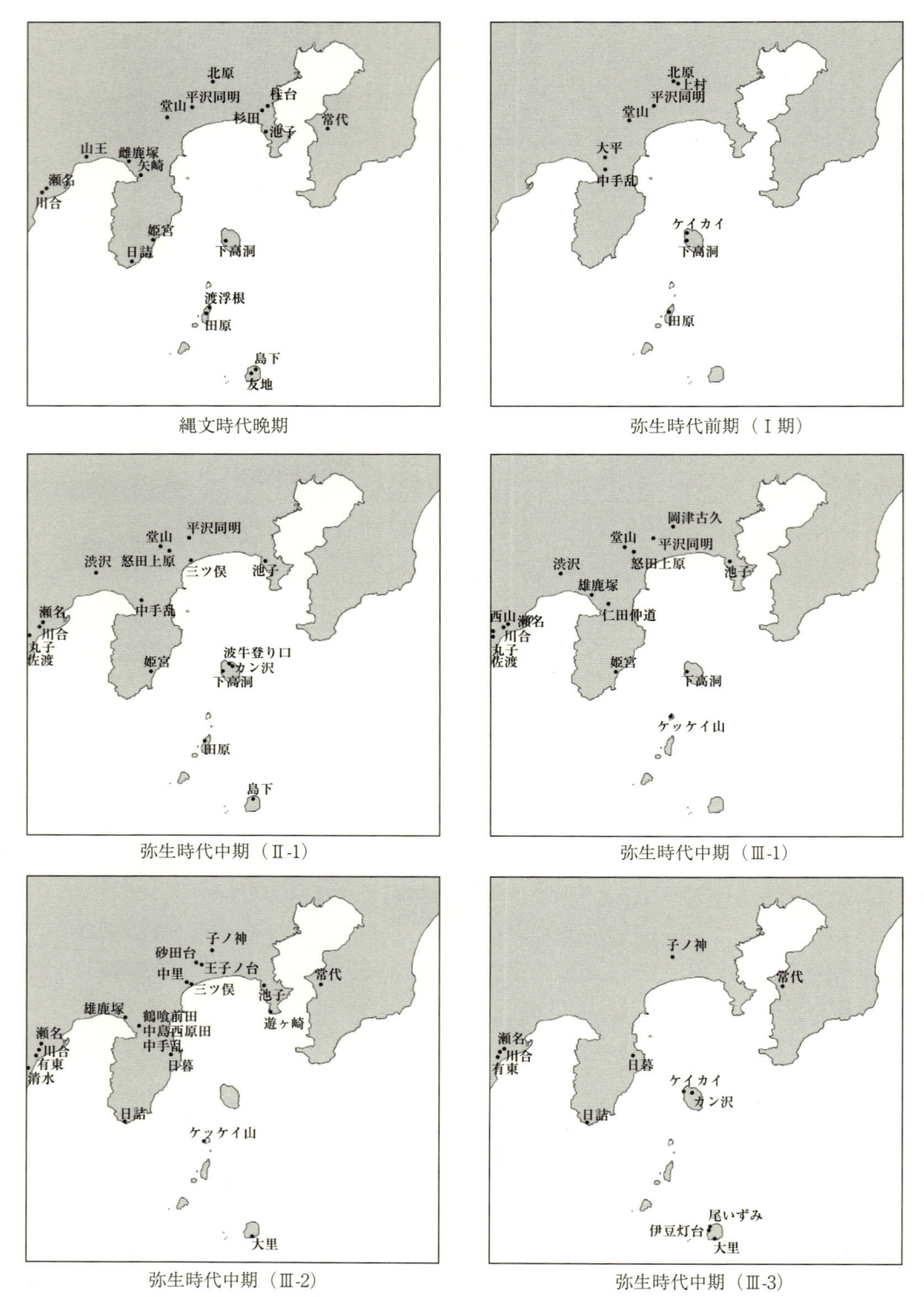

図98 縄文時代後期から弥生時代中期中葉における本州東南部の集落群の動態

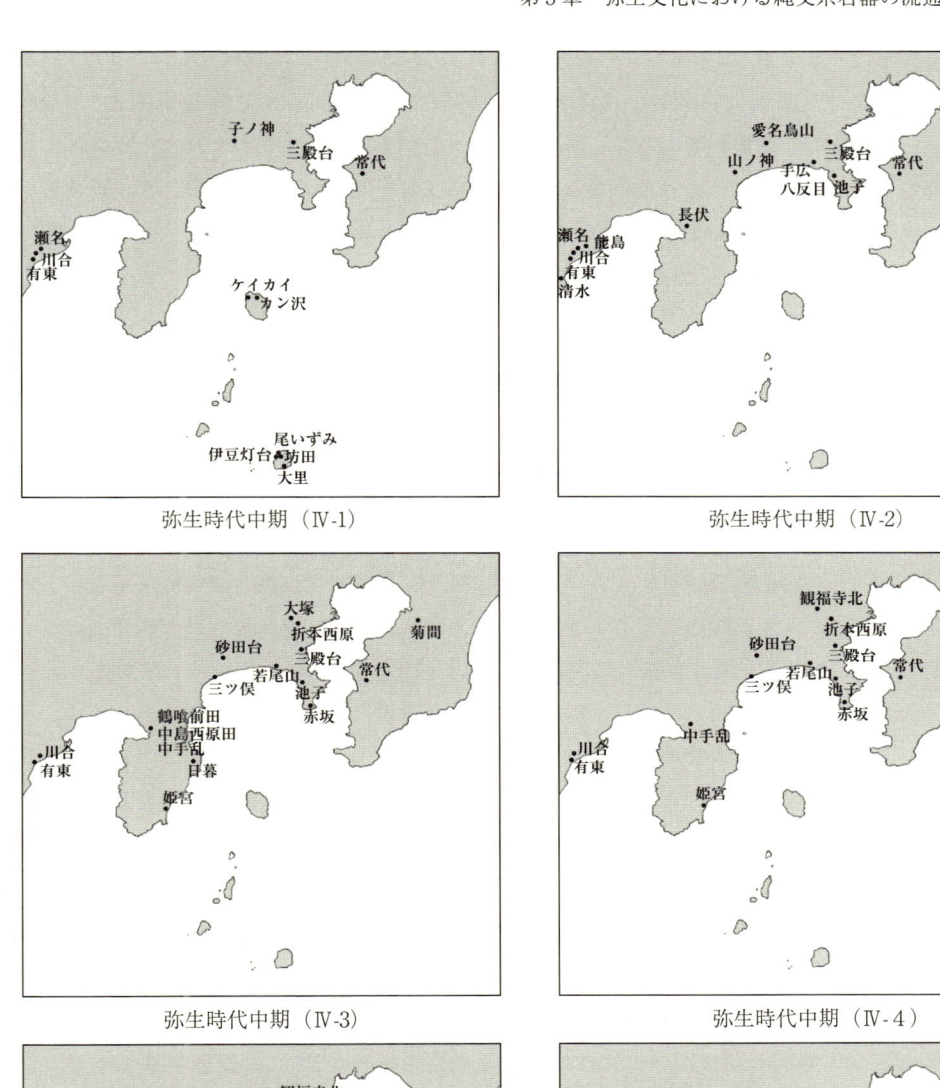

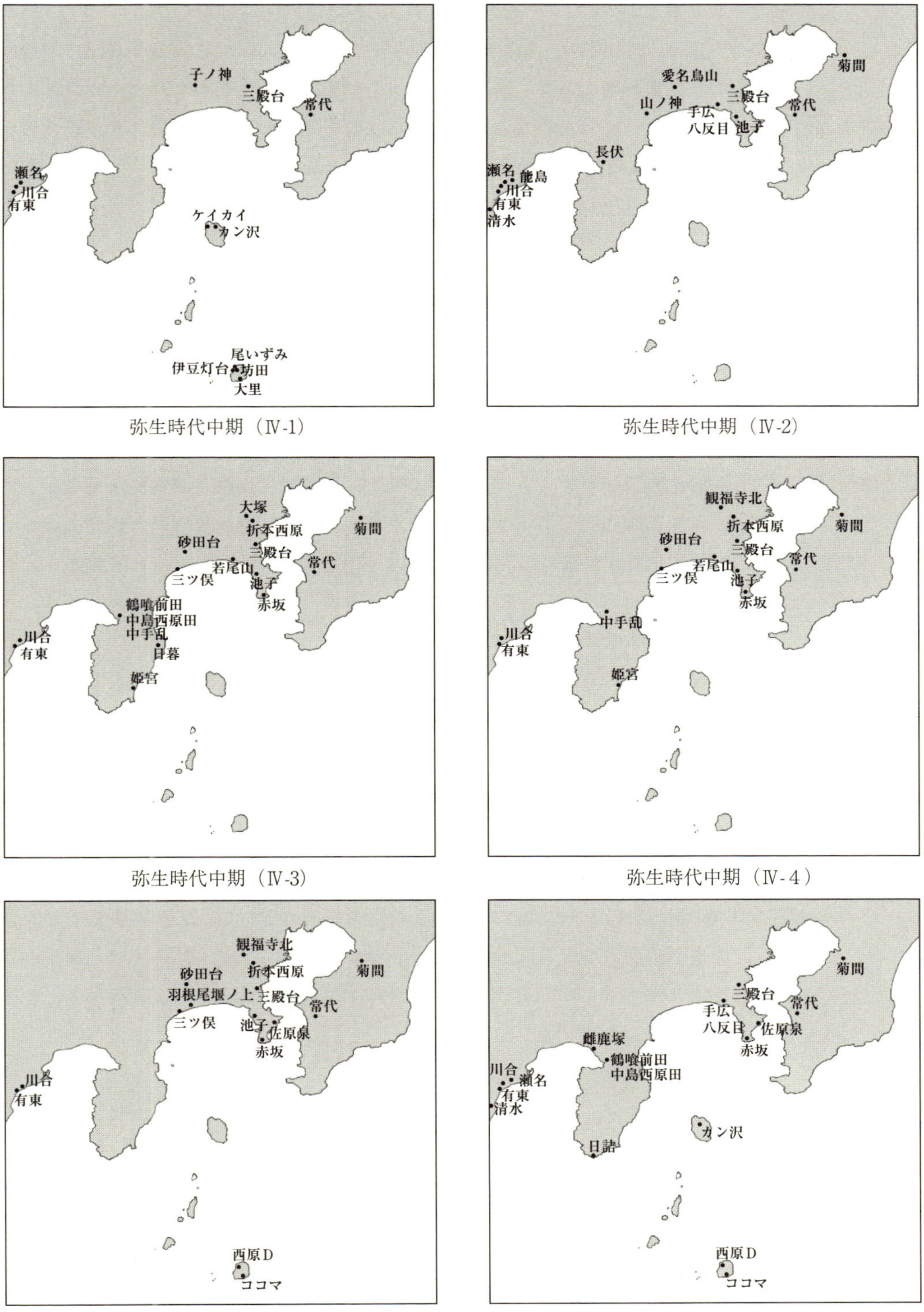

第5章 弥生文化における縄文系石器の流通　185

弥生時代中期（Ⅳ-1）

弥生時代中期（Ⅳ-2）

弥生時代中期（Ⅳ-3）

弥生時代中期（Ⅳ-4）

弥生時代中期（Ⅳ-5）

弥生時代後期（Ⅴ-1）

**図99　弥生時代中期後葉から後期初頭における本州東南部の集落群の動態**

### (5) 弥生時代中期中葉（Ⅲ-2期）

Ⅲ-2期は、中里式土器段階に相当し、近年の発掘調査で検出される遺跡数も増大している。本土部では、この段階に低地への居住進出がみられ、本格的な水田経営が行われた。島嶼部における遺跡の分布の特徴は、大島に分布していた集落がなくなり、三宅島に大里遺跡が出現する。

### (6) 弥生時代中期中葉（Ⅲ-3期）

Ⅲ-3期は、中里式土器の文様の簡素化が進んだ段階とする。この段階の集落は本土部では少なく、島嶼部で多く検出されている。集落は大島と三宅島で確認される。大島で2カ所、三宅島で3カ所である。前段階では確認できなかった大島で再び集落が確認されると同時に、三宅島でも集落が増加する。

### (7) 弥生時代中期後葉（Ⅳ-1期）

Ⅳ期は宮ノ台式土器期とする。Ⅳ-1期は、壺形土器では器面に櫛状工具による横帯構成の文様帯が施される段階とする。この時期も本土部では、比較的検出された集落が少ない。一方島嶼部では、大島と三宅島に遺跡の分布が2分した状態が続き、三宅島では集落が増加している。大島のケイカイ遺跡・カン沢遺跡は出土資料が破片であり、本段階まで継続しているか詳細は不明である。三宅島では、坊田遺跡が営まれている。そのほか尾いずみ遺跡・伊豆灯台遺跡から少量の破片が出土している。

### (8) 弥生時代中期後葉（Ⅳ-2期）

Ⅳ-2期は本格的な櫛描文による器面装飾の段階とする。この段階は本土部では集落が増加傾向にある一方で、島嶼部においてはその痕跡を残していない。Ⅲ期後半から顕在化していた集落群が、Ⅳ-2期では確認できない。これまでの伊豆諸島の研究では、一貫して継続的な居住として把握されてきたが、土器を細分して集落動態を俯瞰すると、Ⅳ-2期で断絶していることが分かる。

### (9) 弥生時代中期後葉（Ⅳ-3期）

Ⅳ-3期は櫛描文・縄文・沈線により多彩な文様が施される。また、この段階で横浜市北部にあたる下末吉台地に環濠集落群が形成され、集落数は急増する。一方、伊豆諸島では、集落の分布を確認できない。

### (10) 弥生時代中期後葉（Ⅳ-4期）

Ⅳ-4期は壺形土器の文様の簡素化と、羽状縄文の施文、器面の赤彩化が始まる段階である。本土部における集落の分布は前代と変化がない。島嶼部ではこの段階の集落は検出されていない。

### (11) 弥生時代中期後葉（Ⅳ-5期）

Ⅳ-5期は壺形土器の装飾が頸部の羽状縄文のみになり、器面の赤彩化が進む段階である。本土部では、三浦半島で海蝕洞穴遺跡の分布が増える以外はあまり変化がない。一方、島嶼部では三宅島にⅣ-5期の遺跡を2カ所確認できる。三宅島西原D遺跡では、いわゆる輪積甕の頸部や口縁部に細かい羽状縄文を施す鉢形土器が出土している（橋口1975）。これらの土器は三浦市の赤坂遺跡の中期末葉から後期初頭への漸移期の土器群に類似している。また、ココマ遺跡でも杉

原荘介や芹沢長介ならびに筆者らの調査により同様の土器群が出土している（杉原 1934、芹沢 1958、杉山ほか 2009）。

### (12) 弥生時代後期初頭（V-1 期）

V-1 期は、久ヶ原式土器が東京湾沿岸地域を主体として分布する時期である。島嶼部では、大島のカン沢遺跡で久ヶ原式土器を用いた合わせ口土器棺が出土している。また、三宅島の西原D遺跡やココマ遺跡でも久ヶ原式土器が出土している。

## 2 集落動態の画期

伊豆諸島の遺跡群の動向をまとめると3時期に分けることができる。

### (1) 集落第1期（縄文時代から弥生時代中期中葉：Ⅲ-1 期）

縄文時代早期から伊豆諸島では集落が営まれているが、下高洞遺跡や田原遺跡など、特に縄文時代晩期から弥生時代中期まで長期にわたる継続的な集落が形成された時期である。これらの長期経営の集落のほかに、短期経営の集落も分布している。長期経営の集落は中期前葉（Ⅱ期ないしはⅢ-1 期）で断絶するのが特徴である。ケッケイ山遺跡は、以後継続居住の確認されない短期的な集落で、なおかつ恩馳島産の黒曜石のみで占められており、その性格としては集落第2期に近い。

### (2) 集落第2期（弥生時代中期中葉：Ⅲ-2 期から中期後葉：Ⅳ期前半）

中期中葉（Ⅲ-2 期）から三宅島を中心として、大里遺跡や坊田遺跡など短期経営の集落が出現する。特に島嶼部での居住が三宅島（Ⅲ-2 期からⅣ-1 期）と大島（Ⅳ-1 期）に集中する。これらの集落は、前後する時期の遺物を多少含むものの、下高洞遺跡や田原遺跡のように長期的な集落経営が行われず、ほぼ一小土器型式の時期に限定されており、中期後葉の初頭（Ⅳ-1 期）にはその姿を消している。

### (3) 集落第3期（弥生時代中期後葉：Ⅳ期末から後期初頭：V期前半）

弥生時代中期末葉から伊豆諸島で再び集落が営まれる。これらの集落も短期的な居住であり、弥生時代後期前半の久ヶ原式土器の段階には姿を消している。これらの集落では、三浦半島を中心とした東京湾沿岸地域と関連性のある土器群の出土が認められる一方で、伊豆半島・駿河湾地域に系譜を持つ遺物の出土が確認されない点が特徴である。

### (4) 集落の動態と黒曜石流通の接点

伊豆諸島の集落遺跡の動態において重要なのは、「集落第2期」における三宅島・大島への居住地の集中化と集落第2期後の集落の断絶である。黒曜石の流通構造と照らし合わせてみると、特に三宅島に集住化する「集落第2期」が、関東地方南部から東海地方東部で神津島産黒曜石の独占的に流通する「黒曜石流通第2期」にあたる。つまり、それまで伊豆諸島の各島に分布していた集落が、弥生時代中期中葉に三宅島、そして中期後葉初頭に三宅島と大島に集中し、関東地方南部および東海地方東部への大量の神津島産黒曜石の流通に関与したと考えられる。また、これらの集落が途絶えるのと同時に、本土部においても神津島産黒曜石の流通量が減少する。

その後、三宅島および大島に遺跡が集中する「集落第3期」が「黒曜石流通第3期」に対応し、神津島恩馳島産黒曜石の流通が再興する。つまり、弥生時代中期中葉以降、本土部での黒曜石の流通の変化と伊豆諸島の集落動態が連動しており、各段階における島嶼部での居住集団が「黒曜石流通に関わる集団」であると想定されるのである。

## 第4節　原産地遺跡の分析

### 1　集落第2期の原産地遺跡の分析

　集落第2期で黒曜石流通に関与していたと考えられる遺跡は、三宅島の大里遺跡である。大里遺跡では大量の黒曜石が出土している（巻頭写真7）。大里遺跡1次調査では1108点（調査面積80 m²）、大里遺跡2次調査では1万点以上（調査面積650 m²）である。

　図100には、島嶼部の遺跡として大里遺跡、本土部の遺跡として常代遺跡・砂田台遺跡の石核の法量を示した。大里遺跡の石核は3cmから5cmまでの間に多く分布しており、一部により大型の石核が出土している。一方、本土部の砂田台遺跡や常代遺跡では、大里遺跡の法量に比較すると小型であり、両遺跡には法量に明らかな差が認められる。表19には、常代遺跡、砂田台遺跡、大里遺跡出土の剥片・石核の礫面の残存率、剥片については打面の礫面率を示した。剥片の礫面の残存率とは、剥片のいずれかの部位に礫面の表皮が残されている資料の比率を指している。大里遺跡は常代遺跡や砂田台遺跡に比較して、礫面の残存率が高い。これは大里遺跡が黒曜石の原産地の神津島に隣接しており、豊富な黒曜石資材を有する地理的要因のために石材を消費しきることなく、石核が小さくなったときには代替の新しい原石を用意できるためである。常代遺跡や砂田台遺跡における礫面残存率の低さは、搬入した石材を石核が小さくなるまで徹底して剥片剥離を行ったため、礫面を持たない剥片数が多数になり、結果として礫面の残存率が低くなったと考えられる。こうした島嶼部の遺跡と本土部の遺跡における石材消費の差異は剥片等にもみることができる。

　図101にはそれぞれの遺跡での剥片および加工痕のある剥片（RF）や使用痕のある剥片（UF）などの剥片刃器の法量分布を示した。常代遺跡や砂田台遺跡では、剥片の法量分布のなかに剥片刃器が含まれる。大里遺跡では、剥片と剥片刃器の法量は大きく異なり、剥片刃器の多くが5cm以上と非常に大きいのに対して、剥片は本土部の遺跡と同様に2cm～4cmの間に集中している。このような違いは、それぞれの遺跡での石材の入手環境に左右されている。つまり、常代遺跡や砂田台遺跡など消費地では、獲得した個数の限られた原石をもとに剥片剥離を行っており、獲得した剥片の良好なものから細部加工を行い剥片刃器としている。一方、大里遺跡では、獲得することのできた大型の剥片のみを剥片刃器とし、刃器に適さないものは惜しげもなく廃棄している姿が対比的に見てとれる。

　このように大量に黒曜石原石を持ち込み、加工を行っている遺跡は本土部および島嶼部をみても存在せず、大里遺跡を弥生時代中期中葉における神津島産黒曜石の原産地遺跡として捉えたい。

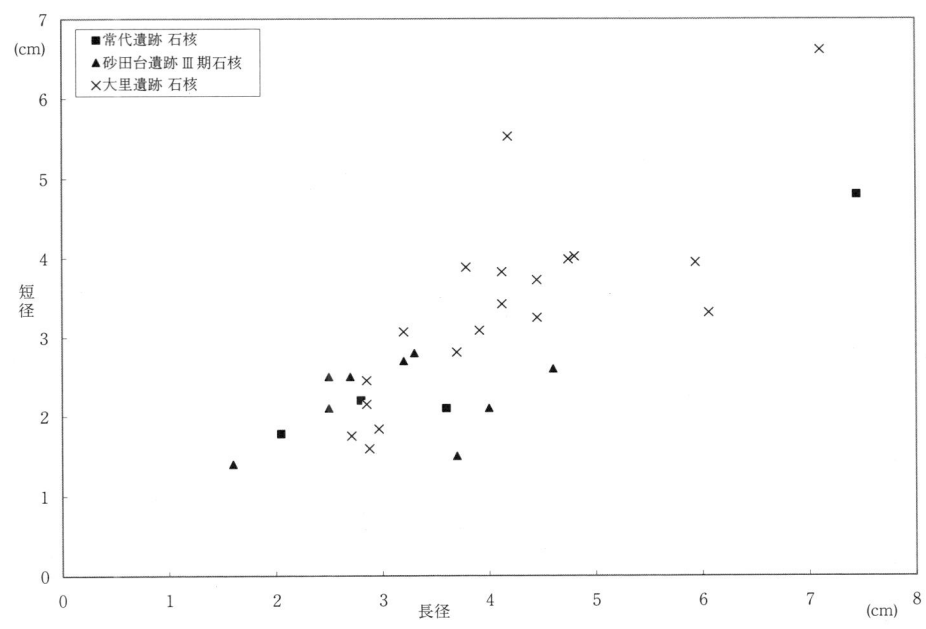

図100　関東地方南部出土の神津島産黒曜石の石核の法量

表19　神津島産黒曜石の剥片と石核にみる礫面の残存率

| 遺　跡 | 種　別 | 全体数 | 礫面が残存する資料 | | 剥離時に礫面を打面とした資料 | |
|---|---|---|---|---|---|---|
| 大里 | 剥片 | 138 | 32 | 23.2% | 4 | 2.9% |
| | 石核 | 19 | 8 | 42.1% | | |
| 常代 | 剥片 | 59 | 24 | 40.7% | 21 | 35.6% |
| | 石核 | 3 | 1 | 33.3% | | |
| 砂田台 | 剥片 | 107 | 28 | 26.2% | 18 | 16.8% |
| | 石核 | 9 | 2 | 22.2% | | |

### 2　原産地遺跡の生業

　大里遺跡は竪穴住居や土器棺墓も検出されたことから、一時滞在のためのキャンプサイト的な遺跡ではなく、一定期間の定住生活を行った遺跡であると考えられる。この遺跡からは自然遺物も多く出土しており、動物遺体ではイノシシの成獣の臼歯やサザエの蓋、植物遺存体ではオオムギやキビ、ツバキの種が出土している[12]。石器では剥片刃器などのほかに大型の石鏃や石皿や磨石が出土している。このことから大里遺跡に居を構えた集団は、島内で生活拠点を持ち、狩猟や農耕を行ったと考えられる。

### 3　大里遺跡の対外交流

　大里遺跡の出土土器の様相は、駿河湾東岸地域の土器と非常に類似している（伊藤1997：75頁）。例えば、大里遺跡の主要な甕形土器は、胴部最大径付近に、指頭による横位の磨消線または櫛状工具などによる沈線を施したもの（磨消線文甕）である。「磨消線文甕」の分布の中心は、静清平

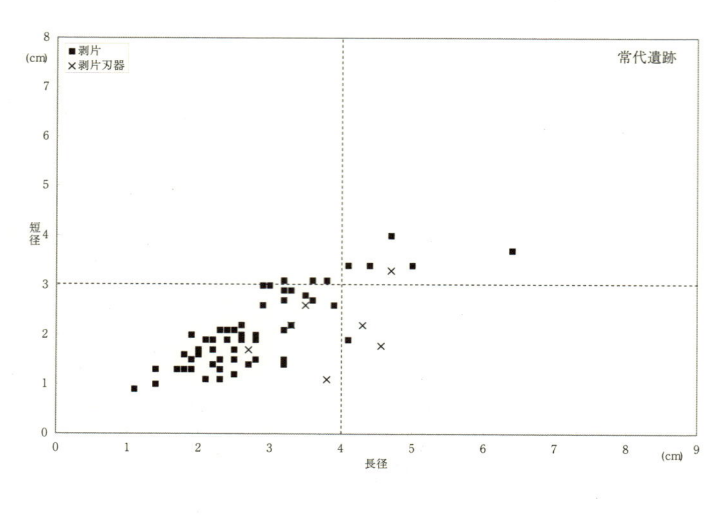

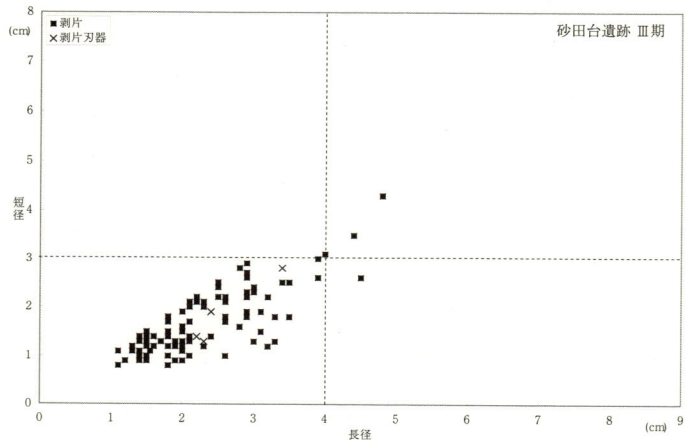

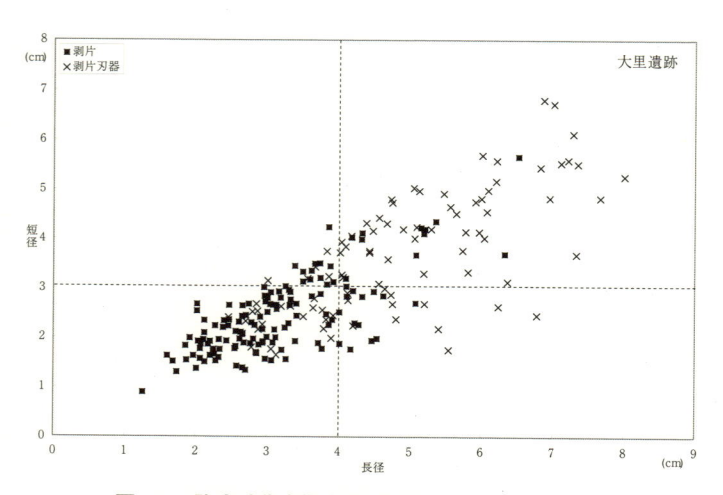

図101　弥生時代中期中葉の剥片と剥片刃器の法量

第 5 章　弥生文化における縄文系石器の流通　191

**図102　東京都三宅島大里遺跡の対外交流**

野・狩野川流域・伊豆半島・伊豆諸島である（図102）。大里遺跡の土器の胎土分析に拠れば、遺跡出土の土器は島外から持ち込まれたものであることが明らかにされており（青木1995：198頁）、その搬出元は文様構成などから駿河湾東岸域である可能性が高い。大里遺跡で出土する土器は、磨消線文甕（同図18）のほかに茨城県域に分布をみる狢式土器（同図1）や北関東にみられる池上式土器（同図2～3）や御新田式土器（同図4～7）など、遠江や三河などの嶺田式土器（同図21～23）・瓜郷式土器（同図24）など広域からもたらされたものである。石器では、北陸地方産と考えられる太形の凝灰岩製管玉や翡翠製の勾玉（同図8～15）や長野盆地産と考えられる緑色岩製の環状石斧（同図16）が出土している。また、弥生時代中期中葉から中期後葉にかけて駿河湾沿岸から相模湾沿岸の地域に特徴的に分布する、逆刺に抉りがつく有孔磨製石鏃（同図20）も出土している。こうしたことから、大里遺跡に居を構えた集団は駿河湾東岸域に出自を持つ漁撈民と

推定される。また、そうした漁撈民としての海の知識がなければ、三宅島への渡航もままならないであろう。こうした海洋渡航技術をもつ集団により形成された原産地遺跡である大里遺跡は、独占的交易品として神津島黒曜石を本土部にもたらし、その代替として各地の産物を得ていたと推定される。

### 4　集落第3期の原産地遺跡の分析

集落第3期の原産地遺跡として可能性があるのは、Ⅳ-5期に形成される三宅島のココマ遺跡・西原D遺跡・富賀浜A遺跡の遺跡群である。

ココマ遺跡は海蝕崖の断面に遺物包含層が確認され、その一部が1949年に発掘調査され、炉址が検出された（杉原1934、芹沢1958、橋口1975：166頁）。また、2007年には筆者らが貝塚のブロックの発掘調査を行った。ココマ遺跡からは、オオツタノハ製貝輪の未成品（図104-11〜12）が大量に出土しており、貝輪の製作遺跡であったことが明らかとなった（杉山ほか2009）。ココマ遺跡は御蔵島に向いた立地であり（図103）、オオツタノハ貝採りに伴う潮待ちのためのキャンプサイトであった可能性が遺跡から出土した陸生貝の分析から推定されている（黒住2009）。富賀浜A遺跡は三宅島の沖合に浮かぶ通称"三本岳"に面した位置にある。御蔵島や三本岳では、オオツタノハの現生貝が採取されている（忍澤2009）。富賀浜A遺跡は、発掘調査が行われていないため推定の域を出ないが、筆者らの踏査により宮ノ台式土器終末の土器・石器が採取され、その立地環境からココマ遺跡同様のキャンプサイト的な機能を有していたと考えられる。そこで、集落セツルメントとしての拠点は、これらの遺跡と異なり、やや内陸の緩斜面地に位置する西原D遺跡と推定する（図104）。西原D遺跡は宮ノ台式土器終末から後期久ヶ原式の前半段階まで営まれた遺跡である（図104-13〜16）。この遺跡も発掘調査が行われていないため、今後に期待するところが大きい。

ココマ遺跡からは、黒曜石製の小型の石核や剝片刃器・剝片・楔形石器などが29点（チップを除く）出土している。しかし、大里遺跡で出土したような大型石核・剝片類はなく、黒曜石の大量獲得の様相を示しているとは言い難い。ココマ遺跡では、鉄器による加工痕を有する骨角器が出土しているように（芹沢1958）、すでに中期末葉の関東地方では鉄器が普及し始めており、黒曜石の流通量も決して多くはなかったと推定される。

但し、ココマ遺跡で出土・採集されている黒曜石を観察すると、自然面は風化摂理面を持つ角礫であり、円礫は確認されていない。この原石の特徴は、同時期の神奈川県三浦市赤坂遺跡出土の黒曜石の石核と共通している。神津島産黒曜石の角礫面を残す弥生時代中期の本土側の遺跡は、管見の限りでは赤坂遺跡のみである。ココマ遺跡・西原D遺跡・富賀浜A遺跡で採集された土器は、口縁部に条の細かい縄文が施される壺形土器（同図7・16）、頸部に輪積み痕を残す甕形土器（同図9・10・15）など、三浦半島から東京湾沿岸地域に分布する土器群と共通する要素がみられる。また、ココマ遺跡の土器の胎土分析を行った池谷らの研究によれば、ココマ遺跡出土の土器の粘土は相模湾中央部から東部にかけてのものと推定されている（池谷・増島2009）。つまり、

図103　東京都三宅島ココマ遺跡から見た御蔵島

集落第3期は相模湾東岸から三浦半島にかけての集団が黒曜石の流通に関与していたと考えられる。

　集落第2期では、磨消線文甕や逆刺に抉りがつく有孔磨製石鏃など駿河湾に系譜を持つ遺物が多く出土していたのに対し、集落第3期では相模湾から三浦半島にその系譜がある遺物が出土している。つまり、島に居住する集団が集落第2期と第3期とで変化しているのである。

## 5　黒曜石流通集団の終焉

　第2段階および第3段階の後には、それぞれ集落の断絶期が認められる。両段階ともに集落の消滅の要因は三宅島の噴火が直接的、間接的に影響している。三宅島は中央に活火山である雄山がそびえている。雄山は中央火口以外にも割れ目噴火を繰り返す特徴がある。火山学の研究では、第2段階に営まれた坊田遺跡は、C14放射性炭素年代（無較正）で2050±40y.BP（鈴木・津久井1997：310頁）とされる平山スコリア層（TYS）に覆われているといわれてきた（津久井・鈴木1998：157頁）。筆者らが行った2008年の発掘調査では、伊ヶ谷沢スコリアに伴う火砕サージで埋没したピットが検出されたため（新堀・杉山ほか2008）、坊田遺跡は集落の噴火による罹災で終焉を迎えたことが明らかとなった（図105上段・中段）。集落第2期の黒曜石交易に従事していた集団は、噴火活動の影響を受け三宅島での居住を断念し、その結果、本土における黒曜石の流通量も激減したものと考えられる。

　原産地である神津島もその中央に天上山がそびえ、活発な火山活動が確認されている。しかし、神津島の噴火史については三宅島ほどには明らかにされていない。弥生時代前後の時期で確認さ

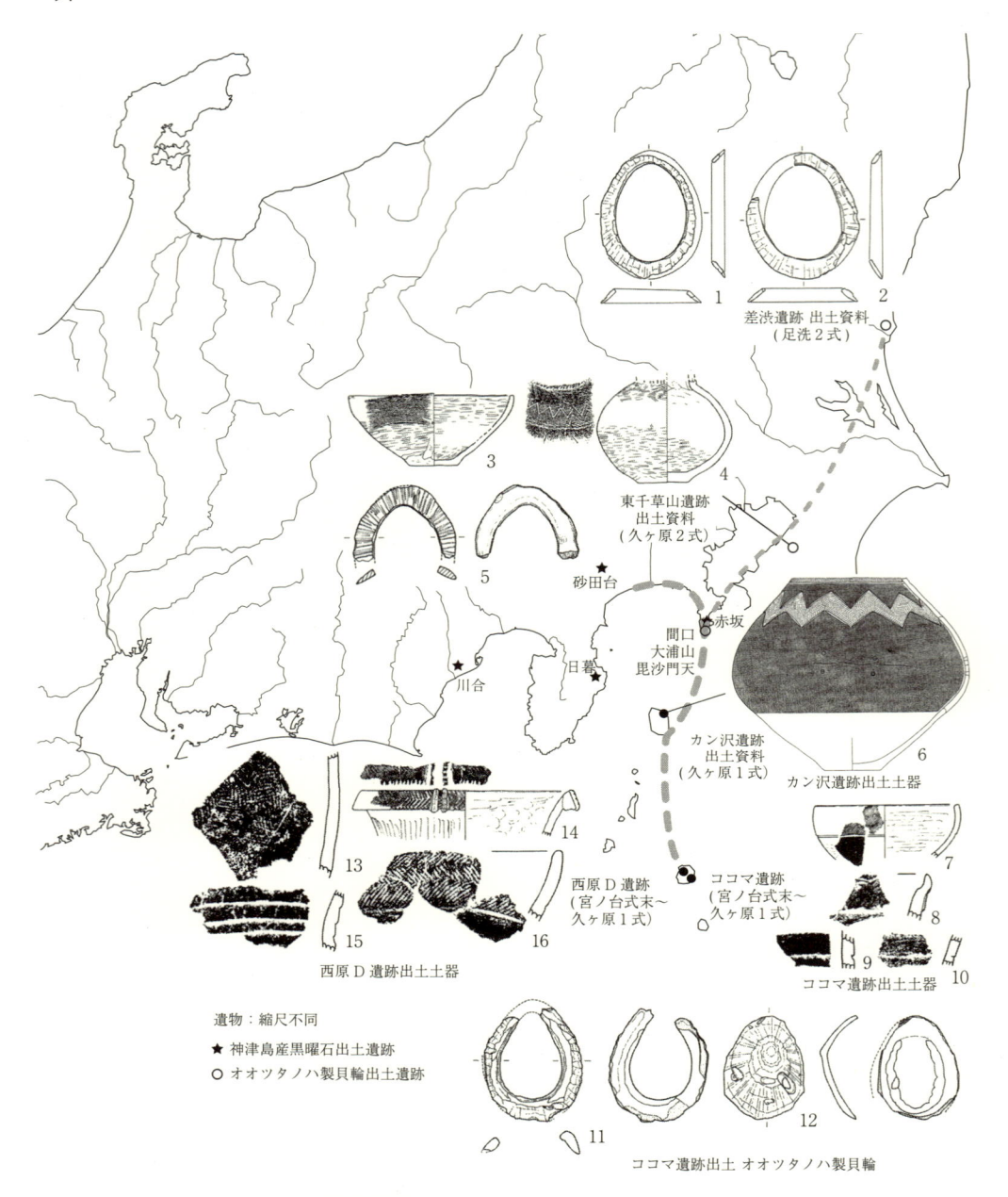

図104　東京都三宅島ココマ遺跡・西原D遺跡の対外交流

れている例は、天上山からの火砕サージ・火砕流下層に1950±110年B.P.（無較正）のC14放射性炭素年代が与えられているに過ぎず（Yamasaki et al. 1968：335頁）、その詳細も判然としていない。しかし、神津島も頻繁な噴火が起きていたことが想定され、居住するには安定した環境ではなかったといえる。

また、弥生時代中期中葉から後葉は、黒曜石とともに貝製腕輪の素材となるオオツタノハが三

第 5 章　弥生文化における縄文系石器の流通　　195

坊田遺跡 2008 年調査

火砕流で埋没した土坑

遺物包含層直上のスコリア層

ココマ遺跡の全景

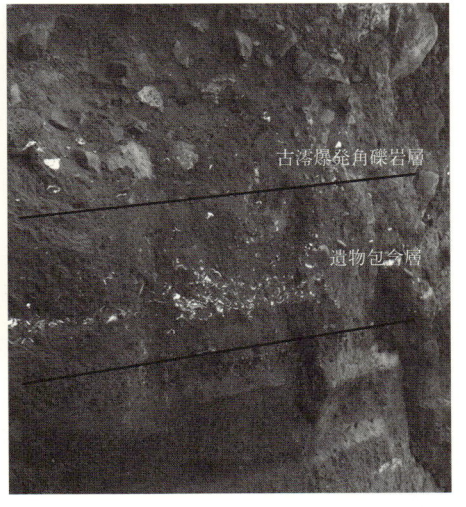

ココマ遺跡の包含層と直上の角礫岩層

図 105　東京都三宅島の弥生中期の遺跡を覆う火山性堆積物

宅島周辺で採取可能であったと考えられるため（忍澤2009：48-50頁）居住のベースを神津島以外に求め、黒曜石やオオツタノハなどの海洋資源の獲得に有利な土地である三宅島が拠点となったと考えられる。三宅島は、農耕を行うのに適した緩斜面が広がる格好の居住地であり、なおかつ黒曜石原産地である神津島にも約30kmの距離である。渡航スピードを時速6km程度とすれば、一日で往復できる位置にある[13]。

集落第3期の終焉についても、筆者らの調査により明らかとなった。ココマ遺跡の貝塚層上面には、水蒸気爆発に伴う古澪爆発角礫岩層が直接堆積している（図105下段）。この角礫層は、遺跡の西側のツルネマールを形成した水蒸気爆発に伴うものであり、ココマ遺跡の終焉は火山噴火の影響を受けたと考えられる（新堀・齋藤2009）。西原D遺跡では、ココマ遺跡が廃絶したあとの久ヶ原式土器前半期の土器も出土しているため、ココマ遺跡の廃絶が三宅島での居住の断念の直接的な原因ではない。しかし、火山噴火にともなう自然環境の変化で西原D遺跡もその後廃絶に向かったと推定される。この点については、西原D遺跡での調査が期待される。

## 第5節　小　結

黒曜石をめぐる関東地方南部から東海地方東部の社会の動きを検討した。その結果、黒曜石は縄文時代晩期以降、弥生時代においても引き続き使用される石器であることが明らかになった。そして、黒曜石は石器の素材として、弥生時代中期後葉以後では用いられなくなることが判明した。次に、黒曜石の産地推定分析から、その流通の画期を3期に区分した。特に黒曜石流通第2期（弥生時代中期中葉）における信州系黒曜石から神津島産黒曜石への転換は大きな変化である。そして、黒曜石の流通と集落の動態を重ね合わせて検討した結果、神津島産黒曜石が広く流通する黒曜石流通第2期と同時に伊豆諸島では、三宅島に集落が集中しており、両者の関係に有意性があることを明らかになった。しかし、その集落も三宅島の噴火により、ダメージを受けて島内での居住が断念されると、本土部においても神津島産の黒曜石流通が激減した。その後、再び中期末葉に三宅島に集落が営まれるが、その集団は三浦半島から東京湾沿岸に地域に由来する集団によるものであり、集落第2期と第3期とでは集団の出自が変化している。

弥生時代中期に三宅島に拠点を設けた集団は、外洋性に富み、交易品としての黒曜石などの海洋資源を獲得するために戦略的に渡航した集団であると位置付けられる。

註
1）調査担当の河合英夫教示。
2）平沢同明遺跡は未報告であるが、秦野市教育委員会の厚意により蛍光X線分析を行った。
3）河津町教育委員会の宮本達希教示。
4）大里遺跡2次調査は、『大里東遺跡発掘調査報告書』として公表されている。大里遺跡および大里東遺跡は同一遺跡である。

第5章　弥生文化における縄文系石器の流通　197

5）関東地方南部・東海地方および甲府盆地の黒曜石の蛍光 X 線分析の成果は杉山と池谷信之の共同研究の成果であり、その一部はすでに公表している（杉山・池谷 2006）。また甲府盆地の十五所遺跡および信州地方の黒曜石の蛍光 X 線分析の成果は、望月明彦等の研究成果（望月・馬場 2006）である。

　蛍光 X 線分析による黒曜石の産地推定者と遺跡名（「遺跡」は省略）は以下の通りである。

池谷信之（杉山との共同分）

常代・赤坂・北原・上村・子ノ神・砂田台・平沢同明・関屋塚・大平・御殿川流域遺跡群（鶴喰前田・中手乱・中島西原田・八反畑前田）・日暮・雌鹿塚・渋沢・山王・瀬名・川合・角江・下高洞・田原・ケッケイ山・大里東・横堀・菖蒲池・油田

　これらの成果については巻末付表にて、産地に関する集計表を掲載した。個々の資料に関する分析結果については、杉山・池谷の論文（2006・2007）に掲載されている。

望月明彦

東久保・西一本柳・後家山・箕輪・東後里田・下信濃石・板敷野

望月明彦（馬場との共同分）

家下・境窪・下境沢・御社宮司

　その他、下記先学の成果を用いた。

＜雨崎洞穴遺跡＞

野内秀明・鈴木正男・戸村健児 1991「三浦半島出土の黒曜石の産地推定と水和層法年代測定値について」『横須賀市博物館研究報告』（人文科学）第 36 号横須賀市人文博物館

＜砂田台遺跡＞

鈴木正男 1991「黒曜石の分析」『砂田台遺跡Ⅱ』神奈川県埋蔵文化財センター

＜宮ヶ瀬遺跡群＞

藁科哲男・東村武信 1995「馬場（No.6）・上村（No.1）・ナラサス（No.15）遺跡出土の黒曜石製遺物の石材産地分析」『宮ヶ瀬遺跡群Ⅴ』かながわ考古学財団

　また、蛍光 X 線分析で得られる信州、箱根、伊豆における黒曜石の産出地およびその表記は以下の通りである。信州では原産地が各地に存在し、化学組成も産出地ごとに大きく異なるため、信州地方産の黒曜石を表現する場合には「信州系黒曜石」とする。一方、箱根や伊豆の場合には産出地も限定されるため、「箱根産」・「天城産」・「神津島産」黒曜石として表記する。こうした広範な地域以下の分類表記をする際には、「諏訪星ヶ台産」などと記すことにする。

6）伊豆諸島島嶼部と対照的に本州側の地域を指す用語として用いる。

7）川合遺跡の黒曜石は、その多くが X 層とされる包含層の下層から出土している。報告書によるとこの包含層は、弥生時代中期初頭から古墳時代までの遺物を包含している。そして、弥生時代中期初頭の土器については、ローリングによる摩滅が激しいことが記されている。そこで、黒曜石についてみると、信州系黒曜石には、その多くに摩滅が認められる一方で神津島産黒曜石については摩滅が認められない。信州系黒曜石は摩滅しており、弥生時代中期初頭（本文の分類では弥生時代中期前葉）に位置付けられる。

8）冷山産の黒曜石は全体として非常に風化が進んでおり、遺跡からは同石材を用いたナイフ型石器や石刃が出土しているため、旧石器時代に持ち込まれた石材の再利用等も考慮する必要がある。

9）本原石のように風化や摩滅が認められない資料は、中期中葉から後葉に属すると推定される。また、この原石は大型であるため、分析機器に入らず蛍光 X 線分析を行っていない。しかし剥離面にみられ

る結晶および礫面の特徴から神津島恩馳島産と推定される。
10) 日暮遺跡からは、大量の黒曜石が出土している。今回分析した資料は、明らかに弥生時代中期の遺構に伴うもののみである。杉山が 2003 年に資料見学を行った際には、天城産や信州系の黒曜石も若干含まれていた。しかし、それらの資料は他時期の遺構から出土しており、今回の対象とはならなかったことを付記しておく。
11) 土器の細分には、加納・石黒編『弥生土器の様式と編年』（木耳社刊）の記載に準じ、時期の名称は同書「相模」の時期表記に従っている。
12) 橋口尚武が発掘調査を行った調査区から炭化したツバキの種が出土している。橋口の報告ではシイの実とされていたが、筆者が三宅村教育委員会の許可を得て分析したところツバキであることが判明した。
13) 船の渡航速度の参考として、現代の一人漕ぎのシーカヤックの速度が最大で時速 8 km といわれている。また、丸木舟の渡航実験では時速 6 km 程度である。池谷信之教示。

# 第6章　弥生文化における縄文系石器の消費
―黒曜石製石器の研究（2）―

　関東地方南部から東海地方東部の遺跡を対象として、縄文時代晩期から弥生時代中期の黒曜石の消費形態について検討を行う（図106）。前章にて、同地域出土の黒曜石製石器の原産地の推移と流通形態について触れ、弥生時代中期中葉が黒曜石の流通の転換期であると指摘した。そこで、本章では黒曜石製石器の器種組成および使用痕分析から、弥生社会における黒曜石製石器の特質について述べる。

　まず、第1節において黒曜石で製作される石器の器種組成を分析する。特に剥片刃器と打製石鏃について詳しく検討する[1]。これら2つの石器は、生業活動の動物等の狩猟から解体行為等に伴う道具であり、縄文系石器の分析対象として適している。そこで第2節では黒曜石製の剥片刃

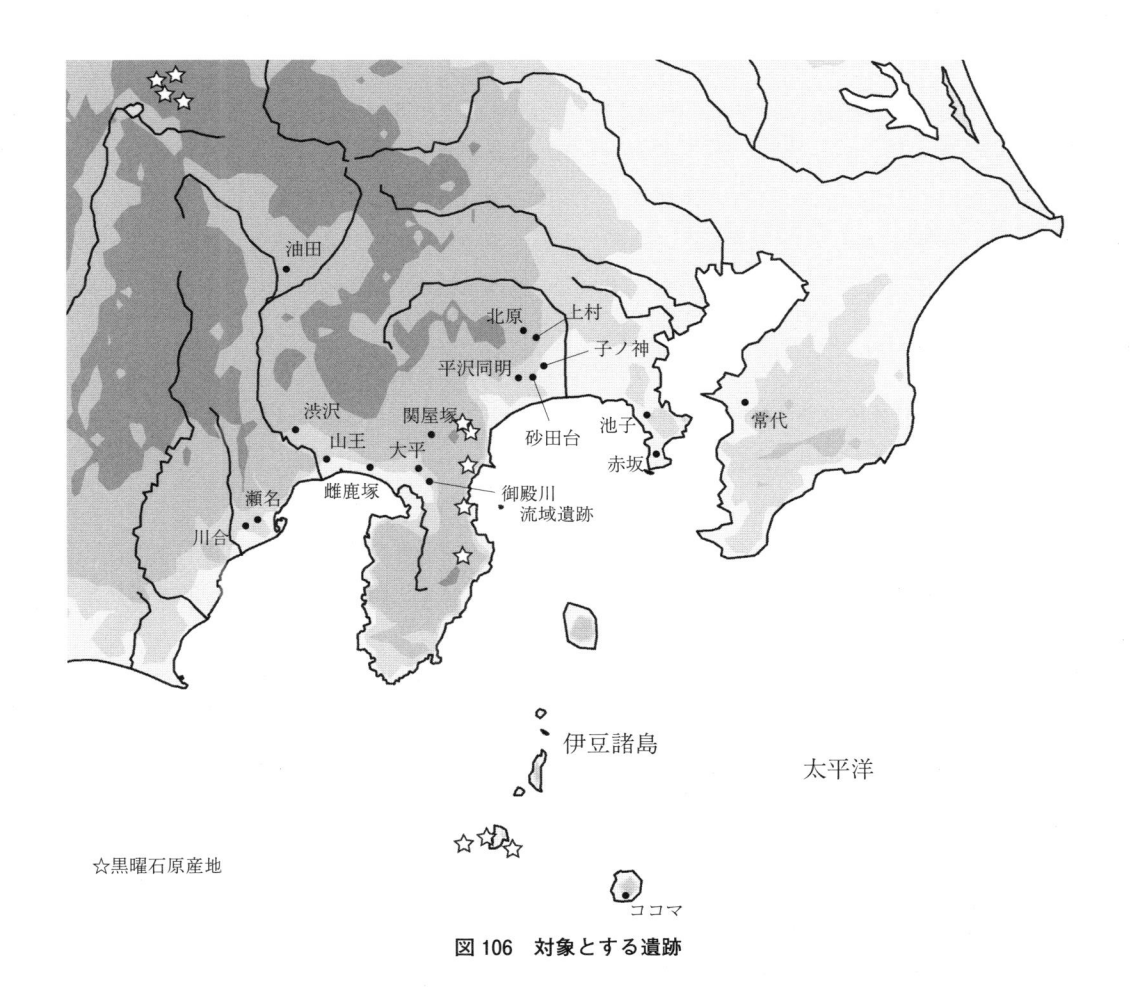

**図106　対象とする遺跡**

器について使用痕分析を行い、使用方法および被加工物について推定する。第3節では打製石鏃を検討し、法量及びその用途について縄文時代と弥生時代の相違点を明確にする。第4節では、こうした黒曜石製石器と弥生社会の生業形態との関わりを述べ、弥生文化における黒曜石製石器の意義について指摘したい。

## 第1節　黒曜石製石器の器種と石材産地の推移

本節では、関東地方南部から東海地方東部の黒曜石製石器の器種と用いられる黒曜石の原産地との関係を検討する。

### 1　黒曜石製石器の器種組成と石材の産地

図107には、縄文時代後期から弥生時代中期後葉までの剥片・原石・石核を除いた黒曜石製石器の器種組成の推移を示した。黒曜石で製作される器種は、打製石鏃・剥片刃器（RF・UF）などの小型の打製石器が中心である。

縄文時代晩期および弥生時代前期では、完成品の石鏃が50％を超える占有率であり、未成品も含めると60％を超える。しかし、中期前葉から石鏃の割合は減少し、弥生時代中期中葉では剥片刃器（RF・UF）が68％を占め、剥片刃器が黒曜石製石器の主要器種となる。中期後葉では剥片刃器が減少し、再び黒曜石で製作される器種は石鏃が主体となる。つまり、比率の増減はあるものの、黒曜石は主に打製石鏃もしくは剥片刃器の製作に用いられる石材といえる。

次に、黒曜石製石器の器種と用いられる黒曜石の原産地との関係をみたい。図108には、時間軸上に石材産地別の石器の器種ごとの出土数を示した。

信州系黒曜石は、縄文時代後期から弥生時代中期にいたるまで、石鏃との結びつきが強い石材である。弥生時代中期前葉までは、流通する黒曜石の多くが信州系であるため、剥片刃器にも信州系黒曜石が使われている。中期中葉以後では、流通する黒曜石が神津島産に独占される状況のため、信州系黒曜石の出土数が減少する。中期末葉では、神奈川県秦野市砂田台遺跡や同県三浦市赤坂遺跡において、信州の和田鷹山産黒曜石を用いた打製石鏃が出土しており、打製石鏃と信州系黒曜石とのあいだの有意性は認められる（杉山・池谷2006）。関東地方南部の遺跡では信州系黒曜石を用いた石鏃の未成品がないため、完成品が持ち込まれたと考えられる。

天城産黒曜石は、縄文時代後期から弥生時代前期に主に流通する石材であり、石鏃の製作に用いられるという特徴がある。

神津島産黒曜石は、剥片刃器（RF・UF）の製作に用いられることが多く、弥生時代中期中葉・後葉を除いて、石鏃に用いられることは少ない。神津島産黒曜石を用いた剥片刃器は、縄文時代晩期以降から出現し、弥生時代中期中葉を境に急増する。中期後半では石鏃に信州系と神津島産黒曜石が用いられ、剥片刃器に神津島産黒曜石が用いられている。

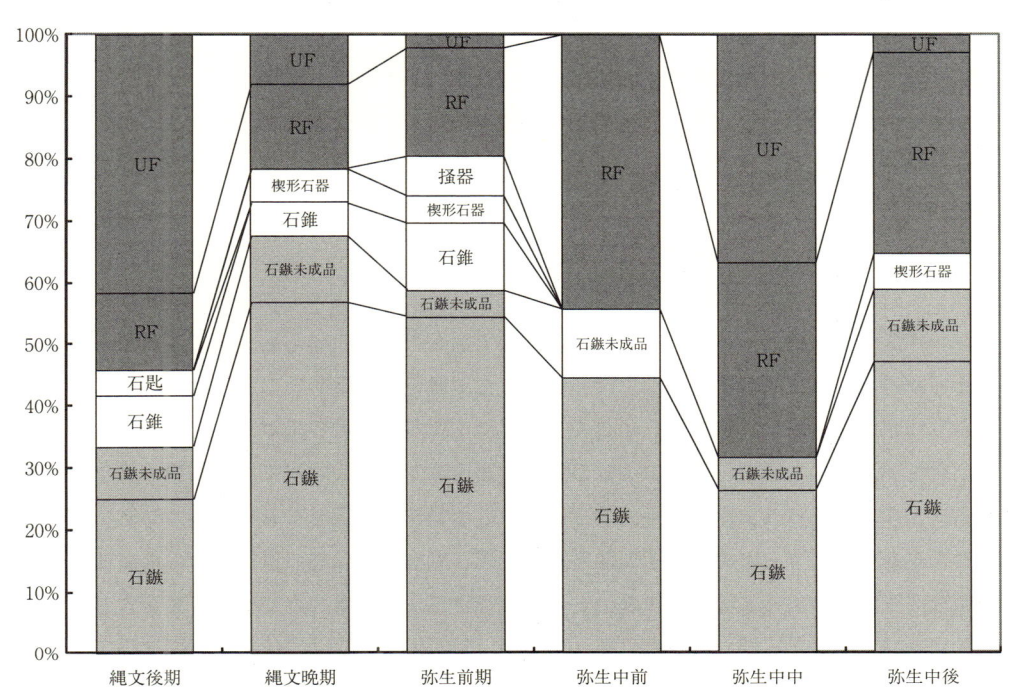

第6章　弥生文化における縄文系石器の消費　201

図107　縄文・弥生文化移行期における黒曜石製石器の器種組成

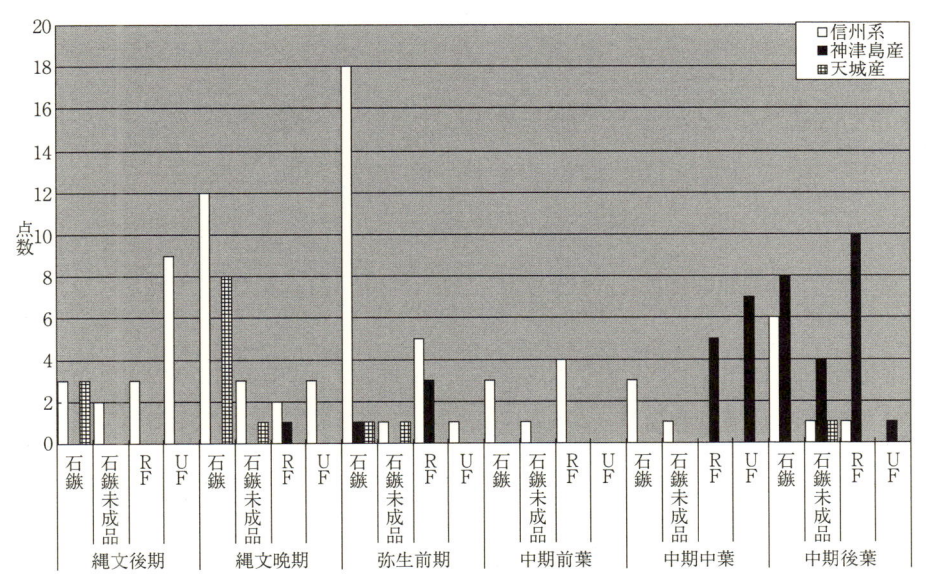

図108　縄文・弥生文化移行期における黒曜石原産地の石器出土数

## 第2節　剥片刃器の検討

### 1　剥片刃器の法量分析

　貝殻状断口の鋭いエッジ形成がされる黒曜石は、使用痕のある剥片（UF）や加工痕のある剥片（RF）と呼ばれる剥片の端部を刃とする石器（剥片刃器）に適した石材である。剥片刃器は、関東地方南部から東海地方東部の縄文・弥生文化移行期で多く用いられる石器である。しかし、黒曜石のみならず、頁岩や凝灰岩などの在地石材を用いた剥片刃器もあり、用いられる石材差が意味するもの、例えば地域差や被加工物の違いなどを考慮して検討しなくてはならない。また、黒曜石製についても産地の相違が意味することについても重ねて分析する必要がある。ここでは、石材・産地別に剥片刃器の相違点を法量の観点で検討する。

　図 109 には、弥生時代前期・中期前葉・中期中葉の信州系黒曜石ならびに神津島産黒曜石の剥片刃器の法量分布を示した。また、黒曜石製と黒曜石以外の石材製とを比較するために、弥生時代中期前葉の静岡県富士宮市渋沢遺跡（渡井 1989）出土の頁岩製剥片刃器の法量分布もあわせて提示した。

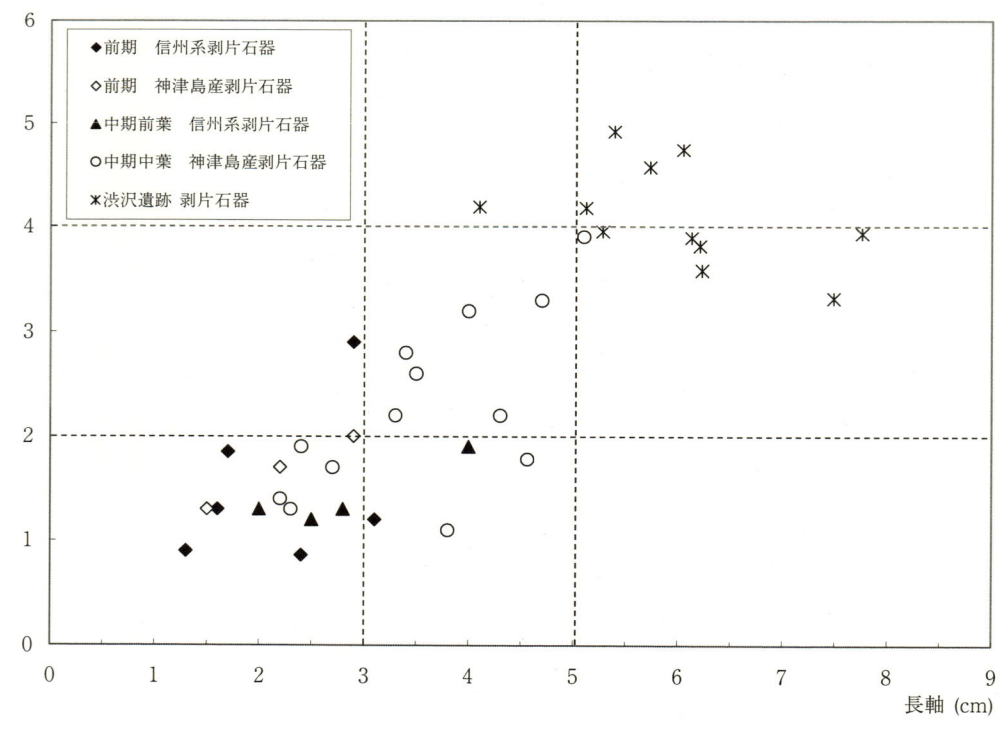

**図 109　弥生時代の剥片刃器の法量**

剥片刃器の法量は、石材ごとに3つのグループに分類される。1つは信州系黒曜石の剥片刃器である。弥生時代前期・中期前葉の剥片刃器は、長軸幅が1.3cm～4.0cmであり、主たる分布は長軸幅3cm以下の小型品である。もう1つは、神津島産黒曜石の剥片刃器である。弥生時代前期の資料では、信州系の黒曜石製と法量に相違はみられないものの、弥生時代中期中葉では、分布の中心が長軸幅4cm～5cmの間にあり、弥生時代中期前葉までの信州系黒曜石製石器の一群と比較して、神津島産黒曜石製の剥片刃器の法量が大型化しているのが分かる。

渋沢遺跡を例にとり、在地石材の剥片刃器との法量比をみたい。渋沢遺跡では、隣接する富士川の河原で採取可能な頁岩を用いた剥片刃器が多数出土している。ここでは、いわゆる横刃形石器と称される大型品を除いた一群（資料数29点）と比較してみる。渋沢遺跡の黒曜石はすべて信州系黒曜石であり、剥片刃器の法量（グラフ中の弥生時代中期前葉の分布に該当する）は、長軸幅3cm前後であり、神津島産黒曜石製のものよりも小さいことが明瞭である。一方、頁岩製の剥片刃器は、長軸幅が4.1cm～7.7cmであり、黒曜石製剥片刃器よりも法量が大きいことが分かる。つまり、黒曜石製の小型品、頁岩製の大型品というように、使用する石材により大きさが別れる。同様の傾向は、弥生時代前期の神奈川県愛甲郡清川村北原遺跡（市川ほか1994）においても確認され、在地石材である凝灰岩やホルンフェルスを用いた剥片刃器は、黒曜石製の剥片刃器よりも大きい。

## 2　神津島産黒曜石の剥片刃器の背景

弥生時代中期前葉では、剥片刃器の石材は多彩であったが、中期中葉以降になると黒曜石へと石器素材が収斂されていく[2]。

弥生時代中期中葉以降、関東地方南部から東海地方東部では神津島産黒曜石が独占的に流通するため、剥片刃器もそれまでの信州系黒曜石から神津島産黒曜石を用いた製作へと変化している。信州系黒曜石と神津島産黒曜石の最も大きな違いは、その原石の法量にある。第5章ですでに述べたが、信州系黒曜石の原石は、その多くが3cm程度のものであるのに対して、神津島産黒曜石は、15cm程のこぶし大の大きさである。剥片剥離を行う原石が大型化したため、獲得可能な剥片も大型化していき、在地石材で賄っていた剥片刃器の大型品にも黒曜石が用いられるようになったのである。

黒曜石製剥片刃器が大型化する弥生時代中期中葉は、神奈川県小田原市中里遺跡や千葉県君津市常代遺跡のように集落が沖積地へ進出する時期で、関東地方南部から東海地方東部で水田稲作を開始する時期に相当する。これらの遺跡では、大陸系磨製石器も出土すると同時に鉄器も導入されている可能性が高い。島嶼部の利島ケッケイ山遺跡では、すでに中期前葉末の段階で鉄製刀子が出土している（大塚1959、石川1996）。弥生時代中期中葉の鉄器は現段階では出土していないが、鉄器導入初期の段階において、黒曜石製剥片刃器の大型化は、いまだ不足している鉄器の補完具として機能していたと想定される。

## 第3節　黒曜石製石器の使用痕分析

　石器の使用痕分析は、その表面に残る痕跡（線状痕や使用痕光沢等）の状況から、具体的な使用方法および消費の在り方を検討する分析方法である。ここでは黒曜石製の剥片刃器の使用痕を観察し、その具体的な使用・消費形態について検討を行う。

### 1　分析の対象と方法

　対象とする遺跡は、山梨県南アルプス市油田遺跡（弥生時代中期前葉末）と千葉県君津市常代遺跡（弥生時代中期中葉）である。石器の大型化と石材産地の変化を巡る動向を追求するうえで、中期前葉の信州系黒曜石が用いられる油田遺跡と中期中葉の神津島産黒曜石が用いられる常代遺跡とを比較したい。

　黒曜石製石器の使用痕分析にあたっては、御堂島正による先行研究を参考にする。御堂島は黒曜石製の複製石器を用いて独自に実験プログラムを行い、被加工物と石器刃部に形成される微細剥離の形状および使用痕光沢の特徴の相関関係を明らかにし、使用痕を12種類に分類した（表20、御堂島1986）。この研究において、御堂島は使用痕観察が困難であるといわれてきた（岡崎1983）黒曜石製石器についても、頁岩製石器と同様に使用痕分析が有効であることを明らかにした。筆者も、自ら作製した黒曜石（神津島産黒曜石および信州系黒曜石）製の複製石器で実験プログラムを行い、その使用痕の分類を追試し、今回の分析を行った[3]。

　観察にあたっては、キーエンス社デジタルマイクロスコープVHX200を用いた。分析する資料は事前処理として洗剤を用いて洗浄後に無水エタノールにて油脂分を除去し、乾燥後に観察を行った。観察の倍率は100倍にて石器全体の観察を行い、その後300倍・500倍にて細部を観察した。使用痕光沢や線状痕の種類の記載はすべて御堂島の記載方法に準じている（表20）。

### 2　黒曜石の使用痕観察
#### （1）　油田遺跡の黒曜石の検討

　油田遺跡は、山梨県甲府盆地の西側の御勅使川扇状地と滝沢川によって形成された複合扇状地が接する地点に位置している。油田遺跡は弥生時代中期前葉から古代までの複合遺跡であるが、なかでも弥生時代中期前葉から後葉の資料が多く出土している。検出された遺構は、溝と遺物集中区である（保坂1997）。特に遺物集中区（SR01）から黒曜石が大量に出土しており、そのうち165点について筆者は産地推定分析を実施し、そのなかから分析可能であった156点の全点が諏訪星ヶ台産と推定された（第5章および属性表参照）。黒曜石製石器の帰属時期は、弥生時代中期前葉末と考えられる。

　使用痕分析を行った資料は、報告書にて「使用痕を有する石器」・「加工痕を有する石器」として報告されている石器6点（報告書No.772〜777）である。そのなかで3点の資料（No.774・776・

表20　使用痕の分類

| 線状痕の分類 | |
|---|---|
| 線状痕aタイプ | 比較的幅が狭く、なめらかな底と側縁 |
| 線状痕bタイプ | 粗れた底を持ち、弧状の傷の連続で構成される |

| 使用痕タイプ | 輝度 | 平滑度 | ピット | 線状痕 | 想定される被加工物および運動 |
|---|---|---|---|---|---|
| OB-A | 明るい | なめらかで流動的 | 少量 | aタイプ | イネ科草本 |
| OB-B | 明るい | なめらかだがAほど流動的ではない。凸部を中心に発達する | 小さいピットが多く見られる | 木ではaタイプ。竹・なめし皮ではbタイプ | 木・竹・ひょうたん・なめし皮・イネ科以外の草本 |
| OB-C | | ピットや線状痕に覆われ、凹凸に富み粗れている | 大小のピットが多い | aタイプ・bタイプ | 水漬けの骨・角のsawing |
| OB-D1 | 明るい | 端部に丸みを帯びる | 少量 | | 水漬けの骨・角のscraping |
| OB-D2 | | 端部に丸みを帯びる。表面のなめらかさはない | 小さいピット・峯状の隆起 | | 乾燥した骨・角のscraping、生骨のscraping |
| OB-E | 鈍い | 細かな凹凸が見られる。発達すると凸部に丸みを帯びる | 細かいピット | | 乾燥皮のcutting・scraping |
| OB-F | | E同様に粗れているが、凹凸が大きい | 不整形のピットが多い | 明瞭な線にならない | 乾燥角・骨のsawing |
| OB-G | 明るい | 非常に平坦 | 大小のピットがい | 線状痕が多い | 貝、乾燥角・骨のsawing |
| OB-H | 非常に鈍い | なめらかさを欠く | あり | あり | 生皮のcutting、その他のポリッシュの初期段階 |
| OB-I | 非常に弱い | 丸みを帯びなめらか | | 非常に弱い線状痕 | 肉のcutting、生皮のscraping、木・竹の初期段階 |
| OB-X1 | 鈍い | 大小のピットで覆われ非常に粗い | 形・大きさともに一定しない | 多い | 土を混ぜた際に生じる |
| OB-X2 | 鈍い | X1ほどの凹凸はない。やや平坦化している | 明瞭でない | 肉眼でも確認される | 黒曜石で表面をこする際に生じる |

777）から使用痕が検出された。

### a．分析資料の観察

　**資料1：グリットI-1出土（報告書No.774）図110-1**　小型の縦長剥片である。B面[4]の右側面に連続した微細な調整剥離が施される。A面の左側面およびB面の右側面に刃部と平行する方向に弧状の傷が連続するbタイプの線状痕が認められた。使用痕光沢は刃部辺端部にOB-Eタイプ（以後OB-は省略する）が認められた。Eタイプは、乾燥皮加工に用いた際に顕著にみられる使用痕タイプである。

　**資料2：遺物集中区出土（報告書No.776）同図2**　小型の縦長剥片である。A面の左側面に連続した微細な剥離調整が施される。調整部位を観察すると、その稜線部がやや摩滅している。B面の右側面では刃部に平行する方向にbタイプの線状痕が全面にわたり認められた。A面の微細調整部の摩滅もこの石器の運動方向に起因するものと考えられる。使用痕光沢は検出されていない。

　**資料3：遺物集中区出土（報告書No.777）同図3**　小型の縦長剥片である。両側面部に連続した微細な調整剥離が施されている。A面の左側面の下端部はかなり摩耗している。B面の右側面

206

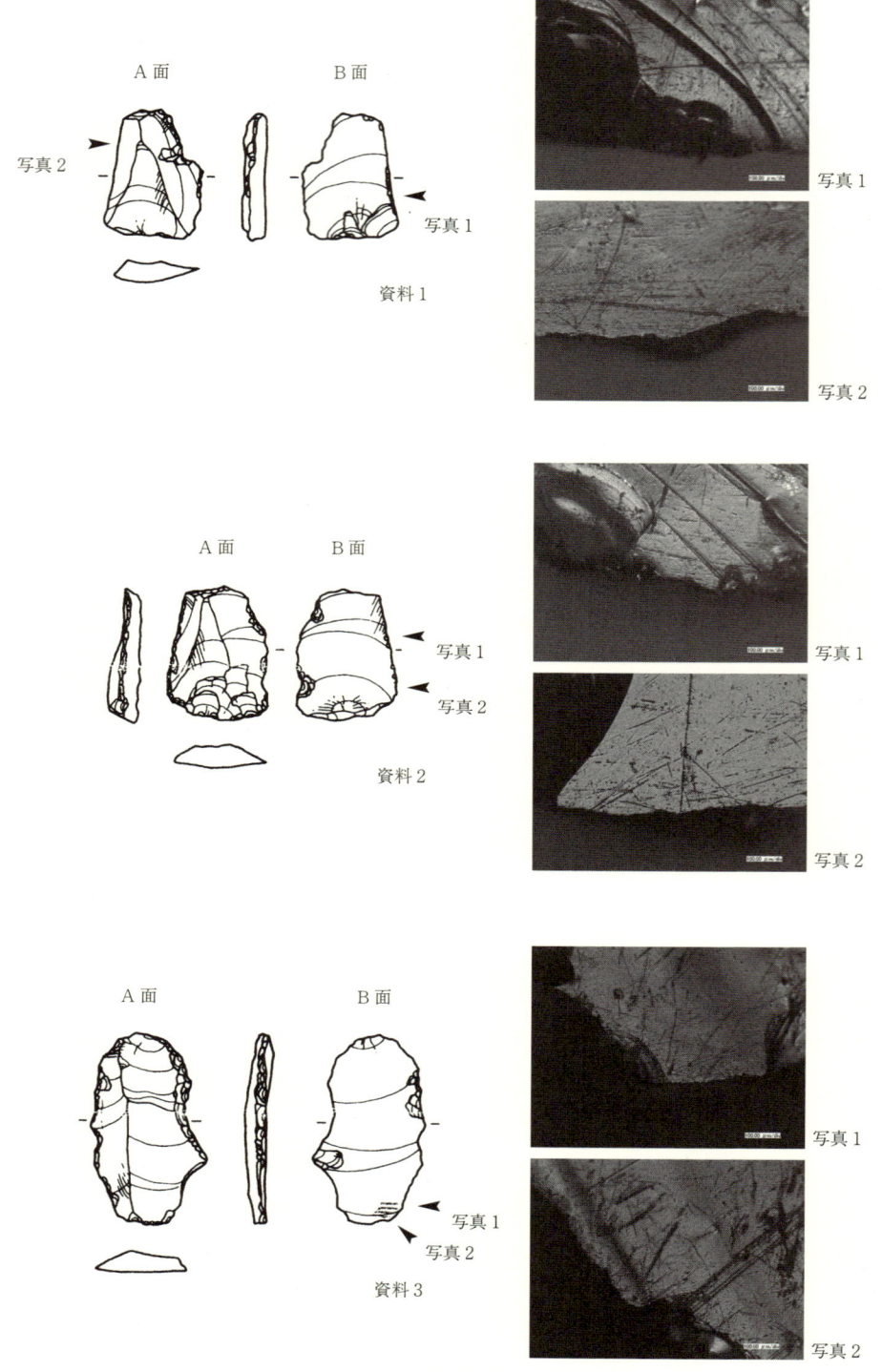

図110　山梨県油田遺跡の石器使用痕

の下端部に刃部と直交する方向の線状痕、および E タイプの使用痕光沢が認められた。

### b. 油田遺跡の使用痕を有する石器の特徴

油田遺跡では、集落へ搬入される信州系の原石が最大でも 5 cm 大程度であるため、神津島産黒曜石のような大型の剥片を獲得することはできない。そのため、遺跡から出土する黒曜石製石器も小型品が多く、使用痕が認められた剥片刃器も小型品である。使用痕が認められた石器は、すべて連続した刃部の剥離調整を行うなど、細部加工をあらかじめ行っている。また、確認された使用痕光沢は E タイプである。

### （2） 常代遺跡の黒曜石の検討

常代遺跡は、房総半島中部の東京湾岸にそそぐ小糸川下流域に位置する。弥生時代中期から古墳時代前期の方形周溝墓が 160 基検出され、土坑や溝や河川址などから多くの遺物（土器・石器・木器など）が出土している（甲斐 1996）。この遺跡の特徴である中期中葉の遺構は、方形周溝墓と土坑が中心であり、竪穴住居址はこれまで検出されていない。報告した甲斐博幸は、調査範囲が墓域にあたり、集落址は調査範囲外に存在しているとしている。こうした見解に対して及川良彦は再検討を行い、複数ある墓域のうち SD220 以南の区域では、土器組成・石器の出土量・河川を集落内に取り込む姿が中期中葉の特徴を示しており、常代遺跡にも集落址が存在したと推定している（及川 2003：93 頁）。

常代遺跡の黒曜石は、弥生時代の遺構から出土したものは少ないが、その出土位置をみると、大溝 SD-220 の南側の墓域 B とされるに区域に集中している。黒曜石が出土する遺構は、古墳時代後期の土器が出土するなど新しい段階の要素もみられるが、一方で中期中葉の遺物も大量に出土している。つまり、及川良彦の分析の通り、墓域 B には弥生時代中期後葉以前の生活址が存在したが、後世の掘削により遺構が破壊され、結果として新しい時代の遺構に弥生時代中期の遺物が混入している状況と考えられる。他の遺跡をみても古墳時代後期に黒曜石製石器が確実に伴う類例がないため、墓域 B から出土する黒曜石製石器・剥片は弥生時代中期中葉に伴うと考えるのが妥当である。

常代遺跡からは 99 点の黒曜石が出土している。これらの黒曜石のなかで細片および分析不可と判断された資料を除いた 68 点はすべて神津島恩馳島産黒曜石である。使用痕観察は、全点を対象として行い、結果として 5 点（X 線分析 No.7・38・44・59・未分析資料）について使用痕が観察された。

### a. 分析資料の観察

**資料 1：SK449 出土　X 線分析番号 No.7　図 111-1**　横長剥片である。微細な剥離調整等により刃部が作出されていない剥片である。A 面左隅では刃部と直交する比較的幅が狭く、なめらかな底と側縁をもつ a タイプの線状痕がやや間隔が広くみられる。使用痕光沢は、E タイプが認められた。B 面右隅では刃部対してやや斜行する a タイプのやや間隔の広い線状痕と E タイプの使用痕光沢が認められた。使用痕が認められた箇所では剥片末端の破壊が進んでいる。線状痕 a タイプは竹やなめし皮の加工にみられ、線状痕 b タイプは木材の場合に多くみられる痕跡

208

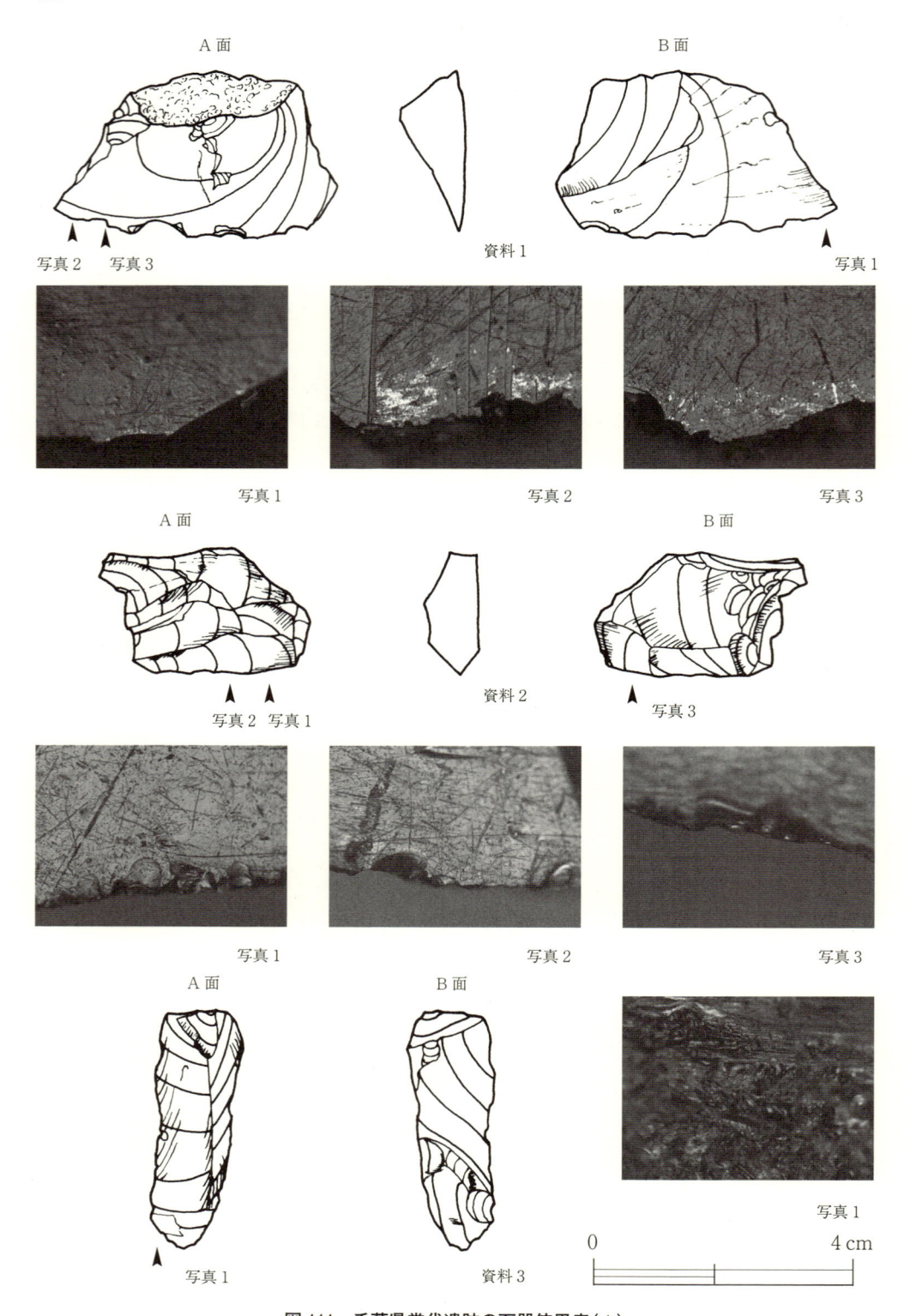

A面　　　　　　　　　　　　　　　　B面

写真2　写真3　　　　　資料1　　　　　　　　写真1

写真1　　　　　　　写真2　　　　　　　写真3

A面　　　　　　　　　　　　　　　　B面

写真2　写真1　　　　資料2　　　　　　写真3

写真1　　　　　　　写真2　　　　　　　写真3

A面　　　　B面

写真1

写真1　　　　資料3

0　　　　　　　　4 cm

図111　千葉県常代遺跡の石器使用痕（1）

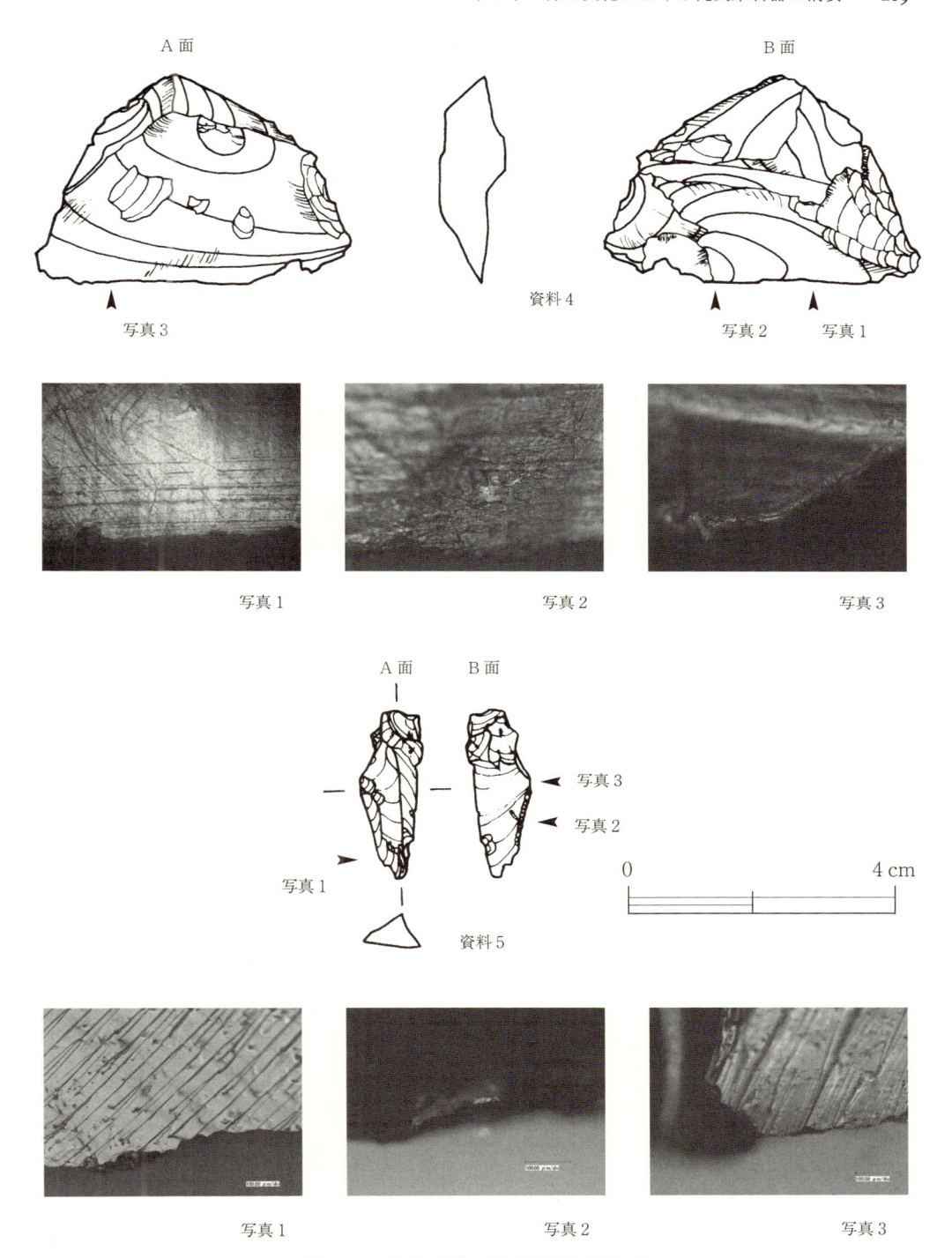

第 6 章　弥生文化における縄文系石器の消費　209

A面　　　　　　　　　　　　　　　B面

資料 4

写真 3　　　　　　　　　　　写真 2　写真 1

写真 1　　　　　　　写真 2　　　　　　　写真 3

A面　B面

写真 3
写真 2

写真 1

資料 5

0　　　　　　4 cm

写真 1　　　　　　　写真 2　　　　　　　写真 3

図 112　千葉県常代遺跡の石器使用痕（2）

といわれている。

　**資料2**：SD465出土資料　X線分析番号No.59　同図2　縦長剥片である。刃部の細部加工が行われていない剥片である。A面では、全体的に刃部の破壊が進んでおり、特に右端部では連続した微細剥離が認められる。bタイプの線状痕は刃部と平行する方向で広い範囲（刃部辺から幅が約5mm）で認められる。使用痕光沢は刃部片中央でEタイプが認められた。B面においてもA面同様に線状痕が広い範囲で検出された。使用痕光沢は左端部でEタイプが検出されている。この資料の特徴は他の黒曜石製刃器に比較し、線状痕の付く範囲は広く、使用された際に被加工物の奥深くまで石器の刃部が及んでいると推定できる。

　**資料3**：SD25出土資料　X線分析番号No.38　同図3　縦長剥片である。刃部の細部加工が行われていない剥片である。A面・B面ともに剥離面の平坦部に肉眼でも線状痕が認められる。線状痕はA面・B面ともに刃部に対して直交する方向に確認される。使用痕光沢はX1タイプが4カ所で認められた。

　**資料4**：SD463出土資料　X線分析番号No.44　図112-4　横長剥片である。刃部の細部加工が行われていない剥片である。A面・B面ともに刃部と平行する方向のbタイプの線状痕が認められ、B面のほうがA面よりも線状痕の範囲が広い。特に刃部から2mm〜3mmの範囲は強く線状痕が認められる。A面では中央ならびに左端でEタイプの使用痕光沢が認められた。B面は右端・中央・左端でそれぞれEタイプの使用痕光沢が認められた。

　**資料5**：SK566出土資料　X線分析未実施　報告書305図-76　同図5　縦長剥片である。片面に連続した微細な剥離調整を伴う剥片である。A面では線状痕と使用痕光沢が認められなかったが、B面において、刃部と平行する方向のaタイプの線状痕が認められた。また、中央の微細剥離調整部でEタイプの使用痕光沢が認められた（写真2）。

### （3）　常代遺跡の石器使用痕を有する石器の特徴

　常代遺跡の黒曜石はすべて神津島産であり、搬入形態はこぶし大の円礫が想定される。この遺跡の黒曜石製石器の特徴は、刃部に細部加工を施す資料が少ない点である。その多くは、SK449出土資料のように円礫面を打面として得られた貝殻状剥片をそのまま刃器として用いている。

　SD254出土資料は、使用時に石器と被加工物との接地面に土が混入している状況でついた使用痕に類似しており、他の石器使用痕とは様相が異なる。

　確認される線状痕は刃部に平行するもの3点、直交するもの1点である。使用痕光沢はEタイプである。

### 3　黒曜石製剥片刃器の用途

　弥生時代中期の2遺跡を対象とした結果、最も多く検出されたのはEタイプの使用痕である。線状痕は、刃部に対して平行方向に走るパターンが大部分を占めており、黒曜石製の剥片刃器は乾燥皮等の獣皮の利用において、対象物の切断等に用いられたと考えられる。両遺跡における黒曜石製以外の剥片刃器は、きわめて少なく、油田遺跡では頁岩製1点、常代遺跡では珪質砂岩製

1点のみである。こうしたことから獣皮加工時の主要な道具の1つが黒曜石製石器であったといえる。また、刃部再生された石器の例が少ないことからすると、黒曜石製の剥片刃器は切れ味を活かした道具であると同時に、切れなくなった場合はそのまま廃棄される道具でもあったとも考えられる。それゆえ、定形化した剥片でなくても使いやすい形状の剥片に使用痕が認められるのである。

黒曜石が弥生文化のなかで、水稲稲作に関わる道具ではなく、狩猟採集活動において使用・消費された石器であることを示した好例である。

## 第4節　石鏃の問題

次に黒曜石製石器の器種組成のなかで、大きな位置を占める打製石鏃について検討を行うこととしたい。

当該地域における縄文時代後晩期から弥生時代の石鏃は、その出土量も決して多くなく、現段階においては明らかにされていない点が非常に多い。そのため、西日本の弥生時代の石鏃研究と同様に、当該地域の弥生時代の石鏃も常に対人用として戦いの場面に用いられた道具として認識されている傾向が強い。例えば、設楽博己は石鏃の出土量が少ないことを理由に、関東地方南部の弥生社会は戦いが顕著でない平穏な時代であったと指摘した（設楽1996）。一方、同じく石鏃が少ない背景として、安藤広道は、関東地方南部で多くの環濠集落や火災住居が存在し、弥生時代が戦いの絶えない時代であり、その道具には鉄鏃が用いられたと想定した（安藤1997）。両者の意見では、描かれる弥生社会像が対照的ではあるが、その根底にあるのは、石鏃を「戦の道具」として理解している点である。

ここでは、石鏃の諸属性について分析を行い、改めてその意味を問い直してみたい。そこでまず、弥生時代の石鏃の用途について、狩猟用と対人用とのパラダイムを再検討し、改めて法量や石材差の分析から行うこととしたい。

### 1　石鏃の用途の多様性

弥生時代の石鏃は、縄文時代の石鏃に比べ重量が重くなり大型化した。これは弥生時代に戦いがあり、石鏃はその道具として用いられたためである。しかし、この解釈は佐原眞が凸基式石鏃の大きさについて、その数値的根拠として示した「長さ3cm以上、重さ2g以上」という基準が、佐原の解釈（佐原1964）を離れて独り歩きし、解釈があまりにも単純化された結果であると松木武彦は総括している（松木2004）。また、松木は石鏃の形状変化を追究することにより、機能による変化のみならず、製作者の製作意図の反映など観念的な要素も十分に影響を及ぼした可能性を指摘した（松木2002：420頁）。そして、石鏃は狩猟・戦闘・儀礼に用いられたと考えられるが、実際の石鏃を目の前にして、それぞれの資料の用途を分別することは難しい（松木2004：420頁）。石鏃は実に多用な場面で用いられた石器である。石鏃は単体で出土することが多く、出

土遺構や遺跡の立地等も含めたコンテクストのなかで、その機能は理解されなければならないことはいうまでもない。

### 2 黒曜石製石鏃と非黒曜石製石鏃

打製石鏃には、多種多様な石材が用いられる。石材の多様性は、石材分布の地域的な差異によるところが大きい。当該地域においては、黒曜石と黒色緻密安山岩やチャートなどが打製石鏃の石材として用いられている。本論では黒曜石と黒曜石以外の石材（非黒曜石と呼ぶ）に2分して検討を進めたい。また、弥生時代中期中葉以降では磨製石鏃も出現しており、機能・状況に応じて用いられる石鏃が異なると考えられる。時期を限定できる遺跡ごとに黒曜石と非黒曜石の利用比をみていく。

縄文時代晩期の山王遺跡（稲垣1975）では黒曜石製が156点に対し、非黒曜石製は8点、弥生時代前期の北原遺跡では黒曜石製9点に対して、非黒曜石製2点、弥生時代中期後葉の赤坂遺跡（岡本1992、諸橋2001）では黒曜石製9点に対して、非黒曜石製はゼロである。遺跡により多少のばらつきはあるが、全体的な傾向として、打製石鏃には黒曜石が用いられる傾向が強い。

表21には、石鏃の完成品ならびに未成品について石材産地の組成を示した。石鏃に用いられる黒曜石は、諏訪星ヶ台産の黒曜石が56.7％で最も多い。そのほか和田鷹山産や和田土屋橋南産の黒曜石を加えると、信州系黒曜石は約60％に達する。搬入される黒曜石が神津島産に転換する弥生時代中期中葉までは、石鏃に用いられる黒曜石は信州系が最も多い。

次に黒曜石製と非黒曜石製との型式差についてみていきたい。表22は縄文時代晩期以降の有茎鏃と無茎鏃の個体数を黒曜石製と非黒曜石製で示した。縄文時代晩期から弥生時代前期においては、黒曜石製では有茎鏃が、非黒曜石製では無茎鏃が多く、石材と石鏃の形態に関連性が認められる。一方、弥生時代中期中葉以降では、黒曜石製は無茎鏃が主体となる。弥生時代前期までは、流通する黒曜石が信州系であるため信州系黒曜石と有茎鏃、そして、中期中葉以降は神津島産が主体となり無茎鏃とのつながりが認められる。信州系黒曜石（とりわけ諏訪星ヶ台産）の有茎鏃は、縄文時代のみならず、信州地方の弥生時代中期の遺跡では一般的に出土しており、関東地方南部から東海地方東部に搬入されることがないだけで、石材と石器器種の間に非常に強い結びつきがある。

表23には、縄文時代後期以後の主な遺跡を対象として、石材産地別に有茎・無茎の形態差を表した。縄文時代後晩期の神奈川県秦野市平沢同明遺跡では、資料数も少ないため形態差が認められないが、静岡県庵原郡富士川町山王遺跡や同県御殿場市関屋塚遺跡（小野1978）では、諏訪星ヶ台産黒曜石は有茎鏃に多く用いられる。また、同じ信州系黒曜石でも和田鷹山産黒曜石は、山王遺跡や平沢同明遺跡の前期の資料をみる限り無茎鏃との結びつきが強い。一方、神津島産黒曜石は無茎鏃の製作に用いられる傾向が縄文時代以来継続しており、石材産地と石鏃の形態とが対応している。

表21 黒曜石製石鏃の石材原産地組成

| 産　地 | 石鏃完成品 | | 石鏃未成品 | | 山王遺跡 | |
|---|---|---|---|---|---|---|
| 諏訪　星ヶ台 | 64 | 64.0% | 12 | 54.5% | 131 | 90.3% |
| 和田　鷹山 | 1 | 1.0% | 2 | 9.1% | 2 | 1.4% |
| 蓼科　冷山 | 1 | 1.0% | 1 | 4.5% | 1 | 0.7% |
| 神津島　恩馳島 | 16 | 16.0% | 3 | 13.6% | 10 | 6.9% |
| 天城　柏峠 | 18 | 18.0% | 4 | 18.2% | 1 | 0.7% |
| 総　計 | 100 | 100.0% | 22 | 100.0% | 145 | 100.0% |

表22 打製石鏃の型式別石材組成

| 時　期 | 石　材 | 有茎鏃 | 無茎鏃 |
|---|---|---|---|
| 縄文時代晩期 | 黒曜石製 | 43 | 34 |
|  | 非黒曜石製 | 6 | 17 |
| 弥生時代前期 | 黒曜石製 | 8 | 6 |
|  | 非黒曜石製 | 4 | 6 |
| 弥生時代中期中葉 | 黒曜石製 | 0 | 3 |
| 弥生時代中期後葉 | 黒曜石製 | 0 | 11 |

表23 打製石鏃の型式と黒曜石の石材原産地組成

| 遺　跡 | 産　地 | 有茎鏃 | 無茎鏃 |
|---|---|---|---|
| 平沢同明<br>（縄文時代後期） | 諏訪星ヶ台 | 1 | 2 |
|  | 柏峠 | 2 | 1 |
| 平沢同明<br>（縄文時代晩期） | 諏訪星ヶ台 | 4 | 4 |
|  | 柏峠 | 2 | 1 |
| 山　王<br>（縄文時代晩期） | 諏訪星ヶ台 | 83 | 38 |
|  | 和田鷹山 | 0 | 2 |
|  | 蓼科冷山 | 0 | 1 |
|  | 恩馳島 | 1 | 7 |
|  | 柏峠 | 0 | 1 |
| 関屋塚<br>（縄文時代晩期） | 諏訪星ヶ台 | 4 | 0 |
|  | 柏峠 | 4 | 0 |
| 平沢同明<br>（弥生時代前期） | 諏訪星ヶ台 | 5 | 2 |
|  | 和田鷹山 | 0 | 1 |
|  | 柏峠 | 1 | 0 |
| 赤　坂<br>（弥生時代中期後葉） | 諏訪星ヶ台 | 0 | 2 |
|  | 和田鷹山 | 0 | 1 |
|  | 恩馳島 | 0 | 7 |

## 3　弥生時代中期後葉における打製石鏃の大型化の問題

　図113には、縄文時代後期から弥生時代中期までの黒曜石製打製石鏃・非黒曜石製打製石鏃・磨製石鏃の法量（長軸・短軸）分布を示した。縄文時代後期から弥生時代中期前葉までは、非黒曜石製石鏃が黒曜石製石鏃よりも大きい。黒曜石製石鏃の長軸は最大で2.7cmだが、その主体は2cm以下の小型品である。一方、非黒曜石製は縄文時代後晩期にみられた長軸4cm台の特大型が弥生時代になくなり、主に2cm台の大きさである。

　弥生時代中期中葉から中期後葉の黒曜石製打製石鏃は、中期前葉以前に比較し、大型化している。法量分布では、中期前葉までの大きさと変わらない一群と長軸が2cmを上回る大型化した

214

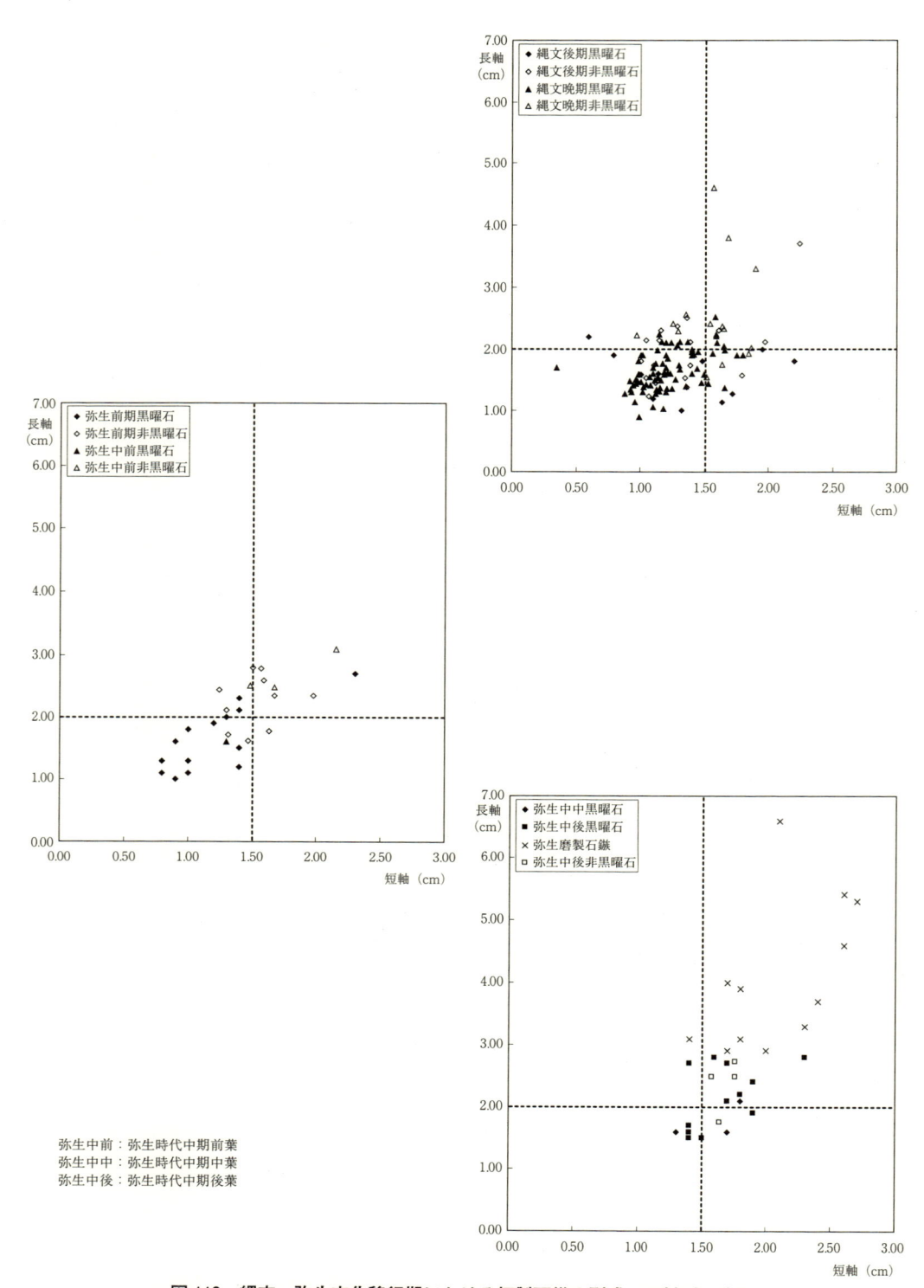

弥生中前：弥生時代中期前葉
弥生中中：弥生時代中期中葉
弥生中後：弥生時代中期後葉

図113　縄文・弥生文化移行期における打製石鏃の型式・石材別の法量

一群とに分類できる。弥生時代中期中葉以降の石鏃には、有茎石鏃が含まれず、無茎鏃のみで占められている。無茎鏃の長軸が有茎鏃の長軸よりも長いということは、短軸側も含めて石鏃自体が明らかに大型化している。また、その一群よりもさらに大型の一群として磨製石鏃が位置している。つまり、弥生時代中期中葉以降では非黒曜石製が減少し、黒曜石製の一部が大型化を示し、非黒曜石製との差異がなくなる。また、新たな石器の器種として磨製石鏃が出現し、石鏃が3群（長軸2cm以下の弥生時代中期前葉までと同サイズの打製石鏃・長軸が2cmを上回る打製石鏃・大型の磨製石鏃）に分類される。

特に神奈川県三浦市赤坂遺跡では、9点の完形資料のうち長軸が2cmを超える資料は5点あり、最大のものは2.8cmを計る。赤坂遺跡以外でも砂田台遺跡や静岡県伊東市日暮遺跡（浦志1995：13-21頁）で2.7cmの大型の打製石鏃が出土している。これら大型化した石鏃の出現について、それを戦闘用の石鏃であるとすることもこれまでの研究史を振り返ると可能でもある。確かに赤坂遺跡や砂田台遺跡などは、それぞれの地域における拠点集落とみなされる。しかし、石鏃の出土量の絶対数の少ないなか、他の用途、つまり、狩猟具としての位置付けも可能ではないだろうか。

筆者は、この大型化した打製石鏃は有孔磨製石鏃とともに漁撈活動に用いられたものではないかと考える。弥生時代中期後葉には、神奈川県三浦市間口洞穴（神沢1973）や静岡県静岡市石川Ⅱ遺跡（渡辺1989）で燕形銛頭が出土しており（設楽2005：308頁）、大型の打製石鏃は銛頭の刃溝にはめられた漁撈具と想定することができる。赤坂遺跡第14次調査B1号住居出土の大型石鏃の厚さは7.3mmである。燕形銛頭の刃溝幅は8mm〜10mmであり、大型の打製石鏃が装着可能な適合サイズである。一方、神津島産石材を用いた中型・小型の石鏃の厚さは、3mm〜4mmであり極めて小さく、銛を用いた漁撈活動には不向きであり、黒曜石製の大型石鏃は漁撈用と考えられる。

燕形銛頭が多く分布する福島県いわき市の弥生時代中期中葉の薄磯貝塚からは、長さ4cmの猪牙製鏃が出土している（大竹ほか1988）。また、福島県双葉郡双葉町郡山五番遺跡では、同サイズの流紋岩製の打製石鏃が出土しており、離頭銛の先端に装着され、大型魚を対象とした漁撈に用いられたものと想定されている（大竹2004：58頁）。いわき地域の打製石鏃の法量の平均は長さ2.3cm程であり（猪狩1985）、郡山五番遺跡の石鏃は突出した大きさである。赤坂遺跡や日暮遺跡で出土している大型形石鏃はいわき地域の石鏃よりはやや小さいものの、それは流紋岩との石材差と考えられる。

図114には、神津島産黒曜石を用いた石鏃の法量分布を示した。中期後葉の石鏃は長軸が2cmを境にして2分される。縄文時代晩期から弥生時代中期中葉までの石鏃は長軸が最大でも2.1cmであり、黒曜石を大量に獲得消費している伊豆諸島の遺跡の石鏃でも、長軸の最大が2.5cmである。それらの石鏃と比較しても、赤坂遺跡や日暮遺跡の大型打製石鏃は突出した大きさであり、通常の狩猟用具とは異なる位置付けとして、漁撈具のなかに含まれると考えられる。

漁撈を考えるうえで、遺跡出土の魚類遺体をみることにしよう。弥生時代中期後葉の神奈川県

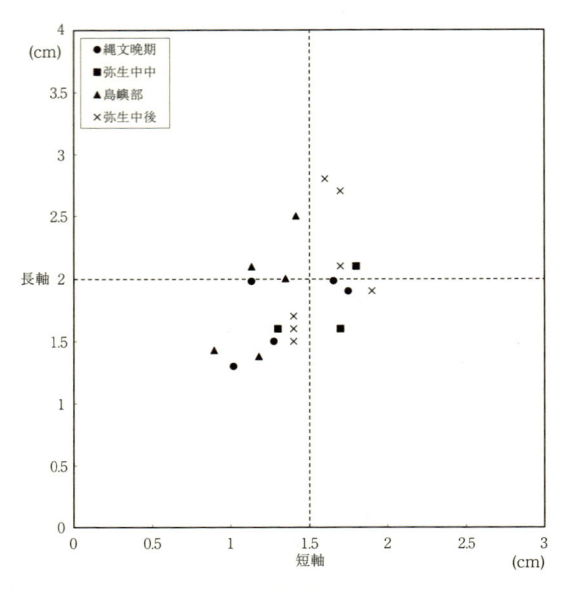

図114 神津島産黒曜石製石鏃の法量

表24 神奈川県赤坂遺跡出土の魚類遺体

| 生息域 | | 種類 | 最小個体数 |
|---|---|---|---|
| 外洋→沿岸 | 中～表層 | ニシン科マイワシ | 3 |
| 外洋→沿岸 | 中～表層 | ニシン科コノシロ | 1 |
| 外洋→沿岸 | 中～表層 | カタクチイワシ | 18 |
| 外洋 | 中～表層 | カツオ | 1 |
| 外洋 | 中～表層 | サメ目 | 1 |
| 外洋 | 中～表層 | ブリ属 | 1 |
| 外洋→沿岸 | 中～表層 | サバ属 | 4 |
| 外洋沿岸 | 岩礁 | ハコフグ | 1 |
| 外洋沿岸～内湾 | 岩礁 | フサカサゴ | 1 |
| 外洋沿岸 | 底層 | マダイ | 2 |
| 外洋沿岸～内湾 | 砂底 | エイ目 | 1 |
| 内湾 | | クロダイ属 | 1 |
| 内湾～汽水 | | ハゼ科 | 1 |

　逗子市池子遺跡では大量の魚類遺体が出土した。池子遺跡では、外洋性のサメやカツオや外洋から沿岸に生息するサバやカタクチイワシなどが多く出土しているのに対して、沿岸性の魚類の出土はきわめて少ない。池子遺跡が農耕を基本として、外洋性の魚類を主な対象とした漁撈を行うのに対して、三浦半島に点在する洞穴遺跡では、外洋性の魚類のみならず、沿岸性の魚類を対象とした専門的漁撈集団としての性格を有し、三浦半島の漁撈形態が一様でないことを設楽は指摘している（設楽2005：318頁）。大型の黒曜石製打製石鏃が出土した赤坂遺跡では、第8次調査7号住居址内貝塚の魚類遺体の分析が行われており（姉崎ほか2001：151-152頁）、その種類および最小個体数を表に示した（表24）。外洋性のカツオ・ブリ・サバなどのほかに沿岸性のマダイ・ハコフグ・カサゴなども出土している点は、池子遺跡の様相とは異なる。サンプル数が池子遺跡に

比較して少ないため検討の余地は残るものの、赤坂遺跡では第 10 次調査 3A 号住居址出土の小型の銛状鉄製品（中村ほか 2004）や 1 次調査出土の骨製銛（岡本 1977）が出土しており、外洋・沿岸を問わない活発な漁撈が赤坂遺跡では行われている。また、赤坂遺跡では、駿河湾沿岸から相模湾沿岸に分布する有頭石錘（高村 1991）も出土しており、網漁と外洋性魚類を目的とした銛漁が併行して行われていたと考えられる。黒潮がもたらす豊富な漁場を舞台とした広域にわたる漁撈活動が行われ、その場に大型の黒曜石製打製石鏃が使用されたと考えられる。

## 第 5 節　弥生時代の生業と黒曜石

前節までに検討してきた黒曜石製石器の使用・消費形態を弥生時代の生業活動のなかに位置付けたい。

### 1　弥生時代中期の動物質食料

近年、低湿地等の発掘調査により、関東地方南部からは多くの動植物遺体が出土している。表 25 は、姉崎智子による集成（姉崎 1999）に常代遺跡での時期別の動物遺存体数（金子 1996）を加えたものである。姉崎によれば、西日本では、弥生時代になるとシカおよびその他の獣骨の出土量が減少し、イノシシ類の出土比率が増加するのに対して、東日本では、シカ・イノシシ類の出土比率に変化はみられないという。ここに弥生時代中期中葉ならびに後葉の資料である常代遺跡での出土例を加えても、その組成比に変化はみられない。また、姉崎は池子遺跡では弥生時代のイノシシ類に若獣が多いことから、すでに集落においてイノシシの家畜化が行われ、弥生文化とともに遺跡外から「持ち込まれたブタ」（直良 1937、西本 1991：186 頁）が存在し、一方で、シカが占める割合が高いのは縄文時代以来の伝統が強く残るためであると指摘した（姉崎 1999：48 頁）。姉崎が示した出土動物遺体の量比傾向は、東日本の一般的な傾向である可能性が高く、関東地方南部では、弥生時代においても動物質食料の獲得のために縄文時代以来の狩猟形態が維持された

表 25　東日本における縄文時代中期から弥生時代の出土動物遺体

| 遺跡名 | 時　期 | イノシシ類 | シカ | その他 | 合計 |
|---|---|---|---|---|---|
| 有吉北貝塚 | 縄文中期 | 72 | 34 | 182 | 288 |
| 大畑貝塚 | 縄文中期・後期 | 30 | 51 | 31 | 112 |
| 貝鳥貝塚 | 縄文後期 | 92 | 104 | 78 | 274 |
| 田柄貝塚 | 縄文後期・晩期 | 52 | 69 | 108 | 229 |
| 山武姥山貝塚 | 縄文晩期 | 82 | 169 | 5 | 256 |

| 遺跡名 | 時　期 | イノシシ類 | シカ | その他 | 合計 |
|---|---|---|---|---|---|
| 常代遺跡 | 弥生中期中葉（SK463、464、470） | 4 | 2 | 1 | 7 |
| 池子遺跡 | 弥生中期後半 | 27 | 32 | 25 | 84 |
| 常代遺跡 | 弥生中期後半（SD220） | 15 | 28 | 2 | 45 |

ものと考えられる。この狩猟やその後の解体および獣皮利用の場において、鉄器の不足分を補うために鋭利な刃部を持つ黒曜石製の打製石鏃や剥片刃器が使われたのである。

## 2　弥生時代中期の生業と黒曜石

　関東地方南部の弥生時代中期では、植物質食料を得るために水田稲作を行う一方で、シカなどの動物を対象とする狩猟を行い、「ブタの飼育」という3形態の生業を同時に持ち合わせていたことになる。水田稲作を開始した弥生社会では、狩猟採集活動の比重が低下する事はなく、反対に、縄文時代以来の生業への依存度が引き続き高い場合があることは、これまでの研究でも指摘されている。(寺沢1986、甲元1992・2000)。

　西日本では、稲作の開始とともにシカの出土量が減少するため、生業としての狩猟活動が衰退したと考えられる。その背景として、狩猟により得られる食肉の消費量がブタを家畜化することにより安定的に賄い可能であったためであろう。また、弥生時代に新たに紡織技術が朝鮮半島から伝来し、織り布生産が始まるようになると、衣服等に用いていた獣皮の利用が減少したことも考えられる。こうした要因により、西日本の弥生社会では狩猟が次第に低調になっていったと推定される。

　一方、関東地方南部では、弥生時代中期中葉の水田稲作の生産量の安定性については、水田域の検出や炭化米等の出土が非常に限られており、今後の資料の増加を待って詳しく検討する必要がある。コメ以外の植物質食料についても、堅果類などを補食として利用したことが考えられるが、磨石や石皿などの出土量は少ない。獣骨の出土量から判断すると、いまだ動物質食料に依存した生業形態であると考えられる。

　黒曜石製石器はこうした状況下において、動物質食料の獲得・加工に用いられたと考えられる。そのため、中期中葉に大型原石を求めて神津島へ赴き、大型原石から剥片刃器を製作したと考えられる。中期後葉になるとやや変化がみられる。池子遺跡や常代遺跡出土の動物遺体の分析から、中期中葉と変わらない狩猟形態が持続される一方で、一部には石鏃の大型化が示しているように漁撈活動も盛んに行われている。この時期の生業形態を反映して、黒曜石製石器の組成は石鏃が増加している。一方で解体・加工具である剥片刃器が減少している。その背景には鉄器の普及により、解体・加工具としての黒曜石の需要が減少し始めたためと考える。中期後葉の関東地方南部では、多くの鉄器出土量が物語るように、鉄器の普及が一段と進んでいる。三宅島のココマ遺跡出土のシカ骨にみられる鉄製利器によると思われる切断痕は、獲得動物の解体・加工の場においても、鉄器が用いられたことを示している (芹沢1958：75頁)。

　第5章で明らかにした黒曜石流通の減少を導いた火山噴火による島からの退去、および消費地での鉄器化の普及につれて、黒曜石の消費量も減少していき、弥生時代後期には、最終的に黒曜石が用いられなくなったのである。

## 第6節　小　結

　弥生時代の黒曜石製石器について、器種組成・剥片刃器の使用痕・石鏃の問題を分析し、弥生時代の生業活動のなかにみられる縄文系石器としての黒曜石製石器を位置付けた。黒曜石は主に石鏃と剥片刃器に用いられる石材であり、その器種組成の変化をみていくと、弥生時代中期中葉に剥片刃器が増加することが明らかとなった。使用痕分析による結果、剥片刃器は動物質食料および資源の解体・加工に用いられていると考えられる。縄文時代以来の動物質食料の確保の継続の背景には、水田稲作の導入初期にコメの生産量が不足するなかで、中期中葉以前と同様に食料獲得の安定性を維持する目的とした狩猟が継続したためと考えられる。また、陸上動物を対象とした狩猟のみならず、中期後葉の打製石鏃の大型化は燕形銛頭と結びついた外洋での漁撈活動に用いられた可能性があり、弥生時代中期における生業活動の多様化の反映であると捉えた。こうした動物質食料の獲得と水稲耕作をはじめとする植物質食料の生産という食料獲得のための生業の二面性が弥生時代中期に存在したのである。

註
1）静岡県庵原郡富士川町山王遺跡も含まれる。しかし、山王遺跡の資料はすべて採集資料であり、また158点中151点が打製石鏃であるという偏りが認められるため、第1節では取り上げないこととする。但し、第4節の石鏃の分析では検討に加える。
2）千葉県君津市常代遺跡で1点のみ在地石材製の剥片刃器が出土している。
3）実験および観察にあたっては、松山聡に指導頂いた。
4）展開図として図化された資料に対して、図上左側の主面側をA面、右側をB面と便宜上呼称する。1面のみの記載の場合にはA面のみとなる。

# 終章　石器をめぐる東日本弥生社会の特質

## 第1節　東日本弥生時代の石器の生産と流通の地域性

　東日本各地における弥生時代の石器の生産と流通の様相をまとめる。時期ごとにその特徴を摘出し、縄文時代の石器の流通との相違点を明らかにしたい。

### 1　弥生時代前期
#### （1）　弥生時代前期前半

　弥生時代前期前半は、東北地方の日本海側および北東部で大陸系磨製石器が出現する（図115）。しかし、これらの地域では、1つの遺跡から複数の器種の大陸系磨製石器が出土することはなく、木工具のみが出土する。大陸系磨製石器は、西日本の弥生社会との交流により伝播したものであるが、荒谷遺跡の抉入柱状片刃石斧以外は、西日本からの搬入品と考えられる石器はなく、在地の石器製作技術により、大陸系磨製石器の形態を模倣する形で製作されている。

　一方、東北地方北西部では、擦切技法の石器や三面石斧と呼ばれる伐採斧の出土が示すように、北海道の続縄文文化との交流がみられる。つまり東北地方の東西で交流する地域に相違がある。

#### （2）　弥生時代前期後半

　弥生時代前期後半には、東北地方北部で水田稲作が開始された。青森県弘前市砂沢遺跡では、砂沢式土器にともなう水田と灌漑水路が検出されている。しかし、砂沢遺跡からは大陸系磨製石器は出土していない。弥生時代前期末になると仙台湾沿岸では、複数の器種の大陸系磨製石器が出土する（図116）。しかし、使用する石材や石斧の形態が多岐にわたるため、磨製石器は自家生産によるものと考えられる。打製石器の素材には、縄文時代以来の珪質頁岩が用いられ、その流通は弥生時代にも維持されている。

　関東地方では、神奈川県足柄上郡大井町中屋敷遺跡から炭化米が出土している（小泉2008）。中屋敷遺跡の稲が水田稲作によるものか否かは不明だが、関東地方では、これまで考えられていたよりも早く稲作が行われた可能性がある。しかし、弥生時代前期後半では、未だ大陸系磨製石器類は伝播せず、打製石器と縄文時代以来の磨製石斧を中心とした石器構成が継続していた。小型の打製石器の主な素材となる黒曜石は、信州系黒曜石であり、これもまた縄文時代以来の石器石材の流通のネットワークが継続していたことを示している。

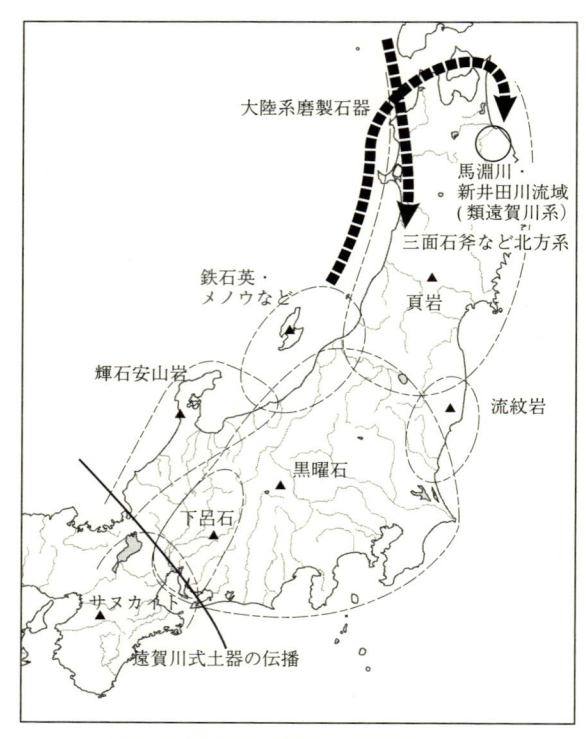

図 115　弥生時代前期前半の地域間交流

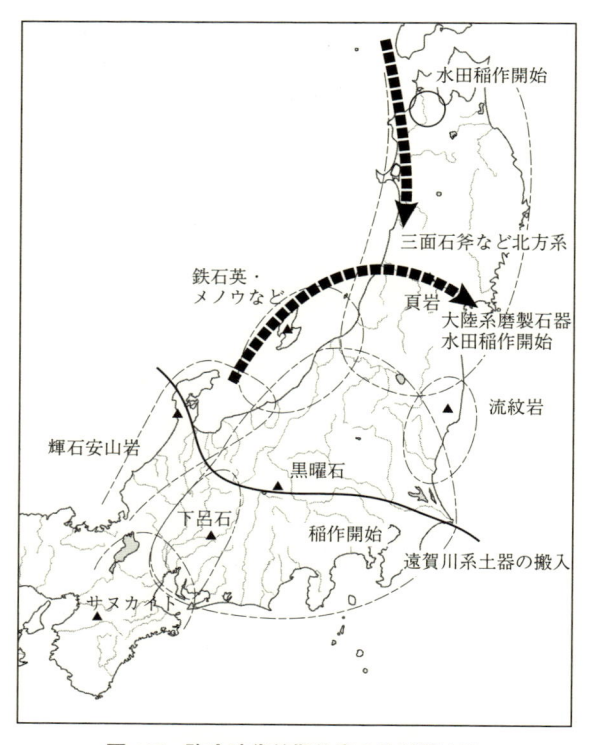

図 116　弥生時代前期後半の地域間交流

## 2　弥生時代中期

### （1）　弥生時代中期前葉（図117）

　弥生時代中期前葉の信州地方では、未だ弥生時代の遺跡の発見例が少ない。そのため、石器の生産の様相については明らかにできない。しかし、この時期に北陸地方を中心に流通する緑色岩製の磨製石斧は、すでに中期中葉以降にみられる石斧の特徴と同じであり、画一的な石材を用いて専門的に製作され、広域に流通する磨製石斧である。長野盆地に未だ弥生時代中期前葉の緑色岩製磨製石斧の生産遺跡が存在している可能性が高い。

　北陸地方では、集落構造や金属器の導入や石器の流通構造などに変化がみられる。福井県坂井市下屋敷遺跡における銅鐸鋳型の出土は、北陸地方における金属器の製作の開始を示している。

　中期前葉では、八日市地方遺跡や吉崎・次場遺跡などの大型集落が出現し、玉製品や磨製石斧などの大量製作が開始されている。大型集落の周辺の集落では、玉製品や磨製石器の未成品が出土することはなく、完成品が持ち込まれている。また、玉製作を行う大型集落では、長野盆地産の緑色岩製の太形蛤刃石斧や扁平片刃石斧が出土しており、北陸地方で生産される玉との交換材として磨製石斧が機能していたと考えられる。つまり、弥生時代中期前葉から玉と磨製石斧を介した新たな地域間交流が生まれることとなったのである。

　北陸地方は縄文時代以来、打製石器の石材に信州系の黒曜石が使用されることは少なく、北陸地方の在地石材である輝石安山岩や鉄石英やメノウなどが用いられている。

### （2）　弥生時代中期中葉（図118）

　東日本において、弥生時代中期中葉は大きな変換点である。本格的な水田稲作が関東地方や東北地方南部などで始まり、集落の立地は台地上から低地へと変化している。

　関東地方では、弥生時代中期中葉が大陸系磨製石器の出現時期である。しかし、石器の器種は太形蛤刃石斧・柱状片刃石斧・扁平片刃石斧・ノミ形石斧の木工具のみであり、稲作に用いられる石庖丁は関東地方北西部の一部を除いて導入されていない。磨製石斧の生産と流通は、器種の大きさで相違がある。小型の磨製石斧は集落内で製作されているのに対して、大型の磨製石斧は完成品が長野盆地などから搬入された。関東地方南部の集落では、大型の磨製石器の製作がほとんど行われていない。

　長野県北部から関東地方へといたる石器の流通ルートは、弥生時代中期中葉に新たに開拓されたものではない。このルートは、旧石器時代から継続する信州系黒曜石の石材供給のルートである。緑色岩製磨製石斧の出土分布範囲は、弥生時代中期前葉までの信州系黒曜石の分布範囲に重なり、緑色岩製磨製石斧は縄文時代以来の黒曜石の流通ルートに乗じる形で、広く関東地方へ供給されたと考えられる。関東地方と長野盆地との地域間交流において、緑色岩製磨製石斧との具体的な交換品などは、今後の資料の増加を待って検討したい。

　こうした既存の地域相互の交流に新しい文物が加わりながら交流が継続する一方で、新たな地域間交流が生み出された。例えば、神津島産黒曜石の大型の原石が、東海地方東部から関東地方南部に広く流通した。特に関東地方南部は、北から磨製石斧を南から黒曜石をそれぞれ搬入し、

図117　弥生時代中期前葉の地域間交流

図118　弥生時代中期中葉の地域間交流

非常に広域にわたる地域とのつながりをもつなかで社会を維持している。

　北陸地方では、中期前葉に引き続き玉製品との交換品として、長野盆地産の緑色岩製磨製石斧が持ち込まれた。

　東北地方では、福島県北部の相馬古生層の粘板岩原産地近郊の地で磨製石器の集中的な生産が開始された。同時に、縄文時代以来の打製石器の石器素材として広く流通していた珪質頁岩の使用率が仙台湾沿岸では減少し、縄文時代以来の石材流通の構造に変化が生じた。いわき地域は、仙台湾周辺地域の影響を受け、中期中葉に水田稲作を導入し、大陸系磨製石器も木工具・収穫具を受容している。受容と同時に磨製石斧の集中生産を行い、いわき地域のみならず茨城県那珂川流域の遺跡群へも石器を搬出した。打製石鏃や剥片石器に用いられる流紋岩は、弥生時代においても引き続き打製石器の素材として用いられており、縄文時代以来の石材流通は維持されていた。

**（３）　弥生時代中期後葉**（図119）

　弥生時代中期後葉の北陸地方では、中期中葉までの大規模集落が解体したことを受け、小河川単位での地域間の交流へと転換した。こうした小河川単位での集落の独立は、弥生時代後期以降に広くみられる現象であるが、北陸地方では一段階早く進行している。石川県金沢市戸水B遺跡でみられたような鉄器化が他の地域に先駆けて導入されたためであろう。

　信州地方では、榎田遺跡で緑色岩製磨製石斧が大量に生産され、製作途中の未成品が長野盆地内の中俣遺跡・春山B遺跡・松原遺跡から出土している。しかし、長野盆地以外の地域では、緑色岩製磨製石器の未成品が出土することはなく、長野盆地内で完成され、周辺地域へ搬出された。主な搬出先は関東地方と北陸地方であり、そのほか飛騨方面や東海地方でも緑色岩製磨製石器の出土が知られている。また、緑色岩製磨製石斧は、佐渡の新穂玉作遺跡群などで大量に出土している。磨製石斧の生産地である松原遺跡と榎田遺跡では佐渡で玉製品の素材として用いられる鉄石英の石核が出土し、春山B遺跡では鉄石英製の管玉未成品が出土している。弥生時代中期後葉の長野盆地では、玉製品の生産活動は低調であるため、これらの鉄石英製の石核と未成品は、長野盆地で大量出土する同石材製の管玉の完成品とともに磨製石斧との交換品として持ち込まれたと考えられる。

　関東地方の集落遺跡では、緑色岩製磨製石斧が大量に出土している。しかし、それらの石斧は、使用による破損資料が少なく完形資料が多い特徴がある。片刃石斧についても破損品が少ない。これらは鉄器化が進行したために、磨製石斧が破損する前に遺棄された結果と考えられる。

## 3　弥生時代後期

　弥生時代後期になると各地域で石器の出土量は激減する。出土する石器も在地の石材を用いた磨石などの礫石器が中心となる。そのため、中期までの石器の広域的な流通は、一部の器種・石材を除いて行われていない。信州地方では、打製石器の石材として黒曜石が継続して用いられており、その流通は中期後葉の形態を継続している。

　筆者は、弥生時代後期の石器の減少を鉄器の普及の反映として理解する。しかし、鉄器の生産

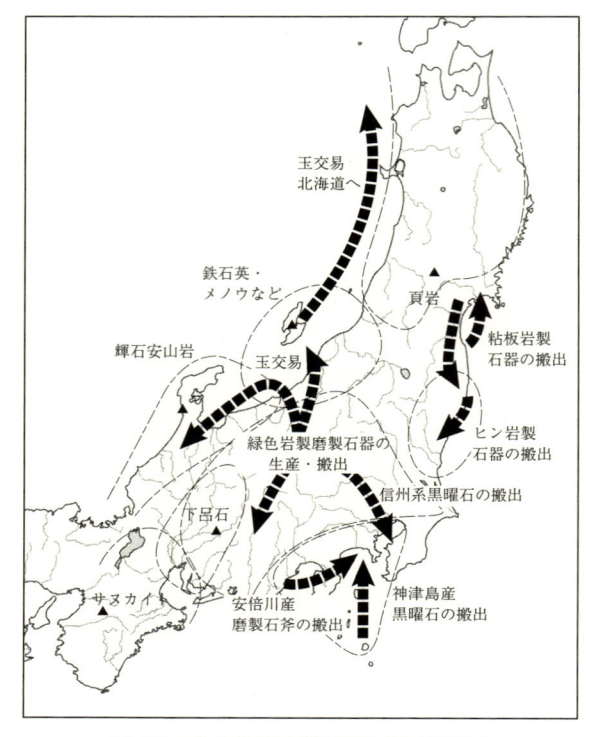

図119 弥生時代中期後葉の地域間交流

が弥生時代後期の東日本で確認できない以上、西日本からの搬入に頼っていたと考えざるを得ない。隣接した地域間交流による文物の獲得から、遠隔地との交流による安定した鉄の獲得へと流通の構造が大きく転換した。そして、石器の流通により築かれてきた地域間のネットワークにも変化が生じていったと考えられる。弥生時代後期における鉄器の普及過程におけるネットワークの解明は今後の課題である。

## 第2節　海上交通による新たな地域社会の形成

これまでみてきたように、弥生時代中期に東日本の各地では、石器の生産と流通を通じて新たな地域間交流が生まれる。その地域間交流は、例えばいわき地域と茨城県域や駿河湾沿岸と相模湾沿岸などの隣接した地域間の交流と、例えば北陸産管玉やいわき地域産の土器の北海道地方での出土が示す遠隔地間の交流という2つがある。こうした地域間交流の多くは海上交通を利用したヒトの移動により行われたと考えられる。

### 1　準構造船の出現

弥生時代の海上交通の手段は、単材からなる「舟」と複合材からなる「船」が用いられる。弥生時代の準構造船は、現段階ではその完形資料は存在せず、各部品の出土資料をもとに復元され

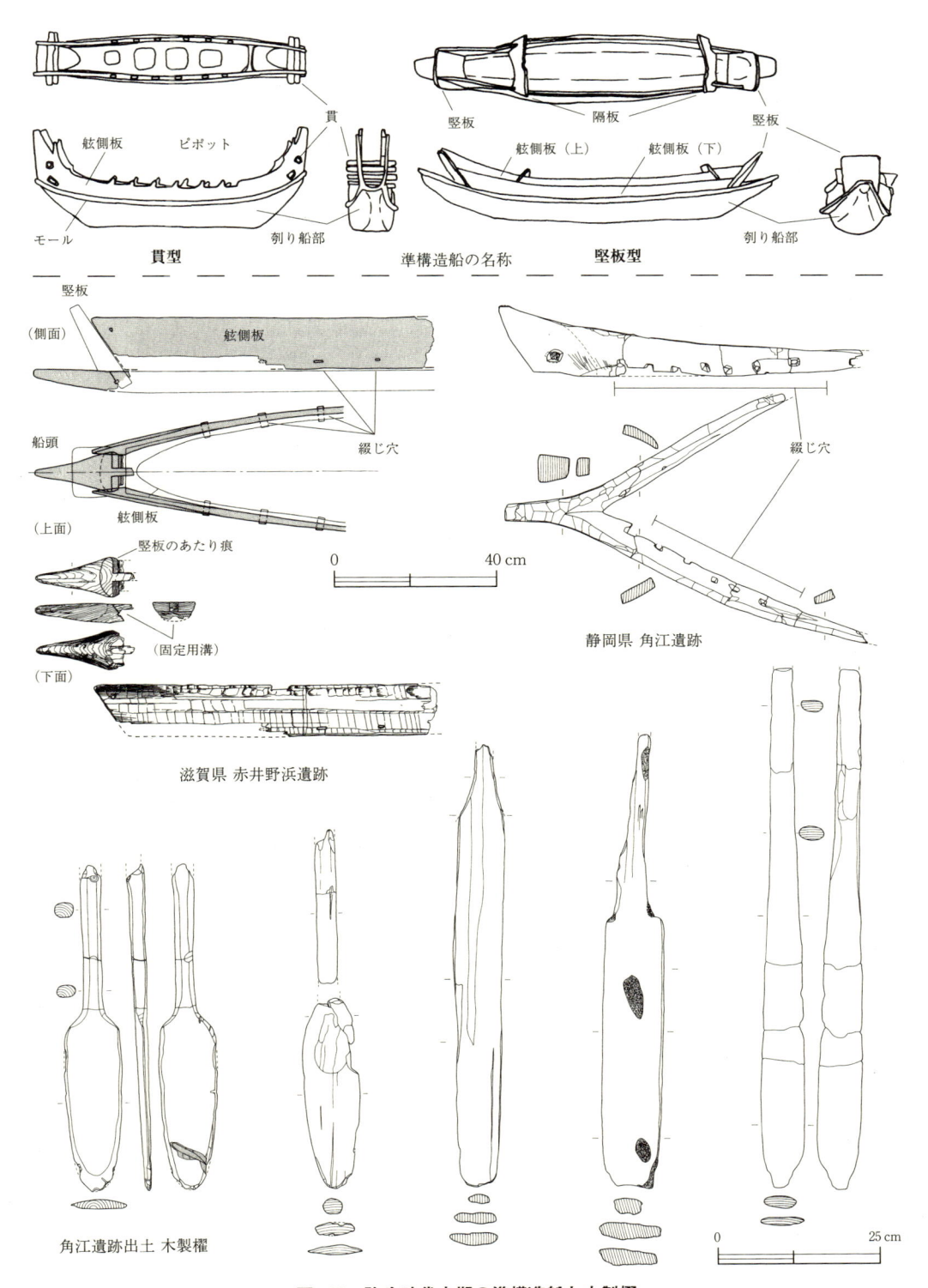

終章　石器をめぐる東日本弥生社会の特質　227

図120　弥生時代中期の準構造船と木製櫂

ている。準構造船には、出土木製品や古墳時代の船形埴輪から2種類の型式がある（図120上段）。この違いは、舷側板の固定方向の違いである。文字どおり「貫型」は、舷側板を貫で固定するのに対して、「竪板型」は竪板に舷側板をはめ込む溝が掘られており、そこにはめ込むことで固定する（横田2004：21頁）。

　弥生時代の資料では、竪板型の準構造船の部位が出土している。弥生時代の終末に帰属する大阪府八尾市久宝寺遺跡出土例を始めとして、滋賀県の琵琶湖周辺の遺跡で数例の検出例がある。最も古い資料は、滋賀県守山市赤野井浜遺跡出土の船首（同図中段左）および舷側板である（滋賀県2004、横田2004：26頁）。舷側板の年代は不明であるが、船首は弥生時代前期から中期前半に位置付けられる。

　静岡県浜松市角江遺跡では、弥生時代中期前葉から後葉に属する準構造船の舳先部が出土している（同図中段右・下段）。長さ90.1 cm、幅62.6 cmである。幅については、欠損部分があるためオリジナルの形状はもう少し大きいと思われる。この舳先部には、赤野井浜遺跡にみられたような竪板との結合部がみられない。但し、逆Y字形に広がる部分には、両側面にほぞ穴が連続して穿たれており、その穴は舷側板もしくは刳り船と結合するためのものと考えられる。これまで想定されている「竪板型」とは異なる型式の準構造船の可能性がある。

　角江遺跡の資料から復元される準構造船は、その大きさは横幅が1m前後であり、縄文時代のやや大型の丸木舟と同じ程度の大きさである[1]。つまり、1艘に乗船できる人数は縄文時代に比較して急激に増えたわけではない。弥生土器に描かれている船団による航海であろう。

## 2　弥生時代中期中葉の「畿内・東海インパクト」

　図121と図122には、弥生時代中期における東日本での畿内・東海西部系の文物の分布を示した。このなかには、集団の直接移動と考えられる生活道具（土器・石器など）が分布する遺跡と特定の遺物のみ分布する遺跡とがある。

　生活道具が出土する遺跡例として神奈川県小田原市中里遺跡を挙げることができる。この遺跡からは、摂津地域の土器およびサヌカイト製の石器が出土している（杉山1998、戸田1999）。また、常代遺跡（甲斐1996）や真田・北金目遺跡からも畿内系の壺形土器の破片が出土している。中期中葉の関東地方南部の遺跡では、畿内系の遺物のみならず東海地方西部の貝田町式や瓜郷式土器も出土している。弥生時代中期中葉の関東地方では、墓制に方形周溝墓が導入されるなど伊勢湾沿岸との共通項が多い。

　もう1つは特定の遺物が出土する遺跡である。静岡県浜松市角江遺跡（勝又1996）、同市九反田遺跡（鈴木1997）、埼玉県行田市小敷田遺跡でサヌカイト製打製短剣が出土している（杉山・藁科2009）。サヌカイト製打製短剣は、弥生時代中期中葉に畿内地方から東海地方・西日本へ分布の範囲が広がる特徴がある（粟田2003）。そのほかでは埼玉県行田市池上西遺跡から銅鏃が1点出土している（宮1983）。

　こうした畿内系の文物が東日本弥生社会にもたらされるのは、弥生時代中期では中葉にほぼ限

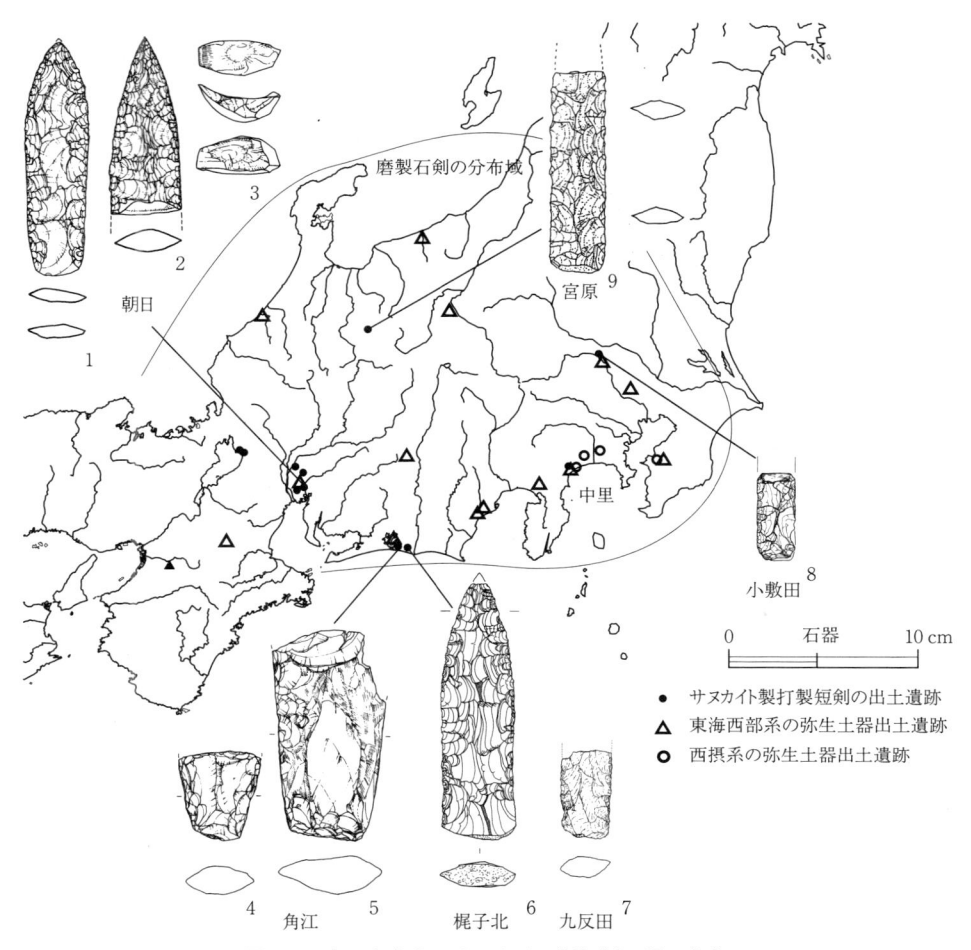

終章　石器をめぐる東日本弥生社会の特質　229

図 121　東日本出土のサヌカイト製打製石器の分布

定される。そして、その文物を受け入れた集落では、水田稲作を開始するなど、生業・集落形態・墓制などに大きな変化がみられる。ここではその変化を「畿内・東海インパクト」と称する[2]。しかし、この「畿内・東海インパクト」もその後、弥生時代中期後葉ではあまり明確ではない。中期後葉では、近畿地方および伊勢湾沿岸からの直接的な搬入品は極めて少なく、中期中葉のような集団的移住の様相や生業の変化をもたらすことはなかった。つまり、中期中葉の地域間交流は、時期的に極めて限定的なものであり、このインパクトにより発信側と受信側との間に恒常的に新たな地域間交流が生じることはなかった。だからこそ、受信側である関東・東海東部の地域は、縄文時代以来のネットワークを基調とした地域間交流を継続したのであり、その一例が池上・小敷田遺跡や中里遺跡であり、前代までの信州系黒曜石の流通構造を基幹として信州地方から磨製石斧が搬入されたのである。

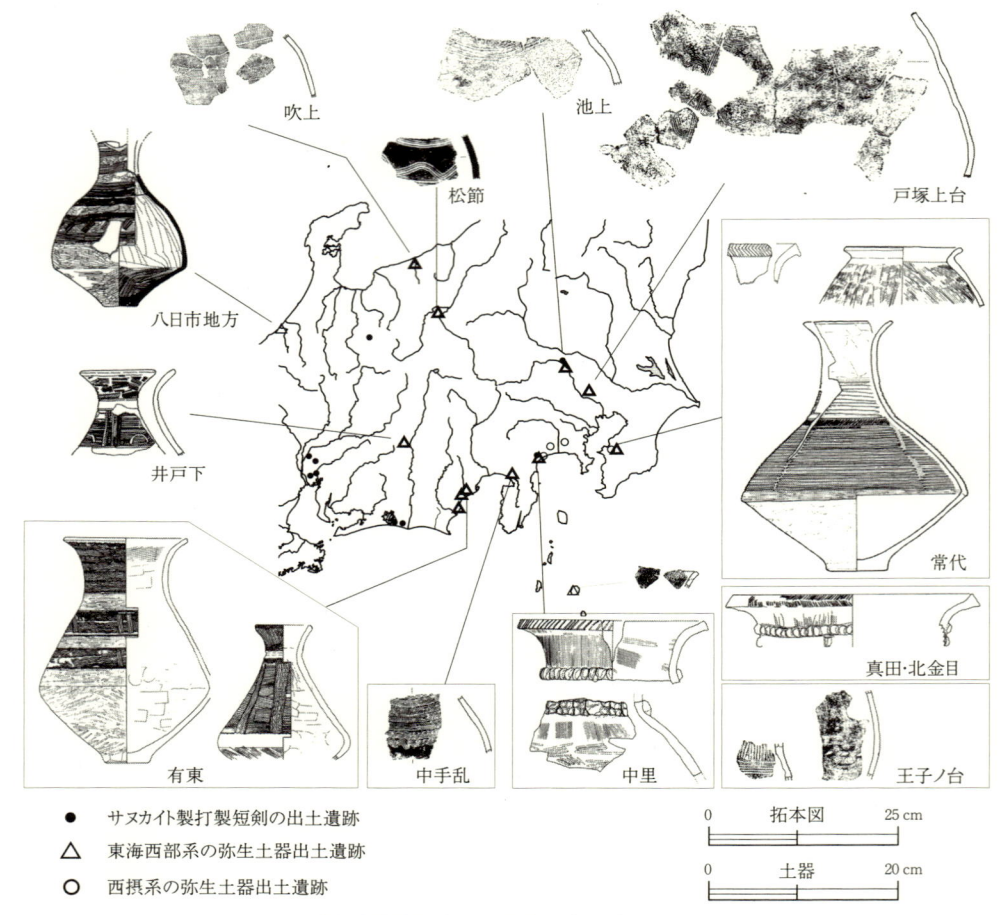

図122　弥生時代中期中葉の畿内・東海系土器の分布

## 3　太平洋沿岸における海上交通による新たな石器の流通

　弥生時代中期中葉の関東地方南部では、石器の流通に大きな変革が生じた。第4章で述べたとおり、この時期に長野盆地で生産された緑色岩製の磨製石斧が広く関東地方へ流通した。そして、関東地方南部の集落では、在地石材を用いた磨製石斧の製作が低調となり、石器の多くを周辺地域からの搬入に依存することとなった。また、打製石器の素材として利用されてきた黒曜石の産地が信州地方から神津島へと変化した。そして、黒曜石の剥片剥離も、打面調整を施さずに、礫面を直接打撃する場当たり的な剥片剥離技術へと変化した。鉄器の初現期において、鉄器の不足分を補うことを目的として、黒曜石の大型の剥片を得ることが目的となり、より大型の原石を求めて神津島への航海に出たと考えられる。

　黒曜石製の剥片刃器は、石器の使用痕観察から動物解体やその後の獣皮利用で用いられたことが推定される。つまり、水田稲作の導入を行っても生業の全面的な転換は行われずに、引き続き狩猟が一定程度行われていたのである。むしろ、荒波を越えて利器素材としての黒曜石を獲得す

る姿には、狩猟活動に対するウェイトの高さがみてとれる。

　第3章で示した安倍川産の磨製石斧の流通の構造は、緑色岩製磨製石斧の流通とは異なる。関東地方南部と信州地方北部の間では、在地で製作不可能な大型の磨製石斧を他地域からの搬入を目的とした交流であるのに対して、関東地方南部と静清平野との地域間交流は、在地で製作可能な小型の磨製石斧までも搬入している。そのため、駿河湾と相模湾の地域の交流は、必ずしも磨製石斧の交易を目的とした交流とはいえない。駿河湾沿岸地域と相模湾沿岸地域は、弥生時代中期中葉における神津島産黒曜石の再開発以来、海上交流が行われていた地域である。準構造船という道具の開発が、黒曜石という資源の再開発を生み出すとともに、その黒曜石の交易が関東地方南部と静清平野との集団移動などの新たな地域間交流をも引き起こした。その結果が、静清平野から搬入された安倍川産の小型磨製石斧の流通なのである。地域間交流によって新たな石器が流通するようになった好例といえる。

## 第3節　石器の生産と流通の東西差

　西日本の石器の流通と、東日本の石器の流通との相違について触れておきたい。西日本の弥生社会における石器の流通は、福岡市今山遺跡の太形蛤刃石斧や近畿地方の石庖丁および二上山産サヌカイトの分析を通じて、拠点集落や大規模集落を中心に研究が進められた。しかし、そうした拠点集落や大規模集落などの大型集落の出現は、弥生時代中期以降である。大陸系磨製石器が伝播し、生業形態も含めた西日本弥生社会の大きな変容期である弥生時代前期の石器の流通は、部分的に明らかにされているにすぎない。

### 1　縄文・弥生文化移行期の西日本弥生社会の石器の流通

　縄文文化の系譜にある結晶片岩製の石棒が、近畿地方の縄文時代晩期末から弥生時代前期初頭の集落から出土する（中村2000、秋山2002a・b、寺前2005）。例えば、吉野川流域で製作された結晶片岩製の石棒が、大阪湾沿岸一帯へ流通した（中村2000）。結晶片岩は、三波川変成帯と呼ばれる九州地方の佐賀付近から関東山地の長瀞までの長さ約800kmの広域変成帯で産出され、特に変体帯が広い四国地域の吉野川流域や紀伊半島の紀ノ川流域で採取可能な石材である。また、同じ石材を用いた柱状片刃石斧も、弥生時代前期に四国・和歌山・大阪・兵庫・岡山などの瀬戸内地方東部を中心に分布している（西口2000）。現段階では、弥生時代前期の柱状片刃石斧の製作遺跡は検出されていないが、石棒と同じ地域での集中的な生産が想定される（西口2000：42頁）。

　また、弥生時代の開始期には打製石器の素材として香川県の金山産サヌカイトが広く流通しており、大阪湾沿岸の集落では、石器およびその素材を瀬戸内海地域からの入手に依存している（藁科・東村1988：484頁、寺前2001：44頁）。

　つまり、近畿地方の弥生時代前期では、結晶片岩製石棒やサヌカイトなど縄文時代以来の物資の供給ルートを用いて、新たに柱状片刃石斧などの大陸系磨製石器が流通していたことを見逃し

てはならない。この点では、西日本の弥生社会も東日本と同じように、縄文系石器の流通機構を基軸としている。

　同様に、九州地方北部においても、縄文時代以来の流通構造を基軸として、弥生文化の新たな文物が流通した。福岡県北九州市高槻遺跡出土資料を基準資料とする「高槻型石斧」は、弥生時代前期末から後期にいたるまで福岡県北東部から山口県西部の地域に分布している。この高槻型磨製石斧は、縄文時代の佐賀県伊万里市腰岳や大分県東国東郡姫島で産出される黒曜石の流通網を基幹として、広く流通したとされる（梅崎 1998：182 頁）。

　つまり、九州地方北部や近畿地方においても、弥生文化成立期における石器の流通は、縄文時代の流通構造を基盤とするネットワークのなかで機能していたと考えられる。

　弥生時代前期末から中期になると九州では大型集落が出現する。そして、その集落は特異な建築物や有力層の存在を思わせる墓域、青銅器などの工房などを構えはじめる。また、鉄器の普及により旧来の石器の完成品および石器素材の流通を基軸とした地域・集落間の経済システムが空疎化した。そこで、そのシステムに立脚していた集落の等質性は後退する。九州地方北部が中国王朝と接触することにより、中国王朝を中心とする東アジアの政治的な秩序のなかに組み込まれた社会へと変化していくと考えられ、九州地方北部は集団相互間で階層化が進んでいったのである（松木 1996：253 頁）。

　近畿地方では、弥生時代中期に大型集落が出現する。それぞれの大型集落では集落内で青銅器、磨製石器、打製石器など交換対象となる物資を生産している。例えば、大阪府泉大津市池上曽根遺跡の石庖丁未成品、藤井寺市国府遺跡や同市船橋遺跡でのサヌカイト製打製石器、高槻市安満遺跡の石庖丁や太形蛤刃石斧の未成品、茨木市東奈良遺跡の青銅器・ガラス製品などである（禰宜田 1998）。これらの製品は、集落群の首長を介して再分配され、各集落は必要となる生活物資を安定的に入手できた。こうして弥生時代中期の近畿地方は、互恵的関係を維持し、1 つの社会として成り立つと理解されている（酒井 1978：64 頁）。

## 2　西日本と比較した東日本弥生社会の特質

　弥生時代中期以前と以後における東日本の社会構造の差異は、近畿地方同様に少ない。それは、弥生時代中期以降の物資の流通が、縄文時代以来の流通ネットワークを基幹構造としつつ、物資の需給関係に社会的な階層化が生じることなく、均衡型の相互扶助社会の形成へと展開したためである。そのため、集落・地域内で製作できないものを外部地域に求めたのである。但し、その交換・交易の範囲が近畿地方に比べ、非常に広範囲に及んでいる。近畿地方は、古河内湖沿岸および湖に注ぎ込む支流域の半径約 20 km の領域が 1 つの社会となっていた。一方、関東地方を例にとれば、関東平野から長野県北部および東海地方東部までの半径 160 km の領域が 1 つの相互扶助的な社会を形成したのである。

　東日本の弥生集落では、集落の中央部に造営される大型方形周溝墓や、管玉が大量に副葬された土壙墓の存在など、集落内部での階層化を示す可能性のある資料は検出されている。しかし、

集落間の階層化を示すようなものはない。広範囲に流通した長野盆地産の緑色岩製磨製石斧を例に挙げてみても、その生産遺跡である長野県長野市榎田遺跡や松原遺跡は、集落の大きさには差があるものの、ともに農耕集落であり、他の集落との階層差を示すものはない。当然ながら磨製石斧との交換で、榎田遺跡や松原遺跡の集落が獲得するものは存在したと考えられるが、それは周辺の農耕集落との間に格差を生み出すことのない物資であったのであろう。東北地方の場合にも、福島県浜通り北部の相馬古生層産粘板岩製磨製石器が広く流通するが、生産地と消費地間に階層化を示すものはない。

つまり、東日本弥生社会は、地域・集落間で必要な物資を供給しあう社会といえる。それは、縄文時代以来の石器利用における強固な地域ネットワークが、東日本の弥生文化の基盤構造であるためである。縄文時代以来の強固な地域ネットワークとは、縄文時代の東日本で築かれた物流のネットワークである。狩猟採集社会である縄文時代においては、石器素材の安定的な補給が必要である。特に、狩猟および加工具の素材として黒曜石の入手は必須である。それゆえに、連接した地域間において、信州地方からの黒曜石原石を選択的に消費しようとも、自らの集落で黒曜石を消費しきることなく、次の集落へ原石を渡していったのである。八ヶ岳の黒曜石原産地からの距離に応じて原石が小型化していく過程は、生活に必要な物資を、独占することなく、隣の集落へ資源の分与をしている縄文時代の人々の姿である。こうした互恵的な社会が縄文時代に東日本で築かれていたのである。

## 第4節　東日本弥生時代石器の生産と流通の特質

東日本における石器の生産と流通の特質は、「原産地遺跡の成立による大量生産」と「縄文流通の変容」とまとめることができる。

### 1　原産地遺跡の成立・大量生産・流通

大陸系磨製石器が普及する弥生時代中期中葉に、東日本では、石材産出地の直近で石器生産を行う原産地遺跡が成立する。

東北地方の弥生時代中期中葉の中在家南式土器段階以前では、砂岩など多彩な石材を用いた磨製石斧の製作が行われていた。中在家南式土器段階になると、福島県浜通り北部の相馬古生層群産の粘板岩の石材原産地では、福島県南相馬市天神沢遺跡で石庖丁や扁平片刃石斧の生産が開始された。そして、浜通り北部から仙台湾沿岸の同時期の集落から出土する磨製石斧は、粘板岩製が大部分を占めるようになる。

東北地方南部のいわき地域では、龍門寺遺跡で閃緑岩製の磨製石斧の生産が開始された。閃緑岩製の磨製石斧は、いわき地域のみならず茨城県の那珂川流域にも流通している。

信州地方の長野盆地では、緑色岩の原産地に榎田遺跡が築かれ、石斧の生産活動が開始された。榎田遺跡と石材原産地までの距離はおよそ1kmであり、榎田遺跡はまさに原産地直下の遺跡で

ある。また、信州系黒曜石の流通も弥生時代中期になると、原産地付近の諏訪湖周辺に遺跡が急増している（山科 2006：104 頁）。ただし、縄文時代後期の鷹山遺跡のような黒曜石の包含地域に形成された遺跡は未発見である。諏訪湖に近い茅野市箕輪遺跡では、弥生時代中期後葉の壺形土器の内部に原石・石核・両極石器・石鏃未成品が納められた状態で検出された（市川 2005）。この壺形土器に納められていた黒曜石の原産地は、諏訪星ヶ台のほか和田エリアの複数の産地から構成されていた（望月 2005）。箕輪遺跡は、伊那谷方面への黒曜石の流通等に関与する中継遺跡の可能性もあり、今後とも弥生時代の信州系黒曜石の原産地遺跡、中継遺跡、消費遺跡の追求が必要である。

東海地方東部では、静清平野の安倍川の暗赤紫色輝緑凝灰岩を用いた集中的な石器生産が、川合遺跡や有東遺跡で開始された。弥生時代中期中葉では、静清平野および駿河湾東岸の田方平野までを流通の領域としていたが、中期後葉には関東地方にまで流通した。

弥生時代中期中葉の神津島産黒曜石は、三宅島の大里遺跡を原産地遺跡として、関東地方南部から東海地方東部へ供給された。本土部の遺跡出土の黒曜石製石器と異なり、三宅島の大里遺跡では大型の剥片を用いた黒曜石製石器が大量に出土しており、原産地遺跡の様相を呈している。神津島産の黒曜石の流通は、旧石器時代以来行われているが、その流通の拠点となる原産地遺跡は、常に伊豆半島南部に形成されていた。例えば、縄文時代前期から中期の河津町の見高段間遺跡がその最たる例である。しかし、弥生時代には、伊豆半島に見高段間遺跡の様な集落は存在していない。また大里遺跡では、竪穴住居址や土器棺墓なども検出されており、黒曜石流通のための一時滞在的なキャンプサイトではなく、居住を構えたうえで黒曜石の供給が行われていたと考えられる。そのあり様は、榎田遺跡や川合遺跡などと同じように、神津島という黒曜石原産地の直下に生活基盤を据えて、物資の流通に従事している姿である。

こうした、原産地直下、大量生産、そして生産物の流通は、石器のみならず、ほかの物資についても同じである。例えば、伊豆諸島で製作が行われたオオツタノハ製の貝輪についても同じことがいえる。オオツタノハ製貝輪は、縄文時代では原産地と推定される三宅島や御蔵島から離れた伊豆大島の下高洞遺跡で製作されていた。しかし、弥生時代中期では原産地に近い三宅島に生産遺跡が築かれ、集中的な生産活動が行われ、未成品は三浦半島などへ搬出された（忍澤 2009）。つまり、縄文時代までの狭い領域を１つの社会として補完的に物資の受給をする構造とは異なり、弥生時代の物資の生産と流通は、物資の原産地直下に生産遺跡を築き、豊富な資源を背景に生産圧をかけて大量製作を行い、そして周辺地域に搬出する特徴がある。こうして、より広域な領域を１つの社会として互恵しあう構造へと変化したのである。

## 2　縄文流通構造の変容

東北地方の仙台湾沿岸では、旧石器時代から打製石器の石材である珪質頁岩の流通量が弥生時代中期中葉に減少する。東北地方北部や北西部では、珪質頁岩の使用が継続しており、東北地方の東西で石材消費のあり方が異なる。それぞれの地域の特質について、高瀬克範は仙台湾沿岸を

「設備投資型」と称し、新たな道具の製作体系を整えるためのコストとリスクは大きいが、そのことで確保される効率性・生産性を求めた。一方、津軽平野を「経費抑制型」と称し、可能な限り縄文時代とほとんど変わらない道具を転用することで、道具の製作にかかるコストを抑制し、稲作導入に伴うリスクを最小限に抑えたという地域差として理解した（高瀬 2004a：277-281 頁）。

長野盆地で製作された緑色岩製磨製石斧は、弥生時代中期に北陸地方・東海地方・関東地方へと流通した。しかし、その流通量は生産地からの距離に応じて減少している。これは、原産地からの距離に応じて、出土する原石が小型化していく黒曜石の流通構造に、弥生時代の磨製石斧が加わったために生じた現象と理解できる。

そして、さらに重要視すべき点は、緑色岩製磨製石斧が大量に流通する中期後葉に、黒曜石の採掘活動が信州系黒曜石の原産地の各地で再興した点である。中期後葉以前では、諏訪星ヶ台産の黒曜石が広範囲に流通していたが、中期後葉では、諏訪星ヶ台産に加えて和田鷹山産を初めとした和田エリアで黒曜石の原石を求めた掘削が行われた。そして、和田鷹山産の黒曜石は、主に関東地方へと流通した。神奈川県の砂田台遺跡や赤坂遺跡出土の石鏃には、和田鷹山産の黒曜石で製作されたものも含まれている。つまり、長野県北部域から大量の大陸系磨製石器が搬出されるなかで、信州地方では在地の資源の見直しが行われ、大陸系磨製石器と黒曜石は、ともに交換・交易品として連鎖して流通したのである。

弥生時代の北陸地方では、翡翠製玉製品や蛇紋岩製磨製石斧など交換価値の高い物資を生産し、他地域と交換・交易を行うことで交流を計る。この地域間交流のあり方は、その流通量の増減や形態に違いはあるが縄文時代以来のあり方である。

縄文時代晩期・弥生時代前期に黒曜石の流通が顕著でない北陸地方と信州地方の間では、弥生時代中期前葉に勾玉などの玉製品と緑色岩製磨製石斧の交換を目的とした石器の流通が始まった。北陸地方では、弥生時代中期以降、信州地方からの緑色岩製磨製石斧が流通したために、縄文時代以来流通していた蛇紋岩製磨製石斧の大型品が、生産地から離れた遠隔地へ流通するようになった。蛇紋岩製石器の流通の変化は、先の大陸系磨製石斧と黒曜石の関係と同じように、新しい文物と縄文時代以来の文物とが連鎖したために縄文時代以来の石器の流通構造が変容したと考えられる。

つまり、新しい文物として大陸系磨製石器の入手をめぐり、地域間交流が活性化するなかで、縄文時代から続く在地の資源にも改めて活用化が図られたのである。そのため、信州系黒曜石や蛇紋岩製石斧について、旧来の形態とは異なる流通が、弥生時代に行われたのである。ここに東日本弥生社会の石器の流通の特質がある。つまり、縄文時代の流通構造が弥生時代になりリセットされて、新しい社会関係を築き始めるのではなく、地域間交流のあり方を変容させることで、新しい物資の受給に対応していったのである。

## 第5節　結　論

　本研究では、東日本の弥生社会における集落・地域間の交流について石器をもとに検討を行ってきた。その結果、注目すべき点として、大陸系磨製石器を中心とする新たな生産用具体系の導入が、縄文から弥生文化移行期の東日本で一律ではなく、西日本からは最も遠い東北地方北東部から開始されたことである。こうした東日本への弥生文化の伝播形態は、九州地方北部から瀬戸内海そして近畿地方へとリレー式に伝播した西日本の状況とはまったく異なる。しかし、大陸系磨製石器を受容した東北地方北東部では、世帯や集落の統合など農耕集団化への傾斜はみられるが（高瀬 2004a：168-197 頁）、その他の石器や植物遺存体など水稲耕作を示す資料はきわめて少ない。この地域の弥生時代の石器類は縄文系石器が主体を占め、大陸系磨製石器は磨製石斧だけであり、直接的な生業活動に伴う石器が含まれていない。東北地方北東部の集団は、西日本の農耕集団と接するなかで、東北地方北東部にはない磨製石斧や石製管玉などの装飾品を獲得することに重点を置いていたのである。水田稲作によるコメは食料源の１つに過ぎず、縄文時代以来の伝統的な社会・生業を維持することが重要だったと考えられる（藤尾 2003：172 頁）。

　仙台湾沿岸の集落では、弥生時代中期中葉（中在家南式期）に粘板岩製磨製石器の流通ならびに珪質頁岩の流通に変化が生じ、生活物資の獲得に伴い新たな互恵的関係を築いている。いわき地域では、中期中葉に磨製石斧の生産が開始され、茨城県の那珂川流域との間で磨製石斧の交易が始まる。

　関東地方・東海地方の弥生時代の石器の流通は、縄文時代の黒曜石の流通を基幹とし、必要物資を獲得するための遠隔地との交流ルートを維持したと考えられる。第５章で明らかにしたように水田稲作を導入する以前の弥生時代中期前葉では、主として信州系黒曜石が広く流通している。そして、弥生時代中期中葉から長野盆地産の緑色岩製磨製石斧が、信州系黒曜石の流通範囲の遺跡から出土している。その出土量の地域的な偏差も黒曜石の流通の地域的差異と共通する。流通する主な石器が、狩猟の活動力を維持するための石器から農耕の生産力を維持するため石斧類へと変化したのである。

　北陸地方では、管玉や勾玉などの装飾品や蛇紋岩製の磨製石斧などを製作して各地へ搬出し、縄文時代から継続する周辺地域との経済的構造を維持した。しかし、弥生時代には、鉄器の流通により、それまで主要な伐採具であった蛇紋岩製の磨製石斧が鉄斧の補完材になり、流通の構造には変化が生じた。

　本州中央部と東北地方中南部の太平洋側では、弥生時代中期に新たな道具体系として大陸系磨製石器を導入し、水田稲作を積極的に取り入れた。そして、石材の原産地近隣に集落遺跡を築き、豊富な資源を背景に集中的な石器製作を行った。生産される主な石器は、磨製石斧と石庖丁である。製作された石器は、自らの集落においても消費するが、周辺集落にも流通した。しかし、その生産遺跡は石器製作活動に専業化するのではく、水田稲作を行うなど農耕集落の一面も備えて

いる。つまり、石器生産遺跡では、農閑期もしくは農繁期に併行して石器製作を行い、周辺集落へ搬出したと考えられる。こうした物資の需給関係により結ばれた社会は、農耕の生産力の安定維持を目的とした均衡型の相互扶助社会の形成および維持へと展開していったといえる。

　東日本における弥生時代の石器の流通構造は、その根幹において縄文時代の流通構造の影響を強く残している。しかし、繰り返しのべるように、それでは縄文時代の流通そのものなのかといえば、否である。それは縄文時代と変わらない要素が残る一方で、同じ物資（蛇紋岩製石斧や黒曜石など）の流通が変容しているのである。まさにこの点こそが、山内清男や佐原眞が指摘する独自に発展していく弥生文化の要素であり、縄文文化と弥生文化を二項対立的な視点で捉えてはみえてこないところである。この独自に発展を遂げる姿こそが東日本の弥生社会の姿なのである。

　こうした東日本の状況に対して、西日本の弥生社会に比べ遅れているとか未発達であると評価するのはまさに正しくない。西日本弥生社会の研究においても、縄文時代からの要素ならびに独自に発展した要素を抽出したうえで、重層的に捉え直すことが今後必要である。

　それでは最後に本研究に関連して、今後の課題と展望について述べていくこととしたい。

### 縄文時代の石器の生産と流通の研究

　縄文時代の石器の生産と流通の研究例は、特定石材の研究に偏りをみせている。例えば、黒曜石やサヌカイトならびに蛇紋岩の研究は多いものの、そのほかの石器石材の研究は少ない。それは、縄文時代には生活に必要な物資は、すべて自らが製作するという縄文時代の物資自給像が無批判に受け入れられているためである。また、弥生時代の石器の流通構造が富の蓄積から階級社会の誕生・発展という図式のなかで解釈されてきたのに対して、縄文時代の石器流通構造にはそのような理論的背景がないことも影響している。縄文時代においても、これまでに磨製石斧の製作遺跡（例えば、神奈川県足柄上郡山北町尾崎遺跡など）が検出されている。こうした遺跡の石器の製作を構造的に検討し、その周辺遺跡と比較することで流通の様相が明らかになると考えられる。そして、縄文時代の石器の流通構造を明らかにし、改めて弥生時代の石器の流通構造と比較してみる必要があろう。

### 木器製作の問題

　弥生時代の磨製石斧は、縄文時代の磨製石斧に比較して、加工斧（柱状片刃石斧やノミ形石斧など細部加工に用いる磨製石斧）の種類が増えている。その違いは、木器の製作方法・製作活動の違いである。加工斧の変化による、木器製作に関わる集落間分業の問題等が残されている。伐採斧である太形蛤刃石斧と、加工斧である柱状片刃石斧・扁平片刃石斧・ノミ形石斧を持つ集落と、小型の加工用の磨製石斧のみを持つ集落があり、磨製石斧の所有形態に差が認められる。木器の製作遺跡および消費遺跡の間における木器製作の分業および木器の流通についても石器研究からのアプローチが必要である。

### 石器の所有形態と石器組成の問題

　弥生時代の集落では、しばしば磨製石斧などが竪穴住居内の土坑から埋設された形で出土する。石斧の埋納例は、集落内・住居内での斧の管理形態等を示す好例である。埋納遺構の分析は、石

器組成研究の方法論の再考を迫るものである。これまでの石器組成の研究は、遺跡からの石器個体の出土数を無批判的に他の器種や他の遺跡・地域同士で比較し、その差異を生業の違いや地域差として読み替えてきた。しかし、例えば狩猟活動のなかでいわば使い捨てのように大量消費する石鏃と破損しても再度研磨して繰り返し使う磨製石斧が持つ1点の石器の意味は異なる。磨製石斧についても伐採に用いる太形蛤刃石斧と木器製作に用いる加工斧とでは破損率も異なり、単純に出土数の差異が生業活動を反映しているとは限らない。そのためには、集落および集落群における石器の所有形態を検討することから始めなければならない。

**鉄器の流通構造との比較**

弥生時代中期後葉には、東北地方を除いた東日本で鉄器が出土する。東日本では、弥生時代の鉄器の生産遺跡は検出されておらず、西日本から持ち込まれたものと考えられる。石器と違い鉄器は、入手可能な資源が限られているため、必然的にその流通ルートも限定されてくることが想定される。しかし、その実態はほとんど明らかにされていない。鉄器の型式学的検討などから石器とは異なる地域間関係を明らかにする必要があろう。

東日本の弥生時代の石器研究には、未だこうした課題が数多く残されている。

本研究では、これまでの石器研究の中心であった「大陸的な要素」にのみ着目するのではなく、「縄文文化からの要素」についても検討を加え、その地域性を明らかにしてきた。山内清男や佐原眞が指摘した弥生文化を構成する3つの要素を改めて検討することが重要であり、そうしなければ東日本の弥生社会の姿は見えてくることはないであろう。西日本の弥生社会についても、こうした研究の視点が重要なのはいうまでもない。改めて西日本の弥生時代の黒曜石やサヌカイト製石器を縄文文化からの影響や残存とみるのではなく、弥生文化の視点から再検討を行わなければならない。

弥生時代中期中葉の関東地方南部では、神津島産黒曜石製石器が流通し、大型原石から剥片刃器が製作された。この黒曜石製石器は、動物質食料を得るために用いられたと考えられる。農耕社会の関東地方南部で縄文系石器である剥片刃器が使用されていたのである。そして、その資源を求めて、100km近くの距離、黒潮の荒波を越えてわたる集団が農耕社会のなかに現れたのである。神津島への渡航という行為に弥生文化の要素と縄文文化の要素とが折衷された様相が見える。黒曜石を求めた集団の背中こそが、東日本弥生文化の特質の一面を的確に表した姿といえる。

**註**

1) 縄文時代の丸木舟の集成（橋口2001）を参照とする限り丸木舟の幅は60cm大である。最も大きいもので100cmである。
2) 小敷田遺跡や池上遺跡の成立に関しては、これまで小松式土器の出土から北陸地方から影響が指摘されてきた（石川2001）。しかし、本論で指摘したような畿内系の遺物も出土することから東北・北陸・畿内地方を含めた多元方向からの影響を考える必要がある。また、池上・小敷田遺跡のみならず、中期中葉の集落には少なからず多地域からの影響が読みとれる（石川2001）。

付表1

# 緑色岩製磨製石斧 集成

| 遺跡名 | 県名 | 市町村 | 器種 | 出土遺構 | 遺構時期 | 残存状況 | 長さ | 幅 | 刃部幅 | 厚さ | 重さ | 基部調整 | 側面調整 | 図番号 | 文献 |
|---|---|---|---|---|---|---|---|---|---|---|---|---|---|---|---|
| 城之古 | 新潟 | 十日町市 | 太形蛤刃石斧 | | | 完形 | 14.57 | 6.75 | 6.75 | 4.7 | 845 | 敲打 | 面取研磨 | | 十日町市1996 |
| 城之古 | 新潟 | 十日町市 | 扁平片刃石斧 | | | 完形 | 10.1 | 6.6 | 6.6 | 1.78 | 262 | 研磨平坦 | 面取研磨 | | 十日町市1996 |
| 新座原D | 新潟 | 十日町市 | 太形蛤刃石斧 | | | 完形 | 20.8 | 7.2 | 8.1 | 5.2 | 1336 | 敲打 | | | 十日町市1996 |
| 奈良崎 | 新潟 | 長岡市 | 太形蛤刃石斧 | 92SK72 | IV期 | 刃部 | | 7.0 | 6.4 | 3.7 | | | 面取研磨 | 205-1138 | 春日2002 |
| 奈良崎 | 新潟 | 長岡市 | 扁平片刃石斧 | III層 | IV期 | 胴部 | | 6.8 | | 4.3 | | | | 205-1139 | 春日2002 |
| 奈良崎 | 新潟 | 長岡市 | 扁平片刃石斧 | | | 胴部 | | 6.0 | | 1.67 | | 研磨平坦 | 面取研磨 | 205-1143 | 春日2002 |
| 箕輪 | 新潟 | 柏崎市 | 太形蛤刃石斧 | 98SK20 | | 完形 | 13.9 | 6.55 | 6.55 | 4.1 | 658 | 敲打 | 面取研磨 | 24-89 | 高橋2002 |
| 大武 | 新潟 | 長岡市 | 太形蛤刃石斧 | | | 完形 | 14.8 | 6.4 | 6.2 | 4.2 | | 研磨平坦 | 面取研磨 | 3-20 | 春日1997 |
| 大武 | 新潟 | 長岡市 | 扁平片刃石斧 | | | 完形 | 9.3 | 5.4 | 5.0 | 1.8 | | 研磨平坦 | | 3-21 | 春日1997 |
| 川向 | 新潟 | 加茂市 | 太形蛤刃石斧 | 採集 | | 完形 | 13.9 | 5.85 | 5.0 | 4.2 | 634 | 敲打 | 面取研磨 | 5-8 | 小熊・立木2001 |
| 吹上 | 新潟 | 上越市 | 太形蛤刃石斧 | SD33 | III期 | | (10.2) | 5.2 | | 3.1 | (326) | 敲打 | | 178-722 | 笹沢2006 |
| 吹上 | 新潟 | 上越市 | 太形蛤刃石斧 | SK129 | III期 | 胴部 | | | | 2.7 | | 敲打 | | | 未報告 |
| 吹上 | 新潟 | 上越市 | 太形蛤刃石斧 | SD486 | III期 | 胴部 | | | | 3.05 | | | 面取研磨 | | 未報告 |
| 吹上 | 新潟 | 上越市 | 太形蛤刃石斧 | FK152 | III期 | 刃部 | | | | 2.95 | | | | | 未報告 |
| 吹上 | 新潟 | 上越市 | 太形蛤刃石斧 | SD468 | III期 | 胴部 | | 5.9 | | 4.15 | | | 面取研磨 | 179-732 | 笹沢2006 |
| 吹上 | 新潟 | 上越市 | 太形蛤刃石斧 | SD614 | III期 | 胴部 | | 4.7 | 5.5 | 3.8 | | | 面取研磨 | 178-724 | 笹沢2006 |
| 吹上 | 新潟 | 上越市 | 太形蛤刃石斧 | SX278 | III期 | 刃部 | | 6.0 | 5.5 | 3.6 | | | 面取研磨 | 178-726 | 笹沢2006 |
| 吹上 | 新潟 | 上越市 | 太形蛤刃石斧 | SD614 | III期 | 刃部 | | 6.35 | 5.7 | 3.45 | 449 | 研磨平坦 | 面取研磨 | 178-721 | 笹沢2006 |
| 吹上 | 新潟 | 上越市 | 太形蛤刃石斧 | SK38 | III期 | 完形 | 13.3 | 5.7 | 5.7 | 1.6 | | | 面取研磨 | 179-735 | 笹沢2006 |
| 吹上 | 新潟 | 上越市 | 扁平片刃石斧 | SD614 | III期 | 刃部 | | 5.5 | 5.95 | 4.0 | 688 | 研磨平坦 | 面取研磨 | 178-719 | 笹沢2006 |
| 吹上 | 新潟 | 上越市 | 太形蛤刃石斧 | SD31 | IV期 | 完形 | 13.7 | 7.0 | 7.0 | 4.7 | 1194 | 研磨平坦 | 面取研磨 | 178-718 | 笹沢2006 |
| 吹上 | 新潟 | 上越市 | 太形蛤刃石斧 | SD339 | IV期 | 完形 | 18.1 | 7.8 | 7.8 | 3.8 | | | 面取研磨 | 178-720 | 笹沢2006 |
| 吹上 | 新潟 | 上越市 | 太形蛤刃石斧 | 遺構外 | IV期 | 胴部 | | 6.6 | | 3.8 | | 敲打 | 面取研磨 | 178-723 | 笹沢2006 |
| 吹上 | 新潟 | 上越市 | 太形蛤刃石斧 | K6 | IV期 | 刃部 | | 7.7 | | 3.9 | | | | | 未報告 |
| 吹上 | 新潟 | 上越市 | 太形蛤刃石斧 | SD30 | IV期 | 胴部 | | 6.8 | | 3.9 | | 敲打 | | 179-730 | 笹沢2006 |
| 吹上 | 新潟 | 上越市 | 太形蛤刃石斧 | P336 | IV期 | 胴部 | | 7.1 | | | | | | 179-728 | 笹沢2006 |
| 吹上 | 新潟 | 上越市 | 太形蛤刃石斧 | K7-17 | IV期 | 胴部 | | | | | | | | | 未報告 |
| 吹上 | 新潟 | 上越市 | 太形蛤刃石斧 | SK374 | IV期 | 胴部 | | 5.2 | | 3.6 | | | 面取研磨 | 179-729 | 笹沢2006 |
| 吹上 | 新潟 | 上越市 | 太形蛤刃石斧 | SX342 | IV期 | 胴部 | | | | 3.3 | | | 面取研磨 | 178-725 | 笹沢2006 |
| 吹上 | 新潟 | 上越市 | 扁平片刃石斧 | F-8-25 | IV期 | 胴部 | | 6.3 | | 3.7 | | | | | 未報告 |
| 吹上 | 新潟 | 上越市 | 太形蛤刃石斧 | K7-17 | IV期 | 刃部 | | 8.2 | | 3.25 | | | | | 未報告 |
| 吹上 | 新潟 | 上越市 | 太形蛤刃石斧 | SD529 | IV期 | 胴部 | | 6.1 | | 3.65 | | | 面取研磨 | 179-734 | 笹沢2006 |
| 吹上 | 新潟 | 上越市 | 太形蛤刃石斧 | SD510 | IV期 | 胴部 | | 6.15 | | 4.3 | | | | 179-731 | 笹沢2006 |
| 吹上 | 新潟 | 上越市 | 太形蛤刃石斧 | SD30-3 | IV期 | 胴部 | | | | | | | 面取研磨 | | 未報告 |
| 吹上 | 新潟 | 上越市 | 太形蛤刃石斧 | SK147 | IV期 | 刃部 | | 6.0 | | 3.85 | | 敲打 | | | 未報告 |
| 吹上 | 新潟 | 上越市 | 太形蛤刃石斧 | G9-19 | IV期 | 胴部 | | | | 4.2 | | | | | 未報告 |
| 吹上 | 新潟 | 上越市 | 太形蛤刃石斧 | G-6-23 | IV期 | 基部 | | 6.6 | | 3.6 | | 敲打 | | 179-733 | 笹沢2006 |
| 吹上 | 新潟 | 上越市 | 太形蛤刃石斧 | F-7-10 | IV期 | 胴部 | | | | | | | | | 未報告 |
| 吹上 | 新潟 | 上越市 | 扁平片刃石斧 | SD142 | IV期 | | | | | | | | | | |
| 吹上 | 新潟 | 上越市 | 扁平片刃石斧 | G-13-3-2 | IV期 | 刃部 | | 4.4 | | 1.5 | | | | 179-736 | 笹沢2006 |

付表1　緑色岩製磨製石斧 集成

| 遺跡名 | 県名 | 市町村 | 器種 | 出土遺構 | 遺構時期 | 残存状況 | 長さ | 幅 | 刃部幅 | 厚さ | 重さ | 基部調整 | 側面調整 | 図番号 | 文献 |
|---|---|---|---|---|---|---|---|---|---|---|---|---|---|---|---|
| 吹上 | 新潟 | 上越市 | 扁平片刃石斧 | L-7-12 | IV期 | 完形 | 12.7 | 6.3 | 6.3 | 1.2 | | | 面取研磨 | | 未報告 |
| 裏山 | 新潟 | 上越市 | 太形蛤刃石斧 | 主丘頂上 | V期前半 | 完形 | 10.9 | 6.35 | 6.35 | 3.25 | 459 | 敲打 | 面取研磨 | 72-184 | 小池2000 |
| 新穂玉作遺跡群 | 新潟 | 佐渡市 | 太形蛤刃石斧 | 包含層 III V55上 | IV期 | 刃部欠損 | | | | 3.5 | 421 | 敲打 | | | 未報告 |
| 新穂玉作遺跡群 | 新潟 | 佐渡市 | 太形蛤刃石斧 | III 55P | IV期 | 刃部 | | 6.6 | | 3.7 | | | | | 未報告 |
| 新穂玉作遺跡群 | 新潟 | 佐渡市 | 太形蛤刃石斧 | III V55 | IV期 | 完形 | | 6.0 | | 3.9 | 337 | 敲打 | | | 未報告 |
| 新穂玉作遺跡群 | 新潟 | 佐渡市 | 太形蛤刃石斧 | III W55 | IV期 | 完形 | 10.1 | 5.8 | 5.8 | 2.95 | 299 | 敲打 | | | 未報告 |
| 新穂玉作遺跡群 | 新潟 | 佐渡市 | 太形蛤刃石斧 | 包含層 | IV期 | 刃部 | | 5.65 | 5.5 | 2.2 | | | 面取研磨 | | 未報告 |
| 新穂玉作遺跡群 | 新潟 | 佐渡市 | 太形蛤刃石斧 | III W55Y | IV期 | 胴部 | | | | | | | | | 未報告 |
| 新穂玉作遺跡群 | 新潟 | 佐渡市 | 太形蛤刃石斧 | 包含層5 | IV期 | 刃部 | | 6.7 | 6.7 | 3.88 | | | 面取研磨 | | 未報告 |
| 新穂玉作遺跡群 | 新潟 | 佐渡市 | 扁平片刃石斧 | | IV期 | 完形 | 6.05 | 4.6 | 4.6 | 1.2 | 76 | 研磨平坦 | 面取研磨 | | 未報告 |
| 平田 | 新潟 | 佐渡市 | 太形蛤刃石斧 | SB115 | IV期 | 胴部 | | 5.8 | | 3.55 | | 敲打 | 面取研磨 | 95-276 | 坂上2000 |
| 平田 | 新潟 | 佐渡市 | 扁平片刃石斧 | SB115 | IV期 | 完形 | 6.4 | 5.2 | | 1.3 | 93.9 | 研磨平坦 | 面取研磨 | 95-273 | 坂上2000 |
| 竹ノ花 | 新潟 | 佐渡市 | 太形蛤刃石斧 | TS-6 | | 刃部 | | | | 1.1 | | | | | 未報告 |
| 稲荷牛ケ首 | 新潟 | 上越市 | 太形蛤刃石斧 | | | | | | | | | | | | 新潟県史1983 |
| 竜町 | 新潟 | 新井市 | 太形蛤刃石斧 | | | | | | | | | | | | 新潟県史1983 |
| 片貝松ノ木田 | 新潟 | 上越市 | 太形蛤刃石斧 | | | | | | | | | | | | 新潟県史1983 |
| 関野 | 新潟 | 柏崎市 | 太形蛤刃石斧 | | | | | | | | | | | | 新潟県史1983 |
| 山ニ家 | 新潟 | 新潟市 | 太形蛤刃石斧 | 表採 | | 刃部欠損 | 16.6 | 7.1 | | 4.2 | 974.5 | 研磨平坦 | | | 横越町史2000 |
| 前郷 | 新潟 | 新潟市 | 太形蛤刃石斧 | 表採 | | 刃部 | | | 6.7 | 4.0 | 191.3 | | | | 横越町史2000 |
| 乙 | 新潟 | 新潟市 | 太形蛤刃石斧 | | | | | | | | | | | | 新潟県史1983 |
| 藤津 | 新潟 | 佐渡市 | 太形蛤刃石斧 | | | | | | | | | | | | 新潟県史1983 |
| 中小泉 | 富山 | 上市町 | 太形蛤刃石斧 | N-2号土坑 | II期前半 | 胴部 | | 6.14 | 6.18 | 3.98 | | | 面取研磨 | 24-1 | 狩野1982 |
| 江上A | 富山 | 上市町 | 太形蛤刃石斧 | I-3号溝 | V期前半 | 刃部 | (5.8) | (6.8) | 6.8 | 3.8 | (208) | | 面取研磨 | 72-54 | 久々1982 |
| 魚躬 | 富山 | 滑川市 | 太形蛤刃石斧 | J7G | | 完形 | 12.9 | 6.2 | 6.2 | 4.2 | 616 | 敲打平坦 | 面取研磨 | 16-1 | 舟崎1973 |
| 魚躬 | 富山 | 滑川市 | 太形蛤刃石斧 | W2G | | 刃部欠損 | (10.0) | 6.5 | | 4 | (462) | 敲打平坦 | 面取研磨 | 16-2 | 舟崎1973 |
| 清水堂 | 富山 | 富山市 | 扁平片刃石斧 | I-3号溝_上部 | V期前半 | 完形 | 6.65 | 5.38 | 5.38 | 1.16 | 102 | 研磨平坦 | 面取研磨 | 3-1 | 鹿島1996 |
| 高鳥A | 富山 | 射水市 | 太形蛤刃石斧 | | | 刃部 | (5.8) | 5.8 | | 3.3 | (104) | | 調整なし | | 未報告 |
| 吉崎・次場 | 石川 | 羽咋市 | 太形蛤刃石斧 | N-2号土坑 | II期前半 | 胴部 | | (5.1) | | 4.7 | (168) | | 面取研磨 | 120-41 | 福島1987 |
| 吉崎・次場 | 石川 | 羽咋市 | 太形蛤刃石斧 | I-3号溝 | V期前半 | 刃部 | (5.0) | (6.8) | 6.8 | 3.8 | (208) | | 面取研磨 | 118-13 | 福島1987 |
| 吉崎・次場 | 石川 | 羽咋市 | 太形蛤刃石斧 | J7G | | 完形 | 12.9 | 6.2 | 6.2 | 4.2 | 616 | 敲打平坦 | 面取研磨 | 117-2 | 福島1987 |
| 吉崎・次場 | 石川 | 羽咋市 | 太形蛤刃石斧 | W2G | | 刃部欠損 | (10.0) | 6.5 | | 4 | (462) | 敲打平坦 | 面取研磨 | 118-25 | 福島1987 |
| 吉崎・次場 | 石川 | 羽咋市 | 太形蛤刃石斧 | I-3号溝_上部 | V期前半 | 刃部 | (5.8) | 5.8 | | 3.3 | (104) | | 調整なし | 117-7 | 福島1987 |
| 吉崎・次場 | 石川 | 羽咋市 | 太形蛤刃石斧 | J12G | | 刃部 | (7.6) | 6.2 | | 4.2 | (277) | | 敲打平坦 | 117-4 | 福島1987 |
| 吉崎・次場 | 石川 | 羽咋市 | 太形蛤刃石斧 | W6G | | 胴部 | | 5 | | 4.1 | | | | 未報告 | 福島1987 |
| 吉崎・次場 | 石川 | 羽咋市 | 太形蛤刃石斧 | W4G | | 刃部 | | | | 3 | | | 面取研磨 | 未報告 | 福島1987 |
| 吉崎・次場 | 石川 | 羽咋市 | 扁平片刃石斧 | J1G | | 完形 | 7.8 | 6.1 | 6.1 | 1.6 | 171 | 敲打平坦 | 敲打平坦 | 121-58 | 福島1987 |
| 吉崎・次場 | 石川 | 羽咋市 | 環状石斧 | W1G | | 1/3 | | | | 1.8 | | | | 121-54 | 福島1987 |
| 吉崎・次場 | 石川 | 羽咋市 | 扁平片刃石斧 | J6G | | 完形 | 12.1 | 6.6 | 6.5 | 2.3 | 329 | 研磨平坦 | 面取研磨 | 120-50 | 福島1987 |
| 吉崎・次場 | 石川 | 羽咋市 | 太形蛤刃石斧 | I-4号溝 | IV期 | 胴部 | (4.0) | (6.5) | | (4.1) | (206) | | 面取研磨 | 120-45 | 福島1987 |

| 遺跡名 | 県名 | 市町村 | 器種 | 出土遺構 | 遺構時期 | 残存状況 | 長さ | 幅 | 刃部幅 | 厚さ | 重さ | 基部調整 | 側面調整 | 図番号 | 文献 |
|---|---|---|---|---|---|---|---|---|---|---|---|---|---|---|---|
| 東的場タケノハナ | 石川 | 羽咋市 | 太形蛤刃石斧 | SD36 | IV期前半 | 刃部欠損 | (12.9) | (6.8) | | (4.2) | (583) | 研磨平坦 | | 121-53 | 宮川2004 |
| 八日市地方 | 石川 | 小松市 | 太形蛤刃石斧 | 河道 | IV期 | 刃部欠損 | (6.6) | (6.8) | | (3.8) | (311) | 敲打平坦 | | 72.10 | 浜崎2004 |
| 八日市地方 | 石川 | 小松市 | 扁平片刃石斧 | 河道 | IV期 | 完形 | 7.2 | 5.5 | | 1.6 | 120 | | 面取研磨 | 72-6 | 浜崎2004 |
| 八日市地方 | 石川 | 小松市 | 太形蛤刃石斧 | | | 胴部 | | 6.6 | | 4.7 | | | | 未報告 | 福海ほか2003 |
| 八日市地方 | 石川 | 小松市 | 太形蛤刃石斧 | | | 胴部 | | 6.1 | | 4.0 | | | | 未報告 | 福海ほか2003 |
| 八日市地方 | 石川 | 小松市 | 太形蛤刃石斧 | | | 刃部 | | 7.2 | | 4.1 | | | 面取研磨 | 未報告 | 福海ほか2003 |
| 八日市地方 | 石川 | 小松市 | 太形蛤刃石斧 | | | 刃部 | | 6.5 | | 4.3 | | | | 未報告 | 福海ほか2003 |
| 八日市地方 | 石川 | 小松市 | 太形蛤刃石斧 | H-08 | | 完形 | 9.4 | 6.4 | | 3.4 | 374 | 敲打 | | 159-23 | 福海ほか2003 |
| 八日市地方 | 石川 | 小松市 | 太形蛤刃石斧 | E-05 | III期後半IV期 | 刃部欠損 | (8.7) | 5.6 | | 3.4 | (304) | 敲打 | | 160-24 | 福海ほか2003 |
| 上安原 | 石川 | 金沢市 | 太形蛤刃石斧 | SD110 | IV期 | 刃部欠損 | (11.1) | 6.6 | | 3.8 | (445) | 敲打 | | 155-1008 | 小西2003 |
| 西念・南新保 | 石川 | 金沢市 | 太形蛤刃石斧 | 1溝 | IV期 | 胴部 | | 5.7 | | 3.6 | | | 面取研磨 | 29-6 | 宮本1983 |
| 西念・南新保 | 石川 | 金沢市 | 太形蛤刃石斧 | L区表土 | IV期 | 刃部 | | 6.4 | | 4.0 | | | | 62-2 | 宮本1983 |
| 西念・南新保 | 石川 | 金沢市 | 太形蛤刃石斧 | MIX | IV期 | 刃部・胴部 | (7.6) | 6.5 | 6.1 | 3.4 | (334) | | | 186-72 | 楠1992 |
| 西念・南新保 | 石川 | 金沢市 | 太形蛤刃石斧 | SD21 | IV期 | 胴部 | (13.1) | 8.0 | | 4.4 | (774) | | | 186-73 | 楠1992 |
| 南新保C | 石川 | 金沢市 | 扁平片刃石斧 | | IV期 | 完形 | 6.1 | 5.0 | | 1.6 | 95 | 敲打 | | 205-27 | 楠1996 |
| 三引 | 石川 | 七尾市 | 太形蛤刃石斧 | | IV期 | 刃部 | | 6.4 | | 3.87 | | | | 103-17 | 伊藤2002 |
| 細口源田山 | 石川 | 七尾市 | 太形蛤刃石斧 | | IV期 | 完形 | 18.9 | 7.18 | 7.18 | 3.85 | 1052 | 敲打 | 面取研磨 | 84-3 | 小嶋2003 |
| 猫橋 | 石川 | 加賀市 | 太形蛤刃石斧 | | IV期 | 刃部欠損 | | 6.8 | | 6.85 | | 敲打 | | 81-28 | 土肥1982 |
| 谷内ブンヤガチ | 石川 | 中能登町 | 太形蛤刃石斧 | SD16 | III期 | 完形 | 16.3 | 6.59 | 6 | 4.46 | 822.7 | 研磨平坦 | 面取研磨 | 41-1 | 久田2004 |
| 杉谷チャノバタケ | 石川 | 中能登町 | 太形蛤刃石斧 | トレンチ | IV期 | 刃部欠損 | | 6.1 | | 3.6 | | | | 133-1 | 栃木1995 |
| 下屋敷 | 石川 | 坂井市 | 扁平片刃石斧 | 中段下斜面 | IV期 | 完形 | 16.8 | 7.4 | 7.2 | 4.5 | 1003 | 研磨平坦 | 面取研磨 | 244-142 | 栃木1995 |
| 舞崎 | 福井 | 敦賀市 | 太形蛤刃石斧 | | III期 | 完形 | 12.8 | 6.8 | | 2.1 | | | | 12 | 中原2000 |
| 舞崎 | 福井 | 敦賀市 | 太形蛤刃石斧 | 石器埋納坑 | IV期 | 完形 | 11.4 | 6.4 | 6.4 | 3.9 | 559 | 敲打 | 研磨 | 37-53 | 中野2001 |
| 箕輪 | 長野 | 箕輪町 | 太形蛤刃石斧 | 石器埋納坑 | IV期 | 完形 | 9.1 | 5.7 | 5.7 | 3.95 | 362 | 研磨平坦 | 面取研磨 | 37-54 | 中野2001 |
| 箕輪 | 長野 | 箕輪町 | 太形蛤刃石斧 | SB17 | IV期 | 完形 | 18.7 | 7.03 | 7.3 | 4.36 | 1000.3 | 敲打 | 研磨 | 148-243 | 市川2005 |
| 箕輪 | 長野 | 箕輪町 | 太形蛤刃石斧 | SB31 | IV期 | 完形 | 18.17 | 7.3 | | 4.35 | 992.6 | 敲打 | 研磨 | 148-244 | 市川2005 |
| 箕輪 | 長野 | 箕輪町 | 太形蛤刃石斧 | SB21 | IV期 | 完形 | | 6.99 | | 4.33 | | | 研磨 | 149-245 | 市川2005 |
| 箕輪 | 長野 | 箕輪町 | 太形蛤刃石斧 | SB17 | IV期 | 刃部・胴部 | 13.52 | 6.36 | | 3.99 | 581.5 | 研磨 | 研磨 | 149-246 | 市川2005 |
| 箕輪 | 長野 | 箕輪町 | 太形蛤刃石斧 | SB31 | IV期 | 完形 | 14.48 | 6.91 | | 4.05 | 719 | 研磨平坦 | 研磨 | 149-247 | 市川2005 |
| 箕輪 | 長野 | 箕輪町 | 太形蛤刃石斧 | SB26 | IV期 | 完形 | 18.7 | 7 | | 3.91 | 909.3 | 研磨 | 研磨 | 149-248 | 市川2005 |
| 箕輪 | 長野 | 箕輪町 | 太形蛤刃石斧 | SB17 | IV期 | 胴部 | | 7.18 | | 4.44 | 469 | | 研磨 | 149-250 | 市川2005 |
| 箕輪 | 長野 | 箕輪町 | 扁平片刃石斧 | SB23 | IV期 | 破片 | | | | | | | | 未報告 | 市川2005 |
| 箕輪 | 長野 | 箕輪町 | 太形蛤刃石斧 | SB31 | IV期 | 完形 | 7.45 | 5.15 | | 1.2 | 92.9 | 研磨 | 研磨 | 150-255 | 市川2005 |
| 恒川 | 長野 | 飯田市 | 太形蛤刃石斧 | ARY9号住居 | IV期 | 完形 | 14.7 | 6.7 | | 3.9 | 624 | 敲打 | 研磨 | 174-10 | 小林1986 |
| 恒川 | 長野 | 飯田市 | 扁平片刃石斧 | ARY9号住居 | IV期 | 完形 | 12.6 | 6.8 | | 1.9 | 345 | 研磨 | | 174-7 | 小林1986 |
| 中城原 | 長野 | 大町市 | 太形蛤刃石斧 | 溝 | IV期 | 完形 | 17.1 | 5.9 | | 4.2 | | | | 36-3 | 篠崎1992 |
| 中城原 | 長野 | 大町市 | 太形蛤刃石斧 | | IV期 | 完形 | 13.4 | 5.9 | | 4 | | | | 36-4 | 篠崎1992 |
| 中城原 | 長野 | 大町市 | 太形蛤刃石斧 | | IV期 | 完形 | 14 | 4.9 | | 3.3 | | | | 36-5 | 篠崎1992 |
| 中城原 | 長野 | 大町市 | 太形蛤刃石斧 | | IV期 | 刃部欠損 | | 7.4 | | 4.6 | | | | 36-6 | 篠崎1992 |
| 中城原 | 長野 | 大町市 | 太形蛤刃石斧 | 5号住居 | IV期 | 完形 | 14.8 | 5.8 | | 4 | | | | 36-7 | 篠崎1992 |

付表1　緑色岩製磨製石斧　集成

| 遺跡名 | 県名 | 市町村 | 器種 | 出土遺構 | 遺構時期 | 残存状況 | 長さ | 幅 | 刃部幅 | 厚さ | 重さ | 基部調整 | 側面調整 | 図番号 | 文献 |
|---|---|---|---|---|---|---|---|---|---|---|---|---|---|---|---|
| マツバリ | 長野 | 木曽町 | 太形蛤刃石斧 | | IV期 | 胴部 | | | | | | | | 102-42 | 神村1995 |
| マツバリ | 長野 | 木曽町 | 太形蛤刃石斧 | | IV期 | 刃部 | | | | | | | | 102-43 | 神村1995 |
| 小泉 | 長野 | 飯山市 | 太形蛤刃石斧 | 5号住居 | IV期 | 完形 | 17 | 6.2 | | 4 | 831.3 | | | 140-23 | 望月1995 |
| 小泉 | 長野 | 飯山市 | 扁平片刃石斧 | 39号住居 | IV期 | 完形 | 10 | 6.4 | | 1.8 | 150.7 | | | 141-24 | 望月1995 |
| 小泉 | 長野 | 飯山市 | 太形蛤刃石斧 | IV区p-28 | IV期 | 胴部 | | 6.8 | | 4.2 | 682.4 | | | 141-29 | 望月1995 |
| 来見原 | 長野 | 大町市 | 太形蛤刃石斧 | | IV期 | 刃部 | | | | | | | | 写真48 | 篠崎1988 |
| 栗林 | 長野 | 中野市 | 太形蛤刃石斧 | 2号住居 | IV期 | 完形 | 20.2 | 8.2 | | 4.8 | 1490 | | | 252-1 | 関1994 |
| 栗林 | 長野 | 中野市 | 太形蛤刃石斧 | 14号住居 | IV期 | 完形 | 17 | 7.2 | | 5.3 | 1135.5 | | | 252-2 | 関1994 |
| 栗林 | 長野 | 中野市 | 太形蛤刃石斧 | 34号住居 | IV期 | 完形 | 10.5 | 6.9 | | 4.6 | 815.3 | | | 252-3 | 関1994 |
| 栗林 | 長野 | 中野市 | 太形蛤刃石斧 | 2号住居 | IV期 | 完形 | 13.3 | 6.6 | | 3.6 | 639.8 | | | 252-4 | 関1994 |
| 栗林 | 長野 | 中野市 | 太形蛤刃石斧 | 遺構外 | IV期 | 完形 | 10.1 | 6.2 | | 3.6 | 444.1 | | | 252-5 | 関1994 |
| 栗林 | 長野 | 中野市 | 太形蛤刃石斧 | | IV期 | 完形 | 14.1 | 6.2 | | 2.2 | 426.2 | | | 252-6 | 関1994 |
| 栗林 | 長野 | 中野市 | 扁平片刃石斧 | 10号住居 | IV期 | 完形 | 12.4 | 6.4 | | 2 | 316 | | | 252-7 | 関1994 |
| 栗林 | 長野 | 中野市 | 扁平片刃石斧 | 34号住居 | IV期 | 完形 | 9.4 | 5.4 | | 2.2 | 199.4 | | | 252-8 | 関1994 |
| 栗林 | 長野 | 中野市 | 扁平片刃石斧 | 遺構外 | IV期 | 完形 | 9.2 | 6.6 | | 1.5 | 153.1 | | | 252-9 | 関1994 |
| 栗林 | 長野 | 中野市 | 扁平片刃石斧 | 遺構外 | IV期 | 刃部 | 8.2 | 5.5 | | 2.3 | 116.5 | | | 252-10 | 関1994 |
| 栗林 | 長野 | 中野市 | 扁平片刃石斧 | 遺構外 | IV期 | 刃部 | 5.2 | 6 | | 1.5 | 70.1 | | | 252-11 | 関1994 |
| 栗林 | 長野 | 中野市 | 太形蛤刃石斧 | | IV期 | 刃部 | 6.7 | 6.2 | | 4.1 | 181.6 | | | 252-12 | 関1994 |
| 栗林 | 長野 | 中野市 | 太形蛤刃石斧 | | IV期 | 刃部 | 8.5 | 7.5 | | 3.5 | 375.2 | | | 252-13 | 関1994 |
| 栗林 | 長野 | 中野市 | 太形蛤刃石斧 | 14号住居 | IV期 | 刃部 | 7.5 | 6.6 | | 4.2 | 280.6 | | | 252-14 | 関1994 |
| 栗林 | 長野 | 中野市 | 扁平片刃石斧 | 遺構外 | IV期 | 刃部 | 7.2 | 4.1 | | 4.8 | 200.1 | | | 252-15 | 関1994 |
| 栗林 | 長野 | 中野市 | 扁平片刃石斧 | 遺構外 | IV期 | 刃部 | 6.1 | 4.6 | | 4.6 | 154.1 | | | 252-16 | 関1994 |
| 栗林 | 長野 | 中野市 | 扁平片刃石斧 | 遺構外 | IV期 | 刃部 | 5.1 | 6 | | 4.3 | 162.3 | | | 252-17 | 関1994 |
| 栗林 | 長野 | 中野市 | 扁平片刃石斧 | 遺構外 | IV期 | 刃部 | 4.6 | 5.4 | | 2.7 | 44.7 | | | 252-18 | 関1994 |
| 栗林 | 長野 | 中野市 | 太形蛤刃石斧 | 遺構外 | IV期 | 胴部 | 9.2 | 7.7 | | 3.9 | 556.8 | | | 252-19 | 関1994 |
| 栗林 | 長野 | 中野市 | 太形蛤刃石斧 | 遺構外 | IV期 | 胴部 | 7.2 | 7.6 | | 5.2 | 501.5 | | | 252-20 | 関1994 |
| 栗林 | 長野 | 中野市 | 扁平片刃石斧 | 遺構外 | IV期 | 胴部 | 6 | 5.4 | | 1.6 | 100.1 | | | 252-21 | 関1994 |
| 栗林 | 長野 | 中野市 | 扁平片刃石斧 | 遺構外 | IV期 | 胴部 | 5.7 | 7.4 | | 4.3 | 304.4 | | | 252-22 | 関1994 |
| 中俣 | 長野 | 長野市 | 扁平片刃石斧 | 18号住居 | IV期 | 完形・未成品 | 9.9 | 6.2 | | 2.1 | | | | 101-52 | 千野1991 |
| 中俣 | 長野 | 長野市 | 太形蛤刃石斧 | 36号住居 | IV期 | 胴部・未成品 | | 5.9 | | 3 | | | | 101-53 | 千野1991 |
| 中俣 | 長野 | 長野市 | 太形蛤刃石斧 | 32号住居 | IV期 | 胴部・未成品 | | 4.6 | | 2.8 | | | | 101-54 | 千野1991 |
| 中俣 | 長野 | 長野市 | 太形蛤刃石斧 | 36号住居 | IV期 | 刃部・未成品 | | 5.5 | | 4 | | | | 101-55 | 千野1991 |
| 中俣 | 長野 | 長野市 | 太形蛤刃石斧 | 40号住居 | IV期 | 胴部 | | 6.4 | | 4.3 | | | | 101-56 | 千野1991 |
| 中俣 | 長野 | 長野市 | 太形蛤刃石斧 | | IV期 | 胴部 | | 6 | | 4 | | | | 101-57 | 千野1991 |
| 中俣 | 長野 | 長野市 | 太形蛤刃石斧 | 46号住居 | IV期 | 胴部 | | 5.6 | | 3.4 | | | | 101-58 | 千野1991 |
| 境窪 | 長野 | 松本市 | 太形蛤刃石斧 | 5号住居 | III期 | 完形 | 16.8 | 6.05 | | 4.3 | 784 | 敲打 | | 54-373 | 竹原ほか1998 |
| 境窪 | 長野 | 松本市 | 太形蛤刃石斧 | 5号住居 | III期 | 完形 | 19.9 | 6.8 | | 4.29 | 1088 | 敲打 | 研磨 | 54-375 | 竹原ほか1998 |
| 境窪 | 長野 | 松本市 | 太形蛤刃石斧 | 6号住居 | III期 | 完形 | 16.5 | 5.9 | | 3.71 | 650 | 敲打 | | 54-504 | 竹原ほか1998 |
| 県町 | 長野 | 松本市 | 太形蛤刃石斧 | 5号住居 | IV期 | 基部・胴部 | 17.35 | 8.1 | | 5.05 | 1200 | 敲打 | | 156-74 | 直井1990 |
| 県町 | 長野 | 松本市 | 太形蛤刃石斧 | 8号住居 | IV期 | 完形 | 14.02 | 7.33 | | 4.43 | 760 | 敲打 | | 156-75 | 直井1990 |

| 遺跡名 | 県名 | 市町村 | 器種 | 出土遺構 | 遺構時期 | 残存状況 | 長さ | 幅 | 刃部幅 | 厚さ | 重さ | 基部調整 | 側面調整 | 図番号 | 文献 |
|---|---|---|---|---|---|---|---|---|---|---|---|---|---|---|---|
| 県町 | 長野 | 松本市 | 太形蛤刃石斧 | 16号住居 | IV期 | 完形 | 14.45 | 6.71 | | 3.72 | 605 | 敲打 | | 156-76 | 直井1990 |
| 県町 | 長野 | 松本市 | 太形蛤刃石斧 | 不明 | IV期 | 完形 | 12.51 | 6.53 | | 3.56 | 510 | 敲打 | | 156-77 | 直井1990 |
| 県町 | 長野 | 松本市 | 太形蛤刃石斧 | 7号住居 | IV期 | | | | | | | | | 未報告 | 直井1990 |
| 県町 | 長野 | 松本市 | 太形蛤刃石斧 | 27号住居 | IV期 | | | | | | | | | 未報告 | 直井1990 |
| 県町 | 長野 | 松本市 | 扁平片刃石斧 | 42・43号住居 | IV期 | 完形 | 7.97 | 6.8 | | 1.38 | 163.4 | 研磨 | 研磨 | 157-85 | 直井1990 |
| 一時坂 | 長野 | 諏訪市 | 太形蛤刃石斧 | 79号住居 | IV期 | 完形 | 16 | 6.3 | | 3.9 | 827 | 敲打 | | 39-2 | 高見・五味1988 |
| 根々井芝宮 | 長野 | 佐久市 | 扁平片刃石斧 | 2号住居 | IV期 | 完形 | 4.8 | 4.05 | | 1.14 | | | | 163-1 | 羽毛田1998 |
| 根々井芝宮 | 長野 | 佐久市 | 扁平片刃石斧 | Y6号住居 | IV期 | 完形 | 6.9 | 6 | | 1.8 | | | | 173-71 | 羽毛田1998 |
| 根々井芝宮 | 長野 | 佐久市 | 太形蛤刃石斧 | Y6号住居 | IV期 | 基部 | | 6.96 | | 4.98 | | | | 173-76 | 羽毛田1998 |
| 根々井芝宮 | 長野 | 佐久市 | 扁平片刃石斧 | Y14号住居 | IV期 | 完形 | 13.2 | 8.1 | | 1.2 | | | | 212-56 | 羽毛田1998 |
| 根々井芝宮 | 長野 | 佐久市 | 扁平片刃石斧 | Y14号住居 | IV期 | 完形 | 7.8 | 5.1 | | 1.2 | | | | 212-57 | 羽毛田1998 |
| 根々井芝宮 | 長野 | 佐久市 | 扁平片刃石斧 | Y18号住居 | IV期 | 刃部・胴部 | | 7.2 | | 3.9 | | | | 228-21 | 羽毛田1998 |
| 根々井芝宮 | 長野 | 佐久市 | 扁平片刃石斧 | Y19号住居 | IV期 | 刃部欠損 | 12 | 5.7 | | 1.5 | | | | 240-63 | 羽毛田1998 |
| 根々井芝宮 | 長野 | 佐久市 | 太形蛤刃石斧 | Y20号住居 | IV期 | 刃部・胴部 | | 7.2 | | 4.8 | | | | 247-31 | 羽毛田1998 |
| 根々井芝宮 | 長野 | 佐久市 | 太形蛤刃石斧 | Y24号住居 | IV期 | 完形 | 13.65 | 6 | | 3.6 | | 研磨 | 研磨 | 259-9 | 羽毛田1998 |
| 根々井芝宮 | 長野 | 佐久市 | 太形蛤刃石斧 | Y32号住居 | IV期 | 胴部 | | 6.3 | | 3.6 | | | | 259-10 | 羽毛田1998 |
| 根々井芝宮 | 長野 | 佐久市 | 太形蛤刃石斧 | 遺構外 | IV期 | 基部 | | 6.6 | | 4.5 | | | | 284-21 | 羽毛田1998 |
| 北西の久保 | 長野 | 佐久市 | 太形蛤刃石斧 | Y29号住居 | IV期 | 刃部 | | | 7.1 | 4.5 | | | 研磨 | 376-5 | 林1984 |
| 北西の久保 | 長野 | 佐久市 | 太形蛤刃石斧 | Y16号住居 | IV期 | 刃部 | | | 7.4 | 3.3 | | | | 376-9 | 林1984 |
| 北西の久保 | 長野 | 佐久市 | 太形蛤刃石斧 | 遺構外 | IV期 | 刃部 | | | 6.7 | 3.8 | | | 片面研磨 | 376-8 | 林1984 |
| 北西の久保 | 長野 | 佐久市 | 太形蛤刃石斧 | Y10号住居 | IV期 | 刃部 | | | 6.1 | 3.6 | | | 片面研磨 | 376-6 | 林1984 |
| 北西の久保 | 長野 | 佐久市 | 太形蛤刃石斧 | Y12号住居 | IV期 | 完形 | 14.7 | 5.4 | 6.7 | 4 | 701 | 敲打 | 研磨 | 376-3 | 林1984 |
| 北西の久保 | 長野 | 佐久市 | 太形蛤刃石斧 | H17号住居 | IV期 | 胴部 | | 7.45 | | 4.4 | | | | 376-H17 | 林1984 |
| 北西の久保 | 長野 | 佐久市 | 太形蛤刃石斧 | 表採 | IV期 | 胴部 | | 7 | | 3.6 | | 敲打 | | 376-13 | 林1984 |
| 北西の久保 | 長野 | 佐久市 | 太形蛤刃石斧 | Y16号住居 | IV期 | 完形 | 15.6 | 5.35 | | 3.9 | | 敲打 | 片面研磨 | 376-12 | 林1984 |
| 北西の久保 | 長野 | 佐久市 | 太形蛤刃石斧 | 1号墳 | IV期 | 破片 | | 5 | 7 | 4.4 | | | | 376-1 | 林1984 |
| 北西の久保 | 長野 | 佐久市 | 太形蛤刃石斧 | Y12号住居 | IV期 | 破片 | | | | | | | | 376-10 | 林1984 |
| 北西の久保 | 長野 | 佐久市 | 太形蛤刃石斧 | Y7号住居 | IV期 | 完形 | 13.7 | 6 | 6 | 3.9 | | 研磨 | | 376-11 | 林1984 |
| 北西の久保 | 長野 | 佐久市 | 太形蛤刃石斧 | Y54号住居 | IV期 | 刃部・胴部 | | | 6.6 | 4.6 | | | | 376-2 | 林1984 |
| 北西の久保 | 長野 | 佐久市 | 太形蛤刃石斧 | Y31号住居 | IV期 | 完形 | 11.7 | | 6 | 3 | | | | 376-4 | 林1984 |
| 北西の久保 | 長野 | 佐久市 | 扁平片刃石斧 | Y43号住居 | IV期 | 完形 | 7.05 | 6.1 | 4.7 | 1.65 | 158 | 研磨 | 研磨 | 377-1 | 林1984 |
| 北西の久保 | 長野 | 佐久市 | ノミ形石斧 | 遺構外 | IV期 | 完形 | 3.35 | 1.5 | 1.7 | 0.5 | | 研磨 | 研磨 | 377-8 | 林1984 |
| 北西の久保 | 長野 | 佐久市 | 扁平片刃石斧 | Y11号住居 | IV期 | 刃部 | | | 4.25 | 1.45 | | | 研磨 | 未報告 | 林1984 |
| 北西の久保 | 長野 | 佐久市 | 太形蛤刃石斧 | Y69号住居 | IV期 | 刃部・胴部 | | 7 | 6.8 | 3.5 | | | | 270-82 | 小山1987 |
| 北西の久保 | 長野 | 佐久市 | 太形蛤刃石斧 | Y115号住居 | IV期 | 刃部 | | | 5.2 | 3.4 | | 研磨 | | 270-83 | 小山1987 |
| 北西の久保 | 長野 | 佐久市 | 太形蛤刃石斧 | Y74号住居 | IV期 | 刃部 | | | 3.2 | 2.15 | | | 片面研磨 | 270-84 | 小山1987 |
| 北西の久保 | 長野 | 佐久市 | 太形蛤刃石斧 | Y109号住居 | IV期 | 完形 | 13.7 | 5.3 | 6 | 3.9 | 563 | 敲打 | | 270-85 | 小山1987 |
| 北西の久保 | 長野 | 佐久市 | 太形蛤刃石斧 | 遺構外 | IV期 | 基部・胴部 | | 5.4 | | 4.65 | | 敲打 | | 270-86 | 小山1987 |

付表1　緑色岩製磨製石斧 集成

| 遺跡名 | 県名 | 市町村 | 器種 | 出土遺構 | 遺構時期 | 残存状況 | 長さ | 幅 | 刃部幅 | 厚さ | 重さ | 基部調整 | 側面調整 | 図番号 | 文献 |
|---|---|---|---|---|---|---|---|---|---|---|---|---|---|---|---|
| 北西の久保 | 長野 | 佐久市 | 太形蛤刃石斧 | Y101号住居 | IV期 | 基部・胴部 | | 5.6 | | 4.6 | | 敲打 | | 270-87 | 小山1987 |
| 北西の久保 | 長野 | 佐久市 | 太形蛤刃石斧 | Y85号住居 | IV期 | 基部・胴部 | | 5.1 | | 3.7 | | 敲打 | | 270-88 | 小山1987 |
| 北西の久保 | 長野 | 佐久市 | 太形蛤刃石斧 | 遺構外 | IV期 | 刃部・胴部 | | 7 | 7 | 4.2 | | | | 270-89 | 小山1987 |
| 北西の久保 | 長野 | 佐久市 | 太形蛤刃石斧 | Y91号住居 | IV期 | 基部 | | 6.4 | | 4.3 | | | | 270-90 | 小山1987 |
| 北西の久保 | 長野 | 佐久市 | 扁平片刃石斧 | Y101号住居 | IV期 | 完形 | 11 | 5.8 | | 1.9 | 229.4 | | | 270-91 | 小山1987 |
| 北西の久保 | 長野 | 渋川市 | 扁平片刃石斧 | 表採 | IV期 | 未成品 | 10.5 | 6.3 | | 2.1 | 195 | | | 270-93 | 小山1987 |
| 有馬 | 群馬 | 妙義町 | 太形蛤刃石斧 | 211号住居 | IV期 | 基部・胴部 | | 7.4 | | 2 | | | | 49-10 | 佐藤1990 |
| 古立東山 | 群馬 | 妙義町 | 太形蛤刃石斧 | 2号住居 | IV期 | 完形 | 20.4 | 7.6 | | 4.3 | 1295 | 研磨 | | 20-11 | 平岡1990 |
| 古立東山 | 群馬 | 妙義町 | 太形蛤刃石斧 | 46号住居 | IV期 | 完形 | 14.3 | 5.6 | | 3.6 | 537 | 研磨 | | 20-10 | 平岡1990 |
| 古立東山 | 群馬 | 妙義町 | 太形蛤刃石斧 | 46号住居 | IV期 | 完形 | 16.8 | 6.7 | | 3.9 | 876 | 研磨 | 研磨? | 33-9 | 平岡1990 |
| 古立東山 | 群馬 | 妙義町 | 太形蛤刃石斧 | 遺構外 | IV期 | 完形 | 14.9 | 5.7 | | 3.3 | | | | 33-10 | 平岡1990 |
| 古立東山 | 群馬 | 妙義町 | 太形蛤刃石斧 | 遺構外 | IV期 | 刃部 | | 6.8 | | 3.2 | | | 研磨 | 43-34 | 平岡1990 |
| 古立東山 | 群馬 | 妙義町 | 太形蛤刃石斧 | | IV期 | 刃部 | | 6.1 | | 3.8 | | | | 43-33 | 平岡1990 |
| 三ケ尻 | 群馬 | 前橋市 | 太形蛤刃石斧 | 平安時代住居 | IV期 | 完形 | 18.5 | 6.8 | | 4.2 | 969 | | | 4-20 | 平野・相京1992 |
| 西辺 | 群馬 | 前橋市 | 太形蛤刃石斧 | 20号住居 | | 胴部・基部 | | 8 | | 5.5 | | | | 16-9 | 小島1990 |
| 西辺 | 群馬 | 前橋市 | 太形蛤刃石斧 | 33号住居 | | 基部 | | 5.3 | | 4.3 | | | | 24-14 | 小島1990 |
| 枯木 | 群馬 | 中之条町 | 太形蛤刃石斧 | 採集 | | 完形 | 15.2 | 6.8 | | 3.5 | 772 | 研磨 | 研磨 | 5-26 | 平野・相京1992 |
| 枯木 | 群馬 | 中之条町 | 太形蛤刃石斧 | 採集 | | 完形 | 16.2 | 6.3 | | 3.9 | 803 | 研磨 | 研磨 | 5-27 | 平野・相京1992 |
| 高岡 | 群馬 | 妙義町 | 扁平片刃石斧 | 採集 | | 完形 | 9.8 | 6.8 | | 1.6 | 267 | 研磨 | 研磨 | 6-29 | 平野・相京1992 |
| 荻窪 | 群馬 | 川場村 | 石斧 | | | 完形 | 12.4 | 4.3 | | 1.8 | 248 | 研磨 | 研磨 | 6-31 | 平野・相京1992 |
| 榛名町内 | 群馬 | 高崎市 | 太形蛤刃石斧 | | | 完形 | 16.3 | 6.4 | | 4.2 | | 敲打 | 研磨 | 6-32 | 平野・相京1992 |
| 新保 | 群馬 | 高崎市 | 太形蛤刃石斧 | 大溝 | IV期 | 基部 | | 6.4 | | 4.5 | | 敲打・研磨 | | 389-220 | 佐藤1988 |
| 新保 | 群馬 | 高崎市 | 太形蛤刃石斧 | 大溝 | IV期 | 刃部 | | 6.8 | | 4.2 | | | | 2.2 | 平野・相京1992 |
| 新保 | 群馬 | 高崎市 | 太形蛤刃石斧 | 大溝 | IV期 | 胴部 | | 7.6 | | 4.4 | | | | 221.994 | 佐藤1986 |
| 新保 | 群馬 | 高崎市 | 太形蛤刃石斧 | 137号住居 | IV期 | 完形 | 16.6 | 7.1 | | 2.2 | 584 | 研磨 | | 15-5 | 佐藤1988 |
| 新保田中村前 | 群馬 | 高崎市 | 扁平片刃石斧 | 2号河川下層 | IV期 | 胴部・基部 | | 6.6 | | 1.4 | 210 | 研磨 | 研磨 | 133-S55 | 下城1994 |
| 新保田中村前 | 群馬 | 高崎市 | 太形蛤刃石斧 | 2号河川下層 | IV期 | 胴部・基部 | 19.4 | 7.3 | | 4.9 | 1348 | 研磨 | 研磨 | 133-S56 | 下城1994 |
| 新保田中村前 | 群馬 | 高崎市 | 太形蛤刃石斧 | 2号河川下層 | IV期 | 刃部 | 12.4 | 6.7 | | 5.1 | | | 研磨 | 134-S57 | 下城1994 |
| 新保田中村前 | 群馬 | 高崎市 | 太形蛤刃石斧 | 5号河川下層 | IV期 | 刃部 | | 6.9 | | 3 | 980 | 研磨 | 研磨 | 134-S58 | 下城1994 |
| 新保田中村前 | 群馬 | 高崎市 | 太形蛤刃石斧 | 1号河川下層 | IV期 | 刃部 | | | 7.17 | 1.1 | | | 研磨 | 143-S204 | 下城1994 |
| 清里・庚申塚 | 群馬 | 前橋市 | 太形蛤刃石斧 | 18号住居 | IV期 | 完形 | 17.5 | 7.4 | | 3 | 1003 | | | 66-2 | 相京1981 |
| 清里・庚申塚 | 群馬 | 前橋市 | 太形蛤刃石斧 | 17号住居 | IV期 | 完形 | 12 | 5.2 | | 4.7 | 400 | | 敲打 | 63-3 | 相京1981 |
| 新保 | 群馬 | 高崎市 | 太形蛤刃石斧 | 8号住居 | IV期 | 完形 | | 7.4 | | 3.7 | 925 | | | 23-25 | 相京1981 |
| 西太田 | 群馬 | 伊勢崎市 | 扁平片刃石斧 | 5号住居 | IV期 | 完形 | 10.8 | 6.6 | | 4.4 | | | | | 村田ほか1983 |
| 西太田 | 群馬 | 伊勢崎市 | 太形蛤刃石斧 | 5号住居 | IV期 | 完形 | | 7.3 | | | | | | | 村田ほか1983 |
| 中山 | 栃木 | 佐野市 | 太形蛤刃石斧 | 表採 | II期? | 刃部 | | 6.95 | 7.17 | 4.3 | | 研磨 | | 2.2 | 杉山2006 |
| 本学谷東 | 栃木 | 壬生町 | 太形蛤刃石斧 | 表採 | IV期 | 完形 | 16.2 | 3.7 | 6.8 | 3.9 | | | 敲打 | | 藤田1987 |
| 小敷田 | 埼玉 | 行田市 | 太形蛤刃石斧 | 1号住居 | III期 | 胴部・基部 | | 6.7 | | 4.4 | | 敲打 | 研磨 | 9-2 | 吉田1991 |
| 小敷田 | 埼玉 | 行田市 | 柱状片刃石斧 | 4区遺構外 | III期 | 刃部 | | | 3.3 | 2.9 | | | | 230-1 | 吉田1991 |

| 遺跡名 | 県名 | 市町村 | 器種 | 出土遺構 | 遺構時期 | 残存状況 | 長さ | 幅 | 刃部幅 | 厚さ | 重さ | 基部調整 | 側面調整 | 図番号 | 文献 |
|---|---|---|---|---|---|---|---|---|---|---|---|---|---|---|---|
| 小敷田 | 埼玉 | 行田市 | 扁平片刃石斧 | 4区河川 | III期 | 完形 | 13.3 | 5.93 | 6.34 | 2.08 | 398 | 研磨 | 研磨 | 82-1 | 吉田1991 |
| 前中西 | 埼玉 | 熊谷市 | 扁平片刃石斧 | 5号住居 | IV期 | 完形 | 8.2 | 5.7 | 5.7 | 1.8 | 185 | 一部研磨 | 研磨 | 14-7 | 吉野2002 |
| 池上 | 埼玉 | 熊谷市 | 太形蛤刃石斧 | 5号住居址 | III期 | 完形 | 14.2 | 6.1 | 5.5 | 4.36 | 656 | 敲打 | 片面研磨 | 120-4 | 中島1984 |
| 池上 | 埼玉 | 熊谷市 | 扁平片刃石斧 | 3号住居 | III期 | 完形 | 12.2 | 5.65 | 6.5 | 2.2 | 389 | 敲打・研磨 | 研磨 | 98-1 | 中島1984 |
| 池上 | 埼玉 | 熊谷市 | 扁平片刃石斧 | 遺構外 | III期 |  | 4.2 | 3.5 |  | 0.8 | 17 | 研磨 | 研磨 | 未報告 | 中島1984 |
| 北島 | 埼玉 | 熊谷市 | 扁平片刃石斧 | 234号住居 | IV期 | 基部・胴部 |  | 5.2 | 5.9 | 1.4 |  | 研磨 | 研磨 | 74-60 | 吉田2003 |
| 北島 | 埼玉 | 熊谷市 | 扁平片刃石斧 | 210号住居 | IV期 | 胴部・基部 |  | 5.7 | 6.9 | 1.8 |  | 研磨 | 研磨 | 46-95 | 吉田2003 |
| 北島 | 埼玉 | 熊谷市 | 扁平片刃石斧 | 459号土坑 | IV期 | 胴部 |  | 5.2 |  | 1.2 |  |  |  | 287 | 吉田2003 |
| 北島 | 埼玉 | 熊谷市 | 太形蛤刃石斧 | 369号住居 | IV期 | 完形 | 22.3 | 6.7 | 8 | 4.4 |  | 敲打 | 研磨 | 236-41 | 吉田2003 |
| 北島 | 埼玉 | 熊谷市 | 太形蛤刃石斧 | 214号住居 | IV期 | 基部・胴部 | 18 | 5.9 | 7.1 | 4.3 |  | 敲打・研磨 | 研磨 | 54-72 | 吉田2003 |
| 北島 | 埼玉 | 熊谷市 | 太形蛤刃石斧 | 301号住居 | IV期 | 基部 |  |  |  |  |  | 敲打 |  | 115-10 | 吉田2003 |
| 北島 | 埼玉 | 熊谷市 | 太形蛤刃石斧 | 324号住居 | IV期 | 刃部 |  |  |  | 3.4 |  |  |  | 163-16 | 吉田2003 |
| 北島 | 埼玉 | 熊谷市 | 太形蛤刃石斧 | 326号住居 | IV期 | 胴部 |  |  |  |  |  |  |  | 169-35 | 吉田2003 |
| 北島 | 埼玉 | 熊谷市 | 太形蛤刃石斧 | 336号住居 | IV期 | 胴部・基部 |  | 5.1 | 6.9 | 5.1 |  |  | 研磨 | 190-55 | 吉田2003 |
| 北島 | 埼玉 | 熊谷市 | 太形蛤刃石斧 | 337溝 | IV期 | 胴部 |  | 7.3 |  | 5.1 |  |  |  | 367-2 | 吉田2003 |
| 北島 | 埼玉 | 熊谷市 | 太形蛤刃石斧 | 遺構外 | IV期 | 完形 | 15.1 | 5.1 | 6.6 | 4.3 |  | 敲打 | 研磨 | 380-190 | 吉田2003 |
| 北島 | 埼玉 | 熊谷市 | 太形蛤刃石斧 | 遺構外 | IV期 | 刃部・胴部 |  |  | 6.7 | 4 |  |  |  | 380-189 | 吉田2003 |
| 向山 | 埼玉 | 朝霞市 | 扁平片刃石斧 | C-4 7号住居 | IV期 | 完形 | 3.7 | 2.35 | 2.7 | 1 |  | 研磨 | 研磨 |  | 未報告 |
| 向山 | 埼玉 | 朝霞市 | 扶入柱状片刃石斧 | C-3 37号住居 | IV期 | 完形 | 9.7 | 3.6 | 3.3 | 2.6 |  | 研磨 | 研磨 |  | 未報告 |
| 向山 | 埼玉 | 朝霞市 | 扁平片刃石斧 | E-2 2号住居 | IV期 | 完形 | 6.05 |  | 4.3 | 1.45 |  | 研磨 | 研磨 |  | 未報告 |
| 台の城山 | 埼玉 | 朝霞市 | 太形蛤刃石斧 | 6号住居 | IV期 | 完形 | 19.4 | 5 | 7.5 | 4.8 |  | 敲打 |  | 17-1 | 谷井1975 |
| 台の城山 | 埼玉 | 朝霞市 | 太形蛤刃石斧 | 6号住居 | IV期 | 完形 | 18.3 | 4.5 | 7.5 | 4.3 |  | 敲打 |  | 17-2 | 谷井1975 |
| 台の城山 | 埼玉 | 朝霞市 | 太形蛤刃石斧 | 6号住居 | IV期 | 完形 | 16.2 | 4.3 | 7 | 4.2 |  | 敲打 |  | 17-3 | 谷井1975 |
| 台の城山 | 埼玉 | 朝霞市 | 太形蛤刃石斧 | 6号住居 | IV期 | 完形 | 21.8 | 5 | 6.5 | 4.7 |  | 敲打 |  | 17-4 | 谷井1975 |
| 諏訪坂 | 埼玉 | さいたま市 | 太形蛤刃石斧 | 竪穴住居 | IV期 | 完形 | 24.6 | 7.75 | 8.5 | 4.5 | 1670 |  |  | 10 | 塩野1997 |
| 諏訪坂 | 埼玉 | さいたま市 | 太形蛤刃石斧 | 竪穴住居 | IV期 | 完形 | 20 | 7.5 | 7.5 | 4.75 | 1260 |  |  | 11 | 塩野1997 |
| 吉場 | 埼玉 | さいたま市 | 太形蛤刃石斧 | 1号住居 | IV期 | 完形 |  |  |  |  | 295 |  |  |  | 塩野1992 |
| 上野田西台 | 埼玉 | さいたま市 | 扁平片刃石斧 | 20号住居 | IV期 | 完形 | 8.6 | 5.9 | 3.8 | 1.6 |  | 研磨 | 研磨 | 83-7 | 小倉1986 |
| 馬込 | 埼玉 | さいたま市 | 扶入柱状片刃石斧 | 2号住居 | IV期 | 完形 | 9.8 | 3.8 | 5.5 | 2.5 |  |  |  | 77 | 青木1987 |
| 太田窪貝塚 | 埼玉 | さいたま市 | 太形蛤刃石斧 | 3号住居 | IV期 | 完形 | 15.3 | 5.4 |  | 3.9 |  |  |  | 38-6 | 増田1972 |
| 大崎台 | 千葉 | 佐倉市 | 扁平片刃石斧 | 378号住居 | IV期 | 完形 | 12.5 | 6 | 4.5 | 3.9 | 452.2 |  |  | 83 | 柳田1999 |
| 大崎台 | 千葉 | 佐倉市 | 扶入柱状片刃石斧 | 128号住居 | IV期 | 完形 | 13 | 4.5 |  | 3.3 |  | 研磨 | 研磨 | 1091-11 | 柿沼1986 |
| 大崎台 | 千葉 | 佐倉市 | 扁平片刃石斧 | 426号住居 | IV期 | 完形 | 3.5 | 3.2 |  | 0.8 |  | 研磨 | 研磨 | 356-20 | 柿沼1985 |
| 大崎台 | 千葉 | 佐倉市 | 扁平片刃石斧 | 281号住居 | IV期 | 完形 | 8.4 | 6 | 6 | 2.15 |  | 研磨 | 研磨 | 1216-1 | 柿沼1986 |
| 大崎台 | 千葉 | 佐倉市 | 扁平片刃石斧 | 325号住居 | IV期 | 完形 | 9.2 | 6.8 | 6.8 | 2.4 |  | 研磨 | 研磨 | 818-4 | 柿沼1986 |
| 大崎台 | 千葉 | 佐倉市 | 扁平片刃石斧 | 349号住居 | IV期 | 完形 | 6.2 | 4 | 4 | 1.6 |  | 研磨 | 研磨 | 943-4 | 柿沼1986 |
| 大崎台 | 千葉 | 佐倉市 | 扁平片刃石斧 | 324号住居 | IV期 | 完形 | 10.2 | 6.5 | 6.5 | 2.5 |  | 研磨 | 研磨 | 1011-6 | 柿沼1986 |
| 大崎台 | 千葉 | 佐倉市 | 太形蛤刃石斧 | 324号住居 | IV期 | 完形 | 12.9 | 5.4 | 5.2 | 3.3 |  | 研磨 | 研磨 | 940-1 | 柿沼1986 |
| 大崎台 | 千葉 | 佐倉市 | 太形蛤刃石斧 | 378号住居 | IV期 | 完形 | 17.2 | 6.6 | 6.4 | 4.3 |  | 研磨 | 研磨 | 1091-10 | 柿沼1986 |
| 大崎台 | 千葉 | 佐倉市 | 太形蛤刃石斧 | 378号住居 | IV期 | 刃部 |  | 7 |  | 3.3 |  |  |  | 1091-9 | 柿沼1986 |

付表1　緑色岩製磨製石斧 集成

| 遺跡名 | 県名 | 市町村 | 器種 | 出土遺構 | 遺構時期 | 残存状況 | 長さ | 幅 | 刃部幅 | 厚さ | 重さ | 基部調整 | 側面調整 | 図番号 | 文献 |
|---|---|---|---|---|---|---|---|---|---|---|---|---|---|---|---|
| 太田長作 | 千葉 | 佐倉市 | 太形蛤刃石斧 | 10号住居 | IV期 | 胴部 | 11.6 | 6.2 |  | 4.3 |  | 敲打 |  | 40-65 | 宇井2005 |
| 菅生 | 千葉 | 木更津市 | 太形蛤刃石斧 | Y2c号住居 | IV期 | 完形 | 15.9 | 6.3 |  | 3.4 | 465 |  |  | 60-7 | 乙益1980 |
| 滝ノ口向台 | 千葉 | 袖ヶ浦市 | 太形蛤刃石斧 | 052号住居 | IV期 | 完形 | 15.9 | 7.27 | 7.27 | 4.3 | 807 | 敲打 |  | 105-1 | 小高1993 |
| 滝ノ口向台 | 千葉 | 袖ヶ浦市 | 太形蛤刃石斧 | 063号平場 | IV期 | 完形 | 16.6 | 6.8 | 6.8 | 3.7 | 737 | 敲打 |  | 143-3 | 小高1993 |
| 滝ノ口向台 | 千葉 | 袖ヶ浦市 | 太形蛤刃石斧 | 063号平場 | IV期 | 刃部 |  |  |  | 3.43 |  |  |  | 143-4 | 小高1993 |
| 滝ノ口向台 | 千葉 | 袖ヶ浦市 | 太形蛤刃石斧 | グリッド | IV期 | 完形 | 16.6 | 6.93 | 6.93 | 4.3 | 880 | 敲打 | 研磨 | 241-21 | 小高1993 |
| 滝ノ口向台 | 千葉 | 袖ヶ浦市 | 扁平片刃石斧 | 064号遺構 | IV期 | 完形 | 7.4 | 6.6 | 6.6 | 1.25 | 126 | 研磨 | 研磨 | 134-119 | 小高1993 |
| 城の腰 | 千葉 | 市原市 | 太形蛤刃石斧 | 002号住居 | IV期 | 完形 | 17.2 | 6.5 | 6.75 | 4.3 |  |  |  | 328-14 | 菊池1979 |
| 城の腰 | 千葉 | 市原市 | 太形蛤刃石斧 | 006号住居 | IV期 | 刃部 |  |  |  | 3.4 |  |  |  | 328-15 | 菊池1979 |
| 城の腰 | 千葉 | 市原市 | 太形蛤刃石斧 | 16号住居 | IV期 | 完形 | 20.8 | 6.5 | 5 | 5 |  |  |  | 331-15 | 菊池1979 |
| 城の腰 | 千葉 | 市原市 | 太形蛤刃石斧 | 020号住居 | IV期 | 刃部 |  |  |  | 3.49 |  |  |  | 335-15 | 菊池1979 |
| 城の腰 | 千葉 | 市原市 | 太形蛤刃石斧 | 104号跡 | IV期 | 完形 | 14.3 | 7.5 |  | 3.8 |  |  |  | 338-18 | 菊池1979 |
| 菊間 | 千葉 | 市原市 | 扁平片刃石斧 | 3号住居 | IV期 | 完形 | 6.4 | 3.7 | 3.7 | 1.6 |  |  |  | 376-7 | 菊池1979 |
| 大厩 | 千葉 | 市原市 | 太形蛤刃石斧 | Y-31号住居 | IV期 | 完形 | 14.6 | 6.4 | 6.4 | 4 | 673 | 敲打 |  | 12-17 | 斉木1974 |
| 大厩 | 千葉 | 市原市 | 太形蛤刃石斧 | Y-38号住居 | IV期 | 完形 | 16.5 | 7.2 | 7.2 | 3.5 | 830 | 敲打 |  | 87-57 | 三森1974 |
| 大厩 | 千葉 | 市原市 | 扁平片刃石斧 | Y-72 | IV期 | 刃部 |  |  |  | 3.5 |  |  |  | 105-56 | 三森1974 |
| 宮ノ台 | 千葉 | 茂原市 | 扁平片刃石斧 |  | IV期 | 完形 | 3.44 | 3.2 | 3.65 | 0.98 | 25 | 研磨 | 研磨 | 192-43 | 三森1974 |
| 道庭 | 東京都 | 東金市 | 扁平片刃石斧 | 6号住居 | IV | 完形 | 7.5 | 4.7 |  | 1.6 | 108 |  |  | 30-7 | 明治大学博物館蔵 |
| 飛鳥山 | 東京都 | 北区 | 太形蛤刃石斧 | 33号住居 | IV期 | 完形 | 16.7 | 6.91 | 6.6 | 4.3 | 807 | 敲打 |  | 124-48 | 小高1983 |
| 馬場 | 東京都 | 青梅市 | 扁平片刃石斧 | 21号住居 | IV期 | 完形 | 7 | 6.6 |  | 2 | 135 | 研磨 | 研磨 | 40-2 | 小林ほか1996 |
| 大里 | 東京都 | 三宅部 | 環状石斧 | 遺構外 | III期 | 半分欠損 | 12.9 | 7.1 |  | 2 |  |  |  | 122-4 | 青梅市1995 |
| 梶ヶ谷神明社上 | 神奈川 | 川崎市 | 太形蛤刃石斧 | 二号堅穴 | IV期 | 完形 | 16.9 | 6.3 | 6.3 | 4 | 820 | 敲打 |  | 16-3 | 持田1994 |
| 関耕地 | 神奈川 | 横浜市 | 太形蛤刃石斧 | 58号住居 | IV期 | 完形 | 13.5 | 3.8 | 6.1 | 3.8 | 565 | 敲打 |  | 139-9 | 田村1997 |
| 関耕地 | 神奈川 | 横浜市 | 太形蛤刃石斧 | 86号住居 | IV期 | 完形 | 17.1 | 6.85 | 6.1 | 4.6 | 986 | 敲打 | 片側研磨 | 162-10 | 田村1997 |
| 関耕地 | 神奈川 | 横浜市 | 太形蛤刃石斧 | 103号住居 | IV期 | 刃部欠 |  | 7.2 | 7.2 | 4.5 |  |  |  | 228-6 | 田村1997 |
| 三殿台 | 神奈川 | 横浜市 | 太形蛤刃石斧 | 205-J号住居 | IV期 | 基部 |  | 6.7 |  | 4.3 |  |  |  | 12-127 | 横浜市1980 |
| 三殿台 | 神奈川 | 横浜市 | 太形蛤刃石斧 | 306号住居 | IV期 | 基部 |  | 6.1 |  | 3.4 |  | 敲打 |  | 12-129 | 横浜市1980 |
| 三殿台 | 神奈川 | 横浜市 | 太形蛤刃石斧 | 306号住居 | IV期 | 刃部 |  | 7.5 |  | 4.2 |  |  |  | 12-130 | 横浜市1980 |
| 折本西原 | 神奈川 | 横浜市 | 太形蛤刃石斧 | 3号方形周溝墓 | IV期 | 刃部 |  | 7.3 |  | 3.1 |  |  |  | 266-65 | 石井1980 |
| 観福寺北 | 神奈川 | 横浜市 | 太形蛤刃石斧 | 21号住居 | IV期 | 完形 | 16.9 | 7.1 | 6.4 | 4.8 | 1050 | 剥離 | 研磨 | 55-2008 | 平子1989 |
| 綱崎山 | 神奈川 | 青梅市 | 扁平片刃石斧 | BY43号住居 | IV期 | 完形 | 7.9 | 5.6 | 5.6 | 1.5 | 138.6 | 研磨 | 研磨 | 91-2 | 武政2004 |
| 太尾 | 神奈川 | 横浜市 | 扶入柱状片刃石斧 | 14次A地点溝 | IV期 | 完形 | 15 | 4 |  | 4 | 480 |  |  | 5-1 | 八幡1930 |
| 権田原 | 神奈川 | 横浜市 | 太形蛤刃石斧 |  | IV期 | 完形 |  |  |  |  |  |  |  |  | 未報告 |
| 権田原 | 神奈川 | 横浜市 | 太形蛤刃石斧 |  | IV期 | 完形 |  |  |  |  |  |  |  |  | 未報告 |
| 桂台北 | 神奈川 | 横浜市 | 太形蛤刃石斧 | Y-3号住居 | V期? | 完形 | 12.2 | 6.35 |  | 3.76 | 530 | 敲打 |  | 25-56 | 戸田2004 |
| 石名坂 | 神奈川 | 藤沢市 | 太形蛤刃石斧 |  | IV期 | 完形 |  |  |  |  |  | 敲打 | 研磨 |  | 未報告 |
| 赤坂遺跡 | 神奈川 | 三浦市 | 太形蛤刃石斧 |  | IV期 | 完形 |  |  |  |  |  | 敲打 |  |  | 未報告 |
| 赤坂遺跡 | 神奈川 | 三浦市 | 太形蛤刃石斧 |  | IV期 | 完形 |  |  |  |  |  | 敲打 | 研磨 |  | 未報告 |
| 赤坂遺跡 | 神奈川 | 三浦市 | 太形蛤刃石斧 | 1次5同住居 |  | 完形 | 12 |  |  |  |  |  |  | 40-中央 | 岡本1977 |

| 遺跡名 | 県名 | 市町村 | 器種 | 出土遺構 | 遺構時期 | 残存状況 | 長さ | 幅 | 刃部幅 | 厚さ | 重さ | 基部調整 | 側面調整 | 図番号 | 文献 |
|---|---|---|---|---|---|---|---|---|---|---|---|---|---|---|---|
| 赤坂遺跡 | 神奈川 | 三浦市 | 太形蛤刃石斧 | 8次3号住居 | IV期 | 完形 | 13.6 | 6.5 | 6.5 | 3.8 | | 敲打 | 研磨 | 36-1 | 諸橋2001 |
| 赤坂遺跡 | 神奈川 | 三浦市 | 太形蛤刃石斧 | 8次3号住居 | IV期 | 完形 | 12.8 | 6.2 | 6.3 | 3.3 | | 敲打 | 研磨 | 36-2 | 諸橋2001 |
| 赤坂遺跡 | 神奈川 | 三浦市 | 太形蛤刃石斧 | 8次5号住居 | IV期 | 刃部・胴部 | | | | 4.2 | | | 研磨 | 52-4 | 諸橋2001 |
| 佐原泉 | 神奈川 | 横須賀市 | 抉入柱状片刃石斧 | 25B住居 | IV期 | 完形 | 10 | 4.1 | 4 | 2.5 | | | | 141-67 | 中村・諸橋1989 |
| 倉見川原 | 神奈川 | 葉山町 | 太形蛤刃石斧 | | IV期 | | | | | | | | | | 未報告 |
| 及川宮ノ西 | 神奈川 | 厚木市 | 抉入柱状片刃石斧 | | II期? | 完形 | 12.6 | 4.5 | 3.7 | 3.1 | 362 | 研磨 | | | 香村1996 |
| 千ノ神 | 神奈川 | 秦野市 | 太形蛤刃石斧 | 86号住居 | III期 | 基部・胴部 | | 6.6 | | 3.6 | | 敲打 | 研磨 | 101-5 | 望月1983 |
| 砂田台 | 神奈川 | 秦野市 | 太形蛤刃石斧 | 63号住居 | IV期 | 胴部 | (9.68) | (5.89) | | 4.04 | (424) | 敲打 | | 294-29 | 共戸1989 |
| 砂田台 | 神奈川 | 秦野市 | 太形蛤刃石斧 | 81号住居 | IV期 | 完形 | 12.91 | 6.7 | 6.5 | 3.6 | 554.2 | 敲打 | | 28-8 | 共戸1991 |
| 砂田台 | 神奈川 | 秦野市 | 太形蛤刃石斧 | 115号住居 | IV期 | 基部・胴部 | (7.08) | (5.48) | | (2.78) | (75.7) | | 研磨 | 129-40 | 共戸1991 |
| 砂田台 | 神奈川 | 秦野市 | 太形蛤刃石斧 | 139号住居 | IV期 | 完形 | 14.76 | 6.91 | 6.0 | 3.76 | 752.5 | 敲打 | | 196-40 | 共戸1991 |
| 砂田台 | 神奈川 | 秦野市 | 太形蛤刃石斧 | 11号溝 | IV期 | 基部・胴部 | (12.67) | 6.7 | | 4.2 | 669.5 | 敲打 | 研磨 | 360-10 | 共戸1991 |
| 砂田台 | 神奈川 | 秦野市 | 太形蛤刃石斧 | 161号住居 | IV期 | 完形 | 14.45 | 6.38 | 5.91 | 4.6 | 776.9 | 敲打 | | 267-2 | 共戸1991 |
| 砂田台 | 神奈川 | 秦野市 | 太形蛤刃石斧 | 7号住居 | IV期 | 完形 | 13.98 | 6.71 | 6.71 | 4.2 | 692.8 | 敲打 | | 225-48 | 共戸1989 |
| 砂田台 | 神奈川 | 秦野市 | 太形蛤刃石斧 | 33号住居 | IV期 | 完形 | 13.71 | 6.77 | 6.77 | 3.6 | 543 | 研磨 | | 129-30 | 共戸1989 |
| 砂田台 | 神奈川 | 秦野市 | 扁平片刃石斧 | 遺構外 | IV期 | 完形 | 12.41 | 6.34 | 6.34 | 4.09 | 569.2 | 研磨 | 研磨 | 214-24 | 共戸1989 |
| 砂田台 | 神奈川 | 秦野市 | 扁平片刃石斧 | 3号住居 | IV期 | 刃部欠損 | 9.29 | 5.96 | 5.96 | 1.96 | 199 | 研磨 | 研磨 | 392-66 | 共戸1991 |
| 砂田台 | 神奈川 | 秦野市 | 扁平片刃石斧 | 25号住居 | IV期 | 完形 | 5.55 | 5.06 | 4.92 | 1.45 | 89.4 | 研磨 | 研磨 | 115-47 | 共戸1989 |
| 原口 | 神奈川 | 平塚市 | 太形蛤刃石斧 | 遺構外 | IV期 | 完形 | 8.41 | 5.59 | 5.59 | 1.95 | 186.6 | 研磨 | 研磨 | 188-3 | 共戸1989 |
| 中里 | 神奈川 | 小田原市 | 扁平片刃石斧 | N3 | IV期 | 完形 | 9 | 5.9 | | 2 | 210.8 | | 研磨 | 31-27 | 長谷川2001 |
| 中里 | 神奈川 | 小田原市 | 抉入柱状片刃石斧 | 17号住居 | III期 | 完形 | 13.2 | 4.4 | 5.7 | 4.3 | | 敲打 | | | 未報告 |
| 矢崎 | 静岡 | 清水町 | 太形蛤刃石斧 | | III期 | 完形 | 13.7 | 3.8 | | 3.7 | | 研磨 | | | 未報告 |
| 有東 | 静岡 | 静岡市 | 太形蛤刃石斧 | F5-III | IV期 | 刃部 | 13.9 | 6.7 | | 4 | | | | 117-3 | 中野1988 |
| 川合 | 静岡 | 静岡市 | 太形蛤刃石斧 | 遺構外 | IV期 | 刃部欠損 | 13.9 | 6.4 | | 4.8 | 725 | 敲打 | | 46-5 | 片岡2008 |
| 角江 | 静岡 | 浜松市 | 扁平片刃石斧 | SR-01 | III期 | 完形 | | 6 | 6 | 4.15 | 720 | 敲打 | 研磨 | 3-3 | 山田ほか1992 |
| 角江 | 静岡 | 浜松市 | 太形蛤刃石斧 | SR-01 III層 | III期 | 胴部・基部 | | 5.7 | | 2 | | | | 21-172 | 勝又1996 |
| 角江 | 静岡 | 浜松市 | 太形蛤刃石斧 | SD50 | III期 | 基部 | | 6 | | 3.3 | | 敲打 | | 13-107 | 勝又1996 |
| 川原 | 愛知 | 豊田市 | 環状石斧 | SB334 | IV期 | 胴部・基部 | | 7 | | 4.8 | | 敲打 | | 12-104 | 勝又1996 |
| 荒坂 | 岐阜 | 高山市 | 太形蛤刃石斧 | | | 半分欠損 | | | | 1.8 | | | | 112-3414 | 楢1992 |
| | | | | | | 完形 | 16 | 5.6 | | 4.4 | | | | 3 | 吉朝1989 |

付表2

北陸地方 弥生時代 蛇紋岩製磨製石斧 集成

| 遺跡名 | 県名 | 市町村 | 器種 | 出土遺構 | 遺構時期 | 残存状況 | 抉り | 長さ | 幅 | 最大幅 | 刃部幅 | 厚さ | 重さ | 基部調整 | 側面調整 | 図版番号 | 文献 |
|---|---|---|---|---|---|---|---|---|---|---|---|---|---|---|---|---|---|
| 城之古 | 新潟 | 十日町市 | 両刃石斧 | 表土 |  | 刃部 | なし |  | 7.1 | 7.1 | 7.1 | 2.1 |  |  | 面取研磨 | 205-1141 | 十日町市1996 |
| 奈良橋 | 新潟 | 長岡市 | 扁平片刃石斧 |  | Ⅳ期 | 刃部 | あり,片側 | 4.5 | 3.2 | 3.2 | 2.9 | 1.0 |  | 面取研磨 | 面取研磨 | 205-1152 | 春日2002 |
| 奈良橋 | 新潟 | 長岡市 | 片刃石斧 | 99SK925 | Ⅳ期 | ほぼ完形 | なし | 7.5 | 2.6 | 2.9 | 2.9 | 1.1 | 20.7 | 面取研磨 | 面取研磨 | 206-1152 | 春日2002 |
| 奈良橋 | 新潟 | 長岡市 | 両刃石斧 |  | Ⅳ期 | 完形 | なし |  | 3.8 | 3.8 | 3.8 | 1.3 | 77.0 | 面取研磨 | 面取研磨 | 205-1144 | 春日2002 |
| 奈良橋 | 新潟 | 長岡市 | ? | Ⅳa層 | Ⅳ期 | 刃部 | なし |  | 4.0 | 4.0 |  | 1.8 |  | 面取研磨 | 面取研磨 | 205-1145 | 春日2002 |
| 奈良橋 | 新潟 | 長岡市 | ? | Ⅰ・Ⅱ層 | Ⅳ期 | 未成品 | なし | 8.2 | 4.3 | 4.3 |  | 1.9 |  | 面取研磨 | 面取研磨 | 205-1150 | 春日2002 |
| 奈良橋 | 新潟 | 長岡市 | ? | Ⅴa層 | Ⅳ期 | 刃部 | なし |  | 5.0 | 5.0 |  | 1.9 |  | 面取研磨 | 面取研磨 | 205-1146 | 春日2002 |
| 奈良橋 | 新潟 | 長岡市 | ? |  | Ⅳ期 | 胴部 | なし |  | 4.5 | 4.5 |  | 2.0 |  |  | 面取研磨 | 206-1151 | 春日2002 |
| 小丸山 | 新潟 | 柏崎市 | ノミ形石斧 |  | Ⅳ期 | 完形 | 側面両側 | 2.7 | 0.8 | 0.8 | 0.6 | 0.5 | 2.0 | 面取研磨 | 面取研磨 | 17 | 品田1985 |
| 小丸山 | 新潟 | 柏崎市 | 扁平片刃石斧 |  | Ⅳ期 | 刃部 | なし | 4.1 | 2.7 | 3.4 | 3.4 | 0.9 | 27.0 | 面取研磨 | 面取研磨 | 16 | 品田1985 |
| 和泉A | 新潟 | 上越市 | 片刃石斧 | 包含層 | Ⅰ期 | 完形 | なし | 3.3 | 4.2 | 4.2 | 1.3 | 0.6 | 12.0 | 面取研磨 | 面取研磨 | 49-209 | 加藤1999 |
| 和泉A | 新潟 | 上越市 | 両刃石斧 | 包含層 | Ⅰ期 | 完形 | なし | 4.0 | 1.9 | 2.6 | 2.6 | 0.7 | 113.5 | 面取研磨 | 面取研磨 | 49-210 | 加藤1999 |
| 和泉A | 新潟 | 上越市 | 両刃石斧 | 包含層 | Ⅰ期 | 完形 | なし | 9.7 | 4.2 | 4.2 |  | 2.1 |  | 面取研磨 | 面取研磨 | 49-206 | 加藤1999 |
| 大塚 | 新潟 | 糸魚川市 | 両刃石斧 | A沢9ⅡⅠ | Ⅰ期 | 未成品 | なし | 2.9 | 4.4 | 4.4 |  | 0.5 |  | 面取研磨 | 面取研磨 | 68-268 | 寺崎1988 |
| 大塚 | 新潟 | 糸魚川市 | 両刃石斧 | A沢9ⅡⅠ | Ⅰ期 | 未成品 | なし | 5.2 | 4.4 | 4.4 |  | 0.9 |  | 面取研磨 | 面取研磨 | 68-267 | 寺崎1988 |
| 大塚 | 新潟 | 糸魚川市 | 両刃石斧 | A沢8Ⅰ攪乱 | Ⅰ期 | 刃部 | なし |  | 5.3 | 5.3 |  | 1.1 |  | 面取研磨 | 面取研磨 | 68-265 | 寺崎1988 |
| 大塚 | 新潟 | 糸魚川市 | 両刃石斧 | A沢9Ⅰ | Ⅰ期 | 刃部 | なし |  | 4.4 | 4.4 |  | 1.4 |  | 面取研磨 | 面取研磨 | 68-264 | 寺崎1988 |
| 大塚 | 新潟 | 糸魚川市 | 両刃石斧 | A沢8Ⅰ攪乱 | Ⅰ期 | 未成品大損 | なし |  | 4.3 | 4.3 |  | 1.6 |  |  | 面取研磨 | 68-266 | 寺崎1988 |
| 大塚 | 新潟 | 糸魚川市 | 両刃石斧 | A沢9Ⅱa | Ⅰ期 | 完形 | なし |  | 5.9 | 5.9 | 4.3 | 2.7 |  |  | 面取研磨 | 68-269 | 寺崎1988 |
| 大塚 | 新潟 | 糸魚川市 | ノミ形石斧 | A沢9Ⅰ試T | Ⅰ期 | 完形 | なし | 3.8 | 1.1 | 1.1 |  | 3.0 | 4.0 | 面取研磨 | 面取研磨 | 68-263 | 寺崎1988 |
| 新徳玉作遺跡群 | 新潟 | 佐渡市 | ノミ形石斧 | ⅢW55x | Ⅰ期 | 完形 | あり,両側 |  | 0.6 | 0.6 | 0.6 | 0.4 |  | 面取研磨 | 面取研磨 |  | 未報告 |
| 新徳玉作遺跡群 | 新潟 | 佐渡市 | ノミ形石斧 | 包含層 |  | 完形 | なし | 5.8 | 0.7 | 0.7 | 0.7 | 0.6 |  | 面取研磨 | 面取研磨 |  | 未報告 |
| 新徳玉作遺跡群 | 新潟 | 佐渡市 | ノミ形石斧 | ⅢW55a |  | 完形大損 | あり,片面 |  | 1.2 | 1.2 |  | 0.7 | 8.0 | 面取研磨 | 面取研磨 |  | 未報告 |
| 新徳玉作遺跡群 | 新潟 | 佐渡市 | ノミ形石斧 | ⅢW55r C12 |  | 胴部大損 | なし |  | 5.1 | 5.1 |  | 1.1 |  | 面取研磨 | 面取研磨 |  | 未報告 |
| 新徳玉作遺跡群 | 新潟 | 佐渡市 | 両刃石斧 | 包含層 |  | 刃部欠損 | なし |  |  |  |  | 1.3 |  | 面取研磨 | 面取研磨 |  | 未報告 |
| 新徳玉作遺跡群 | 新潟 | 佐渡市 | 両刃石斧 | ⅢW55e |  | 完形 | なし | 9.5 | 3.3 | 5.6 | 5.6 | 1.9 | 186.0 | 面取研磨 | 面取研磨 |  | 未報告 |
| 新徳玉作遺跡群 | 新潟 | 佐渡市 | 両刃石斧? | 3MⅢW55 |  | 完形 | なし | 8.5 | 4.9 | 4.9 | 4.9 | 2.5 | 203.0 | 面取研磨 | 面取研磨 |  | 未報告 |
| 新徳玉作遺跡群 | 新潟 | 佐渡市 | 両刃石斧 | ⅢX54G |  | 完形 | なし | 8.0 | 4.2 | 4.5 | 4.5 |  | 2.7 | 面取研磨 | 面取研磨 |  | 未報告 |
| 平田 | 新潟 | 佐渡市 | ? | SD114 | Ⅳ期 | 未成品 | 側面両側 | 10.9 | 4.7 |  |  | 4.1 | 300.1 | 面取研磨 | 面取研磨 | 93-241 | 坂上2000 |
| 平田 | 新潟 | 佐渡市 | 扁平片刃石斧 | SD114 | Ⅳ期 | 完形 | 側面 | 7.3 | 3.2 | 1.5 | 3.2 | 1.1 | 53.0 | 面取研磨 | 面取研磨 | 93-242 | 坂上2000 |
| 平田 | 新潟 | 佐渡市 | 扁平片刃石斧 | SD113-115 | Ⅳ期 | 完形 | あり,片面 | 3.8 | 2.6 | 2.8 | 2.8 | 0.7 |  | 面取研磨 | 面取研磨 | 96-282 | 坂上2000 |
| 平田 | 新潟 | 佐渡市 | 扁平片刃石斧 | ⅢB62s | Ⅳ期 | 完形 | なし | 4.8 | 2.9 | 2.9 | 2.9 | 0.7 | 21.8 | 面取研磨 | 面取研磨 | 101-373 | 坂上2000 |
| 平田 | 新潟 | 佐渡市 | 扁平片刃石斧 | ⅢB66i |  | 刃部 | あり |  | 2.0 | 2.0 | 2.0 | 0.6 |  |  | 面取研磨 | 101-372 | 坂上2000 |
| 竹の花 | 新潟 | 佐渡市 | 扁平片刃石斧 | Ⅴu29b |  | 完形 | あり,片側 | 2.9 | 1.9 | 2.5 | 2.5 | 0.4 |  |  | 面取研磨 |  | 未報告 |
| 竹の花 | 新潟 | 佐渡市 | 両刃石斧? | I3 |  | 胴部 | なし |  |  |  |  | 1.0 |  |  | 面取研磨 |  | 未報告 |
| 魚躬 | 新潟 | 清川市 | 両刃石斧 | TS-8 |  | 完形 | なし | 7.6 | 3.0 | 3.0 | 3.0 | 1.3 | 50.0 | 面取研磨 | 面取研磨 | 16-3 | 舟見1973 |
| 魚躬 | 富山 | 富山市 | 快入柱状片刃石斧 |  |  | 完形 | なし | 12.5 | 4.5 | 4.9 | 4.9 | 3.8 | 401.0 | 面取研磨 | 面取研磨 | 16-4 | 舟見1973 |
| 石塚 | 富山 | 高岡市 | 扁平片刃石斧 |  | Ⅳ期 | 完形 | あり,片側 | 3.2 | 2.7 | 2.7 | 2.1 | 0.4 |  | 面取研磨 | 面取研磨 | 1404 | 山口1992 |
| 石塚 | 富山 | 高岡市 | 扁平片刃石斧 |  | Ⅳ期 | 完形 | なし | 3.2 | 2.0 | 2.0 |  | 0.5 |  | 面取研磨 | 面取研磨 | 1403 | 山口1992 |
| 石塚 | 富山 | 高岡市 | 扁平片刃石斧 |  | Ⅳ期 | 刃部 | あり,片側 | 3.9 | 2.6 | 2.6 | 2.5 | 0.7 |  | 面取研磨 | 面取研磨 | 69-1703 | 山口ほか2001 |
| 細口源田山 | 石川 | 七尾市 | 両刃石斧? | 包含層 | Ⅳ期 | 刃部欠損 | あり |  | 3.8 | 3.8 | 3.8 | 1.2 |  |  | 面取研磨 | 25-1503 | 藤田2003 |
| 東的場タケノハナ | 石川 | 羽咋市 | 両刃石斧 |  | Ⅳ期 | 胴部 | なし |  | 6.5 | 6.5 |  | 2.6 |  |  | 面取研磨 | 81-29 | 土肥1982 |
| 西念南新保 | 石川 | 小松市 | 両刃石斧 |  | Ⅳ期 | 完形 | なし | 3.0 | 3.0 | 3.0 |  | 2.0 |  | 面取研磨 | 面取研磨 | 121-58 | 宮川2004 |
| 寺中 | 石川 | 小松市 | 両刃石斧 |  | Ⅳ期 | 刃部 | なし |  | 4.9 | 4.9 |  | 2.5 |  |  | 面取研磨 | 29-7 | 宮本1983 |
| 寺中 | 石川 | 金沢市 | 両刃石斧 |  | Ⅲ期 | 刃部 | なし |  | 6.6 | 6.6 | 5.8 |  |  |  | 面取研磨 | 18-1 | 宮本1977 |

付表2　北陸地方　弥生時代　蛇紋岩製磨製石斧　集成

| 遺跡名 | 県名 | 市町村 | 器種 | 出土遺構 | 遺構時期 | 残存状況 | 抉切 | 長さ | 幅 | 最大幅 | 刃部幅 | 厚さ | 重さ | 基部調整 | 側面調整 | 図版番号 | 文献 |
|---|---|---|---|---|---|---|---|---|---|---|---|---|---|---|---|---|---|
| 南新保C | 石川 | 金沢市 | 扁平片刃石斧 | | Ⅳ期 | 片側欠損 | なし | 4.5 | | 2.2 | 1.7 | 0.6 | | 面取研磨 | 面取研磨 | | 伊藤2002 |
| 八日市地方 | 石川 | 小松市 | 扁平片刃石斧 | | Ⅲ・Ⅳ期 | 完形 | なし | 4.4 | 2.2 | 2.2 | 1.7 | 0.5 | | 面取研磨 | 面取研磨 | 164-11 | 福海ほか2003 |
| 八日市地方 | 石川 | 小松市 | ノミ形石斧 | | Ⅲ・Ⅳ期 | 完形 | なし | 2.4 | 1.2 | 1.2 | 1.0 | 0.6 | | 面取研磨 | 面取研磨 | 164-17 | 福海ほか2003 |
| 八日市地方 | 石川 | 小松市 | 扁平片刃石斧 | | Ⅲ・Ⅳ期 | 完形 | 側面片側 | 3.4 | 3.0 | 3.0 | 3.0 | 0.8 | | 面取研磨 | 面取研磨 | 164-10 | 福海ほか2003 |
| 八日市地方 | 石川 | 小松市 | ノミ形石斧 | | Ⅲ・Ⅳ期 | 完形 | なし | 5.6 | 2.7 | 2.7 | 1.5 | 1.1 | | 面取研磨 | 面取研磨 | 164-15 | 福海ほか2003 |
| 八日市地方 | 石川 | 小松市 | 扁平片刃石斧 | | Ⅲ・Ⅳ期 | 刃部欠損 | なし | | 5.5 | 5.5 | | 1.4 | | 面取研磨 | 面取研磨 | 164-12 | 福海ほか2003 |
| 八日市地方 | 石川 | 小松市 | 両刃石斧 | | Ⅲ・Ⅳ期 | 胴部一部欠損 | なし | 7.3 | 5.3 | 5.3 | 5.3 | 1.4 | | 面取研磨 | 面取研磨 | 162-3 | 福海ほか2003 |
| 八日市地方 | 石川 | 小松市 | 両刃石斧 | | Ⅲ・Ⅳ期 | 完形 | なし | 9.0 | 3.2 | 3.2 | 4.0 | 1.9 | | 面取研磨 | 面取研磨 | 151-1 | 福海ほか2003 |
| 八日市地方 | 石川 | 小松市 | 扁平片刃石斧 | | Ⅲ・Ⅳ期 | 刃部 | なし | | 5.1 | 5.1 | 4.7 | 2.0 | | 面取研磨 | 面取研磨 | 164-14 | 福海ほか2003 |
| 八日市地方 | 石川 | 小松市 | 両刃石斧？ | | Ⅲ・Ⅳ期 | 刃部欠損 | なし | 4.1 | 4.1 | 4.1 | | 2.1 | | 面取研磨 | 面取研磨 | 151-3 | 福海ほか2003 |
| 八日市地方 | 石川 | 小松市 | 両刃石斧？ | | Ⅲ・Ⅳ期 | 刃部欠損 | 側面両側 | 5.8 | 5.8 | 5.8 | | 2.4 | | 面取研磨 | 面取研磨 | 151-6 | 福海ほか2003 |
| 八日市地方 | 石川 | 小松市 | 両刃石斧？ | | Ⅲ・Ⅳ期 | 胴部 | なし | 5.3 | 5.3 | 5.3 | | 3.0 | | 面取研磨 | 面取研磨 | 151-7 | 福海ほか2003 |
| 下屋敷 | 福井 | 三国町 | 両刃石斧？ | L5区北湿3層 | Ⅲ期 | 胴部欠損 | | | | | | 1.2 | | | | | 未報告 |
| 下屋敷 | 福井 | 三国町 | 両刃石斧 | N-L-11 | Ⅲ期 | 刃部欠損 | なし | | 5.3 | 5.3 | | 1.8 | | 面取研磨 | 面取研磨 | | 未報告 |

付表3

安倍川産磨製石斧 集成

| 遺跡名 | 県名 | 市町村 | 器種 | 出土遺構 | 遺構時期 | 残存状況 | 石材 | 長さ | 幅 | 刃部幅 | 厚さ | 重さ | 図番号 | 文献 |
|---|---|---|---|---|---|---|---|---|---|---|---|---|---|---|
| 坂の腰 | 千葉 | 千葉市 | 扁平片刃石斧 | 045号跡 | IV期 | 完形 | 暗赤紫色輝緑凝灰岩 | 5.6 | 4.6 | 4.6 | 1.3 |  | 354-10 | 菊池1979 |
| 坂の腰 | 千葉 | 千葉市 | 扶大柱状片刃石斧 | 遺構外 | IV期 | 刃部一部欠損 | 暗赤紫色輝緑凝灰岩 | 9 | 4.2 | 4.2 | 3.1 |  | 411.5 | 菊池1979 |
| 大崎台 | 千葉 | 佐倉市 | 扁平片刃石斧 | 136号住居 | IV期 | 刃部 | 暗赤紫色輝緑凝灰岩 |  | 3.9 | 3.9 | 0.9 | 32 | 381-13 | 柿沼1985 |
| 大崎台 | 千葉 | 佐倉市 | 扁平片刃石斧 | 164号住居 | IV期 | 完形 | 暗赤紫色輝緑凝灰岩 | 4.8 | 3.9 | 3.9 | 0.8 | 65 | 468-3 | 柿沼1985 |
| 飛鳥山 | 東京都 | 北区 | 扁平片刃石斧 | 遺構外 | IV期 | 完形 | 暗赤紫色輝緑凝灰岩 | 7.9 | 5.1 | 5.1 | 1.7 |  | 85-93 | 小林ほか1997 |
| 赤塚氷川神社 | 東京都 | 板橋区 | 扁平片刃石斧 |  |  | 完形 | 暗赤紫色輝緑凝灰岩 | 8.28 | 4.68 | 4.5 | 2 | 160 |  | 未報告 |
| 三殿台 | 神奈川 | 横浜市 | 扁平片刃石斧 | 216号住居 | IV期 | 完形 | 暗赤紫色輝緑凝灰岩 | 4.95 | 3.95 | 3.6 | 1.2 | 67 | 13-134 | 横浜1980 |
| 砂田台 | 神奈川 | 秦野市 | 扁平片刃石斧 | 25号住居 | IV期 | 完形 | 暗赤紫色輝緑凝灰岩 | 8.04 | 5.4 | 5.07 | 1.96 | 70 | 188-32 | 宍戸1989 |
| 砂田台 | 神奈川 | 秦野市 | 柱状片刃石斧 | 108号住居 | IV期 | 基部・刃部 | 暗赤紫色輝緑凝灰岩 |  |  | 2.48 | 0.71 |  | 105-56 | 宍戸1991 |
| 砂田台 | 神奈川 | 秦野市 | 扁平片刃石斧 | 158号住居 | IV期 | 基部・刃部 | 暗赤紫色輝緑凝灰岩 |  | 3.28 |  | 2.29 |  | 259-69・70 | 宍戸1991 |
| 三ツ俣 | 神奈川 | 小田原市 | 扁平片刃石斧 | 遺構外 | IV期 | 完形 | 暗赤紫色輝緑凝灰岩 |  | 3.5 | 3.5 | 1.6 | 55 | 381-161 | 市川1986 |
| 赤坂 | 神奈川 | 三浦市 | ノミ形石斧 | 3次1A号住居 | IV期 | 完形 | 暗赤紫色輝緑凝灰岩 | 4.5 | 2 | 2 | 1.1 | 48 | 46-22 | 岡本1992 |
| 赤坂 | 神奈川 | 三浦市 | 扁平片刃石斧 | 111次1号住居 | IV期 | 完形 | 暗赤紫色輝緑凝灰岩 | 5.3 | 3 | 2.8 | 0.95 |  |  | 未報告 |
| 矢崎 | 静岡 | 清水町 | 扁平片刃石斧 |  | IV期 | 完形 | 暗赤紫色輝緑凝灰岩 | 8 | 6.85 | 6.85 | 1.8 | 42 |  | 中野1990 |
| 矢崎 | 静岡 | 清水町 | 柱状片刃石斧 |  | IV期 | 完形 | 暗赤紫色輝緑凝灰岩 | 8.9 | 3.7 | 3.4 | 1.7 |  |  | 中野1990 |
| 大亀 | 静岡 | 函南町 | 扁平片刃石斧 |  | IV期 | 刃部 | 暗赤紫色輝緑凝灰岩 | 5.2 | 3.9 | 4 | 0.9 |  |  | 未報告 |
| 向原 | 静岡 | 函南町 | 扁平片刃石斧 |  | IV期 | 完形 | 暗赤紫色輝緑凝灰岩 | 7.1 | 4.6 | 4.6 | 1.5 | 53 | 3-1 | 小野1972 |
| 向原 | 静岡 | 函南町 | 扁平片刃石斧 |  | IV期 | 完形 | 暗赤紫色輝緑凝灰岩 | 7.1 | 4.8 | 4.8 | 0.9 |  | 3-2 | 小野1972 |
| 向原 | 静岡 | 函南町 | ノミ形石斧 |  | IV期 | 完形 | 暗赤紫色輝緑凝灰岩 | 6.9 | 2.05 | 2.05 | 1.85 | 58 |  | 未報告 |
| 向原 | 静岡 | 函南町 | 扁平片刃石斧 |  | IV期 | 完形 | 暗赤紫色輝緑凝灰岩 | 5.8 | 4 | 3 | 1.1 | 52 | 3-3 | 小野1972 |
| 日暮 | 伊東市 | 静岡 | 柱状片刃石斧 | SB12 | IV期 | 刃部 | 暗赤紫色輝緑凝灰岩 | 5.2 | 3.9 | 4 | 0.9 |  | 3-4 | 小野1972 |
| 日暮 | 静岡 | 伊東市 | 扁平片刃石斧 |  | IV期 | 刃部 | 暗赤紫色輝緑凝灰岩 |  |  | 5.9 | 1.6 |  |  | 未報告 |
| 日暮 | 静岡 | 伊東市 | 扁平片刃石斧 | SB07 | IV期 | 基部 | 暗赤紫色輝緑凝灰岩 |  |  |  | 1.7 |  |  | 未報告 |
| 日暮 | 静岡 | 伊東市 | 扁平片刃石斧 |  | IV期 | 基部一部欠損 | 暗赤紫色輝緑凝灰岩 | 3.56 | 3 | 3 | 2 |  |  | 未報告 |
| 日暮 | 静岡 | 伊東市 | 扁平片刃石斧 |  | IV期 | 完形 | 緑色凝灰岩 | 8.3 | 4.1 | 3.2 | 0.6 | 11 |  | 未報告 |
| 日暮 | 静岡 | 伊東市 | 柱状片刃石斧 |  | IV期 | 完形 | 暗赤紫色輝緑凝灰岩 | 3.75 | 1.7 | 1.7 | 2.4 | 148 |  | 未報告 |
| 日暮 | 静岡 | 伊東市 | 扁平片刃石斧 |  | IV期 | 完形 | 緑色凝灰岩 | 5.1 | 1.7 | 1.4 | 0.5 | 11 |  | 未報告 |
| 寺尾原 | 静岡 | 函南町 | 扶大柱状片刃石斧 | ピット27 | IV期 | 完形 | 暗赤紫色輝緑凝灰岩 | 11.7 | 5.18 | 4.19 | 1.1 | 24 |  | 未報告 |
| 寺尾原 | 静岡 | 函南町 | 扁平片刃石斧 | 2号周溝墓 | IV期 | 完形 | 暗赤紫色輝緑凝灰岩 | 16.1 | 4.06 | 2.91 | 2.32 | 250 |  | 未報告 |
| 寺尾原 | 静岡 | 函南町 | 扁平片刃石斧 |  | IV期 | 完形 | 暗赤紫色輝緑凝灰岩 | 5.35 | 3.25 | 2.69 | 3.55 | 449 |  | 未報告 |
| 寺尾原 | 静岡 | 函南町 | 扁平片刃石斧 |  | IV期 | 胴部・基部 | 暗赤紫色輝緑凝灰岩 |  | 3.4 |  | 1.23 | 32 |  | 未報告 |
| 寺尾原 | 静岡 | 函南町 | 扁平片刃石斧 | 遺構外 | IV期 | 基部 | 暗赤紫色輝緑凝灰岩 |  | 4.3 |  | 1 |  |  | 未報告 |
| 雌鹿塚 | 静岡 | 沼津市 | 扁平片刃石斧 | 遺構外 | IV期 | 完形 | 緑色凝灰岩 | 5.6 | 4.3 | 4.3 | 1.5 | 38 | 76-19 | 石川1990 |
| 雌鹿塚 | 静岡 | 沼津市 | 扁平片刃石斧 | 遺構外 | IV期 | 完形 | 暗赤紫色輝緑凝灰岩 | 8.6 | 4.3 | 4.3 | 1.2 |  | 76-21 | 石川1990 |
| 雌鹿塚 | 静岡 | 沼津市 | 扁平片刃石斧 | 遺構外 | IV期 | 完形 | 暗赤紫色輝緑凝灰岩 | 7.3 | 4.1 | 4.1 | 2 |  | 76-22 | 石川1990 |
| 雌鹿塚 | 静岡 | 沼津市 | 扁平片刃石斧 | 遺構外 | IV期 | 完形 | 緑色凝灰岩 | 6.9 | 3.7 | 2.55 | 1.4 |  | 76-20 | 石川1990 |

付表3　安倍川産磨製石斧 集成　255

| 遺跡名 | 県名 | 市町村 | 器種 | 出土遺構 | 遺構時期 | 残存状況 | 石材 | 長さ | 幅 | 刃部幅 | 厚さ | 重さ | 図番号 | 文献 |
|---|---|---|---|---|---|---|---|---|---|---|---|---|---|---|
| 雌鹿塚 | 静岡 | 沼津市 | 太形蛤刃石斧 | 遺構外 | IV期 | 完形 | 暗赤紫色輝緑凝灰岩 | 19.9 | 7.2 | 4.5 | 4.9 | | 76-12 | 石川1990 |
| 沼津市内採集 | 静岡 | 沼津市 | 扁平片刃石斧 | 採集 | | 完形 | 暗赤紫色輝緑凝灰岩 | 12 | 6.6 | 6.9 | 2.3 | | | 未報告 |
| 日吉 | 静岡 | 沼津市 | 柱状片刃石斧 | 採集 | | 完形 | 暗赤紫色輝緑凝灰岩 | 14.1 | 3.9 | 2.8 | 2.9 | | | 未報告 |
| 中島西原田 | 静岡 | 三島市 | 扁平片刃石斧 | | III期? | 刃部一部欠損 | 暗赤紫色輝緑凝灰岩 | 7.4 | 4.16 | 3.4 | 1.6 | | 13-20 | 橋本1994 |
| 川原谷 | 静岡 | 三島市 | 柱状片刃石斧 | | | 完形 | 暗赤紫色輝緑凝灰岩 | 20 | 4 | 4.4 | | | | 江藤1937 |
| 白岩 | 静岡 | 菊川町 | 扁平片刃石斧 | | IV期 | | 暗赤紫色輝緑凝灰岩? | 5.8 | 3.2 | | 1 | | | 田辺1972 |
| 白岩 | 静岡 | 菊川町 | 扁平片刃石斧 | | IV期 | | 暗赤紫色輝緑凝灰岩? | 7.7 | 3 | 3 | 1.5 | | | 田辺1972 |
| 白岩 | 静岡 | 菊川町 | 扁平片刃石斧 | | IV期 | | 暗赤紫色輝緑凝灰岩? | | | | 2 | | | 田辺1972 |
| 東山 | 静岡 | 島田市 | 扁平片刃石斧 | | IV期 | 完形 | 暗赤紫色輝緑凝灰岩 | 3.9 | 3.4 | 3.4 | 0.85 | 59 | | 渋谷1988 |
| 東山 | 静岡 | 島田市 | 扁平片刃石斧 | | IV期 | 完形 | 暗赤紫色輝緑凝灰岩 | 3.8 | 3.5 | 3.5 | 0.9 | 61 | | 渋谷1988 |
| 掛の上 | 静岡 | 袋井市 | 柱状片刃石斧 | | IV期 | 刃部 | 暗赤紫色輝緑凝灰岩 | 4.5 | 2.9 | 2.9 | 2.45 | 57 | | 松井1983 |
| 鶴松 | 静岡 | 袋井市 | 柱状片刃石斧 | | IV期 | 完形 | 暗赤紫色輝緑凝灰岩 | 12.3 | 4.6 | | 4.5 | | | 未報告 |

付表 4

# 黒曜石製石器の石材原産地推定結果

## 例言

・本集計は、蛍光X線分析装置を用いた黒曜石製石器の石材原産地推定の結果である。資料の選択・属性分析を杉山が行い、蛍光X線分析を共同研究者の池谷信之がおこなった。
・対象とした遺跡は以下の通りである。

&lt;伊豆諸島&gt;
  三宅島：大里遺跡（弥生時代中期中葉）　　　　　　　　　都教委所蔵
  新島：田原遺跡（縄文時代後期から弥生時代中期前葉）　　明治大学博物館所蔵
  利島：ケッケイ山遺跡（弥生時代中期前葉末）　　　　　　明治大学博物館所蔵
  大島：下高洞遺跡（縄文時代後期から弥生時代中期前葉）　町教委所蔵

&lt;千葉県&gt;
  君津市：常代遺跡（弥生時代中期中葉）　　　　市教委所蔵

&lt;神奈川県&gt;
  三浦市：赤坂遺跡（弥生時代中期後葉）　　　　市教委所蔵
  清川村：北原遺跡（弥生時代前期）　　　　　　県教委所蔵
  清川村：上村遺跡（弥生時代前期）　　　　　　県教委所蔵
  厚木市：子ノ神遺跡（弥生時代中期中葉）　　　市教委所蔵
  秦野市：平沢同明遺跡（縄文時代後期から弥生時代中期前葉）　市教委所蔵
  秦野市：砂田台遺跡（弥生時代中期中葉から後葉）　県教委所蔵

&lt;静岡県&gt;
  御殿場市：関屋塚遺跡（縄文時代晩期）　　　　市教委所蔵
  長泉町：大平遺跡（弥生時代前期）　　　　　　県教委所蔵
  河津町：姫宮遺跡（縄文時代晩期末）　　　　　町教委所蔵
  沼津市：雌鹿塚遺跡（縄文時代晩期）　　　　　市教委所蔵
  三島市：中手乱遺跡（弥生時代中期中葉）　　　県教委所蔵
  三島市：鶴喰前田遺跡（弥生時代中期中葉）　　県教委所蔵
  三島市：八反畑前田遺跡（弥生時代中期中葉）　県教委所蔵
  伊東市：日暮遺跡（弥生時代中期後葉）　　　　市教委所蔵
  富士宮市：渋沢遺跡（弥生時代中期前葉）　　　市教委所蔵
  富士川町：山王遺跡（縄文時代晩期）　　　　　町教委所蔵
  静岡市：瀬名遺跡（弥生時代中期前葉）　　　　県教委所蔵
  静岡市：川合遺跡（弥生時代中期前葉から後葉）　県教委所蔵
  浜松市：角江遺跡（弥生時代中期中葉）　　　　県教委所蔵

&lt;山梨県&gt;
  中道町：菖蒲池遺跡（弥生時代中期前葉）　　　県教委所蔵

白根町：横堀遺跡（縄文時代晩期から弥生時代前期）　　　県教委所蔵
　　　甲西町：油田遺跡（弥生時代中期前葉から後葉）　　　　　県教委所蔵


＊県教委＝県教育委員会、市教委＝市教育委員会、町教委＝町教育委員会



・エリアとは黒曜石の産地を大きな区分で表し、判別群はその中の詳細な産地を意味している。
　　　信州系黒曜石…和田（WD・WO）・諏訪・蓼科
　　　箱根産黒曜石…箱根
　　　天城産黒曜石…天城
　　　神津島産黒曜石…神津島
　なお、本分析ならびに研究では、栃木県北部の高原山産黒曜石は出土していない。NKとは、現段階で石材の産地が不明な一群である。

・分析資料の選定は、遺跡・遺構からの出土全点を対象とすることを基本とした。包含層資料のみの場合には、任意で100点抽出し、分析を行った。

## 常代遺跡（弥生時代中期中葉）

| エリア | 判別群 | 試料数 | % |
|---|---|---|---|
| 和田（WD） | フヨーライト | 0 | 0.0% |
| | 鷹山 | 0 | 0.0% |
| | 小深沢 | 0 | 0.0% |
| | 土屋橋北 | 0 | 0.0% |
| | 土屋橋西 | 0 | 0.0% |
| | 土屋橋南 | 0 | 0.0% |
| | 古峠 | 0 | 0.0% |
| 和田（WO） | 高松沢 | 0 | 0.0% |
| | ブドウ沢 | 0 | 0.0% |
| | 牧ヶ沢 | 0 | 0.0% |
| 諏訪 | 星ヶ台 | 0 | 0.0% |
| 蓼科 | 冷山 | 0 | 0.0% |
| | 双子山 | 0 | 0.0% |
| 天城 | 柏峠 | 0 | 0.0% |
| 箱根 | 畑宿 | 0 | 0.0% |
| | 鍛冶屋 | 0 | 0.0% |
| | 黒岩橋 | 0 | 0.0% |
| | 上多賀 | 0 | 0.0% |
| | 芦ノ湯 | 0 | 0.0% |
| 神津島 | 恩馳島 | 68 | 100.0% |
| | 砂糠崎 | 0 | 0.0% |
| | 砂糠崎X | 0 | 0.0% |
| 高原山 | 甘湯沢 | 0 | 0.0% |
| | NK | 0 | 0.0% |
| 合計 | | 68 | 100.0% |

## 上村遺跡（弥生時代前期）

| エリア | 判別群 | 試料数 | % |
|---|---|---|---|
| 和田（WD） | フヨーライト | 0 | 0.0% |
| | 鷹山 | 0 | 0.0% |
| | 小深沢 | 0 | 0.0% |
| | 土屋橋北 | 0 | 0.0% |
| | 土屋橋西 | 0 | 0.0% |
| | 土屋橋南 | 0 | 0.0% |
| | 古峠 | 0 | 0.0% |
| 和田（WO） | 高松沢 | 0 | 0.0% |
| | ブドウ沢 | 0 | 0.0% |
| | 牧ヶ沢 | 0 | 0.0% |
| 諏訪 | 星ヶ台 | 2 | 22.2% |
| 蓼科 | 冷山 | 0 | 0.0% |
| | 双子山 | 0 | 0.0% |
| 天城 | 柏峠 | 0 | 0.0% |
| 箱根 | 畑宿 | 0 | 0.0% |
| | 鍛冶屋 | 0 | 0.0% |
| | 黒岩橋 | 0 | 0.0% |
| | 上多賀 | 0 | 0.0% |
| | 芦ノ湯 | 0 | 0.0% |
| 神津島 | 恩馳島 | 7 | 77.8% |
| | 砂糠崎 | 0 | 0.0% |
| | 砂糠崎X | 0 | 0.0% |
| 高原山 | 甘湯沢 | 0 | 0.0% |
| | NK | 0 | 0.0% |
| 合計 | | 9 | 100.0% |

## 北原遺跡（弥生時代前期）

| エリア | 判別群 | 試料数 | % |
|---|---|---|---|
| 和田（WD） | フヨーライト | 0 | 0.0% |
| | 鷹山 | 0 | 0.0% |
| | 小深沢 | 0 | 0.0% |
| | 土屋橋北 | 0 | 0.0% |
| | 土屋橋西 | 0 | 0.0% |
| | 土屋橋南 | 0 | 0.0% |
| | 古峠 | 0 | 0.0% |
| 和田（WO） | 高松沢 | 0 | 0.0% |
| | ブドウ沢 | 0 | 0.0% |
| | 牧ヶ沢 | 0 | 0.0% |
| 諏訪 | 星ヶ台 | 9 | 100.0% |
| 蓼科 | 冷山 | 0 | 0.0% |
| | 双子山 | 0 | 0.0% |
| 天城 | 柏峠 | 0 | 0.0% |
| 箱根 | 畑宿 | 0 | 0.0% |
| | 鍛冶屋 | 0 | 0.0% |
| | 黒岩橋 | 0 | 0.0% |
| | 上多賀 | 0 | 0.0% |
| | 芦ノ湯 | 0 | 0.0% |
| 神津島 | 恩馳島 | 0 | 0.0% |
| | 砂糠崎 | 0 | 0.0% |
| | 砂糠崎X | 0 | 0.0% |
| 高原山 | 甘湯沢 | 0 | 0.0% |
| | NK | 0 | 0.0% |
| 合計 | | 9 | 100.0% |

## 赤坂遺跡（弥生時代中期後葉）

| エリア | 判別群 | 試料数 | % |
|---|---|---|---|
| 和田（WD） | フヨーライト | 0 | 0.0% |
| | 鷹山 | 3 | 8.1% |
| | 小深沢 | 0 | 0.0% |
| | 土屋橋北 | 0 | 0.0% |
| | 土屋橋西 | 0 | 0.0% |
| | 土屋橋南 | 2 | 5.4% |
| | 古峠 | 0 | 0.0% |
| 和田（WO） | 高松沢 | 0 | 0.0% |
| | ブドウ沢 | 0 | 0.0% |
| | 牧ヶ沢 | 0 | 0.0% |
| 諏訪 | 星ヶ台 | 3 | 8.1% |
| 蓼科 | 冷山 | 2 | 5.4% |
| | 双子山 | 0 | 0.0% |
| 天城 | 柏峠 | 0 | 0.0% |
| 箱根 | 畑宿 | 0 | 0.0% |
| | 鍛冶屋 | 0 | 0.0% |
| | 黒岩橋 | 0 | 0.0% |
| | 上多賀 | 0 | 0.0% |
| | 芦ノ湯 | 0 | 0.0% |
| 神津島 | 恩馳島 | 27 | 73.0% |
| | 砂糠崎 | 0 | 0.0% |
| | 砂糠崎X | 0 | 0.0% |
| 高原山 | 甘湯沢 | 0 | 0.0% |
| | NK | 0 | 0.0% |
| 合計 | | 37 | 100.0% |

付表4　黒曜石製石器の石材原産地推定結果

## 子ノ神遺跡（弥生時代中期中葉）

| エリア | 判別群 | 試料数 | % |
|---|---|---|---|
| 和田（WD） | フヨーライト | 0 | 0.0% |
| | 鷹山 | 0 | 0.0% |
| | 小深沢 | 0 | 0.0% |
| | 土屋橋北 | 0 | 0.0% |
| | 土屋橋西 | 0 | 0.0% |
| | 土屋橋南 | 0 | 0.0% |
| | 古峠 | 0 | 0.0% |
| 和田（WO） | 高松沢 | 0 | 0.0% |
| | ブドウ沢 | 0 | 0.0% |
| | 牧ヶ沢 | 0 | 0.0% |
| 諏訪 | 星ヶ台 | 0 | 0.0% |
| 蓼科 | 冷山 | 0 | 0.0% |
| | 双子山 | 0 | 0.0% |
| 天城 | 柏峠 | 0 | 0.0% |
| 箱根 | 畑宿 | 0 | 0.0% |
| | 鍛冶屋 | 0 | 0.0% |
| | 黒岩橋 | 0 | 0.0% |
| | 上多賀 | 0 | 0.0% |
| | 芦ノ湯 | 0 | 0.0% |
| 神津島 | 恩馳島 | 5 | 100.0% |
| | 砂糠崎 | 0 | 0.0% |
| | 砂糠崎X | 0 | 0.0% |
| 高原山 | 甘湯沢 | 0 | 0.0% |
| | NK | 0 | 0.0% |
| 合計 | | 5 | 100.0% |

## 砂田台遺跡（弥生中期中葉－後葉）

| エリア | 判別群 | 試料数 | % |
|---|---|---|---|
| 和田（WD） | フヨーライト | 0 | 0.0% |
| | 鷹山 | 1 | 0.6% |
| | 小深沢 | 0 | 0.0% |
| | 土屋橋北 | 0 | 0.0% |
| | 土屋橋西 | 0 | 0.0% |
| | 土屋橋南 | 0 | 0.0% |
| | 古峠 | 0 | 0.0% |
| 和田（WO） | 高松沢 | 0 | 0.0% |
| | ブドウ沢 | 0 | 0.0% |
| | 牧ヶ沢 | 0 | 0.0% |
| 諏訪 | 星ヶ台 | 4 | 2.4% |
| 蓼科 | 冷山 | 0 | 0.0% |
| | 双子山 | 0 | 0.0% |
| 天城 | 柏峠 | 1 | 0.6% |
| 箱根 | 畑宿 | 0 | 0.0% |
| | 鍛冶屋 | 0 | 0.0% |
| | 黒岩橋 | 0 | 0.0% |
| | 上多賀 | 0 | 0.0% |
| | 芦ノ湯 | 0 | 0.0% |
| 神津島 | 恩馳島 | 158 | 96.3% |
| | 砂糠崎 | 0 | 0.0% |
| | 砂糠崎X | 0 | 0.0% |
| 高原山 | 甘湯沢 | 0 | 0.0% |
| | NK | 0 | 0.0% |
| 合計 | | 164 | 100.0% |

## 平沢同明遺跡　V層（縄文時代後期）

| エリア | 判別群 | 試料数 | % |
|---|---|---|---|
| 和田（WD） | フヨーライト | 0 | 0.0% |
| | 鷹山 | 0 | 0.0% |
| | 小深沢 | 0 | 0.0% |
| | 土屋橋北 | 1 | 1.1% |
| | 土屋橋西 | 0 | 0.0% |
| | 土屋橋南 | 0 | 0.0% |
| | 古峠 | 0 | 0.0% |
| 和田（WO） | 高松沢 | 0 | 0.0% |
| | ブドウ沢 | 0 | 0.0% |
| | 牧ヶ沢 | 0 | 0.0% |
| 諏訪 | 星ヶ台 | 67 | 72.8% |
| 蓼科 | 冷山 | 0 | 0.0% |
| | 双子山 | 0 | 0.0% |
| 天城 | 柏峠 | 11 | 12.0% |
| 箱根 | 畑宿 | 0 | 0.0% |
| | 鍛冶屋 | 0 | 0.0% |
| | 黒岩橋 | 0 | 0.0% |
| | 上多賀 | 0 | 0.0% |
| | 芦ノ湯 | 0 | 0.0% |
| 神津島 | 恩馳島 | 11 | 12.0% |
| | 砂糠崎 | 2 | 2.2% |
| | 砂糠崎X | 0 | 0.0% |
| 高原山 | 甘湯沢 | 0 | 0.0% |
| | NK | 0 | 0.0% |
| 合計 | | 92 | 100.0% |

## 平沢同明遺跡　IV層（弥生時代晩期）

| エリア | 判別群 | 試料数 | % |
|---|---|---|---|
| 和田（WD） | フヨーライト | 0 | 0.0% |
| | 鷹山 | 0 | 0.0% |
| | 小深沢 | 0 | 0.0% |
| | 土屋橋北 | 1 | 1.2% |
| | 土屋橋西 | 0 | 0.0% |
| | 土屋橋南 | 0 | 0.0% |
| | 古峠 | 0 | 0.0% |
| 和田（WO） | 高松沢 | 0 | 0.0% |
| | ブドウ沢 | 0 | 0.0% |
| | 牧ヶ沢 | 0 | 0.0% |
| 諏訪 | 星ヶ台 | 62 | 72.1% |
| 蓼科 | 冷山 | 0 | 0.0% |
| | 双子山 | 0 | 0.0% |
| 天城 | 柏峠 | 13 | 15.1% |
| 箱根 | 畑宿 | 0 | 0.0% |
| | 鍛冶屋 | 1 | 1.2% |
| | 黒岩橋 | 0 | 0.0% |
| | 上多賀 | 0 | 0.0% |
| | 芦ノ湯 | 0 | 0.0% |
| 神津島 | 恩馳島 | 8 | 9.3% |
| | 砂糠崎 | 1 | 1.2% |
| | 砂糠崎X | 0 | 0.0% |
| 高原山 | 甘湯沢 | 0 | 0.0% |
| | NK | 0 | 0.0% |
| 合計 | | 86 | 100.0% |

## 平沢同明遺跡　Ⅲ層（弥生時代前期）

| エリア | 判別群 | 試料数 | % |
|---|---|---|---|
| 和田（WD） | フヨーライト | 1 | 1.0% |
| | 鷹山 | 0 | 0.0% |
| | 小深沢 | 1 | 1.0% |
| | 土屋橋北 | 0 | 0.0% |
| | 土屋橋西 | 0 | 0.0% |
| | 土屋橋南 | 0 | 0.0% |
| | 古峠 | 0 | 0.0% |
| 和田（WO） | 高松沢 | 1 | 1.0% |
| | ブドウ沢 | 0 | 0.0% |
| | 牧ヶ沢 | 0 | 0.0% |
| 諏訪 | 星ヶ台 | 80 | 82.5% |
| 蓼科 | 冷山 | 0 | 0.0% |
| | 双子山 | 0 | 0.0% |
| 天城 | 柏峠 | 7 | 7.2% |
| 箱根 | 畑宿 | 0 | 0.0% |
| | 鍛冶屋 | 0 | 0.0% |
| | 黒岩橋 | 0 | 0.0% |
| | 上多賀 | 0 | 0.0% |
| | 芦ノ湯 | 0 | 0.0% |
| 神津島 | 恩馳島 | 7 | 7.2% |
| | 砂糠崎 | 0 | 0.0% |
| | 砂糠崎X | 0 | 0.0% |
| 高原山 | 甘湯沢 | 0 | 0.0% |
| | NK | 0 | 0.0% |
| 合計 | | 97 | 100.0% |

## 日暮遺跡（弥生時代中期後葉）

| エリア | 判別群 | 試料数 | % |
|---|---|---|---|
| 和田（WD） | フヨーライト | 0 | 0.0% |
| | 鷹山 | 0 | 0.0% |
| | 小深沢 | 0 | 0.0% |
| | 土屋橋北 | 0 | 0.0% |
| | 土屋橋西 | 0 | 0.0% |
| | 土屋橋南 | 0 | 0.0% |
| | 古峠 | 0 | 0.0% |
| 和田（WO） | 高松沢 | 0 | 0.0% |
| | ブドウ沢 | 0 | 0.0% |
| | 牧ヶ沢 | 0 | 0.0% |
| 諏訪 | 星ヶ台 | 0 | 0.0% |
| 蓼科 | 冷山 | 0 | 0.0% |
| | 双子山 | 0 | 0.0% |
| 天城 | 柏峠 | 0 | 0.0% |
| 箱根 | 畑宿 | 0 | 0.0% |
| | 鍛冶屋 | 0 | 0.0% |
| | 黒岩橋 | 0 | 0.0% |
| | 上多賀 | 0 | 0.0% |
| | 芦ノ湯 | 0 | 0.0% |
| 神津島 | 恩馳島 | 42 | 100.0% |
| | 砂糠崎 | 0 | 0.0% |
| | 砂糠崎X | 0 | 0.0% |
| 高原山 | 甘湯沢 | 0 | 0.0% |
| | NK | 0 | 0.0% |
| 合計 | | 42 | 100.0% |

## 姫宮遺跡（縄文時代晩期末－弥生前期）

| エリア | 判別群 | 試料数 | % |
|---|---|---|---|
| 和田（WD） | フヨーライト | 0 | 0.0% |
| | 鷹山 | 0 | 0.0% |
| | 小深沢 | 0 | 0.0% |
| | 土屋橋北 | 0 | 0.0% |
| | 土屋橋西 | 0 | 0.0% |
| | 土屋橋南 | 0 | 0.0% |
| | 古峠 | 0 | 0.0% |
| 和田（WO） | 高松沢 | 0 | 0.0% |
| | ブドウ沢 | 0 | 0.0% |
| | 牧ヶ沢 | 0 | 0.0% |
| 諏訪 | 星ヶ台 | 17 | 5.9% |
| 蓼科 | 冷山 | 0 | 0.0% |
| | 双子山 | 0 | 0.0% |
| 天城 | 柏峠 | 2 | 0.7% |
| 箱根 | 畑宿 | 0 | 0.0% |
| | 鍛冶屋 | 0 | 0.0% |
| | 黒岩橋 | 0 | 0.0% |
| | 上多賀 | 0 | 0.0% |
| | 芦ノ湯 | 0 | 0.0% |
| 神津島 | 恩馳島 | 7 | 2.4% |
| | 砂糠崎 | 262 | 91.0% |
| | 砂糠崎X | 0 | 0.0% |
| 高原山 | 甘湯沢 | 0 | 0.0% |
| | NK | 0 | 0.0% |
| 合計 | | 288 | 100.0% |

## 関屋塚遺跡（縄文時代晩期末葉）

| エリア | 判別群 | 試料数 | % |
|---|---|---|---|
| 和田（WD） | フヨーライト | 0 | 0.0% |
| | 鷹山 | 0 | 0.0% |
| | 小深沢 | 0 | 0.0% |
| | 土屋橋北 | 0 | 0.0% |
| | 土屋橋西 | 0 | 0.0% |
| | 土屋橋南 | 0 | 0.0% |
| | 古峠 | 0 | 0.0% |
| 和田（WO） | 高松沢 | 0 | 0.0% |
| | ブドウ沢 | 0 | 0.0% |
| | 牧ヶ沢 | 0 | 0.0% |
| 諏訪 | 星ヶ台 | 10 | 35.7% |
| 蓼科 | 冷山 | 0 | 0.0% |
| | 双子山 | 0 | 0.0% |
| 天城 | 柏峠 | 18 | 64.3% |
| 箱根 | 畑宿 | 0 | 0.0% |
| | 鍛冶屋 | 0 | 0.0% |
| | 黒岩橋 | 0 | 0.0% |
| | 上多賀 | 0 | 0.0% |
| | 芦ノ湯 | 0 | 0.0% |
| 神津島 | 恩馳島 | 0 | 0.0% |
| | 砂糠崎 | 0 | 0.0% |
| | 砂糠崎X | 0 | 0.0% |
| 高原山 | 甘湯沢 | 0 | 0.0% |
| | NK | 0 | 0.0% |
| 合計 | | 28 | 100.0% |

付表4　黒曜石製石器の石材原産地推定結果

## 大平遺跡（縄文時代晩期末葉）

| エリア | 判別群 | 試料数 | % |
|---|---|---|---|
| 和田（WD） | フヨーライト | 0 | 0.0% |
| | 鷹山 | 0 | 0.0% |
| | 小深沢 | 0 | 0.0% |
| | 土屋橋北 | 0 | 0.0% |
| | 土屋橋西 | 0 | 0.0% |
| | 土屋橋南 | 0 | 0.0% |
| | 古峠 | 0 | 0.0% |
| 和田（WO） | 高松沢 | 0 | 0.0% |
| | ブドウ沢 | 0 | 0.0% |
| | 牧ヶ沢 | 0 | 0.0% |
| 諏訪 | 星ヶ台 | 6 | 85.7% |
| 蓼科 | 冷山 | 0 | 0.0% |
| | 双子山 | 0 | 0.0% |
| 天城 | 柏峠 | 0 | 0.0% |
| 箱根 | 畑宿 | 0 | 0.0% |
| | 鍛冶屋 | 0 | 0.0% |
| | 黒岩橋 | 0 | 0.0% |
| | 上多賀 | 0 | 0.0% |
| | 芦ノ湯 | 0 | 0.0% |
| 神津島 | 恩馳島 | 1 | 14.3% |
| | 砂糠崎 | 0 | 0.0% |
| | 砂糠崎X | 0 | 0.0% |
| 高原山 | 甘湯沢 | 0 | 0.0% |
| | NK | 0 | 0.0% |
| 合計 | | 7 | 100.0% |

## 雌鹿塚遺跡（縄文時代晩期末葉）

| エリア | 判別群 | 試料数 | % |
|---|---|---|---|
| 和田（WD） | フヨーライト | 0 | 0.0% |
| | 鷹山 | 1 | 2.1% |
| | 小深沢 | 0 | 0.0% |
| | 土屋橋北 | 0 | 0.0% |
| | 土屋橋西 | 0 | 0.0% |
| | 土屋橋南 | 0 | 0.0% |
| | 古峠 | 0 | 0.0% |
| 和田（WO） | 高松沢 | 0 | 0.0% |
| | ブドウ沢 | 0 | 0.0% |
| | 牧ヶ沢 | 0 | 0.0% |
| 諏訪 | 星ヶ台 | 25 | 53.2% |
| 蓼科 | 冷山 | 0 | 0.0% |
| | 双子山 | 0 | 0.0% |
| 天城 | 柏峠 | 12 | 25.5% |
| 箱根 | 畑宿 | 0 | 0.0% |
| | 鍛冶屋 | 0 | 0.0% |
| | 黒岩橋 | 0 | 0.0% |
| | 上多賀 | 0 | 0.0% |
| | 芦ノ湯 | 0 | 0.0% |
| 神津島 | 恩馳島 | 9 | 19.1% |
| | 砂糠崎 | 0 | 0.0% |
| | 砂糠崎X | 0 | 0.0% |
| 高原山 | 甘湯沢 | 0 | 0.0% |
| | NK | 0 | 0.0% |
| 合計 | | 47 | 100.0% |

## 中手乱遺跡（弥生時代中期中葉）

| エリア | 判別群 | 試料数 | % |
|---|---|---|---|
| 和田（WD） | フヨーライト | 0 | 0.0% |
| | 鷹山 | 0 | 0.0% |
| | 小深沢 | 0 | 0.0% |
| | 土屋橋北 | 0 | 0.0% |
| | 土屋橋西 | 0 | 0.0% |
| | 土屋橋南 | 0 | 0.0% |
| | 古峠 | 0 | 0.0% |
| 和田（WO） | 高松沢 | 0 | 0.0% |
| | ブドウ沢 | 0 | 0.0% |
| | 牧ヶ沢 | 0 | 0.0% |
| 諏訪 | 星ヶ台 | 0 | 0.0% |
| 蓼科 | 冷山 | 0 | 0.0% |
| | 双子山 | 0 | 0.0% |
| 天城 | 柏峠 | 0 | 0.0% |
| 箱根 | 畑宿 | 0 | 0.0% |
| | 鍛冶屋 | 0 | 0.0% |
| | 黒岩橋 | 0 | 0.0% |
| | 上多賀 | 0 | 0.0% |
| | 芦ノ湯 | 0 | 0.0% |
| 神津島 | 恩馳島 | 1 | 100.0% |
| | 砂糠崎 | 0 | 0.0% |
| | 砂糠崎X | 0 | 0.0% |
| 高原山 | 甘湯沢 | 0 | 0.0% |
| | NK | 0 | 0.0% |
| 合計 | | 1 | 100.0% |

## 中島西原田遺跡（弥生時代中期中葉）

| エリア | 判別群 | 試料数 | % |
|---|---|---|---|
| 和田（WD） | フヨーライト | 0 | 0.0% |
| | 鷹山 | 0 | 0.0% |
| | 小深沢 | 0 | 0.0% |
| | 土屋橋北 | 0 | 0.0% |
| | 土屋橋西 | 0 | 0.0% |
| | 土屋橋南 | 0 | 0.0% |
| | 古峠 | 0 | 0.0% |
| 和田（WO） | 高松沢 | 0 | 0.0% |
| | ブドウ沢 | 0 | 0.0% |
| | 牧ヶ沢 | 0 | 0.0% |
| 諏訪 | 星ヶ台 | 0 | 0.0% |
| 蓼科 | 冷山 | 0 | 0.0% |
| | 双子山 | 0 | 0.0% |
| 天城 | 柏峠 | 0 | 0.0% |
| 箱根 | 畑宿 | 0 | 0.0% |
| | 鍛冶屋 | 0 | 0.0% |
| | 黒岩橋 | 0 | 0.0% |
| | 上多賀 | 0 | 0.0% |
| | 芦ノ湯 | 0 | 0.0% |
| 神津島 | 恩馳島 | 13 | 100.0% |
| | 砂糠崎 | 0 | 0.0% |
| | 砂糠崎X | 0 | 0.0% |
| 高原山 | 甘湯沢 | 0 | 0.0% |
| | NK | 0 | 0.0% |
| 合計 | | 13 | 100.0% |

## 鶴喰前田遺跡（弥生時代中期中葉）

| エリア | 判別群 | 試料数 | % |
|---|---|---|---|
| 和田（WD） | フヨーライト | 0 | 0.0% |
| 和田（WD） | 鷹山 | 0 | 0.0% |
| 和田（WD） | 小深沢 | 0 | 0.0% |
| 和田（WD） | 土屋橋北 | 0 | 0.0% |
| 和田（WD） | 土屋橋西 | 0 | 0.0% |
| 和田（WD） | 土屋橋南 | 0 | 0.0% |
| 和田（WD） | 古峠 | 0 | 0.0% |
| 和田（WO） | 高松沢 | 0 | 0.0% |
| 和田（WO） | ブドウ沢 | 0 | 0.0% |
| 和田（WO） | 牧ヶ沢 | 0 | 0.0% |
| 諏訪 | 星ヶ台 | 0 | 0.0% |
| 蓼科 | 冷山 | 0 | 0.0% |
| 蓼科 | 双子山 | 0 | 0.0% |
| 天城 | 柏峠 | 0 | 0.0% |
| 箱根 | 畑宿 | 0 | 0.0% |
| 箱根 | 鍛冶屋 | 0 | 0.0% |
| 箱根 | 黒岩橋 | 0 | 0.0% |
| 箱根 | 上多賀 | 0 | 0.0% |
| 箱根 | 芦ノ湯 | 0 | 0.0% |
| 神津島 | 恩馳島 | 2 | 100.0% |
| 神津島 | 砂糠崎 | 0 | 0.0% |
| 神津島 | 砂糠崎X | 0 | 0.0% |
| 高原山 | 甘湯沢 | 0 | 0.0% |
|  | NK | 0 | 0.0% |
| 合計 |  | 2 | 100.0% |

## 八反畑前田遺跡（弥生時代中期中葉）

| エリア | 判別群 | 試料数 | % |
|---|---|---|---|
| 和田（WD） | フヨーライト | 0 | 0.0% |
| 和田（WD） | 鷹山 | 0 | 0.0% |
| 和田（WD） | 小深沢 | 0 | 0.0% |
| 和田（WD） | 土屋橋北 | 0 | 0.0% |
| 和田（WD） | 土屋橋西 | 0 | 0.0% |
| 和田（WD） | 土屋橋南 | 0 | 0.0% |
| 和田（WD） | 古峠 | 0 | 0.0% |
| 和田（WO） | 高松沢 | 0 | 0.0% |
| 和田（WO） | ブドウ沢 | 0 | 0.0% |
| 和田（WO） | 牧ヶ沢 | 0 | 0.0% |
| 諏訪 | 星ヶ台 | 0 | 0.0% |
| 蓼科 | 冷山 | 0 | 0.0% |
| 蓼科 | 双子山 | 0 | 0.0% |
| 天城 | 柏峠 | 0 | 0.0% |
| 箱根 | 畑宿 | 0 | 0.0% |
| 箱根 | 鍛冶屋 | 0 | 0.0% |
| 箱根 | 黒岩橋 | 0 | 0.0% |
| 箱根 | 上多賀 | 0 | 0.0% |
| 箱根 | 芦ノ湯 | 0 | 0.0% |
| 神津島 | 恩馳島 | 2 | 100.0% |
| 神津島 | 砂糠崎 | 0 | 0.0% |
| 神津島 | 砂糠崎X | 0 | 0.0% |
| 高原山 | 甘湯沢 | 0 | 0.0% |
|  | NK | 0 | 0.0% |
| 合計 |  | 2 | 100.0% |

## 渋沢遺跡（弥生時代中期前葉）

| エリア | 判別群 | 試料数 | % |
|---|---|---|---|
| 和田（WD） | フヨーライト | 0 | 0.0% |
| 和田（WD） | 鷹山 | 0 | 0.0% |
| 和田（WD） | 小深沢 | 0 | 0.0% |
| 和田（WD） | 土屋橋北 | 0 | 0.0% |
| 和田（WD） | 土屋橋西 | 0 | 0.0% |
| 和田（WD） | 土屋橋南 | 1 | 0.0% |
| 和田（WD） | 古峠 | 0 | 0.0% |
| 和田（WO） | 高松沢 | 0 | 0.0% |
| 和田（WO） | ブドウ沢 | 0 | 0.0% |
| 和田（WO） | 牧ヶ沢 | 0 | 0.0% |
| 諏訪 | 星ヶ台 | 48 | 98.0% |
| 蓼科 | 冷山 | 0 | 0.0% |
| 蓼科 | 双子山 | 0 | 0.0% |
| 天城 | 柏峠 | 0 | 0.0% |
| 箱根 | 畑宿 | 0 | 0.0% |
| 箱根 | 鍛冶屋 | 0 | 0.0% |
| 箱根 | 黒岩橋 | 0 | 0.0% |
| 箱根 | 上多賀 | 0 | 0.0% |
| 箱根 | 芦ノ湯 | 0 | 0.0% |
| 神津島 | 恩馳島 | 0 | 0.0% |
| 神津島 | 砂糠崎 | 0 | 0.0% |
| 神津島 | 砂糠崎X | 0 | 0.0% |
| 高原山 | 甘湯沢 | 0 | 0.0% |
|  | NK | 0 | 0.0% |
| 合計 |  | 49 | 100.0% |

## 山王遺跡（縄文時代晩期末葉）

| エリア | 判別群 | 試料数 | % |
|---|---|---|---|
| 和田（WD） | フヨーライト | 0 | 0.0% |
| 和田（WD） | 鷹山 | 2 | 1.4% |
| 和田（WD） | 小深沢 | 0 | 0.0% |
| 和田（WD） | 土屋橋北 | 0 | 0.0% |
| 和田（WD） | 土屋橋西 | 0 | 0.0% |
| 和田（WD） | 土屋橋南 | 0 | 0.0% |
| 和田（WD） | 古峠 | 0 | 0.0% |
| 和田（WO） | 高松沢 | 0 | 0.0% |
| 和田（WO） | ブドウ沢 | 0 | 0.0% |
| 和田（WO） | 牧ヶ沢 | 0 | 0.0% |
| 諏訪 | 星ヶ台 | 131 | 90.3% |
| 蓼科 | 冷山 | 1 | 0.7% |
| 蓼科 | 双子山 | 0 | 0.0% |
| 天城 | 柏峠 | 1 | 0.7% |
| 箱根 | 畑宿 | 0 | 0.0% |
| 箱根 | 鍛冶屋 | 0 | 0.0% |
| 箱根 | 黒岩橋 | 0 | 0.0% |
| 箱根 | 上多賀 | 0 | 0.0% |
| 箱根 | 芦ノ湯 | 0 | 0.0% |
| 神津島 | 恩馳島 | 10 | 6.9% |
| 神津島 | 砂糠崎 | 0 | 0.0% |
| 神津島 | 砂糠崎X | 0 | 0.0% |
| 高原山 | 甘湯沢 | 0 | 0.0% |
|  | NK | 0 | 0.0% |
| 合計 |  | 145 | 100.0% |

付表4 黒曜石製石器の石材原産地推定結果

## 瀬名遺跡（弥生時代中期前葉）

| エリア | 判別群 | 試料数 | % |
|---|---|---|---|
| 和田（WD） | フヨーライト | 0 | 0.0% |
| | 鷹山 | 0 | 0.0% |
| | 小深沢 | 0 | 0.0% |
| | 土屋橋北 | 0 | 0.0% |
| | 土屋橋西 | 0 | 0.0% |
| | 土屋橋南 | 0 | 0.0% |
| | 古峠 | 0 | 0.0% |
| 和田（WO） | 高松沢 | 0 | 0.0% |
| | ブドウ沢 | 0 | 0.0% |
| | 牧ヶ沢 | 0 | 0.0% |
| 諏訪 | 星ヶ台 | 17 | 100.0% |
| 蓼科 | 冷山 | 0 | 0.0% |
| | 双子山 | 0 | 0.0% |
| 天城 | 柏峠 | 0 | 0.0% |
| 箱根 | 畑宿 | 0 | 0.0% |
| | 鍛冶屋 | 0 | 0.0% |
| | 黒岩橋 | 0 | 0.0% |
| | 上多賀 | 0 | 0.0% |
| | 芦ノ湯 | 0 | 0.0% |
| 神津島 | 恩馳島 | 0 | 0.0% |
| | 砂糠崎 | 0 | 0.0% |
| | 砂糠崎X | 0 | 0.0% |
| 高原山 | 甘湯沢 | 0 | 0.0% |
| | NK | 0 | 0.0% |
| 合計 | | 17 | 100.0% |

## 川合遺跡（弥生時代中期前葉－後葉）

| エリア | 判別群 | 試料数 | % |
|---|---|---|---|
| 和田（WD） | フヨーライト | 0 | 0.0% |
| | 鷹山 | 0 | 0.0% |
| | 小深沢 | 0 | 0.0% |
| | 土屋橋北 | 0 | 0.0% |
| | 土屋橋西 | 0 | 0.0% |
| | 土屋橋南 | 0 | 0.0% |
| | 古峠 | 0 | 0.0% |
| 和田（WO） | 高松沢 | 0 | 0.0% |
| | ブドウ沢 | 0 | 0.0% |
| | 牧ヶ沢 | 0 | 0.0% |
| 諏訪 | 星ヶ台 | 9 | 60.0% |
| 蓼科 | 冷山 | 0 | 0.0% |
| | 双子山 | 0 | 0.0% |
| 天城 | 柏峠 | 0 | 0.0% |
| 箱根 | 畑宿 | 0 | 0.0% |
| | 鍛冶屋 | 0 | 0.0% |
| | 黒岩橋 | 0 | 0.0% |
| | 上多賀 | 0 | 0.0% |
| | 芦ノ湯 | 0 | 0.0% |
| 神津島 | 恩馳島 | 6 | 40.0% |
| | 砂糠崎 | 0 | 0.0% |
| | 砂糠崎X | 0 | 0.0% |
| 高原山 | 甘湯沢 | 0 | 0.0% |
| | NK | 0 | 0.0% |
| 合計 | | 15 | 100.0% |

## 角江遺跡（弥生時代中期中葉）

| エリア | 判別群 | 試料数 | % |
|---|---|---|---|
| 和田（WD） | フヨーライト | 0 | 0.0% |
| | 鷹山 | 0 | 0.0% |
| | 小深沢 | 0 | 0.0% |
| | 土屋橋北 | 0 | 0.0% |
| | 土屋橋西 | 0 | 0.0% |
| | 土屋橋南 | 0 | 0.0% |
| | 古峠 | 0 | 0.0% |
| 和田（WO） | 高松沢 | 0 | 0.0% |
| | ブドウ沢 | 0 | 0.0% |
| | 牧ヶ沢 | 0 | 0.0% |
| 諏訪 | 星ヶ台 | 8 | 100.0% |
| 蓼科 | 冷山 | 0 | 0.0% |
| | 双子山 | 0 | 0.0% |
| 天城 | 柏峠 | 0 | 0.0% |
| 箱根 | 畑宿 | 0 | 0.0% |
| | 鍛冶屋 | 0 | 0.0% |
| | 黒岩橋 | 0 | 0.0% |
| | 上多賀 | 0 | 0.0% |
| | 芦ノ湯 | 0 | 0.0% |
| 神津島 | 恩馳島 | 0 | 0.0% |
| | 砂糠崎 | 0 | 0.0% |
| | 砂糠崎X | 0 | 0.0% |
| 高原山 | 甘湯沢 | 0 | 0.0% |
| | NK | 0 | 0.0% |
| 合計 | | 8 | 100.0% |

## 菖蒲池遺跡（弥生時代中期前葉）

| エリア | 判別群 | 試料数 | % |
|---|---|---|---|
| 和田（WD） | フヨーライト | 0 | 0.0% |
| | 鷹山 | 1 | 1.3% |
| | 小深沢 | 0 | 0.0% |
| | 土屋橋北 | 0 | 0.0% |
| | 土屋橋西 | 0 | 0.0% |
| | 土屋橋南 | 0 | 0.0% |
| | 古峠 | 0 | 0.0% |
| 和田（WO） | 高松沢 | 1 | 0.0% |
| | ブドウ沢 | 0 | 0.0% |
| | 牧ヶ沢 | 0 | 0.0% |
| 諏訪 | 星ヶ台 | 67 | 89.3% |
| 蓼科 | 冷山 | 6 | 8.0% |
| | 双子山 | 0 | 0.0% |
| 天城 | 柏峠 | 0 | 0.0% |
| 箱根 | 畑宿 | 0 | 0.0% |
| | 鍛冶屋 | 0 | 0.0% |
| | 黒岩橋 | 0 | 0.0% |
| | 上多賀 | 0 | 0.0% |
| | 芦ノ湯 | 0 | 0.0% |
| 神津島 | 恩馳島 | 0 | 0.0% |
| | 砂糠崎 | 0 | 0.0% |
| | 砂糠崎X | 0 | 0.0% |
| 高原山 | 甘湯沢 | 0 | 0.0% |
| | NK | 0 | 0.0% |
| 合計 | | 75 | 100.0% |

## 横堀遺跡 (縄文時代晩期－弥生時代前期)

| エリア | 判別群 | 試料数 | % |
|---|---|---|---|
| 和田 (WD) | フヨーライト | 0 | 0.0% |
| | 鷹山 | 0 | 0.0% |
| | 小深沢 | 0 | 0.0% |
| | 土屋橋北 | 0 | 0.0% |
| | 土屋橋西 | 0 | 0.0% |
| | 土屋橋南 | 0 | 0.0% |
| | 古峠 | 0 | 0.0% |
| 和田 (WO) | 高松沢 | 0 | 0.0% |
| | ブドウ沢 | 0 | 0.0% |
| | 牧ヶ沢 | 0 | 0.0% |
| 諏訪 | 星ヶ台 | 24 | 100.0% |
| 蓼科 | 冷山 | 0 | 0.0% |
| | 双子山 | 0 | 0.0% |
| 天城 | 柏峠 | 0 | 0.0% |
| 箱根 | 畑宿 | 0 | 0.0% |
| | 鍛冶屋 | 0 | 0.0% |
| | 黒岩橋 | 0 | 0.0% |
| | 上多賀 | 0 | 0.0% |
| | 芦ノ湯 | 0 | 0.0% |
| 神津島 | 恩馳島 | 0 | 0.0% |
| | 砂糠崎 | 0 | 0.0% |
| | 砂糠崎X | 0 | 0.0% |
| 高原山 | 甘湯沢 | 0 | 0.0% |
| | NK | 0 | 0.0% |
| 合計 | | 24 | 100.0% |

## 油田遺跡 (弥生時代中期前葉－後葉)

| エリア | 判別群 | 試料数 | % |
|---|---|---|---|
| 和田 (WD) | フヨーライト | 0 | 0.0% |
| | 鷹山 | 0 | 0.0% |
| | 小深沢 | 0 | 0.0% |
| | 土屋橋北 | 0 | 0.0% |
| | 土屋橋西 | 0 | 0.0% |
| | 土屋橋南 | 0 | 0.0% |
| | 古峠 | 0 | 0.0% |
| 和田 (WO) | 高松沢 | 0 | 0.0% |
| | ブドウ沢 | 0 | 0.0% |
| | 牧ヶ沢 | 0 | 0.0% |
| 諏訪 | 星ヶ台 | 156 | 100.0% |
| 蓼科 | 冷山 | 0 | 0.0% |
| | 双子山 | 0 | 0.0% |
| 天城 | 柏峠 | 0 | 0.0% |
| 箱根 | 畑宿 | 0 | 0.0% |
| | 鍛冶屋 | 0 | 0.0% |
| | 黒岩橋 | 0 | 0.0% |
| | 上多賀 | 0 | 0.0% |
| | 芦ノ湯 | 0 | 0.0% |
| 神津島 | 恩馳島 | 0 | 0.0% |
| | 砂糠崎 | 0 | 0.0% |
| | 砂糠崎X | 0 | 0.0% |
| 高原山 | 甘湯沢 | 0 | 0.0% |
| | NK | 0 | 0.0% |
| 合計 | | 156 | 100.0% |

## 下高洞遺跡D地区 第39層 (縄文時代後期中葉)

| エリア | 判別群 | 試料数 | % |
|---|---|---|---|
| 和田 (WD) | フヨーライト | 0 | 0.0% |
| | 鷹山 | 0 | 0.0% |
| | 小深沢 | 0 | 0.0% |
| | 土屋橋北 | 0 | 0.0% |
| | 土屋橋西 | 0 | 0.0% |
| | 土屋橋南 | 0 | 0.0% |
| | 古峠 | 0 | 0.0% |
| 和田 (WO) | 高松沢 | 0 | 0.0% |
| | ブドウ沢 | 0 | 0.0% |
| | 牧ヶ沢 | 0 | 0.0% |
| 諏訪 | 星ヶ台 | 0 | 0.0% |
| 蓼科 | 冷山 | 0 | 0.0% |
| | 双子山 | 0 | 0.0% |
| 天城 | 柏峠 | 0 | 0.0% |
| 箱根 | 畑宿 | 0 | 0.0% |
| | 鍛冶屋 | 0 | 0.0% |
| | 黒岩橋 | 0 | 0.0% |
| | 上多賀 | 0 | 0.0% |
| | 芦ノ湯 | 0 | 0.0% |
| 神津島 | 恩馳島 | 20 | 55.6% |
| | 砂糠崎 | 16 | 44.4% |
| | 砂糠崎X | 0 | 0.0% |
| 高原山 | 甘湯沢 | 0 | 0.0% |
| | NK | 0 | 0.0% |
| 合計 | | 36 | 100.0% |

## 下高洞遺跡D地区 第26層 (縄文時代後期後葉)

| エリア | 判別群 | 試料数 | % |
|---|---|---|---|
| 和田 (WD) | フヨーライト | 0 | 0.0% |
| | 鷹山 | 0 | 0.0% |
| | 小深沢 | 0 | 0.0% |
| | 土屋橋北 | 0 | 0.0% |
| | 土屋橋西 | 0 | 0.0% |
| | 土屋橋南 | 0 | 0.0% |
| | 古峠 | 0 | 0.0% |
| 和田 (WO) | 高松沢 | 0 | 0.0% |
| | ブドウ沢 | 0 | 0.0% |
| | 牧ヶ沢 | 0 | 0.0% |
| 諏訪 | 星ヶ台 | 0 | 0.0% |
| 蓼科 | 冷山 | 0 | 0.0% |
| | 双子山 | 0 | 0.0% |
| 天城 | 柏峠 | 6 | 35.3% |
| 箱根 | 畑宿 | 0 | 0.0% |
| | 鍛冶屋 | 0 | 0.0% |
| | 黒岩橋 | 0 | 0.0% |
| | 上多賀 | 0 | 0.0% |
| | 芦ノ湯 | 0 | 0.0% |
| 神津島 | 恩馳島 | 8 | 47.1% |
| | 砂糠崎 | 3 | 17.6% |
| | 砂糠崎X | 0 | 0.0% |
| 高原山 | 甘湯沢 | 0 | 0.0% |
| | NK | 0 | 0.0% |
| 合計 | | 17 | 100.0% |

付表4　黒曜石製石器の石材原産地推定結果

### 下高洞遺跡D地区　第23層・第24層・貝層直上（縄文時代晩期末葉）

| エリア | 判別群 | 試料数 | % |
|---|---|---|---|
| 和田（WD） | フヨーライト | 0 | 0.0% |
| | 鷹山 | 0 | 0.0% |
| | 小深沢 | 0 | 0.0% |
| | 土屋橋北 | 0 | 0.0% |
| | 土屋橋西 | 0 | 0.0% |
| | 土屋橋南 | 0 | 0.0% |
| | 古峠 | 0 | 0.0% |
| 和田（WO） | 高松沢 | 0 | 0.0% |
| | ブドウ沢 | 0 | 0.0% |
| | 牧ヶ沢 | 0 | 0.0% |
| 諏訪 | 星ヶ台 | 4 | 2.6% |
| 蓼科 | 冷山 | 0 | 0.0% |
| | 双子山 | 0 | 0.0% |
| 天城 | 柏峠 | 12 | 7.7% |
| 箱根 | 畑宿 | 0 | 0.0% |
| | 鍛冶屋 | 0 | 0.0% |
| | 黒岩橋 | 0 | 0.0% |
| | 上多賀 | 0 | 0.0% |
| | 芦ノ湯 | 0 | 0.0% |
| 神津島 | 恩馳島 | 66 | 42.6% |
| | 砂糠崎 | 73 | 47.1% |
| | 砂糠崎X | 0 | 0.0% |
| 高原山 | 甘湯沢 | 0 | 0.0% |
| | NK | 0 | 0.0% |
| 合計 | | 155 | 100.0% |

### 下高洞遺跡D地区　第22層（弥生時代前期）

| エリア | 判別群 | 試料数 | % |
|---|---|---|---|
| 和田（WD） | フヨーライト | 0 | 0.0% |
| | 鷹山 | 0 | 0.0% |
| | 小深沢 | 0 | 0.0% |
| | 土屋橋北 | 0 | 0.0% |
| | 土屋橋西 | 0 | 0.0% |
| | 土屋橋南 | 0 | 0.0% |
| | 古峠 | 0 | 0.0% |
| 和田（WO） | 高松沢 | 0 | 0.0% |
| | ブドウ沢 | 0 | 0.0% |
| | 牧ヶ沢 | 0 | 0.0% |
| 諏訪 | 星ヶ台 | 1 | 1.5% |
| 蓼科 | 冷山 | 0 | 0.0% |
| | 双子山 | 0 | 0.0% |
| 天城 | 柏峠 | 7 | 10.3% |
| 箱根 | 畑宿 | 0 | 0.0% |
| | 鍛冶屋 | 0 | 0.0% |
| | 黒岩橋 | 0 | 0.0% |
| | 上多賀 | 0 | 0.0% |
| | 芦ノ湯 | 0 | 0.0% |
| 神津島 | 恩馳島 | 15 | 22.1% |
| | 砂糠崎 | 45 | 66.2% |
| | 砂糠崎X | 0 | 0.0% |
| 高原山 | 甘湯沢 | 0 | 0.0% |
| | NK | 0 | 0.0% |
| 合計 | | 68 | 100.0% |

### 下高洞遺跡D地区　第21層（弥生時代中期前葉）

| エリア | 判別群 | 試料数 | % |
|---|---|---|---|
| 和田（WD） | フヨーライト | 0 | 0.0% |
| | 鷹山 | 0 | 0.0% |
| | 小深沢 | 0 | 0.0% |
| | 土屋橋北 | 0 | 0.0% |
| | 土屋橋西 | 0 | 0.0% |
| | 土屋橋南 | 0 | 0.0% |
| | 古峠 | 0 | 0.0% |
| 和田（WO） | 高松沢 | 0 | 0.0% |
| | ブドウ沢 | 0 | 0.0% |
| | 牧ヶ沢 | 0 | 0.0% |
| 諏訪 | 星ヶ台 | 1 | 1.7% |
| 蓼科 | 冷山 | 0 | 0.0% |
| | 双子山 | 0 | 0.0% |
| 天城 | 柏峠 | 1 | 1.7% |
| 箱根 | 畑宿 | 0 | 0.0% |
| | 鍛冶屋 | 0 | 0.0% |
| | 黒岩橋 | 0 | 0.0% |
| | 上多賀 | 0 | 0.0% |
| | 芦ノ湯 | 0 | 0.0% |
| 神津島 | 恩馳島 | 11 | 18.6% |
| | 砂糠崎 | 46 | 78.0% |
| | 砂糠崎X | 0 | 0.0% |
| 高原山 | 甘湯沢 | 0 | 0.0% |
| | NK | 0 | 0.0% |
| 合計 | | 59 | 100.0% |

### ケッケイ山遺跡（弥生時代中期中葉初）

| エリア | 判別群 | 試料数 | % |
|---|---|---|---|
| 和田（WD） | フヨーライト | 0 | 0.0% |
| | 鷹山 | 0 | 0.0% |
| | 小深沢 | 0 | 0.0% |
| | 土屋橋北 | 0 | 0.0% |
| | 土屋橋西 | 0 | 0.0% |
| | 土屋橋南 | 0 | 0.0% |
| | 古峠 | 0 | 0.0% |
| 和田（WO） | 高松沢 | 0 | 0.0% |
| | ブドウ沢 | 0 | 0.0% |
| | 牧ヶ沢 | 0 | 0.0% |
| 諏訪 | 星ヶ台 | 0 | 0.0% |
| 蓼科 | 冷山 | 0 | 0.0% |
| | 双子山 | 0 | 0.0% |
| 天城 | 柏峠 | 0 | 0.0% |
| 箱根 | 畑宿 | 0 | 0.0% |
| | 鍛冶屋 | 0 | 0.0% |
| | 黒岩橋 | 0 | 0.0% |
| | 上多賀 | 0 | 0.0% |
| | 芦ノ湯 | 0 | 0.0% |
| 神津島 | 恩馳島 | 103 | 100.0% |
| | 砂糠崎 | 0 | 0.0% |
| | 砂糠崎X | 0 | 0.0% |
| 高原山 | 甘湯沢 | 0 | 0.0% |
| | NK | 0 | 0.0% |
| 合計 | | 103 | 100.0% |

### 田原遺跡 Ⅵ層（縄文時代中期－後期）

| エリア | 判別群 | 試料数 | % |
|---|---|---|---|
| 和田（WD） | フヨーライト | 0 | 0.0% |
| 和田（WD） | 鷹山 | 0 | 0.0% |
| 和田（WD） | 小深沢 | 0 | 0.0% |
| 和田（WD） | 土屋橋北 | 0 | 0.0% |
| 和田（WD） | 土屋橋西 | 0 | 0.0% |
| 和田（WD） | 土屋橋南 | 0 | 0.0% |
| 和田（WD） | 古峠 | 0 | 0.0% |
| 和田（WO） | 高松沢 | 0 | 0.0% |
| 和田（WO） | ブドウ沢 | 0 | 0.0% |
| 和田（WO） | 牧ヶ沢 | 0 | 0.0% |
| 諏訪 | 星ヶ台 | 0 | 0.0% |
| 蓼科 | 冷山 | 0 | 0.0% |
| 蓼科 | 双子山 | 0 | 0.0% |
| 天城 | 柏峠 | 0 | 0.0% |
| 箱根 | 畑宿 | 0 | 0.0% |
| 箱根 | 鍛冶屋 | 0 | 0.0% |
| 箱根 | 黒岩橋 | 0 | 0.0% |
| 箱根 | 上多賀 | 0 | 0.0% |
| 箱根 | 芦ノ湯 | 0 | 0.0% |
| 神津島 | 恩馳島 | 3 | 6.4% |
| 神津島 | 砂糠崎 | 44 | 93.6% |
| 神津島 | 砂糠崎X | 0 | 0.0% |
| 高原山 | 甘湯沢 | 0 | 0.0% |
|  | NK | 0 | 0.0% |
| 合計 |  | 47 | 100.0% |

### 田原遺跡 Ⅳ層・Ⅴ層（縄文時代晩期末葉－弥生時代中期前葉）

| エリア | 判別群 | 試料数 | % |
|---|---|---|---|
| 和田（WD） | フヨーライト | 0 | 0.0% |
| 和田（WD） | 鷹山 | 0 | 0.0% |
| 和田（WD） | 小深沢 | 0 | 0.0% |
| 和田（WD） | 土屋橋北 | 0 | 0.0% |
| 和田（WD） | 土屋橋西 | 0 | 0.0% |
| 和田（WD） | 土屋橋南 | 0 | 0.0% |
| 和田（WD） | 古峠 | 0 | 0.0% |
| 和田（WO） | 高松沢 | 0 | 0.0% |
| 和田（WO） | ブドウ沢 | 0 | 0.0% |
| 和田（WO） | 牧ヶ沢 | 0 | 0.0% |
| 諏訪 | 星ヶ台 | 0 | 0.0% |
| 蓼科 | 冷山 | 0 | 0.0% |
| 蓼科 | 双子山 | 0 | 0.0% |
| 天城 | 柏峠 | 0 | 0.0% |
| 箱根 | 畑宿 | 0 | 0.0% |
| 箱根 | 鍛冶屋 | 0 | 0.0% |
| 箱根 | 黒岩橋 | 0 | 0.0% |
| 箱根 | 上多賀 | 0 | 0.0% |
| 箱根 | 芦ノ湯 | 0 | 0.0% |
| 神津島 | 恩馳島 | 58 | 32.2% |
| 神津島 | 砂糠崎 | 122 | 67.8% |
| 神津島 | 砂糠崎X | 0 | 0.0% |
| 高原山 | 甘湯沢 | 0 | 0.0% |
|  | NK | 0 | 0.0% |
| 合計 |  | 180 | 100.0% |

### 大里遺跡（弥生時代中期中葉）

| エリア | 判別群 | 試料数 | % |
|---|---|---|---|
| 和田（WD） | フヨーライト | 0 | 0.0% |
| 和田（WD） | 鷹山 | 0 | 0.0% |
| 和田（WD） | 小深沢 | 0 | 0.0% |
| 和田（WD） | 土屋橋北 | 0 | 0.0% |
| 和田（WD） | 土屋橋西 | 0 | 0.0% |
| 和田（WD） | 土屋橋南 | 0 | 0.0% |
| 和田（WD） | 古峠 | 0 | 0.0% |
| 和田（WO） | 高松沢 | 0 | 0.0% |
| 和田（WO） | ブドウ沢 | 0 | 0.0% |
| 和田（WO） | 牧ヶ沢 | 0 | 0.0% |
| 諏訪 | 星ヶ台 | 0 | 0.0% |
| 蓼科 | 冷山 | 0 | 0.0% |
| 蓼科 | 双子山 | 0 | 0.0% |
| 天城 | 柏峠 | 0 | 0.0% |
| 箱根 | 畑宿 | 0 | 0.0% |
| 箱根 | 鍛冶屋 | 0 | 0.0% |
| 箱根 | 黒岩橋 | 0 | 0.0% |
| 箱根 | 上多賀 | 0 | 0.0% |
| 箱根 | 芦ノ湯 | 0 | 0.0% |
| 神津島 | 恩馳島 | 240 | 100.0% |
| 神津島 | 砂糠崎 | 0 | 0.0% |
| 神津島 | 砂糠崎X | 0 | 0.0% |
| 高原山 | 甘湯沢 | 0 | 0.0% |
|  | NK | 0 | 0.0% |
| 合計 |  | 240 | 100.0% |

# 引用・参考文献

**＜あ＞**

相原康二 1990「岩手県における弥生時代の石器器種組成」『考古学古代史論攷』東北大学文学部考古学研究室　221-242頁

秋山浩三・仲原知之 1998「近畿における石庖丁生産・流通の再検討Ⅰ―池上曽根遺跡の石庖丁（上）―」『大阪文化財研究』第15号　大阪府文化財調査研究センター　1-13頁

秋山浩三・仲原知之 1999「近畿における石庖丁生産・流通の再検討Ⅰ―池上曽根遺跡の石庖丁（下）―」『大阪文化財研究』第17号　大阪府文化財調査研究センター　38-62頁

秋山浩三 2002a「弥生開始期以降における石棒類の意味」『環瀬戸内海の考古学』古代吉備研究会　197-224頁

秋山浩三 2002b「弥生の石棒」『日本考古学』第14号　日本考古学協会　127-136頁

浅野良治 2003「日本海沿岸における翡翠製勾玉の生産と流通」『蜃気楼』六一書房　71-83頁

姉崎智子 1999「弥生時代の関東地方におけるブタの存在―神奈川県逗子市池子遺跡群の出土資料の検討―」『動物考古学』第12号　動物考古学研究会　39-52頁

姉崎智子ほか 2001「第Ⅴ章　7号住居址内貝塚出土の動物遺存体」『赤坂遺跡』三浦市教育委員会　151-154頁

阿部朝衛 1987「磨製石斧の生産」『史跡　寺地遺跡』新潟県青海町　353-372頁

荒井　格 2003「東北地方出土石庖丁の製作工程と石材選択」『日本考古学』第15号　日本考古学協会　1-10頁

粟田　薫 2003「弥生時代のサヌカイト製打製大型石器の研究（上・下）」『古代文化』第55巻1・3号　古代学協会　20-37頁、22-38頁

安藤広道 1990「神奈川県下末吉台地における宮ノ台式土器の細分（上・下）」『古代文化』第42巻6・7号　古代学協会　28-38、13-24頁

安藤広道 1996「南関東地方（中期後葉・後期）」『YAY！』弥生土器を語る会　241-258頁

安藤広道 1997「南関東地方石器-鉄器移行期に関する一考察」『横浜市歴史博物館紀要』第2号　横浜市歴史博物館　1-32頁

安藤広道 2002「異説弥生畑作考」『西相模考古』第11号　西相模考古学研究会　1-56頁

**＜い＞**

飯塚武司 2003「弥生時代中期後葉の南関東における木工生産」『考古学研究』第49巻第4号　考古学研究会　59-74頁

池谷信之 2003「潜水と採掘、あるいは海を渡る黒曜石と山を越える黒曜石」『黒曜石文化研究』第2号　明治大学人文科学研究所　125-144頁

池谷信之・増島　淳 2009「ココマ遺跡出土の土器胎土」『ココマ遺跡発掘調査報告書』島の考古学研究会　51-67頁

石川日出志 1992「関東台地の農耕村落」『新版　古代の日本』8　関東　角川書店　73-94頁

石川日出志 1992「弥生時代　道具の組み合わせ」『図解・日本の人類遺跡』東京大学出版会　110-121頁

石川日出志 1994「東日本の大陸系磨製石器―木工具と穂摘み具―」『考古学研究』第41巻第2号　考古学研究会　14-26頁

石川日出志 1996a「弥生時代―石器」『考古学雑誌』第82巻第2号　日本考古学会　81-93頁

石川日出志 1996b「ケッケイ山遺跡」『利島村史』利島村　61-76頁
石川日出志 1997「六日町飯綱山遺跡採集土器片と北陸中・北部の栗林式土器」『越佐補遺些』第2号　越佐補遺些の会　54-58頁
石川日出志 1998「弥生時代中期関東の4地域の併存」『駿台史学』第102号　駿台史学会　83-110頁
石川日出志 2000「南御山2式土器の成立と小松式土器との接触」『北越考古』第11号　北越考古学研究会　1-22頁
石川日出志 2001「関東地方弥生時代中期中葉の社会変動」『駿台史学』第113号　駿台史学会　57-94頁
石川日出志 2002「栗林式土器の形成過程」『長野県考古学会誌』99・100号　長野県考古学会　54-80頁
石川日出志 2003a「東北弥生文化の南への影響」『東・北日本の弥生文化』考古学研究会　第二回東京例会資料
石川日出志 2003b「関東・東北地方の土器」『考古資料大観1』小学館　357-368頁
石川日出志 2004「弥生後期天王山式土器成立期における地域間関係」『駿台史学』第120号　駿台史学会　47-66頁
石川日出志 2005「仙台平野における弥生中期土器編年の再検討」『関東・東北弥生土器と北海道続縄文土器の広域編年』明治大学文学部考古学研究室　9-20頁
伊丹　徹 2000「大陸風磨製石斧の規格」『西相模考古』第9号　西相模考古学研究会　56-60頁
伊藤玄三 1966「東北」『日本の考古学』Ⅲ　河出書房　204-220頁
伊東信雄 1950「東北地方の弥生式文化」『文化』第2巻第4号　東北大学文学会　40-64頁
伊藤淳史 1997「太平洋沿岸における弥生文化の展開・補遺」『西相模考古』第6号　西相模考古学研究会　63-78頁
伊藤通玄 1992「川合遺跡より出土した石器の石材」『川合遺跡』遺物編2　静岡県埋蔵文化財調査研究所　101-108頁

＜う＞

臼居直之・町田勝則 1997「中部高地における鉄器の出現と展開」『東日本における鉄器文化の受容と展開』鉄器文化研究会　82-140頁
梅崎恵治 1998「東北部九州における高槻型伐採石斧の生産と流通」『網干善教先生古希記念考古学論集』網干善教先生古希記念会　167-186頁
梅原末治 1922「鳥取県下に於ける有史以前の遺跡」『鳥取県史蹟勝地調査報告』第1冊　鳥取県

＜お＞

及川　穣 2006「出現期石鏃石器群をめぐる行為論」『考古学集刊』第2号　明治大学文学部考古学研究室　1-22頁
及川良彦 2003「関東地方の低地遺跡の再検討（4）―常代遺跡群の評価を巡って―」『西相模考古』第12号　西相模考古学研究会　72-102頁
大竹憲治 2004「郡山五番遺跡出土弥生時代の石鏃用途考」『標葉・東原A遺跡の研究』双葉町教育委員会　57-63頁
大村聡子 1966「弥生時代の石斧に関する2・3の問題」『物質文化』第7号　物質文化研究会　25-32頁
岡崎里美 1983「黒曜石の使用痕研究」『季刊 考古学』第4号　雄山閣　51-55頁
小倉淳一 1993「千葉県佐倉市大崎台遺跡の宮ノ台式土器について」『法政考古学』第20集　記念論文集　法政考古学会　135-155頁
小倉淳一 1996「東京湾東岸地域の宮ノ台式土器」『史館』第27号　32-69頁

忍澤成視 2009「もう一つの「貝の道」」『動物考古学』第 26 号　動物考古学研究会　21-60 頁
<か>
柿沼修平 1984「大崎台遺跡出土の弥生式土器」『奈和』15 周年記念論文集　奈和同人会　127-128 頁
柿沼修平 1991「大崎台遺跡の研究Ⅱ」『奈和』第 29 号　奈和同人会　1-31 頁
加藤明秀・芹沢長介 1938「静岡市有東杉畷馬捨場弥生式遺跡」『考古学』第 9 巻第 9 号　東京考古学会　456-465 頁
加藤秀之 1998「南通遺跡の磨製斧形石器」『あらかわ』創刊号　あらかわ考古談話会　29-34 頁
門島知二 2000「似鳥遺跡」『第 24 回 研究大会発表資料』岩手考古学会
金子浩昌 1996「千葉県君津市常代遺跡出土の動物遺体」『常代遺跡』815-824 頁
加納俊介・石黒立人編 2002『弥生土器の様式と編年 東海編』木耳社
神村　透 1966「Ⅱ　中部高地」『日本の考古学Ⅲ　弥生時代』河出書房　151-161 頁
<き>
喜田貞吉 1928「日本石器時代の終末期に就いて」『ミネルヴァ』第 1 巻第 3 号　1-9 頁
<く>
日下和寿 2005「桝形囲・桜井・十三塚式の北限」『岩手県における弥生前期から中期の諸問題』2005 年岩手考古学会第 34 回研究大会　岩手考古学会　49-52 頁
黒沢　浩 1995「弥生時代石器研究に寄せて」『みずほ』第 15 号　大和弥生文化の会　92-99 頁
黒沢　浩 1997「房総宮ノ台式土器考」『史館』第 29 号　史館同人　20-66 頁
黒沢　浩 1998「続・房総宮ノ台式土器考」『史館』第 30 号　史館同人　21-49 頁
<こ>
紅村　弘 1966「三　狩猟具」『日本の考古学Ⅲ　弥生時代』河出書房　249-259 頁
甲元眞之 1992「東北アジアの初期農耕文化」『日本における初期弥生文化の成立』文献出版　553-613 頁
甲元眞之 2000「弥生時代の食糧事情」『古代史の論点』1　小学館　167-182 頁
古賀　仁 1993「陣馬沢 B 地点一号住居跡出土弥生期の縦長剥片石器について」『双葉・陣馬沢弥生遺跡の研究』双葉町教育委員会　47-50 頁
国立歴史民俗博物館 1997『農耕開始期の石器組成』3・4
小玉秀成 2001「十王町十王台遺跡群藤ケ作台遺跡出土の弥生土器」『十王町民俗資料館紀要』第 10 号　1-25 頁
小林青樹 2000「東日本系土器からみた縄文・弥生広域交流序論」『突帯文と遠賀川』土器持寄会論文集刊行会　1193-1219 頁
小林青樹 2001「農耕社会形成以前の日本海沿岸地域」『古代文化』第 53 巻第 4 号　古代学協会　3-11 頁
小林行雄 1947『日本古代文化の諸問題』高桐書院
近藤義郎 1959「共同体と単位集団」『考古学研究』第 6 巻第 1 号　考古学研究会　13-20 頁
近藤義郎 1960「鉄製工具の出現」『世界考古学大系』2　平凡社　34-51 頁
近藤義郎 1962「弥生文化論」『岩波講座 日本歴史』1　岩波書店　139-188 頁
<さ>
斎野裕彦 1992「東北地方の初期大陸系磨製石器」『弥生時代の石器』埋蔵文化財研究会　51-56 頁
斎野裕彦 1993・1994「弥生時代の大型直縁刃石器　上・下」『弥生文化博物館研究報告』第 2・3 集　大阪府立弥生文化博物館　85-109 頁、31-68 頁
斎野裕彦 1995「東北の大陸系磨製石器」『考古学ジャーナル』391 号　ニューサイエンス社　34-38 頁

斎野裕彦 1998「北海道・東北の柱状片刃石斧」『北方の考古学』野村崇先生還暦記念論集刊行会　287-312頁

酒井龍一 1974「石庖丁の生産と消費をめぐる二つのモデル」『考古学研究』第21巻第2号　考古学研究会　23-36頁

酒井龍一 1978「弥生中期社会の形成―畿内社会の形成とその構造―」『歴史公論』第4巻第3号　雄山閣　57-65頁

坂本和也 1993「第四編 福島県浜通り地方の石庖丁集成」『双葉・陣場沢弥生遺跡の研究』双葉町教育委員会　61-75頁

坂本和也 1994「弥生時代中期の石庖丁生産とその石材について」『史峰』第20号　新進考古学同人会　18-23頁

笹沢　浩 2003「吹上遺跡」『上越市史』資料編2 考古　上越市　262-291頁

佐藤由紀男 1999『縄文弥生移行期の土器と石器』雄山閣

佐藤由紀男 2000「駿河湾周辺における弥生系磨製石斧の生産と流通」『考古学論究』第7号　立正考古学会　59-74頁

佐藤由紀男 2002「煮炊き用土器の容量変化から見た本州北部の縄文／弥生」『日本考古学』第13号　日本考古学協会　1-18頁

佐藤由紀男 2003「本州北部出土の『遠賀川系的要素を持つ土器群』について」『みずほ』第38号　大和弥生文化の会　62-82頁

佐原　眞 1964「石製武器の発達」『紫雲出』詫間町教育委員会　131-145頁

佐原　眞 1975「農業の開始と階級社会の形成」『岩波講座 日本歴史』1　岩波書店　113-182頁

佐原　眞 1977「石斧論―横斧から縦斧へ―」『考古論集』松崎寿和先生退官記念事業会　45-86頁

佐原　眞 1987「みちのくの遠賀川」『東アジアの考古と歴史』中　岡崎敬先生退官記念論集　同朋舎　265-291頁

佐原　眞 1994『斧の文化史』東京大学出版会

＜し＞

宍戸信悟 1992「南関東における宮ノ台期弥生文化の発展」『神奈川考古』第28号　神奈川考古同人会　43-64頁

設楽博己 1991「関東地方の遠賀川系土器」『児嶋隆人先生喜寿記念論集 古文化論叢』児嶋隆人先生喜寿記念事業会　17-48頁

設楽博己 1996「東日本の戦いのはじまり」『倭国乱る』国立歴史民俗博物館　166-169頁

設楽博己 2005「側面索孔燕形銛頭考」『海と考古学』六一書房　299-330頁

下條信行 1983「弥生時代石器生産体制の評価」『古代学論叢』平安博物館　77-95頁

下條信行 1988「石器」『弥生文化の研究』10　雄山閣　21-30頁

下條信行 1991「4 石製武器［2］西日本」『日韓交渉の考古学』六興出版　69-75頁

下條信行 1995「大陸系磨製石器の時代色と地域色」『考古学ジャーナル』391号　2-3頁

下條信行 1996「扁平片刃石斧について」『愛媛大学人文学会創立二十周年記念論集』愛媛大学人文学会　141-163頁

下條信行 1997「柱状片刃石斧の研究」『伊達先生古稀記念 古文化論叢』同刊行会　72-87頁

下條信行 1998『日本における石器から鉄器への転換形態の研究』愛媛大学法文学部

<す>

菅原弘樹 2005「東北地方における弥生時代貝塚と生業」『古代文化』第57巻第5号　古代学協会　31-42頁

杉原荘介 1934「三宅島ツル根岬に於ける火山噴出物下の弥生式遺跡」『人類学雑誌』第49巻第6号　東京人類学会　1-10頁

杉山浩平 1998「小田原市中里遺跡の弥生土器から」『史峰』第24号　新進考古学同人会　11-20頁

杉山浩平 2001a「弥生時代加工斧の生産と流通」『駒沢史学』第57号　駒沢史学会　33-62頁

杉山浩平 2001b「茨城県下の大陸系磨製石斧考」『史峰』第28号　新進考古学同人会　34-46頁

杉山浩平 2004a「宮ノ台式土器期の社会の交流」『物質文化』第77号　物質文化研究会　1-20頁

杉山浩平 2004b「東北地方南部の弥生時代石器製作について」『駒沢史学』第63号　駒沢史学会　25-57頁

杉山浩平 2005「栃木県下の太形蛤刃石斧」『唐沢考古』第25号　唐沢考古会　51-57頁

杉山浩平 2006「関東平野北西部における弥生時代中期後半の石器の生産と流通」『物質文化』第80号　物質文化研究会　1-17頁

杉山浩平・池谷信之 2006『縄文／弥生文化移行期の黒曜石研究Ⅰ』133頁

杉山浩平・池谷信之 2007『縄文／弥生文化移行期の黒曜石研究Ⅱ』166頁

杉山浩平・藁科哲男 2009「埼玉県行田市小敷田遺跡出土のサヌカイト製打製石器について」・「（附）埼玉県行田市小敷田遺跡出土のサヌカイト製石器の石材産地分析」『考古学雑誌』第93巻第4号　日本考古学会　13-34頁

鈴木俊成 1998「新潟県の蛇紋岩製磨製石斧について」『研究紀要』第2号　新潟県埋蔵文化財調査事業団　13-34頁

鈴木裕一・津久井雅志 1997「三宅島火山噴出物の14C年代」『火山』第42巻第4号　日本火山学会　307-311頁

須藤　隆 1984「東北地方における弥生時代農耕社会の成立と展開」渡辺信夫編『宮城の研究』1　清文堂　238-303頁

須藤　隆 1990「東北地方における弥生文化」『考古学古代史論巧』東北大学文学部考古学研究室　243-322頁

須藤　隆・工藤哲司 1991「東北地方弥生文化の展開と地域性」『北からの視点』日本考古学協会1991年度宮城・仙台大会実行委員会　97-114頁

須藤　隆 1992「弥生社会の成立と展開」『新版・古代の日本』9　東北・北海道　角川書店　75-104頁

諏訪間順 2006「相模野台地における黒曜石利用の変遷」『黒曜石文化研究』第4号　明治大学人文科学研究所　151-160頁

<た>

高倉　純 1999「遺跡間変異と移動・居住形態復元の諸問題」『日本考古学』第7号　日本考古学協会　75-94頁

高瀬克範 2000「東北地方初期弥生土器における遠賀川系要素の系譜」『考古学研究』第46巻第4号　考古学研究会　34頁-54頁

高瀬克範 2002「日本列島北部の擦切技法」『古代文化』第54巻第10号　古代学協会　37-46頁

高瀬克範 2004a『本州島東北部の弥生社会誌』六一書房

高瀬克範 2004b「中野谷・原遺跡出土の収穫具」『中野谷地区遺跡群2』安中市教育委員会　163-166頁

田上勇一郎 2000「黒曜石の利用と流通:縄文時代中期の関東・中部地域について」『Archaeo-Clio』1　東京

　　　　学芸大学　1-29 頁
高村公之 1991「有頭石錘小攷」『横須賀市博物館研究報告（人文科学）』第 36 号　横須賀市人文博物館
　　　　79-100 頁
竹島國基 1953「研究発表 相馬地方の弥生文化」福島県考古学会
竹島國基 1954「研究発表 相馬地方を中心とした弥生式文化について」東北史学会
竹島國基 1955「研究発表 相双地方弥生式文化」福島県考古学会
竹島國基 1956「研究発表 天神沢文化について」東北史学会
竹島國基 1960「研究発表 相馬・双葉地方の弥生文化」北日本史学会
竹島國基 1970「相馬地方出土石庖丁考」『行方文化』第 1 号　34-55 頁
竹島國基 1983『天神沢』竹島コレクション考古図録第 1 集
竹島國基 1992『桜井』竹島コレクション考古図録第 3 集
竹谷陽二郎 1983「第 4 章 周辺地域の地形・地質と石材の供給源について」『天神沢』竹島コレクション考
　　　　古図録第 1 集　26-27 頁
田中義昭 1976「南関東における農耕社会の成立をめぐる若干の問題」『考古学研究』第 22 巻第 3 号　考古
　　　　学研究会　31-61 頁
谷口　肇 2004「シンポジウム「北島式土器とその時代―弥生時代の新展開―」の記録」『埼玉考古』第 39
　　　　号　117-118 頁
種定淳介 1991「新阪九研究会関西情報」39　掲載の手紙（『AORA』1996 に再録　81-86 頁）
＜つ＞
立木宏明 2001「八幡山遺跡の石器について」『八幡山遺跡発掘調査報告書』新津市教育委員会　120-123 頁
津久井雅志・鈴木裕一 1998「三宅島火山最近 7000 年間の噴火史」『火山』第 43 巻第 4 号　日本火山学会
　　　　149-166 頁
都出比呂志 1989『日本農耕社会の成立過程』岩波書店
都出比呂志 1996「国家形成の初段階」『歴史評論』551　歴史科学協議会　3-16 頁
坪井洋文 1982『稲を選んだ日本人』未来社
＜て＞
出原恵三 1999「南四国の石器」『古代吉備』第 21 集　古代吉備研究会　3-41 頁
寺沢　薫 1986「畑作物」『季刊 考古学』第 14 号　雄山閣　23-31 頁
寺島孝典 1999「長野盆地南部の様相」『長野県の弥生土器編年』長野県考古学会　67-75 頁
寺前直人 1999「近畿地方の磨製石鏃に見る地域間交流とその背景」『国家形成期の考古学』大阪大学考古学
　　　　研究室　413-430 頁
寺前直人 2001「弥生時代開始期における磨製石斧の変遷」『古文化談叢』第 46 集　九州古文化研究会
　　　　27-52 頁
寺前直人 2005「弥生時代における石棒の継続と変質」『待兼山考古学論集』大阪大学考古学研究室　129-
　　　　148 頁
寺前直人 2006「生産と流通からみた畿内弥生社会」『シンポジウム記録 5』考古学研究会　105-122 頁
＜と＞
樋泉岳二 1999「池子遺跡群 No.1-A 地点における魚類遺体より見た弥生時代の漁撈活動」『池子遺跡群 X』
　　　　かながわ考古学財団　311-343 頁
戸田哲也 1999「東日本弥生農耕成立期の集落―神奈川県中里遺跡」『季刊 考古学』第 67 号　雄山閣

87-90 頁
鳥居龍蔵　1918『有史以前の日本』磯部甲陽堂
＜な＞
直良信夫　1937「日本史前時代における豚の問題」『人類学雑誌』第 52 巻第 8 号　東京人類学会　286-296
　　　頁
仲原知之　2000「和泉地域の石庖丁生産と流通」『洛北史学』第 2 号　洛北史学会　40-65 頁
中村　豊　2000「近畿・東部瀬戸内地域における結晶片岩製石棒の生産と流通」『縄文・弥生移行期の石製呪
　　　術具 1』考古学資料集 12　69-80 頁
中屋克彦　1994「戸水 B 式土器と戸水 B 遺跡」『金沢市戸水 B 遺跡』石川県立埋蔵文化財センター　152-160
　　　頁
中山平次郎　1931「今山の石斧製造所址」『史蹟名勝天然記念物調査報告書』第 6 輯　福岡県
中山平次郎　1934「飯塚市立岩焼ノ正の石包丁製造所址」『史蹟名勝天然記念物調査報告書』第 9 輯　福岡県
中山雅弘　1990「向山遺跡の弥生時代の石器群について」『福島考古』第 31 号　福島県考古学会　45-54 頁
＜に＞
西口陽一　2000「緑色（黒色）片岩製柱状片刃石斧」『あまのともしび』原口正三先生の古稀を祝う集い事務
　　　局　37-52 頁
西本豊弘　1991「弥生時代のブタについて」『国立歴史民俗博物館研究報告』第 36 集　国立歴史民俗博物館
　　　175-194 頁
西本豊弘　1997「弥生時代の動物質食料」『国立歴史民俗博物館研究報告』第 70 集　国立歴史民俗博物館
　　　255-264 頁
＜ね＞
禰宜田佳男　1993「東北の弥生石器」『弥生文化博物館研究報告』第 2 集　大阪府立弥生文化博物館
　　　149-170 頁
禰宜田佳男　1998「石器から鉄器へ」『古代国家はこうして生まれた』角川書店　51-102 頁
禰宜田佳男　1999「伐採石斧の柄」『国家形成期の考古学』大阪大学考古学研究室　69-94 頁
＜の＞
野崎欽五　1991「いわき地方における弥生時代の石器」『いわき地方史研究』第 28 号　いわき地方史研究会
　　　1-25 頁
野崎欽五　1995「いわき地方の弥生文化」『みちのく発掘』菅原文也先生還暦記念論集刊行会　237-288 頁
野沢　均　1997『あさかの弥生文化』第一回企画展図録　朝霞市博物館
野島永・河野一隆　2001「玉と鉄-弥生時代玉作り技術と交易-」『古代文化』第 53 巻第 4 号　古代学協会
　　　37-51 頁
＜は＞
橋口尚武　1988『島の考古学』東京大学出版会
橋口尚武　2001『黒潮の考古学』同成社
橋本澄夫　1966「中部」『日本の考古学』弥生時代　河出書房　141-151 頁
長谷　進　1969「穴水町沖波発見の抉入石斧」『石川考古学研究会々誌』第 12 号　石川考古学研究会　69 頁
秦　明繁　2003「東北南部の珪質頁岩の分布と分析」『考古学の方法』第 4 号　東北大学文学部考古学研究会
　　　22-24 頁
馬場伸一郎　2001「南関東弥生中期の地域社会（上）・（下）」『古代文化』第 53 巻 5 号・6 号　古代学協会

18-28、17-25 頁

馬場伸一郎 2003「榎田型磨製石斧の再検討」『埼玉考古』第 38 号　埼玉考古学会　103-118 頁

馬場伸一郎 2004「弥生時代長野盆地における榎田型磨製石斧の生産と流通」『駿台史学』第 120 号　駿台史学会　1-46 頁

馬場伸一郎 2007「弥生時代の物流とその背景」『中部弥生時代研究会 発表要旨』中部弥生時代研究会　1-4 頁

馬場伸一郎 2008「武器形石製品と弥生中期栗林式文化」『赤い土器のクニの考古学』川崎保編　113-163 頁　雄山閣

春成秀爾 1999「弥生文化を見る眼」『新弥生紀行』国立歴史民俗博物館　23-24 頁

<ひ>

久田正弘 1991「能登における弥生時代中期の一様相（1）」『石川考古学研究会々誌』第 34 号　石川考古学研究会　33-48 頁

久田正弘 1993「能登における弥生時代中期の一様相（2）」『石川考古学研究会々誌』第 36 号　石川考古学研究会　15-24 頁

久田正弘 2002「北陸地方における農具と使用痕」『弥生文化と石器使用痕研究』石器使用痕研究会　34-37 頁

久田正弘 2003「石川県における玉の生産と交流―弥生時代を中心に―」『石川県埋蔵文化財情報』第 10 号　石川県埋蔵文化財センター　56-58 頁

久田正弘 2004「南加賀における弥生時代の一様相」『石川県埋蔵文化財情報』第 11 号　石川県埋蔵文化財センター　52-65 頁

平井　勝 1991『弥生時代の石器』ニューサイエンス社

平塚幸人・斎野裕彦 2003「片刃磨製石斧の形態と使用痕」『古代』第 113 号　早稲田大学考古学会　139-163 頁

平野進一・相京建史 1991「群馬県出土の磨製石包丁」『群馬県立歴史博物館紀要』第 12 号　群馬県立歴史博物館　23-36 頁

平野進一・相京建史 1992「群馬県出土の弥生時代磨製石斧」『群馬県立歴史博物館紀要』第 13 号　群馬県立歴史博物館　39-64 頁

広瀬和雄 1997『縄紋から弥生への新歴史像』角川書店

広瀬和雄 2003『前方後円墳国家』角川書店

<ふ>

藤尾慎一郎 2003『弥生変革期の考古学』同成社

藤田　等 1964「大陸系石器―とくに磨製石鎌について―」『日本考古学の諸問題』考古学研究会　81-98 頁

藤本弥城 1983『那珂川流域の弥生土器 Ⅲ』

藤本　強 1982『擦紋文化』教育社

藤本　強 1988『もう二つの日本文化―北海道と南島の文化―』東京大学出版会

藤森栄一 1951「信濃北原遺跡出土石器の考古学的位置に就いて」『諏訪考古学』6　19-23 頁

藤原妃敏・田中　敏 1991「福島県浜通り地域における弥生時代石器生産の一様相」『福島県立博物館紀要』第 5 号　福島県立博物館　1-19 頁

藤原妃敏 1992「第 2 節 弥生時代の石器群のまとめ」『桜井』竹島コレクション考古図録第 3 集　8-10 頁

<ま>

埋蔵文化財研究会 1992『弥生時代の石器』

町田勝則 2001「弥生石斧の生産と流通に関するモデル試論」『生産と流通 中部弥生文化研究会 第3回例会発表要旨』中部弥生文化研究会 34-35頁

松尾 実 2004「石川県における磨製石庖丁研究についての現状と若干の考察」『石川県埋蔵文化財情報』第12号 石川県埋蔵文化財センター 51-58頁

松木武彦 2002「讃岐平野における打製石鏃の長期的変化」『四国とその周辺の考古学』犬飼徹夫先生古希記念論集 405-424頁

松木武彦 2004「戦闘用鏃と狩猟用鏃─打製石鏃大形化の再検討─」『古代武器研究』Vol.5 古代武器研究会 29-35頁

松木武彦 1996「日本列島の国家形成」『国家の形成』三一書房 233-276頁

松島 透ほか 1951「信濃北原遺跡調査概報」『諏訪考古学』6 7-18頁

<み>

三木 弘 2001「4章2「平」の水田と「谷」の畑」『弥生クロスロード』平成13年秋期特別展 大阪府立弥生文化博物館 54-57頁

御堂島正 1986「黒曜石製石器の使用痕─ポリッシュに関する実験的研究─」『神奈川考古』第22号 神奈川考古同人会 51-78頁

宮田 明 2003「第Ⅲ章 石器」『八日市地方遺跡Ⅰ』小松市教育委員会 169-259頁

<む>

村松 篤 2004「シンポジウム「北島式土器とその時代─弥生時代の新展開─」の記録」『埼玉考古』第39号 114-116頁

<も>

望月明彦・池谷信之ほか 1994「遺跡内における黒曜石製石器の原産地別分布について-沼津市土手上遺跡BBV層の原産地推定から-」『静岡県考古学研究』No.26 静岡県考古学会 1-24頁

望月明彦・馬場伸一郎 2006「中部高地の弥生時代を中心とした黒曜石原産地組成とその推移について」『長野県考古学会』第115号 長野県考古学会 1-26頁

望月明彦 2005「箕輪遺跡出土の黒曜石製石器の産地推定」『箕輪遺跡』長野県埋蔵文化財センター 402-413頁

森貞次郎 1966「弥生文化の発展と地域性 九州」『日本の考古学』Ⅲ 河出書房 32-80頁

森本六爾 1934「農業の起源と農業社会」『考古学評論』第1巻第1号 18-25頁

森本六爾 1935「弥生式文化」『ドルメン』第4巻第6号 岡書院 86-89頁

<や>

八幡一郎 1938「先史時代の交易」『人類学先史学講座』上・中・下 雄山閣

矢島国雄 1977「先土器時代遺跡の構造と遺跡群についての予察」『考古学研究』第23巻第4号 考古学研究会 83-109頁

矢島敬之 1999「いわき地方の石器石材について」『連郷遺跡』いわき市教育委員会 27-58頁

安 英樹 1992「石川県における弥生時代の石器 その始まりと終わりについて」『弥生時代の石器』埋蔵文化財研究会 258-261頁

安 英樹 1995「北陸の大陸系磨製石器」『考古学ジャーナル』391号 ニューサイエンス社 39-42頁

安 英樹 2001「北陸における弥生時代の拠点集落について」『石川県埋蔵文化財情報』第6号 石川県埋蔵

　　　　文化財センター　66-83 頁
安　英樹　2005「金沢市戸水Ｂ遺跡」『石川考古学研究会々誌』第 48 号　石川考古学研究会　3-30 頁
山下誠一　2000「飯田盆地における弥生集落の動向―発掘調査された竪穴住居を基にして―」『飯田市美術博
　　物館紀要』第 10 号　107-126 頁
八幡一郎　1930「環状石斧類」『考古学』第 1 巻第 1 号　東京考古学会　69-79 頁
八幡一郎　1930「武蔵国太尾発見の遺物」『考古学』第 1 巻第 1 号　東京考古学会　366-372 頁
YAMASAKI, F., HAMADA, T. and FUJIYAMA, C. 1968, natural radiocarbon measurements Ⅳ.
　　Radiocarbon, 10, RIKEN 33, 3-345 頁
山科　哲・中部高地研究グループ　2006「中部高地黒耀石原産地と周辺遺跡の分布」『黒耀石文化研究』第 4
　　号　明治大学博物館　91-106 頁
山田しょう・会田容弘　1987「付編　スクレイパーの使用痕分析」『生石 2 遺跡』山形県教育委員会　1-7 頁
山内清男　1930「所謂亀ケ岡式土器の分布と縄紋式土器の終末」『考古学』第 1 巻第 3 号　東京考古学会
　　139-157 頁
山内清男　1932「日本遠古之文化　六　縄紋式以後　四」『ドルメン』第 1 巻 9 号　岡書院　48-51 頁
＜よ＞
横田洋三　2004「準構造船ノート」『紀要』第 17 号　滋賀県文化財保護協会　21-28 頁
吉田　稔　2003「北島式の提唱」『北島遺跡とその時代―弥生時代の新展開―』埼玉考古学会　3-36 頁
＜わ＞
和島誠一　1966「弥生時代社会の構造」『日本の考古学』Ⅲ　河出書房　1-30 頁
渡辺　外　2003「弥生時代中期における打製石斧の地域性」『神奈川考古』第 39 号　神奈川考古同人会
　　161-182 頁
藁科哲男・東村武信　1988「石器原材の産地分析」『考古学と関連科学』鎌木義昌先生古稀記念論文集刊行会
　　447-491 頁

# 引用遺跡発掘調査報告書（地域別）

<韓国>
国立中央博物館 1979・1987『松菊里』Ⅰ・Ⅲ

<福岡>
橋口達也 1984『石崎曲り田遺跡』Ⅱ　福岡県教育委員会

<佐賀>
中島直幸 1982『菜畑遺跡』唐津市教育委員会

<高知>
出原恵三 1986『田村遺跡群』2　高知県教育委員会

<香川>
森下友子 2002『鴨部・川田遺跡』Ⅲ　香川県埋蔵文化財センター

<兵庫>
前田佳久 1993『大開遺跡』神戸市教育委員会

<和歌山>
川崎雅史 2002『堅田遺跡』御坊市教育委員会

<滋賀県>
滋賀県文化財保護協会 2004『滋賀埋蔵ニュース』第290号

<愛知県>
久保禎子 2002『川から海へ 1』平成14年度秋期特別展　一宮市博物館
服部信博 1992『山中遺跡』愛知県埋蔵文化財センター
服部信博 2001『川原遺跡』愛知県埋蔵文化財センター
安井俊則 1991『麻生田大橋遺跡』愛知県埋蔵文化財センター

<岐阜>
吉朝則富 1989「飛騨の弥生時代石器（2）」『どっこいし』第32号　飛騨考古学会　2-3頁
吉朝則富 1991「飛騨の弥生時代石器（6）」『どっこいし』第36号　飛騨考古学会　2-4頁

<福井>
冨山正明 1988『下屋敷遺跡・堀江十楽遺跡』福井県教育庁埋蔵文化財センター
中野拓郎 2001『舞崎前山古墳　舞崎遺跡』敦賀市教育委員会
中原義史ほか 2000『埋もれたモノへのまなざし』福井県立博物館
古川　登 2002『甑谷』清水町教育委員会

<石川>
石川考古学研究会 1999『農耕具』石川県考古資料調査・集成事業報告書　石川考古学研究会
石川考古学研究会 2001『補遺編』石川県考古資料調査・集成事業報告書　石川考古学研究会
伊藤雅文ほか 2002『金沢市南新保C遺跡』石川県埋蔵文化財センター
今井淳一 1999『史跡 吉崎・次場遺跡整備事業報告書』羽咋市教育委員会
岡本恭一 2001『松任市乾遺跡発掘調査報告書A・C区下層編』石川県埋蔵文化財センター
楠　正勝 1992『金沢市西念・南新保遺跡 Ⅲ』金沢市教育委員会
楠　正勝 1996『金沢市西念・南新保遺跡 Ⅳ』金沢市教育委員会
小嶋芳孝ほか 2003『田鶴浜町三引遺跡 Ⅱ』石川県埋蔵文化財センター

小西昌志 2003『上安原遺跡 II』金沢市埋蔵文化財センター

栃木英道ほか 1995『谷内・杉谷遺跡群』石川県立埋蔵文化財センター

土肥富士夫 1982『細口源田山遺跡』七尾市教育委員会

土肥富士夫 1985『赤浦遺跡』七尾市教育委員会

土肥富士夫 1986『小島六十苅遺跡』七尾市教育委員会

中口　裕 1957「柴山出村の生活」『柴山潟—自然と社会—』片山津町公民館

浜崎悟司 2004『八日市地方遺跡』石川県埋蔵文化財センター

久田正弘 1988『八田中遺跡』石川県立埋蔵文化財センター

久田正弘 2004『加賀市猫橋遺跡』石川県埋蔵文化財センター

福海貴子ほか 2003『八日市地方遺跡 I』小松市教育委員会

福島正実 1987『吉崎・次場遺跡』第1分冊　石川県立埋蔵文化財センター

牧山直樹 2000『吉崎・次場遺跡 第17次』羽咋市教育委員会

宮川勝次 2004『東的場タケノハナ遺跡』石川県埋蔵文化財センター

宮下栄仁 1998『吉崎・次場遺跡 第16次』羽咋市教育委員会

宮本哲郎 1977『金沢市寺中遺跡』金沢市教育委員会

宮本哲郎 1983『金沢市西念・南新保遺跡』金沢市教育委員会

安　英樹 1997『金沢市下安原海岸遺跡』石川県立埋蔵文化財センター

安　英樹 2003『久江ツカノコシ遺跡』石川県埋蔵文化財センター

＜富山＞

荒井　隆 1997『市内遺跡調査概報 VI』高岡市教育委員会

荒井　隆 2004『市内遺跡調査概報 XIV』高岡市教育委員会

大野文郷 1986『石塚遺跡』高岡市教育委員会

鹿島昌也 1996『富山市水橋 清水堂A遺跡、清水堂C遺跡、清水堂B遺跡、清水堂D遺跡、清水堂小深田遺跡、清水堂宗平邸遺跡』富山市教育委員会

狩野睦 1982「中小泉遺跡」『北陸自動車道遺跡調査報告—上市町土器・石器—』上市町教育委員会

久々忠義ほか 1982「江上A遺跡」『北陸自動車道遺跡調査報告—上市町土器・石器—』上市町教育委員会

久々忠義ほか 1999『富山県射水郡下村下村加茂遺跡発掘調査報告』下村教育委員会

高　慶孝 1998『砂林開北遺跡発掘調査概報』上市町教育委員会

笹沢正史 2006『吹上遺跡』上越市教育委員会

藤田慎一 2003『石塚遺跡調査概報 VI』高岡市教育委員会

藤田富士夫 1974『富山市豊田遺跡発掘調査報告書』富山文化研究会

舟崎久雄 1973『魚躬遺跡』滑川市教育委員会

山口辰一 1992『市内遺跡発掘調査概報 I』高岡市教育委員会

山口辰一 1995『石塚遺跡調査概報 III』高岡市教育委員会

山口辰一 1996『石塚遺跡調査概報 IV』高岡市教育委員会

山口辰一 1996『市内遺跡調査概報 IV』高岡市教育委員会

山口辰一 1999『石塚遺跡調査概報 V』高岡市教育委員会

山口辰一ほか 2001『石塚遺跡・東木津遺跡調査報告書』高岡市教育委員会

山本正敏 1990『北陸自動車道遺跡調査報告書—朝日町編5—境A遺跡 石器編』富山県教育委員会

<新潟>

荒川隆史ほか 2004『青田遺跡』新潟県教育委員会

石川日出志 1988「第4章 鳥屋遺跡の発掘調査」『豊栄市史』考古編　豊栄市

小熊博史・立木宏明 2001「加茂市七谷地区で発見された縄文・弥生時代の遺物」『レポート加茂市史』創刊号　新潟県加茂市

春日真実・寺崎裕助 1997「新潟県三島郡和島村大武遺跡」『日本考古学年報』48　日本考古学協会

春日真実 2002『奈良崎遺跡』新潟県教育委員会

加藤　学 1999『和泉A遺跡』新潟県教育委員会

小池義人 2000『裏山遺跡』新潟県教育委員会

坂上有紀ほか 2000『平田遺跡』新潟県教育委員会

笹沢正史 2006『吹上遺跡』上越市教育委員会

品田高志 1985『刈羽・大平・小丸山』柏崎市教育委員会

高橋　保 2002『箕輪遺跡 I』新潟県教育委員会

十日町市 1996『十日町市史』資料編2　考古

新潟県 1983『新潟県史』資料編1　原始・古代1　考古編　新潟県

八幡一郎 1987『史跡 寺地遺跡』青海町教育委員会

横越町 2000『横越町史』資料編　横越町

<長野>

青木一男ほか 1998『松原遺跡 弥生・総論4』長野県埋蔵文化財センター

市川隆之 2005『箕輪遺跡』長野県埋蔵文化財センター

臼居直之 1999『春山B遺跡』長野県埋蔵文化財センター

神村　透 1995『マツバリ遺跡』長野県木曽郡日義村教育委員会

小林正春 1986『恒川遺跡』飯田市教育委員会

篠崎健一郎 1988『来見原遺跡 II』大町市教育委員会

篠崎健一郎 1992『中城原』大町市教育委員会

下平博行ほか 2001『井戸下遺跡』飯田市教育委員会

高見俊樹・五味裕史 1988『一時坂』諏訪市教育委員会

竹原　学ほか 1998『境窪遺跡』松本市教育委員会

千野　浩 1991『中俣遺跡』長野市教育委員会

冨沢一明 2004『後家山遺跡・東久保遺跡・宮田遺跡 I・II』佐久市教育委員会

直井雅尚 1990『県町遺跡』松本市教育委員会

西山克己 1997『篠ノ井遺跡群』長野県埋蔵文化財センター

羽毛田卓也 1998『根々井芝宮遺跡』佐久市教育委員会

林　幸彦 1984『北西の久保遺跡』佐久市教育委員会

町田勝則ほか 1999『榎田遺跡』長野県埋蔵文化財センター

町田勝則ほか 2000『松原遺跡 弥生・総論5』長野県埋蔵文化財センター

三石宗一 1999『鳴沢遺跡群五里田遺跡』佐久市教育委員会

望月静雄 1995『小泉弥生時代遺跡』飯山市教育委員会

森泉かよ子 2006『下信濃遺跡』佐久市教育委員会

森泉かよ子 2004『東五里田遺跡』佐久市教育委員会

矢口忠良ほか 1986『塩崎遺跡群 Ⅳ』長野市教育委員会
藤沢宗平 1966「長野県松本市横山城遺跡」『信濃』第 18 巻第 7 号　信濃考古学会　57-71 頁
藤森栄一ほか 1965「岡谷市庄ノ畑遺跡」『長野県考古学研究報告書』

### ＜静岡＞

芦川忠利 1999『長伏六反田遺跡』三島市教育委員会
石川治夫 1990『雌鹿塚遺跡発掘調査報告書』沼津市教育委員会
稲垣甲子男 1975『駿河山王』富士川町教育委員会
岩本　貴 1998『御殿川流域遺跡群 Ⅳ』静岡県埋蔵文化財調査研究所
浦志真孝 1995「伊東市日暮遺跡出土の弥生時代中期後半の土器群について」『静岡県考古学研究』第 27 号　13-21 頁
江藤千萬樹 1937「伊豆錦田村川原谷の弥生式石器と土器」『考古学』第 8 巻第 11 号　東京考古学会
岡村　渉 1997『有東遺跡 第 16 次発掘調査報告書』静岡市教育委員会
小野真一 1971『駿豆の遺跡研究 1』沼津女子高等学校郷土研究部
小野真一ほか 1972「北伊豆函南町向原遺跡発掘調査報告書」『駿豆考古』第 13 号　駿豆考古学会　508-510 頁
小野真一 1978『関屋塚遺跡』御殿場市教育委員会
片平　剛 2008『有東遺跡 第 21 次発掘調査報告書』パル文化財研究所
勝又直人 1996『角江遺跡』遺物編 3　静岡県埋蔵文化財調査研究所
佐藤由紀男ほか 1986『浜松市半田山遺跡（Ⅳ）発掘調査報告書』浜松市教育委員会
佐野暢彦 2001『大平遺跡 Ⅱ』静岡県埋蔵文化財調査研究所
渋谷昌彦 1988『東山古墳群北支群発掘調査報告書』島田市教育委員会
杉浦高敏 1988『領家遺跡』静岡県埋蔵文化財調査研究所
杉浦幸男 1995『御殿川流域遺跡群 Ⅲ』静岡県埋蔵文化財調査研究所
杉原荘介 1962「駿河丸子及び佐渡出土の弥生式土器に就いて」『考古学集刊』第 4 冊　東京考古学会　39-52 頁
鈴木隆夫 1981『国道 1 号線藤枝バイパス埋蔵文化財発掘調査報告書 第 6 冊』藤枝市教育委員会
鈴木隆夫 1990『郡遺跡発掘調査概報 Ⅳ』藤枝市教育委員会
鈴木敏則 1997『九反田遺跡』浜松市文化協会
鈴木敏弘 1978『南伊豆 下賀茂 日詰遺跡』南伊豆町教育委員会
田辺昭三 1972『白岩下流遺跡調査報告』森町考古学研究会（再版）
中川律子 1996『角江遺跡 Ⅱ』遺物編 2　静岡県埋蔵文化財調査研究所
中川律子 1999『瀬名川遺跡』静岡県埋蔵文化財調査研究所
中野國雄 1988『矢崎遺跡第 3 次発掘調査 出土土器図版・解説』清水町教育委員会
中野國雄 1990『清水町徳倉矢崎遺跡 Ⅰ』清水町教育委員会
中山正典ほか 1994『瀬名遺跡 Ⅲ』静岡県埋蔵文化財調査研究所
橋本敬之 1993『御殿川流域遺跡群 Ⅰ』静岡県埋蔵文化財調査研究所
橋本敬之 1994『御殿川流域遺跡群 Ⅱ』静岡県埋蔵文化財調査研究所
松井一明 1983『掛の上遺跡 Ⅱ』袋井市教育委員会
宮本達希 1994『姫宮遺跡第 12 次・第 16 次発掘調査報告書』河津町教育委員会
八木勝行 1982『郡遺跡発掘調査概報』藤枝市教育委員会

八木勝行　1984『郡遺跡発掘調査概報　Ⅱ』藤枝市教育委員会
八木勝行　1986『郡遺跡発掘調査概報　Ⅲ』藤枝市教育委員会
八木広尚　1993「駿府城内遺跡」『ふちゅーる』No.1　静岡市教育委員会
山田成洋ほか　1992『川合遺跡』遺物編2　静岡県埋蔵文化財調査研究所
渡井一信　1989『渋沢遺跡』富士宮市教育委員会
渡辺康弘　1989『石川Ⅱ遺跡発掘調査概報』清水市教育委員会

＜山梨県＞

野代恵子　2001『横堀遺跡』山梨県教育委員会
保坂和博　1997『油田遺跡』山梨県教育委員会
森原明廣　1996『菖蒲池遺跡』山梨県教育委員会
米田明訓　1999『十五所遺跡』山梨県教育委員会

＜東京都＞

青梅市　1995『青梅市史』
青木　豊　1995『大里東遺跡発掘調査報告書』大里東遺跡発掘調査団
大島町史編纂委員会　1998『東京都　大島町史』考古編
大塚初重　1959「利島・ケッケイ山遺跡の調査」『東京都文化財調査報告書7　伊豆諸島文化財総合調査報告』
　　　東京都教育委員会　587-612頁
杉原荘介・大塚初重・小林三郎　1967「東京都（新島）田原における縄文・弥生時代の遺跡」『考古学集刊』
　　　第3巻下　東京考古学会　45-80頁
小林三郎・鈴木直人・富田孝彦　1996『飛鳥山遺跡　Ⅰ』東京都北区教育委員会
小林三郎・鈴木直人　1997『飛鳥山遺跡　Ⅱ』東京都北区教育委員会
坂詰秀一ほか　2006『武蔵国府関連遺跡調査報告37』府中市教育委員会
杉山浩平編　2009『三宅島ココマ遺跡発掘調査報告書』島の考古学研究会
芹沢長介　1958「E　三宅島坪田ココマノコシ遺跡」『東京都文化財調査報告書6　伊豆諸島文化財総合調査報
　　　告』第1分冊　東京都教育委員会　70-78頁
橋口尚武　1975『三宅島の埋蔵文化財』三宅村教育委員会
橋口尚武　1983『三宅島　坊田遺跡』東京都埋蔵文化財調査報告第10集　東京都教育委員会

＜神奈川＞

秋田かな子　2000『王子ノ台遺跡　Ⅲ』東海大学校地内遺跡調査団
石井　寛　1980『折本西原遺跡』横浜市埋蔵文化財調査委員会
市川正史　1986『三ツ俣遺跡』神奈川県立埋蔵文化財センター
市川正史ほか　1990『宮ケ瀬遺跡群　Ⅰ』神奈川県埋蔵文化財センター
市川正史ほか　1994『宮ケ瀬遺跡群　Ⅳ』神奈川県立埋蔵文化財センター
岡田威夫　1988『折本西原遺跡　Ⅰ』折本西原遺跡調査団
岡本　勇　1977『三浦市赤坂遺跡』赤坂遺跡調査団
岡本　勇　1992『三浦市赤坂遺跡―第3次調査地点の調査報告―』赤坂遺跡調査団
持田春吉ほか　1994『梶ヶ谷神明社上遺跡発掘調査報告書』梶ヶ谷神明社上調査団
神沢勇一　1973『間口洞穴遺跡』神奈川県立博物館
小泉玲子ほか　2008『中屋敷遺跡発掘調査報告書』昭和女子大学
香村紘一　1996『及川宮ノ西遺跡』国道412号線遺跡調査団

宍戸信悟ほか 1989『砂田台遺跡 Ⅰ』神奈川県埋蔵文化財センター
宍戸信悟ほか 1991『砂田台遺跡 Ⅱ』神奈川県埋蔵文化財センター
杉山博久 1970『小田原市文化財調査報告書』第三集　小田原市教育委員会
鈴木次郎ほか 1994『宮ケ瀬遺跡群 Ⅳ』神奈川県埋蔵文化財センター
武井則道 1994『大塚遺跡 Ⅱ』横浜市ふるさと歴史財団
武井則道 2004『綱崎山遺跡』横浜市ふるさと歴史財団
田村良照 1997『関耕地遺跡発掘調査報告書』観福寺北遺跡発掘調査団
戸田哲也 2004『石名坂遺跡発掘調査報告書』石名坂遺跡発掘調査団
中村勉・諸橋千鶴子 1989『佐原泉遺跡』泉遺跡調査団
中村　勉 1992『赤坂遺跡』赤坂遺跡調査団
中村　勉 1994『赤坂遺跡』三浦市教育委員会
中村　勉ほか 2004『赤坂遺跡―第10次調査地点の調査報告―』三浦市教育委員会
長谷川厚 2001『原口遺跡』かながわ考古学財団
日野一郎ほか 1990『子ノ神』Ⅲ　厚木市教育委員会
平子順一 1989『観福寺北遺跡・新羽貝塚』横浜市埋蔵文化財調査委員会
望月幹夫ほか 1983『子ノ神（Ⅱ）』厚木市教育委員会
諸橋千鶴子 2001『赤坂遺跡』第8次調査地点の調査報告　三浦市教育委員会
矢島國雄ほか 2008『上土棚遺跡　第5次～第7次調査の記録』綾瀬市教育委員会
山本暉久ほか 1999『池子遺跡群 Ⅹ』かながわ考古学財団
山本暉久ほか 2005『中屋敷遺跡　弥生時代前期のイネと土坑群』昭和女子大学
横浜市教育委員会 1980『横浜市三殿台考古館収蔵品目録 Ⅱ』
和島誠一 1965『三殿台』横浜市教育委員会
若林勝司 1999『平塚市真田・北金目遺跡群発掘調査報告書 1』平塚市真田・北金目遺跡調査会
＜千葉＞
宇井義典 2005『太田長作遺跡』印旛郡市文化財センター
小高春男 1983『道庭遺跡』道庭遺跡調査会
小高春男 1993『滝ノ口向台遺跡』千葉県文化財センター
乙益重隆 1980『上総菅生遺跡』菅生遺跡調査団　中央公論美術出版
甲斐博幸 1996『常代遺跡群』君津郡市考古資料刊行会
柿沼修平 1985『大崎台遺跡 Ⅰ』佐倉市大崎台B地区遺跡調査会
柿沼修平 1986『大崎台遺跡 Ⅱ』佐倉市大崎台B地区遺跡調査会
柿沼修平 1987『大崎台遺跡 Ⅲ』佐倉市大崎台B地区遺跡調査会
菊池真太郎 1979『千葉市城の腰遺跡』千葉県文化財センター
斎木　勝 1974『市原市菊間遺跡』千葉県都市部
杉原荘介 1935「上総宮ノ台遺跡調査概報」『考古学』第6巻第7号　東京考古学会　328-336頁
杉原荘介 1942「上総宮ノ台遺跡調査概報―補遺―」『古代文化』第13巻第7号　40-53頁
三森俊彦 1974『市原市大厩遺跡』千葉県都市公社
＜埼玉＞
青木義脩 1987『上野田西台遺跡発掘調査報告書』浦和市教育委員会
小倉　均 1982『井沼方・大北・和田北・西谷・吉場遺跡発掘調査報告書』浦和市教育委員会

谷井　彪　1975『台の城山遺跡』朝霞市教育委員会
塩野　博　1977『諏訪坂遺跡』与野市教育委員会
中島　宏　1984『池守・池上』埼玉県教育委員会
増田正博　1972『加倉・西原・馬込・平林寺』埼玉県教育委員会
宮　昌之　1983『池上西遺跡』埼玉県埋蔵文化財調査事業団
吉田　稔　1991『小敷田遺跡』埼玉県埋蔵文化財調査事業団
吉田　稔　2003『北島遺跡 Ⅵ』埼玉県埋蔵文化財調査事業団
吉野　健　2002『前中西遺跡 Ⅱ』熊谷市教育委員会
吉野　健　2003『前中西遺跡 Ⅲ』熊谷市教育委員会

＜茨城県＞
井上義安　1973『茨城県大洗町長峯遺跡』大洗町教育委員会
井上義安　1987『団子内』大洗町団子内遺跡発掘調査会
茂木雅博　1972『常陸須和間遺跡』雄山閣

＜栃木県＞
杉山浩平　2006「栃木県下の太形蛤刃石斧」『唐沢考古』第25号　唐沢考古会
藤田典夫ほか　1987『壬生町史』資料編　原始古代　壬生町

＜群馬県＞
相京建史　1982『清里・庚申塚遺跡』群馬県埋蔵文化財調査事業団
相京建史ほか　1990『新保田中村前遺跡 Ⅰ』群馬県埋蔵文化財調査事業団
相京建史ほか　1992『新保田中村前遺跡 Ⅱ』群馬県埋蔵文化財調査事業団
相京建史ほか　1993『新保田中村前遺跡 Ⅲ』群馬県埋蔵文化財調査事業団
井上　太　1994『七日市観音前遺跡発掘調査報告書』富岡市教育委員会
小島純一　1990『西迎遺跡』粕川村教育委員会
佐藤明人　1986『新保遺跡 Ⅰ』群馬県埋蔵文化財調査事業団
佐藤明人　1988『新保遺跡 Ⅱ』群馬県埋蔵文化財調査事業団
佐藤明人　1990『有馬遺跡 Ⅱ』群馬県埋蔵文化財調査事業団
下城　正　1994『新保田中村前遺跡 Ⅳ』群馬県埋蔵文化財調査事業団
平岡和夫　1990『古立東山遺跡』群馬県教育委員会
村田喜久夫ほか　1983『西太田遺跡』伊勢崎市教育委員会

＜福島県＞
猪狩忠雄　1985『龍門寺遺跡』いわき市教育委員会
猪狩みち子ほか　2002『荒田目条里制遺構・砂畑遺跡』いわき市教育委員会
磐瀬清雄ほか　1994『原町火力発電所関連遺跡調査報告 Ⅳ』福島県教育委員会
大竹憲治ほか　1988『薄磯貝塚』いわき市教育委員会
木元元治ほか　1980『東北新幹線関連遺跡発掘調査報告 Ⅱ』福島県教育委員会
小柴吉男　1990『荒屋敷遺跡 Ⅱ』三島町教育委員会
佐藤典邦　1990『大畑E遺跡』いわき市教育委員会
鈴木隆康　1997『永田遺跡』いわき市教育委員会
鈴木隆康　1999『白岩堀ノ内館遺跡』いわき市教育委員会
鈴木隆康　2000『白岩堀ノ内館遺跡』いわき市教育委員会

鈴木隆康 2002『栗木作遺跡』いわき市教育委員会
高島好一ほか 1993『久世原館・番匠地遺跡』いわき市教育委員会
高島好一ほか 1998『平窪諸荷遺跡』いわき市教育委員会
高島好一 2004『作B遺跡』いわき市教育委員会
高橋信一 1997『NTC遺跡発掘調査報告』福島県教育委員会
竹島國基 1983『天神沢』竹島コレクション考古図録　第1集
竹島國基 1992『桜井』竹島コレクション考古図録　第3集
中山雅弘 1986『向山遺跡』いわき市教育委員会
吉田秀享 1989『相馬開発関連遺跡調査報告 Ⅰ』福島県教育委員会
和深俊夫 1983『四郎作遺跡』いわき市教育委員会

＜山形＞
安部　実 1987『生石2遺跡発掘調査報告書（3）』山形県教育委員会
渋谷孝雄ほか 1984『境田C・D遺跡発掘調査報告書』山形県教育委員会
高桑　登 2004『小田島城遺跡』山形県埋蔵文化財センター

＜宮城＞
荒井　格ほか 2000『高田B遺跡』仙台市教育委員会
大友　透 1997『原遺跡』名取市教育委員会
大友　透 1999『原遺跡』名取市教育委員会
大友　透 2002『原遺跡』名取市教育委員会
大友　透ほか 2000a『原遺跡』名取市教育委員会
大友　透ほか 2000b『原遺跡』名取市教育委員会
大友　透ほか 2001『原遺跡』名取市文化財調査報告書　第37集　名取市教育委員会
大友　透ほか 2002『原遺跡　ダイエー名取店建設関係調査報告書』名取市教育委員会
鴇崎哲也 2001『原遺跡』名取市教育委員会
工藤哲司ほか 1996『中在家南遺跡他』仙台市教育委員会
黒川利司 1981『東足立遺跡』宮城県教育委員会
志間泰治 1971『鱸沼遺跡』
高橋栄一ほか 1994『高田B遺跡』宮城県教育委員会
渡部　紀 1995『伊古田遺跡』仙台市教育委員会

＜秋田＞
菅原俊行 1986『地蔵田B遺跡』秋田市教育委員会
利部　修 1990『諏訪台C遺跡発掘調査報告書』秋田県埋蔵文化財センター

＜岩手＞
遠藤勝博ほか 1983『君成田Ⅳ遺跡発掘調査報告書』岩手県埋蔵文化財センター
工藤利幸 1986『馬場野Ⅱ遺跡発掘調査報告書』岩手県文化振興事業団
酒井宗孝 1986『沼久保遺跡発掘調査報告書』岩手県文化振興事業団
田鎖壽夫 1995『大日向Ⅱ遺跡発掘調査報告書』岩手県文化振興事業団
中川重紀ほか 1997『和当地Ⅰ遺跡発掘調査報告書』岩手県文化振興事業団
星　雅之 2000『長倉Ⅰ遺跡発掘調査報告書』岩手県文化振興事業団
山口　厳 2001『上杉沢遺跡』浄法寺町教育委員会

<青森>
水野一夫 2007『荒谷遺跡』八戸市南郷区役所建設課
村木　淳 1997『牛ヶ沢（4）遺跡』八戸市教育委員会

# 挿図出典

図 1　中嶋 1982
図 2　新規作成
図 3　石川 1992b
図 4　杉山 2005
図 5　杉山 2005 を改変
図 6　水野 2007
図 7　小柴 1990、杉山 2005、写真は筆者撮影
図 8　杉山 2005
図 9　杉山 2005
図 10　加藤 1999
図 11　藤田 1974
図 12　杉山 2005 を改変
図 13　新規作成
図 14　新規作成
図 15　新規作成
図 16　佐原 1977
図 17　鴇崎 2001、大友 2002、大友ほか 2000a、大友ほか 2002
図 18　大友 1997、大友ほか 2002
図 19　大友 2002、大友ほか 2000a、大友ほか 2002
図 20　大友ほか 2000a、大友ほか 2002
図 21　荒井ほか 2000
図 22　荒井ほか 2000
図 23　荒井ほか 2000
図 24　荒井ほか 2000
図 25　工藤ほか 1996
図 26　須藤 1984
図 27　荒井ほか 2000、磐瀬 1994、黒川 1981、吉田 1989、渡部 1995
図 28　相原 1990、日下 2005
図 29　杉山 2004b
図 30　杉山 2004b
図 31　猪狩 1985
図 32　杉山 2004b
図 33　杉山 2004b
図 34　杉山 2004b
図 35　杉山 2004b
図 36　杉山 2004b
図 37　杉山 2004b
図 38　杉山 2004b

# 挿図出典

図 39　杉山 2004b
図 40　杉山 2004b
図 41　杉山 2004b を改変
図 42　安部 1987、渋谷 1984、菅原 1986、高桑 2004、地蔵田遺跡および境田 D 遺跡の資料は筆者実測
図 43　新規作成
図 44　吉田 2003
図 45　杉山 2006
図 46　杉山 2006
図 47　杉山 2006
図 48　杉山 2006
図 49　杉山 2006
図 50　新規作成
図 51　杉山 2004a
図 52　杉山 2004a
図 53　杉山 2004a
図 54　杉山 2004a
図 55　杉山 2004a
図 56　杉山 2004a
図 57　杉山 2004a
図 58　杉山 2004a
図 59　杉山 2004a
図 60　杉山 2004a
図 61　新規作成
図 62　杉山 2004a
図 63　杉山 2004a
図 64　新規作成
図 65　土井 1985、福島 1987、福海ほか 2003、古川 2002
図 66　新規作成
図 67　新規作成
図 68　福海ほか 2003
図 69　新規作成
図 70　福島 1987
図 71　新規作成
図 72　杉山撮影
図 73　新規作成
図 74　藤田 2003、山口 1995
図 75　新規作成
図 76　新規作成
図 77　新規作成
図 78　町田ほか 2000

図 79　町田ほか 2000
図 80　新規作成
図 81　新規作成
図 82　新規作成
図 83　新規作成
図 84　青木 1987、青木 1995、香村 1996、中村・諸橋 1989、野沢 1997、服部 2001、馬場 2008、福島 1987、八幡 1930、吉田 1991
図 85　新規作成
図 86　新規作成
図 87　杉山・池谷 2006
図 88　杉山・池谷 2007
図 89　杉山・池谷 2007
図 90　杉山・池谷 2007
図 91　杉山・池谷 2007
図 92　新規作成
図 93　新規作成
図 94　杉山・池谷 2007
図 95　杉山・池谷 2006
図 96　杉山・池谷 2006
図 97　杉山・池谷 2007
図 98　新規作成
図 99　新規作成
図 100　杉山・池谷 2007
図 101　杉山・池谷 2006
図 102　新規作成
図 103　杉山撮影
図 104　新規作成
図 105　杉山撮影
図 106　新規作成
図 107　杉山・池谷 2006
図 108　杉山・池谷 2006
図 109　杉山・池谷 2006
図 110　新規作成
図 111　新規作成
図 112　新規作成
図 113　杉山・池谷 2006
図 114　新規作成
図 115　新規作成
図 116　新規作成
図 117　新規作成

図118　新規作成
図119　新規作成
図120　中川 1999、横田 2004
図121　杉山・藁科 2009 に吉朝 1991 を追加
図122　杉山・藁科 2009

表出典

表 1 新規作成
表 2 新規作成
表 3 新規作成
表 4 杉山 2006
表 5 杉山 2006
表 6 杉山 2006
表 7 杉山 2006
表 8 杉山 2004a
表 9 杉山 2004a
表 10 新規作成
表 11 新規作成
表 12 新規作成
表 13 新規作成
表 14 新規作成
表 15 新規作成
表 16 杉山・池谷 2006
表 17 杉山・池谷 2006、馬場・望月 2006
表 18 杉山・池谷 2006
表 19 新規作成
表 20 御堂島 1986
表 21 新規作成
表 22 新規作成
表 23 新規作成
表 24 新規作成
表 25 姉崎 1999、甲斐 1996

# あとがき

　本書は、平成18年度に駒沢大学へ提出した学位請求論文「東日本弥生社会の石器研究」をもとに、一部加筆・修正したものである。

　博士論文は、学部時代からご指導いただき、六一書房での出版の紹介、そして序文を書いていただいた飯島武次先生、大学院時代からご指導いただいている酒井清治先生、瀧音能之先生、設楽博己先生に叱咤激励され、遅ればせながらもまとめあげた。先生方にお礼を申し上げたい。

　特に設楽博己先生には、お忙しいなか文章のスタイルから語句にいたるまで、細かに指導していただいた。先生に通読していただいた論文の下書き、その後の本書刊行に向けての打ち出し原稿には鉛筆で余白がなくなるくらい多くのコメントが記されていた。途中の頁には、筆者の悪文に愛想を尽かされたのか、ラーメンのどんぶりやミカンのスケッチ画（ともに明治時代の実測図風）が描かれていた。先生のご指摘にどこまで応えることができたのか甚だ心許ないが、それは筆者の今後の課題とさせていただきたい。

　また、2002年より勤務している東京大学の青柳正規先生、武内和彦先生、本村凌二先生、プロジェクト研究でお世話になっている鷹野光行先生、藤本強先生からは、専門分野は異なるものの、幅広い視点からの研究姿勢を教えていただく機会を持てたことは幸いであった。さらに、同僚である松山聡氏、岩城克洋氏、藤岡洋氏には、筆者が国内の調査で研究室を不在にすることもあり、様々なご迷惑をお掛けしたうえに、論文の最終段階でご協力を頂いた。特に藤岡氏には、締め切り直前に何度も徹夜の作業を手伝って頂き、感謝しきれない。筆者が論文の提出および本書を刊行することができたのは、多くの方々のご指導・ご協力・ご理解があってのことであり、心よりお礼申し上げたい。

　高校教員の傍ら、主に神奈川県西部をフィールドに考古学調査・研究を行っていた父に連れられて、筆者は幼稚園の頃から毎週発掘現場に遊びに行っていた。現場では、移植ごてを片手にところ構わず掘り散らかし、低湿地では泥にはまって動けなくなり、調査員の学生さんに助けてもらった。初めて行った発掘現場は、平塚市の諏訪前遺跡ではなかったろうか。掘っていると、灰色の器の破片が出てきた。父のところへ持って行くと「出た場所に置いておきなさい」と言われた記憶がある。ただ、土を掘るといろんなものが出てくる宝探しと思っていた。発掘現場で配石の石を抜いたことはないが、測量中の平板を蹴ったことはある。当時現場に居られた調査員の学生さんには、大変迷惑をかけたことをここでお詫びしたい。

　小学校5年生の時は、宮ノ台式土器の集落である神奈川県小田原市羽根尾堰ノ上遺跡の調査に父に連れられて通った。発掘現場では、写真とスケッチをとり、模造紙にまとめて夏休みの自由研究にした。その模造紙はいまでも大切に保管している。

幼少の頃から東京に行くといえば、どこを廻っても最後は必ず、神田神保町の慶文堂や小宮山書店であった。そこで、父は本を買い集めていた。時には、父に言われ横穴墓や貝塚の本を探した。高校生の時、集めた父の蔵書をみて、苦労して買い集めたこの本を無駄にするのはもったいないなと思い、学生の時ぐらい考古学を学んでみるかという軽い気持ちで文学部を受験した。

　大学入学後は、小田原市教育委員会と大磯町教育委員会で発掘のイロハを教えていただいた。特に、学部・大学院修士の期間に調査補助員として参加させていただいた大磯町では、学芸員の鈴木一男氏や國見徹氏に一輪車の押し方から図面の書き方まで厳しくご指導いただいた。いま、曲がりなりにも発掘調査ができるのは、両氏のおかげである。お礼申し上げたい。

　大学入学以来一貫して、神奈川県西部で発掘を行ってきた筆者にとって、考古学の勉強を進めていくうえで転機となる調査・研究が幾度かあった。それらがなければ、考古学を続けていなかったかもしれないし、当然のことながら本書を書き上げることはできなかった。

　最初の転機は、大学院修士の時の奈良県立橿原考古学研究所の発掘調査であった。古庄浩明氏に紹介され、木下亘氏のもとで大学院修士・博士課程時代の春休みに大和の古墳の調査に補助員として参加させていただいた。黒ボク土に黒ボク土の遺構が切り込む西相模の土に慣れていた筆者にとって、白く黄色味がかった関西の土、溶けてしまいそうな前期古墳の埴輪などは正に異国の地であり、文化であった。また、研究所の職員の方や補助員の学生らの考古学へ傾ける情熱は、関東とはまた異なるものであり、夜の飲み会は非常に刺激的であった。

　2つめの転機は、大学院博士課程に進学した時から参加しているイタリアでのローマ時代の遺跡調査である。飯島先生ならびに鈴木昭夫先生の紹介で青柳正規先生（当時東京大学教授、現在国立西洋美術館館長）の調査に門外漢ながら参加した。現在に至るまで毎年夏はイタリアでの調査である。調査研究プロジェクトを導いていく青柳先生の指導力と行動力はとても真似できないものの、大変勉強させていただいている。筆者の三宅島を対象とした考古学・火山学者との共同調査は、青柳先生の調査スタイルの真似である。その成果を本研究にも反映することができ、青柳先生の学恩にわずかながらも報いることができたのではないだろうか。

　3つめの転機は、池谷信之氏との共同研究である。池谷氏との初対面は、まだ筆者が幼かった頃である。某氏と池谷氏が小田原の我が家に飲み来ていた。その二十数年後、筆者は大陸系磨製石斧を中心に勉強し、各地を廻って資料を見学しているなかで、沼津市に池谷氏を訪れていった。各地の資料を見ていると、同じ弥生時代の石器の収納箱に黒曜石が交じっていることがあった。黒曜石製石器が弥生時代にも使われていることが徐々にわかり、弥生時代の黒曜石製石器を集成した。そして、当時個人で蛍光X線分析装置を購入された池谷氏に産地分析を行っていただけないかと考古学研究会東海例会の酒席でお願いし、共同研究がスタートした。その後、各地の教育委員会から借用した黒曜石を持って毎月韮山の池谷邸にうかがうことになった。その黒曜石の数、およそ2500点。訪問するたびに明らかになっていく黒曜石の流通から見た弥生社会は、それまでの大陸系磨製石器の流通からみえていたものとは違った景色であった。分析機器を前に黒曜石考古学の最前線を疾走する池谷氏に様々なことを教えていただくことができ、とても楽しい

休日を過ごせていた。この共同研究がなければ、弥生時代の「社会」の研究には、とうていたどり着けなかったであろう。

　黒曜石の産地分析をするなかで、伊豆諸島の遺跡をもう一度検討してみたいという想いが湧いてくることは当然の成り行きであった。そして、2007年に島の考古学研究会を組織して、三宅島での調査を開始した。青柳先生の調査を見習い、出来るだけいろいろな分野の研究者との共同調査で、三宅島・伊豆諸島の歴史に新しい一面を見いだそうと努めた。4つめの転機である。その成果は本書の第5章に活かされている。この研究では、池谷氏のほか新堀賢志氏、忍澤成視氏をはじめ、調査研究に参加いただいた多くの方々、そしてなによりも調査にご理解・ご協力いただいた三宅村教育委員会ならびに三宅村の方々に感謝申し上げたい。

　そして、全国各地の資料保管機関の方々のご理解・ご協力により、本書を上梓することができた。執筆以前において、筆者の調査研究でご指導・ご協力頂きながらも残念ながら鬼籍に入られてしまった山本守男氏、谷田部孝征氏、葉貫磨哉先生、そして最期の病室でも筆者の博士論文の完成を待っていた祖母久子の霊前には、大変遅れてしまったが本書の出版を報告したい。

　本書の刊行に当たっては、六一書房の八木環一社長、編集をしていただいた吉田哲夫氏、三陽社の若槻真美子氏、そして表紙および巻頭頁の石器の写真を撮ってくださった小川忠博先生に大変お世話になりました。お礼申し上げたい。そして、本書には、高梨学術奨励基金 研究助成「縄文・弥生移行期の黒曜石の産地同定分析1・2」および三菱財団 人文科学研究助成「伊豆諸島先史時代遺跡の研究―考古学と火山学の学際的調査―」の研究成果の一部が含まれている。両財団にもお礼申し上げたい。また、表紙カバーと巻頭写真については、神奈川県教育委員会、二戸市教育委員会、八戸市教育委員会、名取市教育委員会、埼玉県教育委員会、静岡市教育委員会、秦野市教育委員会、三宅村教育委員会より撮影の許可をいただいた。ご厚意にお礼申し上げたい。

　最後に、昔から好きなことばかりしてきた筆者を一番の身近で支えてもらった母博子、姉友美、また、忙しい仕事をこなしながらも、筆者の研究・調査に理解を示してくれた妻康子にも感謝し、共に本書の出版を祝いたい。

　小さいときから発掘現場に連れていってくれて、休日には自宅の裏庭でブラシを持って土器を洗い、夜は遅くまでとなりの布団で原稿用紙に向かっていた父の姿をみて育った私も、いつの間にか考古学という魔道に魅入られた男たちの一人になってしまった。ここまで導いてくれた父幾一に感謝し、結語としたい。

2010年7月　文京区弥生にて

# 初出一覧

序　章　新稿
第1章　「東日本弥生社会における大陸系磨製石器の出現」『日本古代の鄙と都』瀧音能之編　岩田書院　2005年　一部加筆修正
第2章　第1節　新稿
　　　　第2節　「東北地方南部の弥生時代石器製作について―石器製作システムの比較による地域間関係―」『駒沢史学』第63号　2004年　駒沢史学会　一部加筆修正
第3章　第1節　「関東平野北西部における弥生時代中期後半の石器の生産と流通」『物質文化』第80号　2006年　物質文化研究会　一部加筆修正
　　　　第2節　「宮ノ台式土器期社会の交流―石器製作システムの比較分析からの様相―」『物質文化』第77号　2004年　物質文化研究会　一部加筆修正
第4章　新稿
第5章　『縄文/弥生文化移行期の黒曜石研究 I・II』2006年・2007年　一部加筆修正
第6章　新稿
終　章　新稿

**著者略歴**

杉山浩平（すぎやま　こうへい）

1972年　神奈川県小田原市生まれ
2007年　駒澤大学大学院人文科学研究科博士後期課程修了　博士（歴史学）
　　　　東京大学文学部助手・同大学農学部研究員を経て
現　在　東京大学大学院総合文化研究科特任研究員

**主要著書・論文**

『縄文/弥生文化移行期の黒曜石研究 I』編共著　池谷信之との共著　2006年
『縄文/弥生文化移行期の黒曜石研究 II』編共著　池谷信之との共著　2007年
『東京都 三宅島 ココマ遺跡発掘調査報告書』編共著　三宅島ココマ遺跡学術調査団　2009年
「小田原市中里遺跡の弥生土器から」『史峰』第24号　新進考古学同人会　1998年
「縄文時代後晩期の降下火山灰と伊豆・相模の社会」『地域と学史の考古学』六一書房　2009年
「小敷田遺跡出土のサヌカイト製打製石器について」『考古学雑誌』第93巻第4号　日本考古学会　2009年
「縄文/弥生文化移行期における神津島産黒曜石のもうひとつの流通」『考古学と自然科学』Vol.60　日本文化財科学会　池谷信之との共著　2010年


## 東日本弥生社会の石器研究

2010年10月20日　初版発行

著　者　杉山　浩平

発行者　八木　環一

発行所　株式会社　六一書房
　　　　〒101-0051　東京都千代田区神田神保町2-2-22
　　　　TEL 03-5213-6161　　FAX 03-5213-6160
　　　　http://www.book61.co.jp　E-mail info@book61.co.jp
　　　　振替 00160-7-35346

印　刷　株式会社　三陽社

ISBN978-4-947743-90-9 C3021　　Ⓒ Cohe Sugiyama 2010　　Printed in Japan